U0111795

大展好書　好書大展
品嘗好書　冠群可期

武學釋典 33

# 中道皇皇

梅墨生太極拳理念與心法

梅墨生 著

大展出版社有限公司

中道皇皇

梅墨生太極拳理念與心法

目
錄

第二編 至文至武

# 墨向拳面生 （代序）

　　我與梅墨生先生相識多年，幾乎每次見面，都在談拳，因為這種談話是一種享受，間或佐之以三兩杯薄酒，顯得有品位且有品質。

　　我一直認為，在讀一個人的書之前，最好先瞭解一下這個人，書是一個人性情和學識的外化。所謂「知行合一」，也說的是知識和生命本體相合，「合」則能產生真切的大學問，不「合」則流於文字遊戲，古今做學問者多矣，能真正「立言」者少。

　　墨生先生是一個豐富的人，也是一個真切的人。他給一般人的印象是「全」，涉獵且精通中國傳統文化的多個領域，書畫自不必說，武道也是浸淫其中，以致於有時武林朋友戲言：「梅先生第一職業是武。」其他如內丹、詩文等皆有深研。我卻對他的「敢」印象最為強烈。

　　一是敢「喝」，二是敢「摸」，三是敢「說」。

　　「敢喝」很簡單，就是敢於喝酒。墨生先生喝酒從不摻假，能不能喝姑且另說，但不耍滑，以水代酒這種勾當從不屑於做，這如同練功夫，一個人功夫高低先不論，但不能摻假。武術關乎生死成敗，作假便是作踐自己。

　　「敢摸」就是敢於摸手，他經常出差去外

地，總要訪一訪當地的「高手」，口舌研討之後，經常要和人摸摸手，切磋切磋。有名氣的摸，沒名氣的只要有功夫也摸，不計輸贏，不想面子。他的這種「摸」的衝動，顯示了一個武者骨子裡的激情。「摸」是有效地印證功夫的方法，這在武術技擊日漸式微的當下，顯得尤其難得。不斷地摸手，也為他積累了大量的功夫實證經驗。

「敢說」就是敢於闡發自己的觀點，不盲從世俗觀點，也敢於講自己體悟的東西，不保守，不怕人家學了去。

拳如其人，畫當然也如其人。我的第一版《盈虛有象》一書選用了墨生先生的一幅畫作為封面主體，我認為那是有大氣象的。拳、畫相宜、相生，在梅先生那裡是統一的。觀其畫，有太極的剛柔運化與虛實應和於其中，有濃烈的地方，那是情感；厚重之處，那是功法；有超然之處，那是心法；有空靈之處，那是境界；有森嚴之處，那是法度。

當然，仁者見仁，我只見拳。真見了拳，便是見了畫心、人心、天心。

墨生先生對太極拳的用功和用情是十分少見的。用功自不必說，用「痴迷」形容不為過，他的喜歡「動手」，一是需要勇氣，再者顯示了他對太極用情之深，當然到後來也顯示了他對自身功夫的自信。還有就是他對太極拳老師李經梧先生的維護和推介，這是令我感動的，也是令經梧先生一脈傳人所讚賞的。

墨生先生邀我寫序，把全部書稿拿來，我仔細通讀了一遍。墨生先生是性情中人，行事痛快淋漓，此書文筆與風格也具有這種特色。直抒胸臆，直指心意。所以此書雖然許多地方以講文化、講理法為主，讀來卻不費勁，不酸腐。

　　讀書有幾種。一種是學知識，有趣無趣都要讀，因為有用；一種是興趣，看得過癮，但不一定有用。墨生先生的這本書，對於太極拳讀者來說，是既過癮又有用的書。

　　本書出版前不久，我們在鎮江西津渡參加世界太極名家大講堂巡講活動，在有著數千年歷史的古城，我們又談起了太極文化的話題，面對浩蕩長江和金山寺，墨生先生感嘆：太極文化浩浩蕩蕩，能取一瓢飲者，當受益終身，凡事一個緣字，書渡有緣人。

　　本書是中國太極拳理法濃墨重彩的一幅個性寫意畫，願本書的每一位讀者都能成為這個有緣人，如此，當能受用、受益於太極文化。


世界太極拳網總編
著名太極文化學者　　余功保

中道皇皇

梅墨生太極拳理念與心法

雨中草色綠堪染 墨生梅花紅欲燃

## ✚ 梅之風骨

北方二月的冬日，清寒料峭。

2009年的第一場雪，來的正是時節。

京北鬧市中一片寧靜的莊園中，一位身著傳統中式大褂的人正在雪中練拳，拳法古樸典雅，神態從容自若。他的動作不緊不慢，似行雲般飄逸靈動。觀其拳，有風雲氣象，無一絲火氣——這便是初見梅墨生先生時，在我腦海裡留下的印象，其人之風骨宛若其姓氏一般，堅韌、肅然、從容、淡定地綻在天地間一片白茫茫之中。

梅墨生出生於河北一戶書香門第，受家庭影響，自幼便喜愛讀書。《三國》《水滸》《七俠五義》等著作中智勇雙全、武藝精湛的英雄人物與他與生俱來的豪邁氣節產生了共鳴，從而萌發了對武術的嚮往與熱忱。

自幼好學的梅墨生興趣廣泛，不僅博覽群書且常習讀棋譜，鑽研棋技。熱愛下棋的他，在一次偶然機緣裡遇到了一位棋藝精湛的高人——這便是梅墨生的武術啟蒙恩師俞敏先生。

生於20世紀60年代的梅墨生，由於兒時經歷了三年困難時期，身體較弱。俞先生見他為

人忠厚仁義又頗具慧根，在切磋棋藝之餘，決定傳授武功以強身健體。

與俞先生習武的時日久了，梅墨生與老師的感情也愈發深厚，他發現俞先生不只是內家功夫好，在醫術上也有相當造詣，對醫理的表達引經據典、條理分明，尤擅點穴，這深深吸引了梅墨生的好學心。自此，梅墨生開始了中醫研學之路。爾後不久，梅先生的父親讓他認識了一位當地中醫院的老院長。李院長見他天資聰穎，小小年紀便懂得醫術，便決意進一步傳授學問給他。

於是，梅墨生本著對醫學的執著與熱情繼續研學。隨著兩位醫術高明的師傅，這一學便又是幾年，自此，年輕的梅先生又掌握了一門中醫的本領。

若說俞敏先生是一名對武功、醫術、棋藝皆有極深造詣且懂易理的高人，不如說他是一位隱於鬧市之中的居士更為準確。

莊子有云：「技近乎道。」俞敏傳授給梅墨生的不僅僅是紮實的武藝基礎，更是習武之道、為人之道。梅墨生後來低調淡雅的行事作風、寡淡無慾的生活狀態、肅靜安然的內心，亦是少年時受啟蒙恩師影響的深遠映射。當然，他為人正直與重情義的品格也打印著慈父的印記。

對於梅墨生而言，1985年是他與太極拳緣份的開始。在這一年裡，梅墨生正式拜李經梧老師為師，成為其重要弟子。

梅先生始終記得離開家鄉前，俞師的叮囑：「不遇真人不拜佛，你要抓住機緣，拜真正有道義的高人為師。」而李經梧老師便是梅先生的緣份，一位在武林中武藝、德行皆有

口皆碑的得道高人。

李經梧，一代武術大家，融吳式、陳式、楊式、孫式四家太極功夫於一體，臻於化境。在80多年的人生歷程中，他經歷了從舊中國到新中國、從商人到武師的轉變，卻如水流隨勢，坦然處世，從極顯到隱於北戴河，都表現得波瀾不驚；他本是民間拳師，卻積極協助政府推廣簡化太極拳，突破門戶之見，把《太極內功》公之於世，一生頗多可圈可點之處。

若真有緣份一說，那梅墨生與李經梧老師定是機緣深厚。在12年的光陰裡，梅墨生都在李經梧老師的悉心指點下研習、修練太極拳。同時接觸眾多愛武、習武之人，相互交流切磋，如魚得水。

對於推手心法，李經梧老師有一個說法：「當你的念頭動時，我才能動你的心氣兒，我能動你的心氣兒，才能夠提起你的人來，你沒有勝我之念，想打贏是不容易的。」所以說，太極拳實為借力打力，借人之勢。可見太極是功夫與心性的一種修練，所以在梅墨生看來，功夫即是人性的體現。

以紮實的武術基本功為基礎，加以中醫知識的輔助，梅墨生的內功進展得很順利。然而每每提及恩師，梅墨生先生總會謙遜地說道：「我極敬佩我人生中的這兩位老師。他們的內功極為深厚，我用心研習多年，仍不達我恩師的境界十之二三。」

居於對恩師的敬佩之情及善與人同、強身強國的心理，梅墨生還將眾多同門師兄弟與李經梧老師學習太極拳的感悟、心得整理成冊，書名《大道顯隱——李經梧太極人生》《李經梧太極內功及所藏秘譜》。

梅先生曾任中國國家畫院理論研究部副主任、國家一級美術師、中國美術學院客座教授、北京中醫藥大學國學院客座教授等，還是中國武協會員、北京吳式太極拳研究會副會長、武當山武當拳法研究會顧問、武當百傑、中醫影響世界論壇副秘書長、國際健身氣功聯合會科學與養生委員會委員。儘管得到了社會的充分認可，梅墨生仍舊保持低調、淡泊、謙和又不卑不亢的姿態，怡然安定地工作與生活。

毛澤東的名詩《卜算子・詠梅》有云：「已是懸崖百丈冰，猶有花枝俏。」詩中表現梅的堅毅、柔韌、靈慧、肅然已經渾然天成——此乃梅之風骨。

## ✛ 墨舞精神

自然界的線條、色塊、架構等元素，以不同的方式組合起來，稱之為「景」，在藝術家心中，這些也叫作「象」。以自身的修為去感悟自然的精妙，便是「觀象」，其中層次的高低，就要看藝術家的追求和學識了。

在提高人的修為上，中國古代所提倡的大境界叫作「文治武功」，一文一武，殊途同歸，大可治國，小可齊家修身，其中妙處，非個中人難以真切體悟。

2006年10月，在一次全國性黃賓虹畫展與研討會上，梅墨生先生說道：「在20世紀的中國畫壇，黃賓虹實可謂一道獨特而綺麗的風景。『自然美』的召喚使他在三代古文字的意趣上找到了自我的藝術感受。黃賓虹執著於傳統繪畫『內美』的價值理念，亦捍衛著傳統藝術的精神價值。」

這是梅墨生對黃賓虹的研究，也是他自身追求的一種寫照。

時隔兩年有餘，我有幸在梅先生家看到他的書法、畫作。恍然體會到他說這番話的心境，以及他畫作與黃賓虹作品的脈穿神意。

梅先生的山水畫線條舒緩流順且沉穩深厚。佈景有疏淡清逸，使墨如氣一般在畫面上任意縱橫氤氳；亦有黑密厚重的積墨，筆墨攢簇，層層深厚。這樣的剛與柔、疏與密、濃與淡，恰如其分地融合在一起，外觀其韻之和諧，內觀其涵之豐滿，實乃梅先生墨舞精神之獨到也。

在梅墨生的畫作中，有許多以山水花鳥為題材的寫意。雖畫面呈現栩栩如生的景物，但多數並非實體，而是梅先生內心情感、彼時感悟等虛象透過景物這一媒介傳達出來的反映。

對人而言，「看」其實分為兩種——用眼看和用心看。單說「用心看」，又可分為兩種——向內看和向外看。對向內看而言，便是客觀冷靜地認識自己，瞭解自己的心性；對向外看而言，便是清楚分析周身環境、繁雜世事等。用太極的態度來「看」，便是主張「向內認識並穩定自己的內心，向外認清外界的事物及物象，使內心不受其干擾動搖」。

見紙上或幾許幽竹，或蒼勁古松，或高山流水，瞬間便將你帶入梅墨生的內心世界——暮鼓晨鐘、清馨如玉、不惹塵埃的悠然境界。

作者的文化底蘊與心性將直接影響到畫作所達之「意」、所處之「境」，而視覺所接收到的畫面的外與內、實與虛、形與意也將直接帶領觀者體味作者的「心性」。

梅墨生的書法與繪畫也受到了太極思維的深遠影響。

梅墨生的作品講究「文」，講究「韻」，講究「勁

兒」——太極勁兒。

何謂太極勁兒？

太極勁兒，即陰陽勁兒、虛實勁兒、開合勁兒、吞吐勁兒、剛柔勁兒。借力將一個百餘斤的人放出去，定是用小力，而非用大力；是用柔順之力，而非頂撞之力；是用靈活之力，而非僵滯之力；是借力打對手之勁源，而非用自己的本力與對手角力。

書寫、作畫亦是同理。在梅先生書畫作品的用筆與構圖上，無不體現著陰陽和諧、虛實轉換、開合有序、吞吐有象、剛柔相濟的太極文化思維。從其作品中便可以看出，梅墨生的本體具有太極心，並以太極方式面對生活中的人、事、物。正所謂「無極太虛氣中理，太極太虛理中氣。乘氣動靜生陰陽，陰陽之分為天地。未有宇宙氣生形，已有宇宙形寓氣。從形究氣曰陰陽，即氣觀理曰太極」。

在一次訪談節目中，梅先生曾說：「由於中國近代社會發生了重大變革。在軍事侵略、經濟侵略、政治侵略，最後到文化侵略的這番次第的殖民、半殖民之中，受西方文化也就是所謂的強勢文化影響，我國的民族文化發生了重大的變遷。此變遷即是人們的文化觀念、價值判斷發生了變化，變得複雜多元了，亦可以說是反叛了。」

梅墨生說：「藝術家必須關懷現實人生。」因此，他不願為了經濟效益去討好觀者、討好市場和某些人，他只願用心去創作、用真情實感來感動觀者。這與對藝術的追求理解有關，在梅先生眼中，無論是太極藝術還是書畫藝術皆是個體生命對整體人類文化的感悟，來自內心對自身本體的真實認識以及對外界事物乃至時代的感應。

梅墨生長年於多所大學任教，出於對中華民族傳統文化的熱愛、發揚傳統文化的希冀以及強烈的民族責任感，梅先生常教導他的學生們：身為炎黃子孫、華夏後裔，一定要尊重、瞭解、繼承乃至弘揚中華民族自己的文化藝術。

梅墨生還主張文武兼備。

「在整部《左傳》裡，你看不見一個因膽怯而臨陣脫逃的人。甚至連孔子也是『釣而不綱，弋不射宿』，而並非一個只會『之乎者也』的酸腐文人。在封建時代，貴者稱『士』，賤者稱『庶』。那時的君子能觸槐而死，也能賦詩作文；能馳騁疆場，也能巧言善辯。而戰國之後，士族階級被推翻，文武兼備的人格理想被拋棄，文武對立開始。」梅先生對此慨然嘆息。

文與武，就如陰與陽、虛與實、剛與柔，相輔相成。需有「文」為基礎，才可能體悟「武」的技藝高深、道義境界；需有「武」的慷慨剛勁為基礎，才可能使「文」博廣、豪邁。

就是梅先生這般文武相濟的書法、畫作，才能夠給予觀者以韻遠悠然和諧之感。

借《管子・內業》之句來說梅先生之墨道：「無根無莖，無葉無榮。萬物以生，萬物以成。」命之曰「墨舞精神」。

## ✛ 生生不息

在梅先生所著《對太極拳理的幾點體悟》一文中有這樣一段話：「太極拳者，乃是中國武學文化發展到一定階段的必然產物。他的尚自然、崇虛靈、重中定、用陰柔等，正是

中國文化從漢唐的陽剛向宋元的陰柔轉化的一種文化反映，這一文化反映體現了中國思想的向內追求和尚柔趣味。」

若要用一個詞來形容梅墨生的太極心境，吾定會選擇「圓融」——圓滿、包容、融入。

本體之精神圓滿，姿態包容，身心皆融入自然。

若說太極拳好似一片滄海——博大、慷慨，那海裡一定會有天真的魚兒、柔韌的海草，海浪拍岸循循不息；若說太極拳好似一座蒼山——沉穩、靜穆，那山上定會有汩汩不息的泉水、生機勃勃的草木，一派脈脈春色。

梅墨生正是在這山海之中汲取養料，滋潤生命。

博大，慷慨，沉穩，靜穆，陰陽相濟，生生不息。這些安然自若的狀態，早不單單是梅先生修練太極拳的感悟，更是已經融入了他的生活——太極生活。

梅墨生曾說：「吾以四十餘年的浮生閱歷來參太極，在我看來，太極從來都不只是一門功夫，而是一門『實學』——實驗之學、實證之學、實修之學。必須懷有深厚的中國文化積澱來修練太極，才是在真正做太極功夫、太極學問。」

每一個習練太極功夫之人，相信都是對中國文化有著熱忱與嚮往之人，然而對太極的修練絕對是有境界之分的。意願、素質、修養不同，修得的成果自然也會層次相異。

有一類人將太極視為一種「術」來練習，側重於招式與架式上的肢體動作，類似體操。這樣的太極術實亦無須菲薄，它畢竟可以舒展筋骨，活動氣血，疏通經絡。太極內功法是一種動靜功結合的導引法，主要由意守、以息運氣、呼吸鍛鍊等方法，以增強內氣而產生祛病強身等功效。

還有一類人將太極視為一種「功」，更看重其武功的質，側重於試手與技擊。太極內功原係太極拳的內煉功，早先在武術界中流傳，以增強技擊能力為主要目的。然而這武功高低則取決於對太極拳的核心內功、本質內勁的拿捏與掌握。

終又推回到了個人的意願、素質、修養。

太極拳實乃一種「文化拳」。習練之人需要有良好的文化修養和哲學邏輯，文化積澱越深厚，體悟便越深刻；哲學邏輯性越強，修練的層次就會越高。

梅先生更認為太極拳應提倡與時俱進，與時代同步，使之成為一種源遠流長並發展進步的民族文明。因此，更應重視太極的內在修為。習武者，萬萬不應是逞匹夫之勇的魯莽武夫，如此而已，只會被文明時代的洪流淹沒、遺棄。近代大儒梁漱溟在20世紀30年代便在《東西文化及其哲學》一書中直中肯綮地說：「中國文化是向內的。」作為太極拳武術的傳承者、中華民族文化的弘揚者，我們更應堅守前輩們的諄囑——至文者至武，至武者至文。

練功，一定要用心。梅先生非常重視「中定」，李經梧老師亦言之「從容中道」。

梅先生認為，中定是太極運動的基礎，太極運動由中定而來。且中定是太極拳用意不用力運動的關鍵，掌握了中定便連通了進入太極拳殿堂的橋樑。另外，中定還是現實懂勁兒的基礎，是掌握推手訣竅的關鍵。「中定」主張不前不後，不左不右，不上不下，不剛不柔，不丟不頂，不爭不釋——這絕非容易的事情，需要多年踏實的修練。其既是一種心法，更是一種境界。

據多年自身研習太極拳的經驗，梅先生說：「太極的修練特別應該重視的是『內』與『外』，兩者缺一不可。」

拳架絕非是不重要的，祖先們發明招式並將其組合成套，其必定自有招式的科學性及實用性。中國武功亦確實具有武技、武功、武藝、武道的多重功能，觀賞性的武藝也不必全盤否定它，不過只糾纏於架式的摹仿與練習，而不解其內家性質，恐是無法接近太極真諦的，僅可將之視為一種表演化的運動。然而，對於追求武功者而言，花拳繡腿畢竟是不能實戰的，從技擊與養生兩大功能上有所失漏。

相反的，對內意的追求較為合乎拳經「用意不用力」的宗旨，就是「重內不重外」。重意不重力，才會使拳道走上正軌。但是如何用意？重意到什麼程度？又不可不知。重意不重力，不可棄形於不顧。

內功心法並不玄虛，我們並不推崇類似表演的虛妄內功，比如一部分被神話了的凌空勁兒、隔空打人等。一切應尊重科學，實事求是。「意」的運用是切實的，能量大小必是透過研練層次遞進的。武功不可能不用一點兒力氣，所謂「四兩撥千斤」，其「四兩」是必須的。

因此，梅先生認為：形與意乃是練太極拳必須弄懂的東西，甚至一切中國傳統文化都要處理好這對存在。形與意、外與內、實與虛──也就是陰陽對立統一的原則，此外無道。偏執則非太極，單一則不合道。

「其實很多人對太極拳有這樣一個誤區，認為太極拳不會打人，只會推，所以其武功性不強。」梅先生說：「實則不然。正所謂打人容易，摔人難；摔人容易，放人難。」

通俗地講，「打」人，是人與生俱來的本能，一個剛出

生的嬰孩兒也會伸出小拳打人。而「摔」人，就需要角度、技術，需要借勁兒了，但其終究是鬥傷人的技能。再至「放」人，才是真正的太極功夫。

由於太極與儒學、道教的緊密聯繫，太極功夫慣於推手，似友誼性地、不傷人地將對手如拋物般發放出去，功夫到家者可放人於丈外不成問題。在旁觀者看來甚至會有如同二人在進行技藝表演般的美感。

中國的功夫若到達了一定高度，便是一種藝術。太極亦是如此，它不僅僅是一門高深的學問，同時也是一門和諧的美學藝術。

能夠同時把底蘊極深厚且學術性極強的中醫、太極拳、書畫集於一身，並且互為補充，良性循環，這是用功與天賦的結合。

在梅墨生迭遇人事的一生中，太極對他的影響是具有延伸性的。如太極「道」，道是客觀的，它是萬物的本原。作為本原的道與自然是同一的，它就是自然。老子說「道法自然」，生生不息也。

## ✚ 墨生梅花紅欲燃

中國最早談「道」的經典《簡易道德經》裡述：「簡，道之根。易，經之本。道，事物之行徑。經，事物之步法。無簡之道則曲，無易之經則荒。簡生道，道法於自然，失道無恆，循道而長。」其說明了簡是自然現象所依的最基本規律，道以這個規律為根本就成了事物的行徑，這個行徑即有規則的道。不以簡為根本的行徑是曲折的。

梅墨生說：看盡繁華，只有幾筆。

所以，正直的道就出於簡，即為簡生道，道的動作方法依賴於自然，取決自然就是真正的道。事物要是沒有這個道，就不會永遠地生存下去。要是遵循這個道，不但能長久地發展而且還會不斷地增長壯大。

梅墨生說：千招用過，只有一手。

道，無形無象，無聲無嗅，大而無外，小而無內。道，確能夠產生天地萬物。道，主宰天地萬物的總能源。

道是產生一切形式的根本，也是主宰一切形式的根本。人們唯有去除一切的形式，才能夠見道，此謂「為道日損」。可惜的是，當今大多的修道者和學術研究者，不是「為道日損」，而是「為道日增」，總想透過有為的方式、形式上的手段認識和瞭解大道，如此只能背道而馳。

梅墨生說：太極之道，有無相生。

道，就像水一樣，無聲、無息、無為，而養萬物，此道之力，人不可及。唯有無為而尋道，方可及道，另行他路必自損道行。

梅先生家的佈置簡潔古樸。在廳堂裡，掛有一幅水墨梅花圖，蒼勁的枝幹上幾朵墨色的素梅傲然開放。

李研

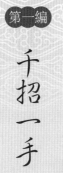

# 第一編

# 千招一手

梅墨生作品《蕉石圖》，2004 年

# 『曲中求直』即吞吐

「曲中求直」與「蓄而後發」是有相關性的。古代的韻文在文字上要求對偶，「曲中求直，蓄而後發」是對偶，都是表示一個意思。太極拳論中還有「勁以曲蓄而有餘」的句子，可見，「曲」和「蓄」是相關的。所以，「曲中求直」和「蓄而後發」是排比的同類句子。

實際上，太極拳的動作只有在曲的時候，才是蓄力的，也就是有形的肢體是彎曲的，無形的勁力才處於積蓄的狀態。從丹田內氣的吞吐開合來說，曲就是吞，發就是吐。

練習太極拳是有幾個層次的。「曲中求直」的「曲」，從形體的層次看，是曲；從勁力的角度看，是蓄；從氣機的角度看，是吞。而「直」和「發」和「開」是同一個意思，從氣機上說，就是吐；從勁力角度說就是發；從形體上說，就是直。這就是從不同的角度、不同的層次認識「曲蓄直發」。

在推手時，當對方打來，我在肢體上曲蓄，吞掉對方的勁力，這就是化勁；然後發放時，就是吐氣發聲，形體上也是放直。所以，發力時一定是直的，要專注一方。這時打出的勁力是透的，不僅要把勁力從自己身上發放乾淨，而且還要把對方打透了。這是一種意氣心法。

太極拳講究發放，就是放得要長，發得要遠。只有自身蓄積的勁力放乾淨了，鬆透了，才能做到這一點。所以，我認為，「曲」和「蓄」是相關的，是從不同的角度敘述太極

拳的化勁。所有的「曲」和「蓄」，都是勁力上向裡的吞和含，向裡的收斂。形體上的「曲」和勁力上的「蓄」，實際都是神意上的收斂。有收斂才會有展放；不懂得收斂，也就不會展放。收斂得越深，展放得越大。對太極拳的理解越深，也就越懂得曲直、含放、吞吐、開合。

其實，這些曲直、開合、吞吐是不能分開的，不能只有曲，沒有直；不能只有開，沒有合；不能只有吞，沒有吐。孫祿堂說過：「開合就是一式。」開就是合，合就是開。我的老師李經梧則認為，化就是打，打就是化。化打合一，其實就是開合合一，也就是陰陽合一。實際上，吞與吐也是一個。也就是剛與柔、曲與直、蓄與發都合成一個，這也就是「曲中求直」的意思。

太極拳是始則分陰陽，在用的瞬間必須合成一個。自身能合成一個，這叫知己，也就是自身的內外、虛實、意氣、形神能合二為一。在對敵時，能夠做到與對手合二為一，這就是知彼。

太極拳高手在推手時能夠做到與對方合二為一，自己可以是陰，對手是陽，這時是捨己從人，順遂柔化；自己也可以為陽，對方為陰，讓對方完全聽從你的擺佈，不得解脫。是主動控制，還是順遂柔化，完全在自己的意識掌控之中。

上述講的是推手中的陰陽合一。在自己練拳時，自身要做到陰陽合一，就是形體上、勁力上、神意上，都要相反相成。有了曲蓄，才有直發；有了含蓄，才有展放；有了收斂，才有發放。所有這些，其實就是向內和向外兩種勁力的相反相成。收斂和曲蓄，是神意和外形上的反映。有的人，你能在外形上看出曲蓄的動作，而有的人你是看不出外形上

的曲蓄的，但是，內裡的氣機、神意是含蓄的，收斂的。

據我所知，功力越深的人，外形動作越小，身架越高，外在的神意越安閒，最高能達到「無形無相」的境界。太極拳的高境界，是鋒芒內斂，無形無相，稍一展放，就發之至驟，放之必遠。

武禹襄的「四字秘訣」有「敷、蓋、對、吞」，其中就有吞勁。太極拳最重要的是吞吐二勁。能吞化，然後能展放；能收斂，然後能展放。如果遇到很大的來力，你不會吞，不會曲蓄，那就是兩個剛力相碰，那就是頂抗。所以，太極拳要求你剛我柔，你進我退。

這裡的退，不是身形、步法上的退，而是勁力、意氣的退，也就是精神意氣上的含——向裡、向內的含蓄。所以，拳論說：「勁以曲蓄而有餘。」曲蓄以後的發放，就會呈現出穿透勁力，會有放長擊遠的效果。蓄得越大，吞得越深，則展放得越直、越透、越遠。

我認為，這是太極拳在技擊上特有的東西。太極拳是以我的不變應你的萬變，以我的小動應你的大動，甚至是以我表面上的不動應你的動，以我的慢和靜應你的快和動，以我的無力擊你的有力。

這裡的吞掉有兩層意思。一層是透過我身體的傳導把來力引入地下，我的身體這時沒有絲毫阻滯，像個導體一樣，把來力傳導到地下。這就要求練拳者身體要鬆透了，如果沒有鬆透，就接不住對方的來力，也就不能傳導到地下，你就會被對方打倒。太極拳練習的是遇到巨大迅猛的來力時，能夠在接觸的瞬間把來力空掉、化掉，也可以理解為鬆掉——把來力由你的手臂、軀體，鬆到地下去。

另一層是把自身練成球體，讓來力在身體上做一個圓弧形的轉化，也就是把來力分散掉了，這也是吞。這兩種吞，也就是化掉對方的來力。化掉來力，反過來就是打。這也就是「化打合一」。假設你一拳打到我的胸口，我胸口吞化來力，同時把來力由後背傳遞到我的手臂，再反擊你，這就是「化打合一」。

我們練拳要把自身練成一個太極球，讓丹田內氣充實飽滿，富有彈性，打在上面膨膨作響。

我見到的許多太極拳家，他們在技擊時，身體都有這種反應。這就是太極拳的掤勁。

掤勁是太極拳所有勁力的根本。掤勁就像充滿氣的籃球，能夠承載力量，充滿彈性。當這個球體受到來力衝擊時，受力點有個瞬間的凹陷，這就是太極拳的曲蓄，也就是吞勁；然後，當這個球整體彈回來的時候，就是發放。這也就是太極拳論說的「挨著何處何處擊」。所以，曲與直、蓄與發、開與合、收與放，就是太極拳陰陽的具體體現。

練習太極拳首先要明理，也就是明白太極陰陽消長轉換的道理。陳鑫說「五陰五陽是好手」，也就是陰陽高度合一，高度協調，剛柔俱泯，亦剛亦柔，忽隱忽現。這個時候，你就變化莫測，沒有端倪，勁力只有在發放的瞬間是直的，其他時候都是圓的，都是曲蓄的。

太極拳還講究「哼哈」二氣，有「哼哈二氣妙無窮」的說法。這裡的哼哈二氣是和太極拳的勁力聯繫在一起的，表現在勁力上是吞吐，表現在形體上就是曲蓄。

# 『沾連黏隨』
## 是太極拳技術的核心

「沾連黏隨」是太極拳技術的核心，是太極拳技擊的特點。

武術搏擊中，其技術方法無非踢、打、摔、拿，各個門派都是如此。太極拳除了這些技術手法外，還有自己的特點，那就是「沾連黏隨」。在散手和推手中，如果體現不出「沾連黏隨」的特點，就不是太極拳。所以，「沾連黏隨」是太極拳的核心技術。

那麼，什麼是「沾連黏隨」呢？

## 【沾】

就是沾依，也就是順隨。太極拳捨己從人的功夫、隨曲就伸的技術、吞吐開合的特點等，都是以「沾」為前提的。而做到「沾」，首先要求輕靈。沒有輕靈，就不能沾依對方。

在自然界中，也是只有輕的東西才能夠沾依在別的東西上，比如飛絮、細雨、羽毛，而重的東西很難沾在別的東西上，只能是砸、撞。

所以，沾字本身就有輕的意思。

太極拳的初步功夫，就是要輕柔、輕靈、鬆沉、順隨，這是做到「沾」必須的一個過程。只有輕，才能做到「沾」。一舉動，周身 要輕靈。只有輕靈了，才能像羽毛一樣沾依在對方的身上。

更重要的是，只有輕，才能聽出對方的勁路。

## 【黏】

是沾的進一步作用，是沾的深化。黏比沾更具有主動性，是讓對方不能擺脫，走不掉，甩不開，讓對方處處受到束縛，處於被動地位，也就是拳論中說的：「人剛我柔謂之走，我順人背謂之黏。」

黏，能使對方的勁力被控制，勁源被控制，身體的整體平衡被控制。黏，不僅僅是輕了，而且是又鬆又沉，又輕又重，不緊不慢，隨方就圓，隨輕就重，隨曲就伸，因敵變化。這是真正的「捨己從人」，其他的拳種是沒有這個特點的。

我認為，「黏」最能體現太極拳的特點，這也是太極拳用虛、用靜、用柔，後發制人的體現。

## 【連】

在字面上是好理解的，練拳時要連綿不斷；在推手練習時，雙方之間你來我往，也是連綿不斷的。這種連綿不斷是陰陽變化的連綿不斷。

自身練拳是內與外、上與下、剛與柔、鬆與緊、虛與實的連綿不斷的變化；推手練習是雙方之間攻與防、走化與黏隨的連綿不斷。所謂「一靜無有不靜，一動無有不動」「示動猶靜，示靜猶動」，這是「連」的特點。

太極拳「沾連黏隨」很像蛇的進攻，蛇在攻擊對方時，手段就是纏繞、連綿、柔韌。陳鑫說：「太極拳，纏法也。」也是體現了巨蟒纏身的攻擊特點。

纏是外在形體動作的體現，黏則是內在勁力的體現，是一種意識。意識可以轉換成勁力，而勁力的形成必須是意念的長期訓練。這是太極拳的練習特點——用意不用力。

連，還有另一層意思，就是勁力要綿長。這也是太極拳區別於其他拳種的地方。太極拳很少發力，就是為了勁力的綿長，體現蛇的特點。

## 【隨】

就是捨己從人，是順隨，造成「我順人背」。太極拳的一個重要原則就是我順人背──我順隨，對方不順隨。這個「隨」，好像是隨著對方，跟隨對方，但是要自己處於主動，對方處於被動。

太極拳是先沾依，在沾依中走化。走化必須要順隨，在順隨中走化。順隨，有形體上的順隨，意氣上的順隨。

「沾連黏隨」也體現了太極拳外示安逸的特點。安逸，當然是順隨的。如果是衝撞的、動作激烈的、躥蹦跳躍的，就不是安逸了。外形是安逸從容，心中則是沉靜。

「沾連黏隨」又是一個整體，往往是沾中有黏，連中有隨，「沾連黏隨」是不能截然分開的。古人闡述拳理，往往要言不煩，不面面俱到，「沾連黏隨」這四個字，就全面地表述了太極拳的特點和練習方法。所以，我認為，「沾連黏隨」這四個字，無論是在推手中，還是在散手中，都是要體現出來的。

當然，「沾連黏隨」在散手中的體現，要比在推手中難得多。散手的速度非常快，招式變化莫測，要想沾黏上對方，隨上對方，是很難的。

太極拳的沾黏，不僅僅是手臂的沾黏，還有身體的沾黏，比如陳式太極拳推手，不僅手上相接，腿腳也要互靠相連，這就是在訓練下肢的「沾連黏隨」。現在，人們練習太

極拳往往體現的是手上的「沾連黏隨」，我認為應該是全身的「沾連黏隨」。

在推手訓練中，是兩個人以腰為主宰，全身上下的「沾連黏隨」運動，不僅僅侷限在手臂的「沾連黏隨」。這種全身上下的「沾連黏隨」運動，就像聯動的機器齒輪，主齒輪一動，其他的從動齒輪自然轉動。拳論說「節節貫串」，就是對此的描述。

「沾連黏隨」就是太極拳技術特點的核心。如果不充分地理解這一點，不把它練到身上，那就談不到太極功夫。沒有「沾連黏隨」的技術，就不是太極功夫，只是旁門。

太極拳的借力打人、四兩撥千斤、後發制人等，其核心就是「沾連黏隨」。而「沾連黏隨」的獲得，就是要輕靈、鬆沉，能夠聽勁，然後才能懂勁。懂勁後，越練越精，默識揣摩，才能達到神明的境界。這時，在散手實戰中，才能真正做到「沾連黏隨，從心所欲」。

# 『知覺運動』是聽勁的另一種表述

　　在太極拳的老譜裡是沒有「知覺運動」這個詞的。我們沒有必要糾纏「知覺運動」這個詞是什麼時候出現的。我認為用「知覺運動」這個詞形容太極拳是非常準確的。

　　王宗岳在《太極拳論》中說練習太極拳的過程是「由招熟漸悟懂勁，由懂勁而階及神明」，就說明了太極拳的特點是要會「聽勁」，這裡的「聽勁」就是「知覺運動」。

　　所謂的「聽勁」，就是用自己的觸覺、聽覺、視覺等感覺器官來感覺、分析、判斷、處理外界的來力。在《莊子》中有這樣的話：「無聽之於耳，聽之於心；無聽之於心，聽之於氣。」用氣來聽，其實就是感覺。

　　太極拳接手搭手時，首先就是用氣來感覺對方的來力。雙方接手，不是用力來接，而是用氣來接；再進一步，不是用氣接，而是用意來接。

　　這種氣接、意接，就是雙方肢體似挨非挨，似接非接的狀態，這時，如果你的知覺靈敏，就能感受到對方的能量流，感受到對方的勁路。這就是所謂的「知覺運動」。當然，不練到那種地步，你是很難理解的。

　　我們現代人由於受到西方文化的影響，太重視實證科學，而對於中國傳統文化不太重視。中國傳統文化對世界，對生命的認識，有自己的一套理論體系，有自己的表達方式。中國傳統文化認為宇宙是氣場運動，或者說是氣的聚散。氣的聚散、開合、進退、旋轉，構成了宇宙運動。在人

體的運動中，氣和勁力、意念是連在一起的。意、氣、勁三者，勁是看不見摸不著的，氣是在可感難言之間，意則是更難把握的。

太極拳的練習，是先在意，後在氣和勁，最後在身，是由內向外的一種意氣運動。在練習太極拳時，內裡的意氣一動，身體內的能量流自然就隨之而運動。

人體也是氣場，人體的氣場因人而異，能量大的氣場大，能量小的氣場小。我們的古人沒有現代這些科學儀器，但是不等於他們對於生命沒有感受。所以，在太極拳中，他們就體會出雙方對打時，不是體接而是氣接，不是氣接而是意接。這些感覺都是體現在你的功夫層次上。所謂的「知覺運動」就是「聽勁」的另一種表述。

**知覺**，就是至靈，即至為虛靈，至為靜寂的感覺。練習太極拳達到中上乘功夫後，一定會做到心如止水，這樣才能稱量對方的來力。

任何意念的運動，都是和身體氣場能量的變化相關的，如果我是一個至為安靜的靈敏體，就能感受到對方氣場能量的變化。所以，太極拳的練習首先要求心靜。只有心靜、氣平，才能感知對方任何美妙的變化，人的知覺只有在這樣的狀態下才能「聽」。莊子所說的「無聽之於耳，無聽之於心，聽之於氣」，就是對「知覺運動」的闡述。所以從文化的角度講，太極拳早在先秦就已經孕育了。

另外，《太極拳授秘歌》中說：「無形無相，全體透空。」這也是講空靜的狀態。只有在這種空靜的狀態下，人的知覺才能夠異常敏感，才能夠見微知著。所以，太極拳講究「以靜制動，以逸待勞，後發制人」。

太極拳是以不變應萬變，以一對萬。不變就是「一」，我認為這個不變的「一」就是人的先天元氣。這個真一的元氣，其大無外，其小無內，可以外發，可以內斂。太極拳在與人接手的瞬間，就是把自己深藏不露的內氣或者說是能量，外放出來，應對對方。這就是太極拳的「以一對萬，以不變應萬變」。這種不變，就是我守住中定，保持虛靜，來應對對方的千變萬化。太極拳是以自己的皮毛感知外界變化的。所謂「一羽不能加，蠅蟲不能落」，就是形容太極拳家靈敏的感覺。

所以太極拳的「**聽勁**」就是「**知覺運動**」。太極拳的「知覺運動」就是要用皮毛靈敏地感知所有外力的變化。當然，「知覺運動」可以說是對外而言，也可以說是對內而言。對外而言就是感知外界的變化，對內而言，就是感知自身氣血的變化鼓蕩、意氣的轉換、氣遍周身、滿身輕利、勁力的運化收放等。

太極拳的推手訓練是對外的「知覺運動」，而平時的拳架練習，則是注重體會內部感覺的「知覺運動」。太極拳的勁力平時是散佈周身的，只有在發放的一瞬間是聚集在一點的，所以，太極拳的發勁有很大的衝擊力，能夠把人發出丈外。

太極拳是鬆柔的，發出的勁力卻是剛勁的，就像鞭子抽出來的勁力，是鞭梢勁。所以，太極拳的盤架子練習，就是在做這種蓄勁、發勁的「知覺運動」。

總之，「知覺運動」很形象地體現了太極拳的運動特點。反過來說，其他的武術拳種就沒有「知覺運動」了嗎？並不是如此，其他的拳種也有「知覺運動」，比如長拳。但

是，它雖然也有「知覺運動」，但它不把「沾連黏隨」作為意識訓練，而是注重快速、擊打。而太極拳是要沾黏上，然後才發力。

太極拳的「知覺運動」要求更靈敏、更細微。前輩的太極拳家由於長期進行這種「知覺運動」，身體皮毛異常靈敏，在受到突然的攻擊時，往往能做到不假思索地反擊，所謂「不期然而然」。

比如，王茂齋先生晚年時，曾一個人晚上在胡同中行走，有一個年輕人上前問路，他怕老人聽不見，就先拍了老人的肩膀一下，結果王茂齋一回身，年輕人就摔出去一丈多遠，倒在地上⋯⋯這就是王茂齋長期練習太極拳，身體反應異常靈敏的結果，這也就是知覺運動產生的效果。

知覺運動，就是至為靈敏的感應。拳論講：「節節貫串，虛靈在中，⋯⋯皮毛要攻。」這種狀態，就是知覺運動，即武禹襄說的「對方方挨我之皮毛，我之意已入彼之骨裡」。

# 『中和』是太極拳修練的高級境界

孫祿堂先生說，太極拳不過是「中和」而已，太極拳練的是「中和」一氣。我認為，在近代武學歷史上，孫祿堂先生的貢獻是非常大的，他不用現代的科學概念來研究、解釋太極拳和傳統武術，不是他不瞭解這方面的知識，是他在理念上的一個選擇。

在清末民初這個時代，西方的科學文化已經被不斷地介紹進來，但是有很多人用西方科學，比如現代的力學、物理學、生物學等解釋太極拳。但是，孫祿堂先生幾乎不用這些知識來解釋太極拳，在他傳下來的五本武學著作中，我們看到，他幾乎都在用中國的傳統哲學、中國古典文化來闡釋他所體悟的太極拳和其他武學。

孫祿堂所說的「中和」，是太極哲學體系中的一個重要概念。儒家的經典《大學》《中庸》裡，就有關於「中和」概念的論述：「中也者，天下之大本也，和也者，天下之達道也。致中和，天地位焉，萬物育焉。」中國傳統儒家哲學始終認為，天地萬物都要達到一個高度的平衡、和諧，天地才能夠生生不已，萬物才能夠化生不已。孫祿堂先生繼承了這一理念。

在道家思想中，也有「中和」這個概念。道家的老子說：「萬物負陰而抱陽，沖氣以為和。」這裡的「沖氣以為和」的「沖氣」，有學者認為可以理解為「中氣」。

我認為，這個「沖氣」是兩條大水相遇、相衝撞，相互

激盪形成的漩渦。然後，兩條水流達到平衡、旋轉。這是「沖」字的本義，是衝撞、衝擊的意思，衝撞之後達到旋轉平衡，融會合一，形成一個主體。

太極陰陽二氣也是這樣達到「中和」的，就是陰氣和陽氣「沖氣以為和」，達到「沖和」的狀態，也就達到了一個「中和」。「沖和」的結果就是「中和」。所以，無論是儒家還是道家，都是把「沖和無慾」和「中和而化育萬物，達到平衡」作為理想的境界。

對於太極拳的修練，孫祿堂先生提出「中和」這個概念，是對傳統哲學、傳統醫學、儒學、道學、易經等有了很深的體悟之後，融會貫通而運用在拳學之上的；反過來說，也透通過他幾十年的武功修練，他感受到太極拳修練的最終結果，應該是達到五行之氣的「中和」。

所謂五行之氣，就是金木水火土的五行之氣。五行之氣的「中和」在傳統文化中是非常重視的，比如中醫學講，人的五臟六腑各有其氣，金木水火土各有所屬，金屬肺，木屬肝，腎屬水，心屬火，脾屬土。這個五行之氣，就是五臟之氣。五臟之氣中任何一個偏勝，都會克制另一個臟腑之氣，就會產生不平衡，人體就會出現疾病。

《黃帝內經》講：「陰平陽秘，精神乃治……真氣內守，病安從來。」真氣，就是真一之氣。陰陽之氣平秘，就是達到「中和」，即五臟安和，沒有哪一個臟腑的氣偏勝，哪一個臟腑的氣偏衰。修練太極拳的目的，是延年益壽，強身健體，修身養性。因此，五臟的安和，是練習太極拳要追求的第一目標，是修練太極拳的第一步。

要想身體各個器官安和，首先要做到臟腑之氣的平衡，

經絡之氣的暢通，達到陰陽氣血的平衡。其中心一點就是「中和」——達到一個平衡的狀態。在這一點上，中醫的治療也是調理人體內氣的平衡，達到中和狀態。在中國傳統的氣化論中，這是一個整體思維。

另外，所謂的「中和」，是一個濃縮的說法，展開來說，就是「中和之氣」。

孫祿堂在不同的地方，對「中和」有過不同的表述，比如說「太極，一氣而已」「一氣中和而已」「丹田一粒」等，其意思就是一個「中」字。

太極拳在哲學的範疇上是講陰陽的——分兩儀為太極，不分兩儀為無極。「中和」是對太極陰陽的概括。

我認為，上乘的武學修為，不是爭勇鬥狠，不是逞匹夫之勇，它是涵養中和之氣，修練浩然之氣。這個浩然之氣，就是中和之氣。中和之氣，就是沖和之氣，也就是體內的氣各自都圓滿，各自都相通，又都相互制約，沒有強盛的，也沒有虛弱的，互相平衡飽滿。這樣，人體就健康，精氣神就充足。只有這樣，才能表明你的武學修為是高的。反之，肺臟之氣不平衡，身體也就不健康，而在武學修為上也不可能達到高級境界。

孫祿堂先生能提出這一論點，確實是對中國古代哲學、傳統醫學、經絡學等有著相當深入的瞭解，然後再加上自己的武術體驗，提出來的。

這個觀點在他之前還沒有人提出。孫祿堂把太極、形意、八卦融會貫通，把哲學、醫學、儒學、道學等融為一體，他的貢獻是非比尋常的。他的理論對人們修練武功，有著很好的指導意義。但是，現在人們大都離開了中國傳統文

化的文脈，受西方文化的影響，在這樣的環境下談論武術，我認為已經偏離了中國武術的主航道。

我們可以借鑑西方的文化、科學知識來解讀武術，但是，我們不應該忘記誕生太極拳的中國文化背景，我們不能忘記形成太極拳的文化知識體系和哲學範疇。偏離了這個，所有的研究就沒有意義了。

孫祿堂提出「中和」二字，其內涵是非常豐富的，一個是從哲學的高度，另一個是從文化學的廣泛角度來闡釋太極拳。我們練習太極拳，從精神到肉體，達到「中和」是非常不容易的。

最後，我再講講在具體的太極拳練習當中如何做到「中和」。

所謂的「**中和**」，在太極拳的練習中，其實就是「**無過無不及**」。練習太極拳，做任何一個動作，都要做到「不丟不頂」，沒有「頂扁丟抗」之病，沒有雙重、呆滯等現象，不要落於一味的剛強，也不要落於一味的軟弱。這樣就做到了「中和」。

另外，我們不能把外在的太極拳動作當作太極拳的全部，也不能只有意念，沒有肢體的動作。這兩種做法都不是「中和」，而是要形與意相統一，才是「中和」。如果把「中和」進一步濃縮，那麼就是一個字「中」。

這個「中」，既是自身天地之中，又不只是自身天地之中；既是有形的身體之中，又不只是身體之中，還有無形的精神世界意念的中。

下乘武功，練習的是身體的中，比如從力學的角度，從生理學的角度來訓練；中乘武功是練習心意的中，要達到心

意相合；上乘武功是神明境界的中，追求不聽而知，不覺而明，達到靈性境界。這是武學的真正化境。

我們理解了「中和」，理解了「中」，才能知道太極拳修練的是什麼。武術諺語裡有「守中用中」，這個「中」，有有形之中和無形之中。我們修練傳統太極拳，就應該知道太極拳是有不同境界的，如果僅僅把它理解為一些肢體動作配上一些心理活動，我認為那就永遠不會知道太極拳的最高境界是什麼。孫祿堂提出「中和」，是值得我們細細揣摩，細細理解的。

【附註】
大展出版社已出版孫祿堂著作如下：
① 孫祿堂《形意拳學》　　② 孫祿堂《太極拳學》
③ 孫祿堂《八卦拳學》　　④ 孫祿堂《八卦劍學》
⑤ 孫祿堂《拳意述真》

# 『不丟不頂』和『不丟頂』

「丟扁頂抗」有的拳譜上寫的是「丟偏頂抗」。「丟扁頂抗」這個太極拳推手四病，楊家傳的太極拳譜和我的老師李經梧傳的太極拳譜中都有解釋。

「頂者，出頭之謂也；扁者，不及之謂也；丟者，離開之謂也；抗者，太過之謂也。」這個解釋簡明扼要，太極拳是圓運動，太極是一個球，是一個圓，如果扁了，癟了，不能運行，也就不符合太極之道了。所以，我認為應該是「丟扁頂抗」不是「丟偏頂抗」。

在楊家傳的太極拳譜中，後面還有這樣的話，如果有了「丟扁頂抗」這四病，不但沒有沾連黏隨的功夫，也不明知覺運動（大致意思）。在太極拳的老譜中，認為「太極拳是知覺運動」是感覺非常靈敏的運動，不是使用後天勁力的運動。如果有「丟扁頂抗」這四病就不是「知覺運動」，沾連黏隨的功夫也就練不出來了。

從太極老譜中，我們可以看到，所謂的頂，就是力過頭了。拳諺中有「力不出尖」的說法，出尖就是出頭，就不是圓的了。扁，就是癟了，像氣球氣不足，癟了，也不圓了。所以太極拳要求「不丟不頂，無過無不及」，這是對「丟扁頂抗」的最好註釋。丟，就是脫離了，抗，與頂相比較，就是更過了。所以「丟扁頂抗」是與「沾連黏隨」相對應的，是「沾連黏隨」的反面。在推手中，做不到「沾連黏隨」，就難免出現「丟扁頂抗」的毛病。

「丟扁頂抗」這四病是在推手中表現出來的，一般在自己進行的套路練習中不會表現出來，在推手中一定要注意與對方的接觸點。

李亦畬說：「要刻刻留意，挨著何處注意何處，向不丟不頂討消息。」還說：「此全是用意，不是用勁。」這裡就指出要避免「丟扁頂抗」就要「不丟不頂」，所以「丟扁頂抗」雖然是四病，其實原因就是兩個：過和不及。要避免「丟扁頂抗」四病，就要做到「無過不及」。

李經梧說：練習太極拳要「不丟不頂，不丟頂」，這裡除了有「不丟不頂」的意思，還有虛靈頂勁的意思，頭部虛虛領起的「頂勁」永遠不能丟掉。所以練習太極拳做到了「不丟不頂」和「不丟頂」，就能練出「沾連黏隨」的勁力，也就避免了「丟扁頂抗」四病。

李經梧老師說，推手時雙方都要保持靈敏的狀態，做到「一羽不能加，蠅蟲不能落」。只有保持靈敏的狀態，才能感受到對方微小的勁力變化。李經梧老師還說：要在接觸點上分陰陽。在接觸點上分了陰陽，就不會出現「丟扁頂抗」的弊病。

另外，避免「四病」，還要學會「捨己從人」。不會「捨己從人」，遇到來力就抵抗。從而為人所乘，受制於人。而能夠正確對待對方來力的人，都是善於「沾連黏隨，不丟不頂」，也就是掌握了「知覺運動」。能否避免「丟扁頂抗」四病，也是是否「懂勁」的標誌。在推手時，能夠做到沒有「丟扁頂抗」四病，也就能夠做到「沾連黏隨」了，也就是達到懂勁的功夫階段。

# 關鍵在對『動靜之機』的把握

動靜的問題，是太極拳的重要問題。練習太極拳是身動，心要靜。武禹襄說：「身雖動，心貴靜。」意思是，當身動的時候，心要靜；反過來說，身靜的時候，氣要動。也可以說，太極拳是外動內靜，外靜內動；雖動猶靜，雖靜猶動。只有這樣練習，陰陽才能相輔相成。

太極拳離不開陰陽，離開陰陽就不是太極拳。動靜也是一對陰陽。武禹襄還說：「視動猶靜，視靜猶動。」其意是說，太極拳的內外動靜總是相反相成的。拳論中還說：「彼不動，己不動；彼微動，己先動。」這是講與人交手時的以靜待動。從這些拳論中可以看出，動靜是太極拳修練中的重要問題。

無論是哪個流派的太極拳，都離不開對陰陽的把握和運用。而陰陽的運用，都離不開動靜、虛實、開合、攻守、收放等，可以說是太極拳的綱要，它們是陰陽的具體化。

太極拳是連綿、圓融的運動，其規律是由陰轉陽，由陽轉陰，週而復始，往復不斷。具體而言，太極拳也就是動靜、虛實、開合、收放的不斷轉化。

太極拳每個式子之間有一個微小的停頓，幾乎不為人察覺。這就是「雖靜猶動」。在每一個動作的運行過程中，雖然肢體在運動，但心要靜，神意要內斂，神態要沉靜，這就是「雖動猶靜」。當然，太極拳也有快練的方法，那是練習到一定程度以後，為了技擊而採取的練習方法，雖然動作很

快，心還是要靜。

太極拳有定勢，有動勢，動勢和定勢的連接是連綿不斷的。這種連綿不斷，是內氣、內勁、內意的連綿不斷，也是動和靜的連綿不斷。這樣，太極拳的動作就如行雲流水，一氣呵成。儘管是連綿不斷，但是式子之間有一個微小的停頓，這就是「動中有靜，靜中有動」的具體體現。

對於「動中有靜，靜中有動」，在善於邏輯思維的西方文化看來，似乎難以理解，但瞭解了中國古典哲學，對此就比較容易理解了。中國古典哲學就是在肯定中有否定，否定中有肯定。中國人的思維方式，永遠是辯證地看待問題。佛教思想進入中國，更增加了中國哲學的玄學色彩。這些都對太極拳有著或多或少的影響。太極拳中的動與靜不是截然分開的，這就有了「動就是靜，靜就是動」「動靜一如」的哲學觀念。

認識到動靜在太極拳練習中的重要性，我們就具體談談太極拳的修練問題。太極拳練習的根本是中氣的修練。中氣分陰陽，陽不離陰，陰不離陽，就是陰中有陽，陽中有陰。具體到動靜的關係上，就是「動中有靜，靜中有動」。

太極拳的高明之處在於外表是動的，內裡是靜的；外表不動，內裡的內氣、心意是動的。練習太極拳要求「意氣須換得靈」，這樣才能「靜中觸動動猶靜，因敵變化示神奇」。強調的是一個靜。

太極拳講究以靜制動，內固精神，外示安逸，外靜內動，外動內靜。我認為，動靜和陰陽，是對太極拳最根本的解釋。王宗岳的太極拳論中也在講動靜：「太極者，無極而生，動靜之機，陰陽之母也。動之則分，靜之則合。」靜之

則合，就是定，也就是中定；動之則分，就是把中氣達於四梢。武禹襄說：「神凝則氣定。」氣定，勁也就合住了。

我們學習太極拳推手，除了要感受「隨曲就伸、捨己從人」的柔化勁外，最重要的是自己能夠合住。自己能合住，也就是「守住中土不離位」，守住中定，這既指內氣，又指意念，還指身形、勁力。當你從裡到外，從上到下都合住勁時，別人是很難打動你的。這個「合住勁」就是靜定。這個靜定，是瞬間的靜定，實際還是在動。太極拳的動是非常從容、閒逸的，太極拳的健身原理也就在於此──氣定神閒，神意安舒。

從這一點就可以看出，太極拳功夫的練成一定是在鬆柔和空靜中實現的。如果你用那種肌肉緊張的練習力量的方式練習，是練不出太極功夫的。太極拳的勁是經由「用意不用力」練出來的。這就是老子說的「反者道之動，弱者道之用」在太極拳修練中的體現。太極拳的哲學總綱就是「以柔為用」「以弱為用」，是用與常人的思維方式相反的方法訓練出來的。

動與靜的修練，還包括內在修為的動靜，就是在內功心法的訓練中，要有內的動靜訓練。比如煉丹田的開合，馮志強先生在他的混元太極拳中也講內在的動靜開合。什麼是開合？開合就是動靜。開，就是動；合，就是靜。開合、動靜是包括很多層次的。

動靜的問題就是體悟的問題，要透過身體的感悟，體察外界的變化，做到「知微見著」。道家的功夫都是知微見著的，都是在微茫、微細之中體察事物的變化。所謂「動靜之機」的關鍵是「之機」，就是在動靜的微茫、微細之處體察

變化。如果不體悟這一點，你是永遠也摸不到太極拳的門徑的。

太極拳既不是在那裡練習招式，也不是躥蹦跳躍地練習身體外形動作，更不是靠什麼絕招秘技來戰勝對手，而是體悟「動靜之機」的「陰陽變化」，達到人不知我，我獨知人。真正的太極功夫是很從容淡定的，以不變應萬變，守住中土不離位，任你千變萬化，沾上對方就能讓對方處於被動。太極拳的特點是以弱勝強，以靜待動，以逸待勞，以小力勝大力，由近控制遠。

動和靜，是太極拳最根本，也是最淺顯，同時又是最深奧的學問。練好太極拳，一定要從身體的動靜中，去體悟意氣的動靜，然後，在身與心的兩個動靜之間進行轉換，慢慢體悟動靜虛實的變化。

太極拳是微妙的功夫，是微茫的學問。如果不能體之入微，就不能領悟太極拳的妙處。反覆閱讀王宗岳的《太極拳論》，你就能體會到這一點。動靜是對陰陽學說的具體化，你真正體悟到了「動靜之機」的微細變化，你也就離太極拳的大門不遠了。

# 如何做到
# 『極柔軟，然後能極堅剛』

　　《太極拳論》中有「外示柔軟，內含堅剛」的說法。這句話表明，太極拳不是練習外在的堅剛，而是練習內在的強壯。也就是說，太極拳練習的是內壯，外邊顯示的是柔軟，裡邊則是堅實。這裡其實是內勁的體現。所以，太極拳練習的實質是內勁，也就是太極勁。「極柔軟，然後能極堅剛」是太極拳內勁的表現。

　　什麼是太極拳的內勁呢？

　　用李經梧老師的說法，太極內勁就是「用之則有，不用則無」的勁力，它是以丹田為根，以丹田為本。有了這個內勁後，它的表現形式是即柔即剛，亦柔亦剛，至堅剛又至柔軟，倏忽而來，倏忽而去，像水一樣。水摸上去很柔軟，可是其中蘊藏的力量卻很大，能有排山倒海的威力，而且還是無孔不入，隨圓就方，隨曲就伸，極具滲透性。所以，太極拳的內勁就是像水一樣的勁力。

　　練習太極拳，要先求開展，後求緊湊。就是說，太極拳是從外向裡練習，開始練習時，動作舒展大方，以後，越練習越向裡收斂，外形的舒展和神意的收斂，是一對陰陽。最後，太極拳練成的是一個外柔內剛的生命體。這個生命體有生命的靈性，是非常靈敏的，瞬間可以變得很剛強，瞬間又可以鬆柔下來。太極拳練習到這個程度，可柔軟得像棉花，又可以硬得像鋼鐵。

　　一般來講，中上乘的太極功夫都有這種狀態。所謂的

「外示柔軟，內含堅剛」「極柔軟，然後能極堅剛」，說的是長期練習太極拳後逐漸得來的，是積柔成剛。

太極拳不練那些硬功，不練拍打功，這是因為太極拳不是練習局部的強直和剛硬，而是練習整體力，練習整體瞬間的膨脹和鼓蕩。這個膨脹和鼓蕩是從丹田發出來的，以丹田為根，以肢體為用，達於四梢。孫祿堂所謂的「一氣流行」就是講丹田的內勁一下子能夠膨脹，舒放到四梢，達到身體各個部位。

「極柔軟，然後能極堅剛」是對太極拳修練狀態的極其扼要的描述，也是對練功方法的最本質的闡述。如果你一上來就練習剛的東西，那不是真剛，是局部的剛，也是僵硬的。武術中的一些功法可以把局部的組織肌肉練得非常剛硬，但沒有整體的力量。

太極拳不練習這種功夫，而是練習整體發出的鼓蕩勁力，這種勁力是難以阻擋的。

太極拳的發放勁力，就是這種「一氣鼓蕩」的勁力產生的效果。這個「一氣鼓蕩」就是內裡的堅剛。

孫祿堂說「人身要練成彈簧球」，有的老師說太極拳要練成輪胎那樣，李經梧老師講「要把身軀練成像氣囊一樣的氣柱」。這些都說明，太極拳練習的結果是外在的柔軟，富有彈性，內裡卻是堅剛的。

太極拳的剛是有彈性的剛，是相對的，也是一種感覺描述，很難量化，什麼程度叫剛？什麼程度叫柔？這都是相對的，是一種感受的表達。所有人練習太極拳到一定程度時，都會體會到這一點。

總之，太極拳練習是積柔成剛，先要去拙力，在練習當

中要不用力，先放鬆，越鬆越好，要做到鬆空、鬆順、鬆柔，只有這樣，才能把身體內，經脈之間的後天拙力去掉，換來先天的勁力。這個先天勁力，就是整體力，就是混元力，就是像水一樣柔中寓剛的勁力。只有練習到一定程度的人，才能體會到這種勁力。

太極拳區別於外家拳，我認為就是一開始不練習那種局部的剛硬之力，不練硬性的拍打，而是練習柔軟，去僵求柔，最後積柔成剛，達到「極柔軟，然後能極堅剛」。透過十年，幾十年練習獲得的柔中寓剛的勁力，就是太極勁。

我在實踐中，也遇到過一些身高力大的外國人，他們練習拳擊、空手道等功夫，但是，沒有丹田內勁，交流體會時他們的力量我都能化解，但是，我的整體勁力他們卻阻擋不了。從中我感受到太極拳的「極柔軟，然後能極堅剛」的勁力是非常強大的，這是太極拳與其他拳種不同的地方。

# 『養氣』與『純剛』

　　對於太極拳「氣」和「力」的問題，武禹襄的拳論是「尚氣者無力，養氣者純剛」，我認為通行的「尚氣者無力，養氣者純剛」這個表述是恰當的。

　　所謂「尚氣者無力，養氣者純剛」，是說一味地崇尚氣，反倒弱化了你的勁力。也就是說，你如果意在呼吸，意在吐納上，你的力量反倒弱化。所以，我們練習太極拳要養氣，做到「養氣者純剛」。

　　武禹襄在這裡強調的是「養氣」。

　　孟子說：「氣以直養而無害。」「養我浩然之氣。」太極拳也強調的是養氣，只有內氣養足了，才能達到純剛的地步。對於太極拳，人們一直認為它是柔拳，是柔軟的，實際上太極拳是「內固精神，外示安逸」，它是外柔內剛的，所以說「養氣者純剛」。

　　我們一定要認識到太極拳是外柔內剛的拳種，這樣才不會誤解太極拳，也就不會誤解「養氣者純剛」這句話。太極拳是由養氣而達到純剛。楊澄甫也說過，太極拳是「如綿裹鐵」，這體現了太極拳「外示柔軟，內含堅剛」的性質，這樣才體現出太極拳陰陽、剛柔的混合一體，所謂「養氣者純剛」是說，你真正養成了周身一家的內氣，這時你就是純剛之體了。

　　太極拳的練習是以柔軟求堅剛，這個堅剛能夠無堅不摧。也就是說，太極拳是有心求柔軟，無意成堅剛，在柔軟

中最後積柔成剛。

對這句話，我們要聯繫上下文來理解，武禹襄說：「動牽往來氣貼背，斂入脊骨，要靜，內固精神，外示安逸，邁步如貓行，運勁如抽絲。全身意在蓄神，不在氣，在氣則滯。尚氣者無力，養氣者純剛。氣如車輪，腰如車軸。」這裡的「不在氣」，是說不能把意念放在呼吸上，不能放在力的表現上。

太極拳追求的是無力中的力。氣和力相關聯，如果你注重氣，注重呼吸，那麼，你反倒沒有勁力了。

武禹襄和李亦畬的太極拳論，是對王宗岳《太極拳論》的具體化論述，如果說王宗岳《太極拳論》是總的原則，那麼武禹襄、李亦畬的拳論，就是他們自己練功的具體體會。武禹襄在拳論中實際上是在強調要靈，要圓活，不能被有形的東西所牽制，所以說「在氣則滯」，那樣就不靈活了。他認為，太極拳是個慢工，需要不斷打磨，需要蓄養，要積柔成剛，所以說「養氣者純剛」。

對積柔成剛的「剛」，要有一個正確的理解。這裡的剛，是一種整體力、混元力。這個力是以丹田為根本的，是周身一家的，只要具備這種力，才能叫「純剛」。

這個「純剛」的概念包含著老子的哲學。老子說「上善若水」，水的力量是非常大的，如排山倒海，可以摧枯拉朽，無堅不摧。但是，水的外表顯示的是柔軟，它的內裡的力量卻是堅剛的。

太極拳高手發人時也像排山倒海的水一樣，威力巨大，對方根本沒有還手的力量。他用的是整體力量，整體上把對方擊敗。這個力量就像洪水，像巨浪。太極拳所說的「純

剛」就是這樣一種力量。

這裡的「純剛」，不是表面剛硬的力，也不是肌肉的局部力，而是柔中帶剛的整體力，是筋、骨、膜出來的力。長期的太極拳練習，能夠使自己的筋長、柔韌、富有彈力；使骨膜厚實；使骨骼堅實，骨髓充滿。太極拳要求「斂入骨髓」，這樣就能使骨髓充盈。所以，這裡的「純剛」是指人體體內筋骨的充實、飽滿和剛健。因此，太極拳是內壯的功夫。

我們理解了什麼是太極拳的「純剛」，也就明白了太極拳養的是什麼。太極拳養的是內氣，養的是以丹田為根本的內氣。道家內丹功夫認為，人體的肚臍向內是人身體的根本，上半身為天，下半身為地，肚臍為人體之根，連接著天地。所以，內氣上行、下行，最後要匯合到腰腹這個部位，也就是肚臍和命門之間。

「養氣者純剛」，養的是丹田氣，也可以說是周身一家的內氣，也是筋膜之氣，而不是口鼻呼吸之氣。武禹襄說「在氣則滯」，就是說如果你注意了呼吸之氣，那麼你會氣滯、僵硬。因此，武禹襄強調「在意不在氣」，也就是不在後天氣，而在先天氣。

在練功實踐中，我們也能體會到這種長期養氣獲得的內氣飽滿的狀態，尤其在推手練習中能夠體現出來，當然，在拳架練習中也能表現出來。這是一種內勁厚實的表現。我們在練拳時，養的是內氣，不是呼吸之氣，但是，透過呼吸之氣的鍛鍊，是能夠促進內氣的蓄養，能夠鍛鍊先天氣。

對於「有氣者無力」，我認為可以理解為注重了呼吸之氣，反倒沒有力量了。如果練拳時候氣喘吁吁，那麼就是力

量不足，甚至沒有力量的表現。只有呼吸綿綿若存，息息歸根，這樣的生命才是有力量的。「無氣者純剛」可以理解為沒有口鼻呼吸之氣，不注意呼吸之氣，才能培養出純剛的內氣和內勁。

拳論中有一句話：「不使氣流行於氣。」這裡的意思是：不使先天丹田之氣流行於後天口鼻之氣，這樣才能圓滿無缺，才能周身一家。所以，功夫練得好的人，絕不會上氣不接下氣地喘氣。道家還有伏氣說，就是把周身散亂的氣息收伏於丹田之中。

太極拳最反對的是散亂，尤其是氣息的散亂，而是要做到周身一家，這就是所謂的「純剛」。純剛，可以說是有真正的內勁。有了內勁，外力則很難侵入，周身處處都是鼓蕩的。「純剛」，是對這種太極拳內勁的形容，內氣充沛是其本質。

# 『轉關』就是轉換

我認為陳氏太極拳所說的「轉關」就是轉換。

太極拳的每一動都有起承轉合，每一勢也有起承轉合。也就是說，練習太極拳，有來勁，就要有去勁；所謂有去有來，反覆摺疊，進退轉換。這也就是「轉關」，我認為既是指外形動作，也是指內裡的勁力變化。外面的動作是指步法、身形、動作的轉換、摺疊、進退；內裡則是指內氣、勁力的虛實、剛柔變化。拳論講：身法須換得靈，意氣也須換得靈。這就要求轉關靈活。

陳氏太極拳講究轉丹田，勁由內換，因此，陳氏太極拳的圈子走得比較大，轉換比較明顯，講究纏絲勁。在練習陳氏太極拳時，動作虛實、內氣變化等必須有一個轉化，也就是「轉關」。如果沒有這個「轉關」，勁力就不能很好的轉換過去。

比如，在步法重心的轉換時，一方面是在丹田處，要由丹田的開合於轉動，另一方面是在會陰穴，也就是襠部，也要有一個轉化，這樣，才能把步法上的前實後虛變成前虛後實，總之，練習陳氏太極拳，重心的轉換不是直接拉過來的，而是要有一個迴環，在迴環的曲線中，把勁力轉換過來；同時，上肢的動作勁力也要這樣轉換，也要有一個反覆摺疊。我認為，這是很重要的。

太極拳沒有直來直去的動作，是屈伸的曲線運動，因此需要有個轉換。不僅步法重心的移動需要轉化，上肢的動作

也需要轉換，比如閃通背的上肢動作，就像扇子骨一樣拉開，必須有個轉換，才能動作協調，勁力完整。所以，練習太極拳必須要注意每一處的轉換，也就是「轉關」之處要做好，在「轉關」之中，是以腰腹的「轉關」為最大。

對於「轉關」，我認為也可以理解為轉環，就是從圓環的這一個半圈轉過來，再轉回來。轉環不是一個圓運動，是個半圓運動。在太極圖中，其中一半是從陰變陽，另一半則是從陽變陰。這個轉半圓轉換之處，我認為就是「轉關」。

關，有關口，關竅的意思。這個關口、關竅，最重要的是在腰部。太極拳講究太極腰，認為「命意源頭在腰隙」，太極拳的「轉關」就在腰隙這個地方。

比如：做雲手這個動作，腰不轉過來，只有上肢動作，動作就不協調；必須腰部旋轉過半圈，然後再轉回去半圈，上肢才有左右迴環的動作；上肢的動作也必須以腰為軸，就是「轉關」之處在於腰隙；下肢也是如此，太極拳的根源在腰隙，下肢的動作也在腰帶動下進行的。只有腰部先轉過半圈，然後再轉回半圈，才有上肢和下肢的動作。我認為，這就是「轉關」的意思。

太極拳各派有各自的特點，但是在「主宰於腰」上卻是一致的。李亦畬說：「勁起於腳，行於腿，主宰於腰，形於手指。」還說：「勁起於脊骨。」脊骨上面的「關」在夾脊，下面的關在命門。因此，李亦畬說：「力從人借，勁由脊發。」這裡的關鍵是夾脊。

下肢動作的關鍵在於會陰穴和襠部，「往復摺疊，進退轉換」等，都要體現在襠部，這就是「轉關」，做好「轉關」，不能雙重，不能雙浮，要半輕半重。「偏輕偏重」為

病，「半輕半重」不為病。「半輕半重」也是要「轉關」，就是虛實的「轉關」，輕和重的「轉環」。做好這個「轉關」，關鍵是要把勁力抽回來，放在重心所在一側的腿上，這樣就能運用輕靈，這裡的關鍵就在於腰襠部的「轉關」是否靈活。

我認為，「轉關」就是陰陽和虛實的轉換，也包含著步法、勁路的轉換。這兩者其實是一回事。如果沒有身法、勁力的轉換，也就沒有陰陽虛實的轉換。

楊氏太極拳講抽腰換勁，陳氏太極拳講丹田內轉，這些都是講轉關，也就是轉換虛實。丹田內轉就是兩個腎臟的抽換，它就像太極圖的陰陽魚，一虛一實，一輕一重，抽動轉換，自然帶動你的兩腿，兩胯，兩邊身體進行虛實轉換運動。這就是「轉關」。當然，具體到每一個枝節末梢，又有各自的「轉關」。比如手臂，前臂和腕子也有轉關；腿和腳踝也有轉關。但是最主要的是腰胯部位的轉關，其他細枝末節的轉關就更加細緻微妙了。

做好轉關，主要是做好腰胯部位的轉關。太極拳不能練成體操那樣很外在的樣子，要練得細緻入微，內外合一，虛實轉換，這樣，才能做到引進落空。

太極拳的開合、虛實、屈伸等變化之間，都有轉換，這個轉換就是轉關。把握好轉關點，才能練好太極拳。轉換要把握好度，也就是恰到好處，這就是個關口，也就是轉關點。掌握好這個尺寸分毫，才能叫懂勁，才能做到抓拿截閉。所以，「轉關」儘管是陳式太極拳提出的，但是，其原則道理卻是普遍存在。轉關是太極拳練習的關鍵之處。吳氏太極拳在推手時講究柔化，在與對方接手後，要使對方落

空，這就是需要一個勁力上的轉換，也就是轉關。

　　楊氏太極拳有《亂環訣》，「亂環」指的是外面的肢體，而「轉關」是內裡的變化，比較小，比較微妙。因此，「轉關」和「亂環」是內外呼應的。如果內裡沒有轉關，外面都亂環也就沒有威力了。轉關是內在的東西，外在的表現是轉環。

　　陳鑫的《陳式太極拳圖說》是陳氏太極拳最早的著作，其中非常重視太極拳的技擊應用，是陳氏家族歷代太極拳實戰經驗的總結。書中說：「得勢爭來脈，出奇在轉關。」他還說：「虛籠詐誘，只為一轉。」其中「來脈得勢，轉關何難」是對「得勢爭來脈，出奇在轉關」的註釋。

　　所謂得勢，就是太極拳講的得機得勢。這主要講的是推手實戰中，要能夠占據主動地位，形成「我順人背」的局面。但是，在實戰中，也有可能自己不占主動，處於被動局面，這就要用「轉關」來解決，由被動轉為我順人背。這就需要虛實含展，以腰為軸，轉換虛實，變被動為主動。

　　所謂的「來脈」，就是對方的來勢、勁路。如果能夠探展之路，我認為是勢在必行的。兩者應該是相輔相成，互相補充。不管是為了表演還是為了實戰。我們都應該掌握好太極拳的氣與力。

# 鬆沉，是太極拳初級功夫

太極拳的練習要沉著鬆靜，太極拳練出功夫的表現就是沉著、鬆靜。能夠做到鬆沉，這是太極拳功夫上身的第一步。在這一步驟的練習中，要能夠在肢體上做到鬆柔、鬆順，使氣血流通，之後才有可能做到沉。所謂沉是意、氣、勁沉到了下面。練習太極拳意能夠沉下去，氣也就能夠沉下去，勁力也自然就能夠沉下去。當然，我們也可以把這種「沉下去」簡單理解為身體的重心沉下去。太極拳的功夫是能夠往下沉一分，功夫就長一分。在推手中，誰能沉得低，誰就能戰勝對方；誰沉得不夠低，推手中就會重心上浮。

我們認為太極拳的練習，誰鬆沉得好，誰的功夫就深。這是太極拳早期的功夫，所謂的「鬆沉」是練習太極拳功夫的第一步，也是功夫上身的標誌。

所謂的「雙沉」和「雙重」，從形體來說，是指雙腿、雙足的虛實是否分清；從意氣的角度來說，則是指陰陽、虛實、剛柔是否分清。「雙重」之所以是病，是由於陰陽不分，虛實不分。「雙重」之病無論是自身盤架子練習，還是與人推手，都是由於自身沒有分陰陽，也可以說是自身沒有分虛實。沒有分開陰陽，沒有分虛實，所以是病。

這裡的「重」，是凝滯的意思，虛實不分，呈現呆滯的現象。拳論說：「雙重則滯，偏沉則隨。」由於「雙重」，無論是練拳還是推手，就會動轉不靈活；只有虛實分清，才能達到鬆沉，才能運轉靈活。

*中道皇皇 梅墨生太極拳理念與心法*

當然，鬆沉階段的練習只是太極拳的初級功夫，不是最高功夫。鬆沉之後，還要「率爾騰虛」，也就是能夠達到輕靈、虛靈的地步。拳論中說：「雙輕不為病，雙浮為病。」所謂「雙輕」就是鬆沉到極致之後，返回到輕靈的階段。浮，是漂浮，沒有根基；而輕，則是輕靈，是下盤穩固，上盤輕靈。練習太極拳，能把沉重練到輕靈，這是功夫又上層樓，這就像形意拳的明勁、暗勁、化勁三個階段。

鬆沉勁相當於形意拳的明勁階段；輕靈勁則是形意拳的暗勁（或者柔勁）階段。再進一步就是剛柔相濟、剛柔混一、陰陽混一，這就是化勁階段。

太極拳的練習開始階段要分清虛實，分清陰陽，到了最後階段，則要陰陽混一，也就是開就是合，合就是開。化就是打，打就是化，從心所欲而不踰矩。這是形意拳的化勁階段，也就是太極拳的神明階段。

總之，太極拳的初步功夫是鬆沉，第二步功夫是輕靈，第三步功夫是神明，即化打合一、收放合一、拿發合一。楊澄甫的「太極拳十要」講「要分清虛實」，這是初級的練習階段。在太極拳的技擊運用時，虛實則是合一的。也就是說，先要在練拳中自身合住勁，在推手時還要與對方合住勁。無論是自身練習拳架時的「雙沉」，還是與對方推手時的「雙沉」都是要合成一個。

我的老師說，這就是不留一絲縫隙，這是指勁路上沒有一絲縫隙，如果勁路上有縫隙，就會給人以可乘之機。這也是太極拳先求開展，後求緊湊的原因。緊湊，是勁力的緊湊，是意氣的緊湊，要緊密而無間隙。能把自己練到綿密無間，就能處於不敗之地，從而從心所欲化解對方的進攻。

「雙沉」，在與對方推手時，我認為是指雙方都能沉下去。這不是病，是雙方勢均力敵。如果是單獨練習拳架，則是指自身的陰陽都能沉下去。

在推手時，接觸點上如果雙方頂牛，這就是「雙重」，這時力大者勝。這不是太極拳要練習的功夫。太極拳練習的是化打、拿放、吞吐的功夫。因此，在推手時，太極拳要求絕對不能頂牛，要順遂、柔化，所謂「剛在他力前，柔在他力後」，這樣才能練出「四兩撥千斤」的功夫。推手時，在接觸點上要運化，不能硬頂。所謂不頂，關鍵是在接觸點上要分陰陽，也就是不能「雙重」，而要做到「雙沉」。

「雙沉」是練習到一定程度，功夫上身了，才能做到。「雙重」，則是凝滯，是頂的一個原因。總之，太極拳練習的是輕靈圓活、輕沉兼備，最後要達到鬆與沉混一，沉與輕混一，拿與放混一。當然，在練習時，先要鬆沉，能沉下去，沉到腳下，然後借地面支撐力將勁力反上來，也就是「發於腿，主宰於腰，形於手指」。這是太極拳的鬆沉功夫，也是初級功夫。進一步的功夫是求輕靈，太極拳的虛靈頂勁很重要，拳論有「滿身輕利頂頭懸，氣追身軀不稍滯」的要求。也就是太極拳練習到後來，腳下不是沉重的，而是輕靈的。郝為真說：打太極拳要像在水中浮著打，要像在水面上打拳。這些都講的是練拳要求輕靈的意思，要有彷彿能把自身提起來的意思。這時，太極拳的練習就已經超越了前一階段鬆沉，落地生根的階段。到了輕靈階段就是懂勁了；再往後就是神明階段了，這時就能夠從心所欲。

當然，練習太極拳能夠達到輕靈圓活階段，就已經很不錯了；練到神明階段的，就很少了。

中道皇皇 梅墨生太極拳理念與心法

# 明太極理，練太極拳

在太極拳練習者當中，有不少人出現了膝蓋疼痛的現象，或者是半月板損傷、膝關節扭傷。我認為，造成這種情況的原因有如下幾點。

**一是太極拳的理解上出現了偏差。**

練習太極拳首先要明太極拳的理。太極的概念很大，是中國傳統哲學的範疇。而太極拳的範疇也很大，現在很多不是太極拳的練習方法、觀念，也都放到了太極拳這個概念中來，顯得有些混亂。

我認為，太極拳特指由道家思想和儒家思想為主，在漫長的歷史中演化而形成的武術拳種。王宗岳《太極拳論》中的思想，符合《易經》「一陰一陽之謂道」的思想，具有深厚的哲學和文化背景。《太極拳論》強調的是陰陽互根，陰陽的互相對待，陰陽的相互轉化。根據這一點，太極拳既不能落於純剛，也不能落於純柔；既不是單純地用陰，也不能單純地用陽。

太極拳應該是陰陽、虛實、開合、進退等的統一體，是相對而存在的。我們在練習太極拳時，每一個動作的運行，都要含著兩種勁力——不是只有向外的勁力，或者只有向內的勁力，一定是陰陽兩極的勁力含在一起。一出手，每個動作都含著虛實，都含著陰陽。拳論說：「一舉動周身俱要輕靈。」就是說，任何一個動作都要含著太極陰陽兩方面的元素，否則就會「失中」，就產生了丟和頂兩種弊病。

我們練拳，一定要遵從拳論，按照拳論的陰陽開合理論去練拳。拳論說：「有上必有下，有左必有右，有前必有後。」都是講的太極陰陽互根、陰陽對立統一的關係。明白這些，就是明理——明白練習太極拳應該練什麼。這是第一位的。

**二是明瞭太極之理後，就是練法的問題了。**

我是跟李經梧老師練習的太極拳，我們第一是強調內功和拳法的結合，強調內功對太極拳的作用；第二是強調心法在內功運用中的作用，內功和心法是成就太極拳，提升太極拳功力，修練太極拳必不可少的功夫。

內功是練習太極拳的內核，而心法是內功的核心。我們練習太極拳，就是練習陰陽虛實，練習吞吐開合，在拳架的「五行八法」訓練中，都要貫穿陰陽勁。李經梧老師說：「陰陽勁就是太極勁。」太極拳要練知己的功夫，把自己練成太極一體，陰陽平衡，中氣充足，然後再練習知人的功夫，也就是用的功夫。

練習太極拳強調內功的修練，就不要求你在外形動作上做得如何漂亮，腿抬得如何高，架子如何低。有人認為腿抬得高，架子下得低，拳就練得好，功夫就深，這是不符合太極原理的。

有許多人練太極拳膝蓋疼，就是由於架子低、腿的負重大。我認為這是對太極拳認識的誤會，是理解認識上有偏差。這種練拳的身姿，只有向下的沉，沒有向上的浮；只有陰，沒有陽。其實，這就是偏執。

太極拳首先是道法自然，不能偏執強為。不僅練拳的姿勢要自然舒展，身體也不能過勞，不能違背生理的自然狀

態。架子過低，膝關節的半月板和韌帶扭曲，日久天長勢必造成損傷。許多膝關節疼痛的原因就在於此。

另外，做動作時，膝蓋的迎面骨一定要對準腳尖，這樣就不會造成膝關節的扭傷。還有，弓步時，膝蓋超過腳尖，日久天長，也會造成韌帶拉傷。

當然，極個別的動作，比如下勢，膝蓋可以超過腳尖。還有，在做弓步時，沒有做到鬆胯，膝關節處於扭曲狀態，也會造成膝關節的慢性損傷。

總之，要避免膝關節損傷，首先要對太極拳有一個正確的認識，要明白太極之理，做到適中；其次，在練習方法上要適中，不要架子過低；第三，不要急於求成；第四，要掌握正確的練習方法，要中正不偏，不高不低，意識上鬆沉，但是姿勢上不一定是下沉的。鬆沉是意氣勁力的鬆沉，不是身形的下沉。一味地身形下沉，就會加大膝關節的負荷，如果你的姿勢再超過自然的生理角度，就會造成損傷。

練習太極拳的目的是益壽延年，健體強身，關鍵是我們要正確地理解認識太極拳，正確地演練太極拳。練習太極拳，要會練會養，這樣才能出功夫。還要認識到，練武與健身有關係，但不是必然的關係。

養生學是一套專門的學問，很多不練太極拳的人也很健康，很長壽，這是由於他們符合養生的道理。而有一些練拳的人，甚至武術名家，只會練，不會養；只會消耗，不會涵養，反倒自損陽壽，自損健康。這就是一些武術名家、太極拳家並不長壽的一個原因。

# 太極拳的修練
## 就是練就丹田混元氣

　　練習太極拳要明白太極拳的道理，明理然後還要得法，按照正確的方法練習獲得太極功夫，才能推手實作。太極拳不僅有高深的理論，還能夠應用於實戰實作，否則，理與法就是兩層皮。

　　但在現實生活中，許多人練習太極拳，拳理和技法是兩層皮，沒有結合到一起，往往是說理的單說理，流於形而上，練習技術的只是研究技法，流於形而下。這兩種情況都沒能整體地、全面地掌握和傳承太極拳。

　　太極拳的理論是陰陽學說。陰陽，是中國傳統文化中的理念。認為它玄虛、不可把握，其實這是認識上的偏差。古人觀察天地萬物運行的規律，總結出了太極陰陽這個概念。太極動而生陽，靜而生陰，陰陽相濟，陰陽互生，相互轉化。這個道理其實並不玄虛。太極陰陽只是個名稱而已，太極陰陽的運動則是客觀存在的。古代人發現了這個規律，對此進行闡釋，成為太極陰陽學說。

　　陰陽是天地萬物存在的一種相反相成、互根互用的元素。陰陽相對而存在，太極圖中對這一點表示得很清楚——陰中有陽，陽中有陰，陰陽相互依存，相互轉化。《易經》說：太極生兩儀，兩儀生四象。四象就是太陰、太陽、少陰、少陽。少陽，是陽之初；太陽，是陽之極；少陰，是陰之初；太陰，是陰之極。

　　從太極圖可以看出，物極而反，原始反終。這是道家思

想的一個根本的理念。另外，我認為，太極圖的奇妙不在於它揭示了陰陽依存、互生互長的關係，而在於陰中有陽，陽中有陰。現代人對太極圖難於理解把握，是由於我們的傳統文化出現了斷層。這也是我們今天許多人練習太極拳，很難去研究其中的太極陰陽理趣的原因。

古人在研究自然和人的關係時，從來不把人看作一個單獨的個體，而是用天人合一的觀點來看待人和宇宙自然，講究形神合一。道家的觀點就是天人合一、形神合一，在修練上，道家講究的是性命雙修。太極拳是道家功夫，它修練的根本是身心性命。

修練太極拳是為了「延年益壽不老春」，不是為了「技擊之末」。太極拳是性命雙修、身心雙修、形神雙修，終歸是陰陽雙修，也就是合體雙修──讓兩種性質、兩種功能、兩種元素，互相作用，陰陽互根。《易經》講「水火既濟」，也就是陰陽互根，陰平陽秘。

在太極拳界，除了重視太極圖外，還重視旋極圖。陳鑫的《太極拳圖說》中講述了這個圖。太極圖強調了陰陽兩儀互根、互生、對稱、變化的關係。旋極圖被稱為古太極圖，其最大的特點是中間有一無極的圓圈，然後向外螺旋伸展。

古代氣功家講：「其大無外，其小無內。」旋極圖就表現了這個概念。旋極圖中間的圓圈，代表了人的元陽、元氣。道家認為，萬事萬物是元氣化生，是宇宙原始之氣所化生的。元氣，可以宏觀到無極，微觀到一個點，也就是「其大無外，其小無內」。

太極拳的周身一家，與道家的宇宙混元一氣的觀念是一致的。道家還認為：宇宙是大太極，人身是小太極。因此，

古人就有了天人合一的理念。

具體到武功的修練，特別是太極拳的修練，更強調的是人身中的一團「中氣」的修練。對於這個氣，哲學中稱為元氣，傳統醫學上稱為真氣，人倫社會上稱為正氣，在人身中稱為中氣，武功中稱為內氣。這種內氣、中氣來源於古太極圖（旋極圖）中間的圓圈。

修練太極拳就是修練這個小圓圈，要讓它不斷地充足、充沛，形成丹田內氣，產生丹田勁。有了丹田氣，要保養它，不讓它耗散，這樣就形成了太極身，成為太極人，也就是所謂的「中氣十足，元氣充沛」。這種丹田內氣運用於外，就叫丹田內勁。

太極拳的勁力是由內而發放於外的。對於這一點，孫祿堂先生說：「只在當中一點運用。」這個一點，就是來源於旋極圖中間的小圓圈。

根據這一點，我認為太極拳是道家內丹功的外功，或者說是動功。你有了這丹田一粒混元氣，才算有了功夫。按照道家的修練方法，你先要得氣，然後再得藥。

氣，是我們平常說的氣感。藥，則有大藥、小藥、內藥、外藥。藥，是氣的更精微狀態，是氣更充沛的狀態，是氣的精華。得氣，得藥，然後用藥練成腹內的內丹。這樣就得丹。得丹，也就是得道。太極拳的整個修練程序，是由得氣，後得藥，然後得丹，然後成道、成仙。這是道家修練太極拳的程序。

我們今人修練太極拳，我認為是非常世俗化，非常淺表化，非常通俗化，非常大眾化，非常娛樂化，是一種休閒的文化娛樂現象。這種現象的出現，當然是有利於全民健身

的，但我們不能因此而不知道太極拳有高深的理趣所在，不能因此而否定太極拳有對尖端生命科學的追求。我們要從生命科學的高度研究太極拳。

由上面所述的太極之理，具體到練習太極拳，就要強調「周身一家」，要渾身無處不太極。首先，周身要分大的陰陽。陰陽也就是虛實，也就是楊澄甫說的太極拳第一要義「分虛實」。分出大的虛實，然後，要做到周身無處不虛實，每一動都要有虛實，一動就要分虛實、分陰陽，一動就要有剛柔，一動就要有開合，一動就要有聚和散。

練習太極拳是從預備式開始的，這是無極狀態、混元狀態，未分陰陽。然後，一動就分陰陽，這就是拳論說的「動之則分，靜之則合」。除此之外，太極拳還要陰中有陽，陽中有陰，就像太極圖陰陽魚中的魚眼。

拳論說「一動無有不動，一靜無有不靜」，又說「動中有靜，靜中有動」。如果不是處在中國傳統文化的環境中，你是很難理解這兩句話的。

中國的哲學是合二為一，太極拳修練就像中國哲學一樣，不是非此即彼的兩分法，而是合二為一。太極拳關鍵不在於動而為陰陽，而在於「合二為一」。李經梧老師說：「練習太極拳每一處都要分陰陽，哪怕是微小的動作都要有陰陽。到了高級階段，要分中有合，合中有分。也就是化即是打，打即是化。要化打合一。」

太極拳打手，初學是要先接勁，再化勁，然後再發放。這是必要的一個練習階段。但到了高級階段，要化打合一。李經梧老師的拳藝能夠應物自然，達到拿、化、打合一的境界。李經梧老師說：練習太極拳要練成化打就是一個，不能

有兩個。另外，在推手時，還要與對方合成一體——不僅自己的勁力合成一個，還要讓對手與自己合成一個。這樣，對手就完全在自己的操控之下。這樣，才能「耄耋禦眾」，才能「四兩撥千斤」。

太極拳的陰陽理論是可以操作的，太極拳從理論到實踐是知行合一的，任何有傳授、有感悟的太極拳家都能做到這一點。練習太極拳，到了一定程度，身體內是有感覺的，別人摸到你也是有感覺的。李經梧老師最愛說的是：「手上沒東西，身上沒東西，丹田沒東西。」還說：「先要練到丹田有東西。」這就是修練的法門。

道家內丹修練，是先從有為法修練，然後到無為的心法修練。有些高手傳授給人太極拳，往往是把結果說成了方法。還有人是永遠在低層次徘徊，不能進入高級階段，這是由於他們不認為太極拳是修道之術，總在實體上練習。

王薌齋說：「離開此身不是，執著此身不是。」這是道家功夫修練的真言。我們修練太極拳，也是這樣。只在自身上求索，無法與對手實戰；完全離開自身，到身外求索，也是不行的。太極推手，要讓對方和自己變成一對陰陽體，這樣就能「隨曲就伸，借力打力」。你柔我剛，你剛我柔，不丟不頂。這種不丟不頂地承接來力，就是太極拳要修練的功夫。要練到周身每一處都能接能化能發，化的地方也就是發的地方。這種功夫，說來容易，練起來難，古往今來，能達到此境界的人，寥若晨星。但正因為它高妙、高深，人才迷戀太極拳。太極拳的魅力就在於此。

太極拳高手，像楊露禪、李亦畬等，自身不但陰陽合一，而且打手時和對方在一瞬間也能夠陰陽合一。這樣，就

發放自如，想把對方打到哪兒就能打到哪兒。太極拳的推手，要不丟不頂，兩人沾連黏隨練習，不是較力，而是體會勁力，是讓人達到最大的輕靈圓活的狀態。推手，就是訓練你的圓活柔化的能力。

總之，對陰陽可以理解為剛柔，也可以理解為動和靜、虛和實、進攻和退守、開與合、化和打……這是在不同的角度、不同的層次，對陰陽的表述。陰陽還是相對的，是變化的。我們研究太極陰陽學說，研究太極拳理，不要糾纏於某些名詞，然後做邏輯推理，研究怎麼練。古人是沒有邏輯的邏輯，直指問題的核心所在。陰陽是具體的，是我們能夠感受到的，也是能夠修練的。

我們先要學太極之理，然後由理入法，透過太極拳技法的練習，體會到身體的變化，然後再感悟到太極之理，進一步理解陰陽，把握陰陽，從而不斷提高太極拳技藝。

# 太極拳與內丹學

## ✚ 拳與功說

太極拳是武術，有體育的健身功能，還有武術的技擊功能，與傳統養生功夫不盡相同。傳統養生功夫以儒、釋、道、武、醫、易學說為指導，是系統的人體生命修練工程。而道家仙學內丹功是核心功法，在傳統修練中，太極拳是此系統工程的初級，是內丹學的外功，是道家養生術的動功，內丹功是與性命雙修陰陽並列的深奧學問。

### 形與意（調身立身，外動內動）

太極拳要立身平衡、中正安舒、上虛下實、支撐八面、虛領頂勁、含胸拔背、鬆肩墜肘……內丹功同樣如此，只不過以坐式、臥式為主，這是兩者身形上的要求。

太極拳要先在心，後在身，始而意動，繼而身動，動作招式的外動要聽命於心意的內動，原則上太極拳的修練是內帶動外，意引導氣，形意合一，神氣合一。

太極拳的外動必須以內功的內動為主導。

### 勢與氣（煉精化氣，外勢內勁）

《難經》：「氣者，人之根本也。」張載《正蒙》：「凡可狀皆有也，凡象皆氣也。」《莊子》：「眾人之息以喉，真人之息以踵」。《周易‧參同契》：「真人潛深淵，浮游守歸中。」

氣勢是太極拳的外向，有諸內形諸外，有了內功修練所儲蓄積聚的內氣（內勁），顯現於外形為氣勢，而內氣的不斷訓練（內功）——內呼吸，即是內功。

太極拳為內功拳，其練習方法重內、重意，無招勝有招，招熟以後求懂勁，這個勁即是內氣、內功。

長期的內功訓練，從養生效果說即接近於道家內丹的煉精化氣功夫。

### 神與丹（階級神明，煉氣化神）

《莊子》：「夫形全精復，與天為一，聖人抱一為天下武。」道家言：性乃精神，命即肉體，性命雙修即形神並煉，息氣相合。拳法外動其形，內靜其神，以心意行其氣，求周身一家，拳法所謂「氣遍身軀不稍滯」。由招熟漸悟懂勁，由懂勁而階及神明。行、勢、氣、意、勁、神完整一體，即拳經所謂周身一家，全體大用，此真太極之功也。臻此則一片神行之功，捨此皆旁門末枝。

所謂凝神聚氣無形有質，即煉氣還神之功。丹道講築基、煉精化氣、煉氣化神、煉神還虛、煉虛合道，拳道應以此為參照，為階梯，為層次。太極拳本質上與丹道合，拳必須向內求神意氣之合一，向外追求行之六合。

### ✚ 練與養說

拳為小乘，功為中乘，道為大乘，操、拳、功、道是一個淺深遞進關係。傳統修練講究由技進道，以拳修道，以武演道。

內功是內丹的用，拳在外，功在內。太極要練內壯，內

壯要內動。內動的方式是內在氣機的開合，老子所謂「如橐籥乎」。由內開合而帶動外開合的訓練，即為內功。內功是內丹的顯現，內丹學即大道學。故練太極拳必通丹功，才能臻上乘。

拳法含胸、氣沉丹田，腹內松淨氣騰然，即是丹功任脈陰氣下降，退陰符；拳法拔背，力由脊發，滿身輕利頂頭懸，即是丹功督脈陽氣上升，進陽火。以此完成周天循環，水火既濟，陽升陰降，陰陽平秘之功。是為丹功之築基與煉精化氣（小周天）功階。

1. 操有形體之美，無內氣之動。拳有招式之用，無內勁之功。功有深淺之別，須向上求道境也。內功是內丹的施用，孫祿堂所謂丹田一粒之運用也，拳道無它，一氣中和而已。

2. 太極拳所練外拳內功，內功即內壯之學，其方法實做即求內動、內照、內氣、內勁、內圓、內證、內呼吸、內開合。此與西方式體育鍛鍊肌肉訓練大異其趣。梁漱溟先生所謂中國文化都是向內求也。

3. 太極拳功以吐納、開合、虛實、收放、進退、攻守為關鍵，吐納是氣機，開合是意勁，虛實是重心，收放是招式，進退是形式，攻守是為身步。

4. 先知己後知彼，先在心後在身。先有為後無為。太極拳功道乃無極生有極，有極返無極，無法生有法，有法返無法，無招求有招，有招若無招之修練。

李經梧先生說：太極無招渾身是招，挨著哪兒哪兒說話。從武術功能上說太極拳是以中定應對八方，以不變應萬變。見招拆招，不是太極上乘功法。

　　從根本上說，太極拳功乃是儒家中和與道家返還之功。因此重視站樁，充實丹田，強化帶脈，以盤架子練套路為動中求靜，以站樁慢練為靜中求動。練養相兼，動靜相兼為途徑。始於無極樁而終於合太極。此即《易經》「一氣流行」「原始反終」之大義。練是動，養是靜，動靜相兼，練養相兼方合道。

　　5.拳功具體操作必以守竅、聚氣、行氣、凝氣、神化為層次。至此則煉氣化神。由外向內練（內斂、收斂入骨），由內向外發（節節貫串，達到四梢）。不斷內外往來訓練，乃竟全功。名家一運一太極，功臻化境一片神行，而上乘之功以丹學悟之可矣。

　　胡海牙先生說：「渾身無處不丹田，此語修練太極拳者大可玩味。」

# 太極之根在丹田

太極拳練習的是什麼？

我認為練的是混元一氣，練的是一氣流行。既然練的是「一氣流行」和「混元一氣」，那麼，就不能在腳下練，也不在手上練，而是要煉丹田內氣。手和腳是身體的末梢，而修練太極拳練習的是丹田氣，太極拳的「根」不在手腳，而是在丹田。

太極拳是道家內丹的外功，道家內丹的根本就是丹田。太極拳修練的目的是「延年益壽不老春」，防身自衛是它的副產品，太極拳練習的是丹田氣，練的是混元勁，它的「根」就應該在丹田與命門之間，通俗點說就是腰腹之間。人體的內氣從這裡出發，向外螺旋運行。

我們看到的宇宙星雲圖是旋轉的，其中的中極就是太極，這裡是陰陽兩種能量，或者說是兩種宇宙場的交匯之處，這個交匯處就是太極。

人體猶如宇宙，是宇宙的體現，人體的腰腹是太極的根，從這裡延展，腿和手臂就是末梢。拳論說：「立如枰準，活似車輪。」是講身體整個像車輪一樣旋轉自如，腰就是車軸，也就是根。

如果認為太極的根在腳，練拳時要腳下扎根，五趾抓地，那就不符合太極拳所遵循的古代哲學和《易經》的道理了，也違背了太極的哲學和思維。

按照中國古代哲學，天是陽，地是陰；天為乾，地為

坤。如果我們練拳時總是腳趾抓地，只是借地力的話，那就是只有陰沒有陽。天為陽，地為陰，我們人處於中間，是天地之心，這個心就是根。修道、修佛、修身，都要修心，這個心就是氣，就是根。

古代丹法說，人的性藏在上丹田，就是神所居的地方，在腦部的泥丸宮；人的命是精氣，在人的下丹田，就是腹部。在道家來說，丹田屬於玄牝，就是陰蹻穴，這是生命的根。儘管人們對下丹田的具體位置眾說紛紜，但是，其位置基本在人體的腹部與腰之間，這裡被認為是生命的根本，太極拳修練的根也在這裡。

從人的丹田部位向下延長，就到了湧泉穴，接地下的陰氣；向上延長，就到百會穴，接天上的陽氣。陰氣上行，陽氣下行，交匯於丹田。我們練習太極拳，要讓陽氣下降，陰氣上升，陰陽混合交匯於丹田，這樣才是一個太極完整體。這是內氣向裡回收。當內氣向外展放時，則是由丹田向四肢末梢螺旋舒展放開。

太極拳的收與放，是丹田內氣的開合與收放。故而，從太極拳修練的角度說，它練習的是丹田，練的是混元氣，練的是周身一家。

那麼，為什麼武禹襄在拳論中說「其根在腳」呢？

我認為他這是在講述太極拳的發力，是指瞬間發力的狀態，必須要藉助地面的反作用力，然後才能把這個力量施加到對方的身上。這也符合太極拳的陰陽平秘，但又偏於陰柔的特點。太極拳是以大地的陰柔之力，把對方漂浮起來，掀起對方，但這只是發力的瞬間。平時練習時，我們不能總是腳下生根，五趾抓地，那就不是陰陽相濟了。

太極拳要求中和，要用中，不能偏陰，也不能偏陽，要把神和氣、性和命，在身體的中間合二為一。武禹襄的《五字訣》中就有「神凝，氣斂」的要求，王宗岳拳論說「要斂入骨髓」，都是講的這一點，即要把神意收斂到中間去，不是向外發放。這是太極拳最重要的心法之一。

太極拳發力講究「一身備五弓」，其中的主弓就在腰背上，還要求「其根在腳，發於腿，主宰於腰，形於手指」，這時要藉助地力發放，但這只是一瞬間，其他的時候則不能腳下生根，五趾抓地。

練習太極拳不是姿勢越低功夫越好，也不是只有重心下墜，而是要把身體練圓了，沉著之後還要有輕靈。只有下墜，那叫沉滯，沉滯不是太極拳追求的境界，輕靈圓活才是太極拳追求的境界。所以「其根在腳」只是發力瞬間的狀態，不是常態。太極拳的根應該在丹田。

# 心齋與太極拳聽勁

聽勁是太極拳推手、體會勁力的一層技術與功夫。王宗岳《太極拳論》中：「由著熟而漸悟懂勁，由懂勁而階及神明。然非用力之久，不能豁然貫通焉！」又謂「一羽不能加，蠅蟲不能落。人不知我，我獨知人。英雄所向無敵，蓋皆由此而及也。」上述拳論乃太極一門之經典，習太極拳者無不耳熟能詳。但對於如何修練到這一境界，則眾說紛紜了。

筆者功夫及修為均有限，但多年習練太極拳及道家丹功，也有一些體會認識，下面結合師傳，略陳淺見，以求教於大方之家。

太極，乃中華哲學概念。太極拳乃此一哲學文化之具體化──以身心修練陰陽變化之道。因此，儒、道兩家之學可以說是形成太極拳的深厚背景，孔、孟、老、莊之學，均在太極拳學中得到不同程度之顯現。反過來說，傳統哲學文化理應成為指導太極拳功修練的高層「心法」──相比技術上的「心法」訣竅而言。

太極拳的高深，在於其蘊涵深廣，與中國哲學相表裡。古典哲學之宇宙觀認為：天地有太始、太初、太易、太素、太極。在此之前為無極。無極乃天地萬有之先，由無極而太始、太初……而有極、太極，而兩儀、四象……以至萬物。太極動而生陽，靜而生陰，由一而二，變化無窮。○即無極，一即太極生有極，一者，天地陰陽未分判也，即「無

對」之絕對，乃宇宙生天生地生人生萬物之原始與根本力也，即宇宙元氣，於人身為原始祖氣，也稱先天炁。迨一分為二，則天地之陰陽分判矣，為先天炁之後天，分之為二，合之乃一。

太極借之名拳，故借此理而行拳練功，追求天人合一之境，此中華先民之獨到智慧顯現也。

《易經》謂：「大人與天地合其德。」大人者，與天地參之人，德者，存在之本性自然也。合者，不二法門，即一也。《莊子》謂：「天地與我並生，而萬物與我為一。」又云：「通天下一氣耳。」「聖人故貴一。」可見，莊學視「一」為「道」。因此，「一」者，宇宙之絕對存在，即大造化也。《莊子》推崇的聖人、真人、至人無不是神全、德全、道全的「純氣之守也」。在《達生》篇中他闡述說：「壹其性，養其氣，合其德，以通乎物之所造。」

太極拳之習練，必於精、氣、神上求之，乃可「技進乎道」！《莊子》在《大宗師》中，記載了孔子與弟子顏回的一段對話：

大意是顏回匯報學習體會，先忘了「仁義」，繼而忘了「禮樂」，夫子吃驚問弟子達到「坐忘」的感受，顏回答覆說：「墮肢體（廢掉肢體），黜聰明（廢棄聰明——耳聽為聰，目視為明），離形去知（心智），同於大道，此為坐忘。」於是，夫子「也請從而後也」（步顏回後塵）。

在《人間世》中，莊子又記錄了一段夫子與顏回的對話：弟子問師什麼叫「心齋」，孔子回答：「若一志，無聽之以耳而聽之以心；無聽之以心而聽之以氣。聽止於耳，心止於符（契合）。氣也者，虛而待物者也。唯道集虛。虛

者，心齋也。」

《太極拳論》王宗岳云：「欲避此病（指旁門與雙重之病），須知陰陽；黏即是走，走即是黏；陰不離陽，陽不離陰；陰陽相濟，方為懂勁。懂勁後愈練愈精，默識揣摩，漸至從心所欲。」

太極拳專門有「聽勁」之術語，其淵源正應來自莊子記孔子之言。太極拳的功夫訓練當然從盤架子（行拳）、推手（摸勁、聽勁）、站樁、內功以及心法運用多種管道獲得，而「聽勁」是其中重要的一環。

太極推手，名為推手（亦有擖手、打手、散推手之稱），實則「不用手」（鄭曼青語），不用手如何較量？此正是太極拳獨到的地方。說是「不用手」，實則是不用手上的局部力量，而是用丹田命門為根本原動力且敷佈於四肢「周身一家」的整體力。這種整體力，也即是混元勁。

它是無力的力，也可稱為丹田勁或內勁。當然由於內功心法的長年修習積累而成。在懂勁之前，先需能聽勁——知覺到對方的力度、力量、力向與力源、力根，則不難在「黏走」運化中「拿發」對方，而制勝對手。

某種意義上，聽勁功夫可稱為身心功能的暗中轉化運用。聽，本來是耳朵的本能，但指揮耳朵的卻是心（神），心的物質能量則是看似玄虛的「氣」。「虛而待物」的氣，在心齋（心為房室）的空間充斥，在得機（不早不晚、不遲不快）的時間一瞬，感知對方的來力——作用力，即刻予以走化——即化即發，化打合一。李經梧老師稱之為「挨哪兒哪說話」——這裡的說話當然只是借代，即應對處理的意思。而自身先要有「知己」的功夫，先知己，再知彼，所謂

知己，即「守住中土不離位」──「守中用中」的能力，知己知彼，才可制人。

　　「知彼」的功夫就體現在「聽勁上」。武禹襄所謂：「心為令，氣為旗」（《十三勢行功要解》）。亦所謂「敷蓋對吞」之四字訣運用也。李亦畬所謂「彼之力方礙我皮毛，我之意已入彼骨內。」（《五字訣》）

　　可見，「聽」之一字，有違常識，以氣聽，究之即以心身膚毛的至微至細之靈覺感知也。這也是太極拳之為太極拳的奧妙所在──「唯道集虛」，鬆靜、鬆通、鬆順、鬆沉、鬆空之要。太極推手一般稱「接手」，即以氣接（肌膚似接未接），也正是《打手要訣》上的「皮毛要攻」。當然，這要慢慢訓練才能上身的。

# 要認清推手訓練和推手競技的不同

首先，我談談太極拳推手的定義。

太極拳推手，是太極拳門內師兄弟之間或同行之間練習聽勁、找勁的一種方式，這種練習，不是雙方的生死較量，也不是太極拳技擊方法的全部內容。推手是體會太極勁力，檢查太極拳功夫，看看訓練有沒有進步，特別是檢驗聽勁的功夫是否到了懂勁的水準，懂勁達到了什麼程度。另外，推手還作為同門、同行之間交流切磋的一種方式，檢驗太極拳功夫。這種訓練手段和切磋方式，是不能出現頂牛現象的。如果雙方頂牛較力，那麼兩個人就都練不出太極功夫。

頂牛較力，實際就是誰的力氣大誰能勝利，也就不可能體現出太極拳的特點，當然也就練不出太極勁，練不出四兩撥千斤、以柔克剛的太極功夫。

太極拳推手這種傳統的訓練方式，本身就是同門、同行共同交流切磋，不是技擊、競賽的手段。在推手過程中，比的是誰的技術更精微、誰的勁力更細膩、誰的感覺更靈敏，看誰能守住中定，微妙地引化對方，克制對方。

**其次，我再談談為什麼現在的推手會出現頂牛的現象。**

現在，推手演變成一種雙方競技較量，爭勝負的比賽方式，成為競技推手。這是太極拳推手的發展，也是可以理解接受的。在太極拳推手比賽中，雖然是同行，但不一定是同門；雖然是同好，但雙方不一定會禮讓三分。這樣就變成了一種爭勝負的競技較量。就出現問題：雙方都不會謙讓，雙

方的目的不是練習聽勁、懂勁，而是為了爭勝負。目的性很強，雙方就難免出現較力、鬥狠、頂牛現象。在賽場上，心態也變了，求勝心切，想贏怕輸，本身功力又不夠，不具備太極勁，所以，就難免出現頂牛、較力的現象。

**再次，我談談如何解決這種現象。**

太極拳作為一種傳統武術，它的技術內涵包含踢、打、摔、拿等技術，也就是所有的武術技擊技術都包括。太極拳的技擊是「擎、引、鬆、放」「敷、蓋、對、吞」「抓、拿、擲、打」，無所不包，而推手只是太極拳技擊手段的一部分，是太極拳特有的技術，只是體現了太極拳柔化剛發、化發拿放。如果較量的雙方沒有訓練到這種水準，雙方的技術、功力相當，又不是同門，或者爭強好勝，這樣就難免雙方頂牛較力。

因此，把太極拳推手變成一種競賽方式的時候，就應該把這一點首先考慮清楚，然後，再制訂相應的規則。制訂規則的人，要尊重太極拳作為武術的普遍性因素，更應該強調太極拳特有的以柔克剛、後發先至、以小力勝大力的特點。否則，就不能體現出太極拳推手的技術特點。

其他的拳術中，也有推手，比如形意拳、大成拳、詠春拳等，但是，它們的推手跟太極拳的推手還是不同的。

太極拳推手，一定要體現太極拳的特點。作為一種競賽方式，推手一定要制訂好規則，比如，是定步推手，還是活步推手？是單手接觸，還是雙手接觸？是四正推手，還是散推？這些都要非常清楚地規定好。如果是定步推手，腳步就不能移動，也不能使用摔跤等手法。

規定清楚了，競賽的操作就容易了。如果把推手理解成

兩個人的較量，而且是全方位的較量，那就可以使用踢、打、摔、拿任何技術，這也就不是太極拳推手了。所以，規則要制訂得非常合理，要依據太極拳的理論和技術特點來制訂，才能減少頂牛、摔跤等現象的出現。

我們還要認識到，太極拳最重要的特點是以柔克剛、以靜制動、由近而及遠、以小力勝大力、後發先至。這些，既是太極拳的特點，也是太極拳的原則，由這些原則來制訂比較詳細的規則，才會有利於太極拳推手的競賽，有利於在推手中提高功力，訓練太極功夫。否則，練出來的就不是太極功夫。太極功夫，是讓對方整體失去平衡，被發放出去。也就是，我自己永遠保持身體平衡，不失去中定，而讓對方失去中定，不能保持平衡。

放人，就是把對方整體拋擲出去。太極拳推手競賽，一定要制訂好規則，在大的原則規定下，定好細則和方式，這樣才能盡量避免頂牛、摔跤、摟抱等現象。

比如，定步推手是雙方腳步不動的情況下比試，檢驗的是「知己」以後的「知彼」功夫，檢驗的是聽勁的能力。聽之至微，才能發之至驟。柔化剛發，是太極拳的基本原則，也是太極拳的特點。在深刻理解了太極拳的原理的前提下，制訂比賽的細則，詳細規定比賽的範圍和使用的技術方法，然後就看彼此的功力和水準了，否則，籠統地說推手，不限制摔法，不限制頂抗，人家當然可以摔、可以頂。我覺得，推手比賽不能體現太極拳的技術特點，就是由於我們太籠統地定義了太極拳推手，沒有限定太極拳推手的技術方法。

再比如活步推手，也要制訂一個範圍，也就是場地的大小、形狀。「沾連黏隨不丟頂」，這是太極拳的原則，在活

步的情況下做不到這一點，也就體現不出太極拳的技術特點。要在沾連黏隨的條件下，讓對方失去平衡，被發放出去。如果規則規定：沒有做到沾連黏隨，就是犯規。這也許能體現太極拳的特點，才有太極拳的韻味。不然，就變成了兩個人的頂牛。

**第四，要明確太極拳推手練功和推手競賽是兩回事。**

我們練習推手，如果是為了訓練太極拳的聽勁能力，互相為了長功夫，在推手時，就要互相有個配合禮讓，要知道這是在訓練聽勁的靈敏性；如果是競賽，就要制訂詳細的規則。太極拳推手的自身練功和競賽較量，兩者是有區別的。太極拳的訓練手段，主要有練習拳架、站樁、推手，這幾方面綜合練習，才能真正提高太極拳功夫。

那些總是頂牛、用大力勝小力進行練習的人，是不會練出太極拳功夫的。李經梧講：練習太極勁是越不用力，越能夠長功夫，不用拙力，才能練出太極勁。拙力是不用練的，是人天生的。總是用拙力頂牛，練不出太極勁，使用拙力、蠻力，就會努氣、憋氣，精神緊張，這就失去了太極拳練習的健身效果，長此以往，就會傷害身體。我們練習太極拳，除了防身自衛，更多的是為了健身，為了增長內勁。那種頂牛、憋氣、較勁的練習，都是違背太極拳的原理的，既練不出太極功夫，也對身體健康有所傷害。

總之，我認為，太極拳推手在門內是作為一種太極拳的訓練手段，訓練的是聽勁的功夫，彼此要有禮讓和配合；作為競賽，推手是為了爭勝負，目的不是提高太極拳功夫，不是提高聽勁能力，而是要戰勝對方，這時，彼此間也就沒有了配合、禮讓，頂牛現象就不可能避免。這兩者是不一樣的。

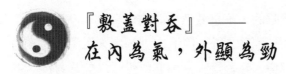

# 『敷蓋對吞』——
## 在內為氣，外顯為勁

　　武禹襄講的「敷蓋對吞」四字秘訣中的氣，從內功的角度講是氣，從使用的角度講，是指勁；對自己來說，是內功、內氣，對外的使用，則是勁。內氣和勁是什麼關係呢？勁是由氣來產生的，是由內氣來形成的。對自己來說，是練習內氣、內功，對外使用，則反映出的是勁力。在推手實戰中，我用氣把對方敷住了，就是用勁把對方貼敷住，籠罩住，對方的感覺就是被一種勁力控制住了。

　　所謂的「**敷**」，就是把對方的勁罩住了，也就是把對方身體的體能給控制住了。

　　「**蓋**」，是一種由上往下的一種勁力的使用。「蓋」很形象，就像給鍋蓋一個蓋子一樣。

　　「**對**」，是前後方向的勁力運用，是一種直向的力。在推手中，要對準來力，同時與來力稍微相錯，不是兩力相頂，而是錯開一點兒，避免兩力相頂。太極拳是由接觸點來控制對方的。雙方勁力相對，對方不出力，我也不出力，對方出力，我則稍微錯開一點，不和對方形成對抗。這就是「剛在他力前，柔在他力後」。這時的「對」，是形體上的對待，接觸點上的交鋒。這就是在接觸點上運用陰陽，彼剛我柔，彼實我虛，彼直來，我旋轉。

　　「**吞**」，從自身來說，是把對方的氣吞化掉，也就是把對方的勁力引化掉。

　　與「敷蓋對吞」相關的就是「引化拿發」「擎引鬆放」，

他們都是相互關聯的，不是截然分開的。

鄭曼青說：「吞天之氣，接地之力，壽人以柔。」這也是對「吞」的解釋。我覺得，武禹襄所說的「敷蓋對吞」主要是指與對方相接的氣勁上。敷，是全體的籠罩，是對對手全方位的籠罩；蓋和對，是有方向性的勁力；吞，是化打的一種方式。太極拳最重要的要領是「引進落空合即出」，吞，是引進落空的另一種表達方式。

練習太極拳，如果不懂得在勁力上、意氣上去運用心法，去控制對方的勁力，只是在形體上用招數來戰勝對方，這不是太極拳的本質，也不是上乘的太極拳功法。太極拳最重要的是用意來控制對方，用陰陽來控制對方，就是「彼剛我柔，彼實我虛，彼力大我無力，後發先至」。我們習練太極拳，不能違背這些原則。

太極是最大、最極的意思，就是把陰和陽演化到極致，運用到極致。陽到極點返回到陰，陰到極點返回到陽，陰陽轉換，變化無窮。這些都是太極陰陽的本意。

太極陰陽的本質就是轉換，這個轉換是意氣的轉換。意氣的轉換在內裡，不在外面。真正的太極高手，在外形上看不出變化，就已經讓對方處於被動。太極高手一般不主動進攻，而是等待來力，等待對方舊力已去，新力未生的時機，而能得機得勢。得機，就是時間；得勢，就是空間。得機得勢就是在時間、空間上都占據了主動，控制了對方。在實戰中，表面上對方占據了主動，實際上我內裡轉換，後發先至，反控對方。太極拳的魅力就在於此。太極拳之所以能夠以弱勝強，以小力勝大力，也在於此。

武禹襄是一個有文化的人，能夠把這些太極原理用文字

表述出來，把自己的體悟以及和楊露禪的交流學習的所得，訴諸文字。武禹襄的拳論，也包含有楊露禪的經驗，這是清朝有關太極拳理論技術的最早的文字記載。在這以前，太極拳的心法、原理，一般是不訴諸文字的，都是口授身傳。

在今天看來，武禹襄的拳論具有文獻價值，也具有實用價值。按照他的理論去學習、練習、揣摩，就一定能夠獲得太極功夫。

「敷蓋對吞」的核心問題首先是意的運用。其次，由意的運用，帶來氣的運用。我們只有在練習當中不斷地運用意氣心法，才能慢慢地形成太極功夫，形成太極勁力，在使用時就顯現出特有的勁力，這就是太極勁。太極勁就是陰陽、剛柔、虛實的勁力。有這樣意氣的練法，才有這樣意氣勁力的運用，才能得機得勢控制對方。太極拳的練習，越到高級階段，越要明理。要根據它的原則和理論來體驗它的法，然後以身來修練它的功。太極拳是以身修道、以身正道的拳術，這樣就賦予了太極拳形而上的內容。

總之，「敷蓋對吞」這四個字，確實是關於太極拳勁力的切身的體會。太極拳不是靠著招式和力量、速度取勝的，而是靠意念、內氣、內勁取勝的。如果對方的功力和你相當，你想敷蓋籠罩住對方，那是不容易的；如果對方功力和你相差甚遠，你就很容易敷蓋籠罩住對方，你就能體會到敷罩住對方勁力的感覺，也就是內氣籠罩對方的感覺。

我在和人交流時，對方功力差，我就能罩住對方，對方怎麼都不得勁，甚至失去平衡。如果對方功力和我相當，那麼做到敷蓋對方，就不容易了。這就是前輩說的「招不敵功，拳不敵法」。

# 招法是基礎，勁力是目標

太極拳講究「重勁不重招」，這至少是在中上層功夫階段，而太極拳的初級功夫也還是要重視對招法的學習。

太極拳的學習是有階段性的，如果一開始學習太極拳就講勁力的運用，就重勁不重招，那是沒法學習的，因為你那時還不懂得太極勁，不會聽勁，沒有內勁，你的勁力學習也就落不到實處。假若你已經熟悉套路了，基本的拳勢動作規範了，那麼，你就應該進一步學習每個拳勢動作的常規用法。太極拳的拳勢動作都是前輩們在自己練習的基礎上不斷總結積累下來的，初學階段，學習這些招式是能在技擊中發揮出一定的效果的。

在初學階段，套路熟悉，動作規範以後，一定要學習動作招法的技擊含義和勁力運用。比如摟膝拗步，你一定要瞭解左手的摟是防守對方拳腿的進攻，而右手的推掌是進攻對方的身體。這樣攻防一體，整體協調，勁力也就充沛了。如果你不瞭解這個動作的意義，你的勁力也就不會運用合理。

但是，學習太極拳，對招法的學習我並不認為是終極目的，不是最高境界。在常規的拳勢動作的技法、身法的學習之後，我們還要進一步學習、追求「無招勝有招」的境界，追求超越招法之後的「彼不動己不動，彼微動己先動。動之至微，發之至驟」的太極拳境界。這種境界是經由長期的默識揣摩，不斷訓練得來的。

太極拳的練習有兩個方面，一個是練習外部的外功，就

是拳架套路、招法技術；另一個是加強內功的訓練，就是內意、心法的運用，充實內勁。

從這兩個角度練習太極拳，才能達到內外雙修的效果。單獨強調某一方面，都不是完整地學習太極拳。但是，在學習過程中，在具體的某一階段，還是有所側重的。初學階段，一定要把拳架套路、招法學好，瞭解每一個動作的練習方法和技擊作用，到了中上層功夫階段，則要重視內勁、內意的修練。這就是「無招勝有招」的境界。

「無招勝有招」的搏擊，是以渾厚的內勁和精微的心法來實現的。套路、招法在初學階段是基礎，到了中高級階段，則學習的是勁力、內意的靈活變化。如果永遠停留在招法的學習和運用上，那就和外家拳沒有什麼區別了。

一般的拳是以快打慢，以大打小，以強勝弱；太極拳正相反，是以慢制快，以弱勝強。

為了實現這個目的，太極拳必須在勁力、內勁上有自己的獨特之處。對招法的學習不是太極拳的目的，其目的是透過招法的學習，練習出太極勁。為了練習太極勁，必須經過招法的學習階段。招法、招數的學習，只是學習太極拳的一個過程，不是最終的目的，更不是最上乘的境界。

在學習中，我們對太極拳的每個拳勢動作要細緻地分解。每個拳勢動作包含著多種技擊含義，我們要學習其變化。太極拳的「無招勝有招」就是「挨著何處何處擊」，這確實是對一般武術拳種運用招法戰勝對手的超越。

一些太極拳高手確實能做到這一點。比如太極起勢動作，只不過是一個簡單的抬手動作，可是在太極拳家的手裡卻能讓緊緊抓住自己雙手的人騰空飛出去。這就是太極拳勁

的運用,這就是「無招勝有招」。

太極拳這種不用明顯的招法動作,就能把人打出的情況,在過去的太極拳大家中是屢見不鮮的,尤其是他們在受到突然的攻擊時,憑著本能反應,不見他用什麼動作就把對方打了出去。這些傳說故事我就不一一舉例了。

到了高級階段,太極拳是不用招法贏人,而是「挨著何處何處擊」,全身上下一觸即發,一碰就有感應,這就超越了招數勝人的境界。李經梧老師說:太極拳不是以招贏人。這是到了李經梧老師這個境界才能實現的。對於沒達到這個境界的人來說,還是要學習招法、招數的,需要透過內勁加上招數來戰勝對方。

我認為,太極拳應該是以內勁勝人,以心法勝人,不能是以招式勝人。以招式、招法贏人,還是有跡可尋的,能看到招法的來龍去脈。以內勁、心法贏人,在外形上幾乎是無跡可尋。以招贏人肯定是下乘的武功。但不能因為它是下乘武功就說它不重要,在初學階段,還是要循規蹈矩,一招一式地研究學習各種拳勢招數的運用,透過招數的學習,掌握太極內勁的變化,獲得內勁,做到沾連黏隨,引進落空,四兩撥千斤,最後達到「無招勝有招」。

太極拳就是要在陰陽、開合、吞吐、浮沉、轉換之中,實現克敵制勝,所謂「人不知我,我獨知人」。這就要做到「懂勁」,而懂勁,就要會聽勁,懂勁以後,就能「因敵變化示神奇」,在技擊實戰中掌握勁力的運用。

第二編

墨文墨武

梅墨生作品《山中雅舍》，2000 年

# 『三家相聚』談養氣

中國傳統哲學對於生命的認知，包括物質與精神兩個方面，認為「氣」就是命，是原始能量或者是基礎能量。對這一點，不管現代科學怎麼認知、命名，氣都是生命的一種基本能量。

人的生命，就是靠生命的元氣來支持的。這種基礎能量，中國古人命名為「氣」。因此，中國的武術、養生等，都是圍繞著「氣」來修練的。對「氣」的研究和修練，在中國有幾千年的歷史了，這是中國文化的精華。

孟子說「養吾浩然之氣」「氣以直養而無害」，這些都是中國元氣論的哲學，元氣論文化的反映。

具體到養氣修練的方法，可以說是千門萬派，紛繁複雜，不同的門派，有不同的主張和經驗以及法門和訣竅。但是，我認為，儘管有千門萬派，但都歸結為一點，就是道家所說的「神與氣相團抱」「神與氣相戀」。

在古代道家的內丹修練中，有個術語叫「神入炁中」──千門萬派都離不開這一法門。道家的北宗主張先修性，後修命。性，指的是心，是精神和思維活動；命，是生命的基礎和元素，也就是氣。道家南宗則認為，要先修命，後修性。這與北宗不同。但是，不管是先修命還是先修性，最後都要性命雙修，心神雙練。

我的老師傳授給我一個口訣：「仙師傳我真口訣，只教凝神入氣穴。」這就是養氣的方法和原則。對於氣穴有多種

說法，一個是指小腹部的氣海穴；還有人認為是肚臍內的神闕穴；還有人認為是中宮——胃脘的位置；還有人認為，氣穴是整個腹部……。不管是哪個地方，都是在人體的下腹部位，武術家稱為下丹田。中國傳統文化認為，這裡是元氣的生發之地。所以，中國傳統的養生、養氣，就是要返本歸元，涵養丹田內氣。

養氣的方法有醫家和民間流行的俗家養氣法、武術家的修練內氣法、道家的修內丹、佛家的修心性、儒家的守靜坐忘等，它們總是有一些門徑上的差異。其練功的方法大同小異，追求的境界也還是有所差別的。這種差別，一個是練功層次上的差別，一個是類型的差別。

籠統地說來，養氣的功夫最簡單的就是要神思安靜，呼吸匀細，意識上要忘掉自己，也就是要神定氣定，氣定神閒。這是最基本的練功方法，是各家都要遵循的法門。

如果詳細說來，養氣的方法就太紛繁了，即便是同一門派，各個支派也是不完全相同的。比如同為佛家，密宗、禪宗、天台宗等的修行方法就不同。所以，我在這裡只能說一些原理性的，一般的法門。

傳統的練功方法，比如八段錦、易筋經、六字訣等，都要服氣（或者是炁）。《莊子》中說：「吐故納新，熊經鳥伸，為壽而已矣。」孟子說：「養吾浩然之氣。」儒家講坐忘，在靜定中達到身體、神意的舒適安定。從這些就可以看出，不管是醫家也好，武家、道家、佛家也罷，養氣的方法很多，具體到個人的修練，就要看他的師承和所學了。

我跟李經梧老師所學的太極內功，是側重武功的，主要是強腰健腎，增加技擊功能。我跟胡海牙老師學的是道家養

生延壽的功夫，武術技擊功夫是次要的，注重的是袪病延年。練這些功夫，要分不同的階段，會有不同的體驗，練功的方法是非常具體的，要有老師的具體指導。所以，我很難籠統地說養氣的方法。

我們在自己練習時，要防止走火入魔。所謂「走火入魔」就是意念的強為，沒能順其自然。另外，道家修練講究「水火既濟」。火，是指人的意識、思維；水，是指腎水。道家的養氣練功，就是要心火下降，腎水上升，從而達到水火交融，水火既濟。

道家修練還講究真陰、真陽，也就是真陰在心火之中，真陽在腎水之中，這就是陰中有陽，陽中有陰。這種真陰真陽也要達到「水火既濟」。

在道家的修練中，還講究「活子時」。子時是自然界陰陽轉換的時機，而活子時就是人身的陰陽轉換之機，此時，人體陰極盛而陽極弱，人處於昏昏欲睡的狀態。當人睡醒，但還沒有完全清醒時，這就是「活子時」。道家的修練，一定要在這個時候用功夫，讓陰陽交匯，水火既濟，讓性與命、神與氣團抱在一起。這就是練功的火候。

就我所知，道家的修練，要抓活子時。就是在陽氣開始，陰氣還沒有完全退去的時候，進行修練功夫。在正子時，練功要進陽；在正午時，練功要退陰釜。這就叫進火退陰釜；在「活子時」練功，要讓陰陽相交，水火既濟。對於「活子時」的練功養氣方法，我在這裡只能做簡單的介紹。

中國古代人認為，天有三寶日月星，人有三寶精氣神。所以，不論是何門何派的養生功夫，都是要涵養人身三寶精氣神。

　　精氣神的涵養，關鍵是讓三者會於中宮，也就是意守丹田。如果能做到神與氣相團抱，心與命不分離，那你就永遠是一個健康鮮活的生命。這就叫「三家相聚」，也就是精氣神、身心命三家團抱相聚，不分離。所以，「養吾浩然之氣」，在古代有不同的宗派，也會有不同的方法，但是它們指向的東西都是一個。

　　在這方面，我認為，道家的研究是最有成果的，因為道家追求的是養生長壽。

　　《易經》是中國文化的根源，醫、武、儒、道、養生等，都要指向這個總原則。《易經》的總原則就是「一陰一陽之謂道」。《河圖》《洛書》作為比《易經》更早的圖譜，河圖是先天的，洛書是後天的。先天為體，後天為用。也就是說，天地的存在是體；四時、萬物的演變是天地的衍生，這是用。

　　人也是這樣，在出生之前是先天，出生之後，人必然有喜怒哀樂、動靜行藏、生老病死，這就是用。

　　我們養生，或者「養浩然之氣」，養什麼？必須要知道這一點，知道這些原則。至於方法，要各人隨各人的機緣，根據各人的悟性和體質來進行選擇。但是，有一個總原則，就是「道法自然」，反對拔苗助長。道法自然，不是自己想怎麼就怎麼，而是要遵從自然法則。

　　我們還要清楚，一般意義上的養氣和真正修練意義上的養氣，還不是一個層次。一般意義的養氣，是指一個人心態好，沒有過多的慾望，生活樂觀，不追名逐利，不浮躁，很恬淡。這樣也能達到健康長壽。

　　而真正修道意義上的養氣，不是一般人能夠做到的，這

種修練是專門人進行的修練，要食氣、服氣，練習吐納之術，由後天之氣練習先天之氣。

比如道家的修練就是要返本還原，講究煉丹。這個丹，不是一個實體的東西，而是精、氣、神高度凝結後的至微至精的能量。

總之，不論是哪家修練法門，不論如何養氣，我認為要明白以下兩點。

第一，平常心就是道，道就在日用中；

第二，如果想追求這方面更高深的學問，一定要看個人的機緣，看個人的恆心和意志。

# 對《太極拳論》的解讀

「左重則左虛，右重則右杳」出自王宗岳的《太極拳論》，對這句話的理解，應該從整篇拳論的角度，全面地理解和把握。

對古典拳論的闡釋，仁者見仁智者見智，這是正常現象。古人的論述都是「要言不煩」，古人也都是能知能行。這些理論是從實踐中來的，是先有自身的實踐體悟，然後用文字總結出來。

「左重則左虛，右重則右杳」出現在《太極拳論》的第二段，前面王宗岳先論述了什麼是太極，然後論述了動和靜的問題、過與不及的問題。然後，王宗岳又提出了走和黏的問題，急和緩的問題，得出結論：「雖變化萬端，而理為一貫。」他還指出了太極拳修練的階梯——由招熟而漸悟懂勁，由懂勁而階及神明。練習的過程則是逐漸修練，豁然貫通。

下面，王宗岳講述了太極拳的鍛鍊要領，我認為是非常重要的。這些要領，是他自己的體會。

第一段除了說理外，就是概論，講述了太極拳的重要原則。這裡則是講與人交手的要領，也是在繼續闡述太極拳的神明境界，以及如何掌握太極拳這些技術。後面又講述了練習太極拳的誤區——斯技旁門甚多。最後說：「立如枰準，活似車輪，偏沉則隨，雙重則滯……」這也是掌握太極拳非常關鍵的東西。

　　這裡的關鍵是「虛靈頂勁」和「立如枰準」這兩段。這是在說太極拳的要領，以及要掌握的勁路。「虛靈頂勁」和「氣沉丹田」是相互補充，相反相成的，這兩點是不能割裂開來的。

　　虛靈頂勁，是神意向上領起，是身形的要求，也是神意的要求；氣沉丹田，是向下的，是身形和意氣的要求。這兩句是一個對句，要求虛靈頂勁的同時，要氣沉丹田。

　　下面的「不偏不倚，忽隱忽現」又是個對句，意思上也是相反相成的。「不偏不倚」是講身法的中正，正是由於立身中正，才能做到「忽隱忽現」。所謂「忽隱忽現」是指身體的重心和勁力讓人摸不著，這樣，就能夠「人不知我，我獨知人」。這些話都是相互照應，補充說明的。只有立身中正了，才能夠靈活圓滿，才能力不出鋒。

　　我的老師李經梧就強調「守中用中」「中正圓活」。只有中正了，勁力才能達於四梢。

　　下面就是「左重則左虛，右重則右杳」這句，我的理解是，當對手的勁力從左邊來，我的左邊要虛以對待，就是「彼剛我柔，彼強我弱」；勁力從我的右邊來，同樣也是虛以對待。杳，杳然不見，忽然消失的意思，就是你摸不到我的勁力。

　　我們在與名家老師摸手時，都能感覺到這一點。你摸不到對方的勁力變化，對方能摸清你的勁路，你就處處受制。反過來，如果你的水準高，你就能夠做到勁路的「忽隱忽現」，對方就處處受制。

　　拳論中後邊的話都是對這兩句的進一步闡述和深化。這些都是對達到神明階段的太極拳勁路的描繪。最後，拳論

說：「英雄所向無敵，蓋皆由此而及也。」就是說達到太極拳神明階段，都是從這幾方面達到的。這些都是練習太極拳的功法要求和勁力，是必須掌握的東西。

拳論是講太極拳的心法和勁路的練習。論述的語言都是互相照應的，修辭上是對仗的，語義上是互補的。「左重則左虛，右重則右杳」講的是閃化對方的勁力。

太極拳不同於別的拳種，一般的拳種是在身形上閃避對方的進攻，是肢體上的閃避。太極拳也有肢體的閃避，但是，太極拳的高明之處在於不僅僅是肢體上的閃避，還有勁路上的閃化。對方的拳腳進攻過來，我的身形沒有閃避，接觸點上的勁力卻可以閃化對方的勁力。李經梧老師說：「要在接觸點上說話。」就是說要在接觸點上分陰陽、分虛實。所以，這裡的「左虛」「右杳」不是強調身形上的閃避，而是勁路上的走化。

如果是身形上的閃避，就不會用「虛」和「杳」這兩個字了，而應該說「閃」和「避」。閃避是所有動物都具有的生理本能。外家拳是以快打慢，大力打小力。大的力量來了，自然要閃避。

太極拳練習的不僅是身形上的閃避，更強調的是勁路上的走化。李經梧老師說：「接就是化，化就是打。」這是對「接觸點上說話」的解釋。這裡的「說話」是肢體上的「說話」，是勁力的較量。李老師還說：「要哪兒接，哪兒走。哪兒接，哪兒化。哪兒接，哪兒打。挨著何處，何處說話。」

王宗岳拳論中論述了左右、上下、先後的走化，要達到「一羽不能加，蠅蟲不能落」，任何一點力量，我都能走

化、沾黏。這就是渾身是拳、渾身是手的太極拳神明境界。

李經梧老師說，練習太極拳功夫，要分幾步。先要知己，然後知彼。知己的功夫，就是要把所有的太極拳練習要領都做到，在身形、勁路、意念方面處處合乎太極陰陽變化之理，這樣就能自己守住自己的中定——知道自己何處陰、何處陽，有多大的力，使多大的力，估量出自己的尺寸分毫。很多太極拳名家都知道自己的尺寸分毫，所以，發放人能夠得心應手。先管住自己，然後才能罩住別人。武禹襄的「敷蓋對吞」也是這個意思。李經梧老師講要「吃出對方的勁路」。這裡不是在身形上占便宜，而是要控制對方的勁路，在接觸點上走化、發放對手。

太極拳的放人，比打人要難得多。很多人對太極拳有誤解，認為太極拳只是破壞人的平衡，把人放出去，沒有擊打的力量，不能讓敵人失去戰鬥力。其實，太極拳友好的發放可以不傷人，但是，如果是對敵，其力量是具有穿透力的，極具殺傷力。

放人，尤其是把比自己體重大，比自己力量大的人發放出去，沒有掌握高超的技巧，不知道對方的勁力和勁路，是很難做到的。高明的太極拳家放人，不是像摔跤那樣，而是接住一點，讓整個人騰空出去。王宗岳總結「斯技旁門甚多，概不外乎壯欺弱，慢讓快爾」，這些全是先天自然之本能。太極拳不靠這些，而是靠「人不知我，我獨知人」，靠勁路的「忽隱忽現」，你實我虛、你虛我實、你剛我柔、你來我化的陰陽虛實變化。

王宗岳還談到「雙重」之病。雙重，就是不能運化。運化，是指勁路的運化，不是身形的閃化。

　　在自己練習時不能雙重，更重要的是交手時不能雙重。這時的雙重，就是對方用力，你也用力，互相頂牛。對方實，你也實，這就是雙重。「欲避此病，須知陰陽」，陰陽就是虛實、開合、吞吐，「陰不離陽，陽不離陰，陰陽相濟方為懂勁」。這說得再明白不過了，就是在接觸點上，你剛我柔，你柔我剛，你進我化，你退我隨，把對方和自己變成一個太極體，這時才能制人。

　　通觀這篇拳論，王宗岳就是論述了要運用陰陽，運用虛實、開合、吞吐之理，在走化、沾黏之中，實現控制對方的目標。我感到，現在很多練習太極拳的人沒有認真地學習王宗岳的《太極拳論》，沒有得到這樣的傳授和指點，沒有真正明白拳理，按照拳理來練習，結果就「差之毫釐，謬以千里」了。

## 理則一——
## 從孫祿堂兩篇武學文章談起

孫祿堂先生辭世80年了，世事變幻，思潮演進，武學遞邅，傳統武術之命運亦如其他國粹一樣，浮沉升降。在日益西化和以歐美競技體育理念取代民族武術理念的今天，在下以為，重讀孫祿堂的武學經典著述，不僅是對先人的緬懷，亦是對歷史的重溫，更是對現實的反思。

20世紀30年代前後，孫祿堂先生有兩篇重要論著刊發，即《詳論形意八卦太極之原理》及《論拳術內家外家之別》。文皆不長，雖云詳論，若與今日洋洋長文相比，實是短文，但卻是文武雙修、內外雙修、性命雙修、學究天人的一代武學宗師「過來人」的金針度人之言。在下以為，它在今天仍有一定的借鑑與研習的重要意義與價值。

孫氏二文，大體關涉到了傳統哲學（實為玄學）、傳統醫學、內丹學、技擊學、養生學和倫理學等諸多方面，雖言簡而意賅，雖文略而理深，其打通處、融匯處、貫穿處、高明處，堪稱武學經典之論。比諸時下風行之科學分析類引經據典之抄書搜網而成之文章，誠為言之有物，可解、可悟、可證之武學真實家言。

中華武學，源遠流長，門派眾多，不能詳盡。而孫氏但以「犖犖大者」三其派（少林、武當、峨眉）而闡述兩家（內家、外家）之異同，結論云：「拳術一道，首重中和。中和之外，無元妙也……形意地也，八卦天也，太極人也。天地人三才合為一體，渾然一氣，實無區分。」又謂：「名

則有少林、武當之分，實則無內外家之別⋯⋯拳之形勢名稱雖異，而理則一。」

如眾所周知，西學傾向分，中學傾向合。分則必析，愈析愈細而微，合則必通，愈通愈貫而一。故儒釋道三教之旨，莫不重「一」。一者，大道之理也，天人之際（交匯滲透）也。80年前的孫氏理念，實有至高之識見，乃見道分明之語。可惜，今日之武術界，不僅在時代思潮中漸漸遠離這種具有至高國學理念之觀念，甚至完全背道而馳，異說迭出，新派紛立，李代桃僵，疊床架屋，徒增迷惑，實在令人痛惜。尤其值得探討的是，傳統武學門戶之見仍重，江湖風習不去，要麼向舞蹈表演發展，要麼被西方搏擊競技體育取代，脈統盡失，道理無尋。

我們應該清楚，國術武學之興，一由「盡性致命以合於道」而來，一由強國強種振奮民魂之時事而來，其與外向化之表演本就殊途，又與體育功能單一化之競技亦相分別。前者，誇大了武術的世俗化娛樂功能（儘管武術有舞蹈和藝術欣賞功能），而後者又異化了國術的本質，使之向單一競賽體育發展（有取消傳統國術內涵之嫌），故皆可令人警惕。

若國術之本質，必在由動靜、內外、形神、身心之鍛鍊修為而盡性致命，窮究天人，而終與造化合一。即孫祿堂借宋世榮先輩之言：「拳術可以變化人之氣質」，亦如孫氏所謂「天地人三才合為一體，渾然一氣，實無區分。練之久，而動靜自如，頭頭是道。」則健身、延壽、攝生而合道也。而武術之防身、禦辱、搏鬥之技擊功能，在國術概念中實為「用」而已 —— 有其「乃知兵者是凶器，不得已而用之」（《孫子兵法》）之義，又如張三丰所謂「技藝之末也」（《太

極拳論》）。因此，傳統武術之傳授，歷來隱秘，而其習練則亦私密，其修為道，誠在自我受用，如先哲所言：「聖人之學為己，世俗之學為人。」儒家以「修身齊家治國平天下」為理想，其始要在先修一己之身；道家以「無為而無不為」為旨趣，其關捩在無為——而不用，君子藏器。故武學之旨，本在一己修練，練養本體，藏而待用，及其必用則臨危不亂，防身制敵，除暴安良，保家衛國——乃有施用。明瞭此體用，方可深解國術之國學旨趣，亦始洞諳孫祿堂武學「而理則一」之大義。

傳統武術本不為競賽而設，此不言而明；武學賴以生存之中國文化旨趣尤非為表演競技為歸。因此，不斷向歐美搏擊學習和拿來的結果，勢必令中國武術失去中國品質和民族特色，當然也就遠離了中華精神。百餘年之中國，內憂外患，尤其是值外強入侵之際，國人日喪文化之自信，而對西方科技物質文化之實用與功利性頂禮膜拜，迄今又度面臨西方搏擊之強勢比照，而自輕國術，實則非如此不可嗎？蓋競技乃以一定遊戲規則為前提，西方搏擊以西方文化為背景，以西人體力體質優點而確立。

中華武術則不然，是以中國文化為背景，以國民體質為根本，誕生於這方歷史與土壤之中。兩者有迥然之不同。形成之因與崇尚之本皆有異，沒必要捨己從人，唯洋人馬首是瞻，因之而妄自氣餒自薄。

如此說，並非說國術不足以與洋人抗衡，關鍵是如何抗衡，在什麼特定條件下對決。如係生死之搏擊於不得已，則國術家未必皆不堪一擊（相反之例不少，以孫祿堂一輩武術家為國爭光事不少）；如係競賽表演，則需有共識之比賽規

則，而以武術融入之散打亦非無勝算之例（關鍵看如何立法定標準）。總之，傳統武術不以爭勇鬥狠為目的，更不以比賽表演為功能。根本上它是養煉之法門，修為之一徑。便是「該出手時就出手」之搏殺，也總以道義為牢籠。中華文化之重武德修為，於武學傳統尤為重視和強調。

那麼，既然是兩種「學」術，當然其訓練方法，終極裁定也不一致，自是無疑。而在文化交流之今天，倡揚國術走出國門，以之為載體傳播中國文化，尤應重視其蘊載之民族文化精神，誠如孫氏所謂「首重中和」——此非僅論拳技，而是一種武學境界，生命境界。孫祿堂先生所謂「拳道即天道，天道即人道」，今武界應三復斯言，以正確理解傳統武術武學，以客觀對待此一民族文化遺產。否則以洋人標準來衡量，豈不又落入百年前洋人譏我中華「東亞病夫」之見地而不能自拔嗎？

學習他人，並不意味著妄自菲薄。時下有些談論中華武術之文章，如非惡意，也有自蔑自輕之嫌。而與其他類搏擊術之結合，應逐漸尋一合適之角度，不應是「全盤西化」，否則，國之武學真正堪憂了。

孫祿堂先生倡三派內外家「而理則一」，實在是通透之論，中肯之言。而於具體練修之功，則孫氏亦不言而言，不乏精妙指授於其二文中。重要的是，於楬櫫三派兩家「理則一」的同時，他強調的是易、醫、武之合一，即由武演道。而其深心所契，乃在「天下武術是一家」。我以為，此點亦是孫氏武學的題外之隱義。

# 效天法地成太極

太極拳的圓運動，我認為是體現在行與意兩個方面，這種圓運動形式，表現在拳架的動作上，也體現在勁路上。

中國武術是講究天人合一的，是模仿天道的學問。宇宙中的星球，其形態是圓形的，其運行軌道是圓形的，或是橢圓的。這是因為圓的運動，能夠保持自身最大的完美狀態。太極拳傚法天地而成，它的運動方式也都是由各種圓圈組成，有大圈、小圈、立圓、平圓、斜圓等，形成了太極拳多姿多彩的運行軌道。在太極拳的圓運動中，有各種虛實的變化，表現出太極拳特有的太極勁，其最終目的是要練出整體勁。所謂「整體勁」，就是要求做到內三合與外三合。這種內外相合的合力也是圓勁的體現。

太極拳雖然是圓的運動，但到了高級境界，又讓你感覺不到是圓的。也就是說，太極拳的勁力從大圈到小圈，最後達到無圈的境界。這是太極拳勁力上的一個獨到之處，其他的拳種和搏擊技術，都不把圓與曲放在重要的地位，太極拳則把圓和曲看得特別重要。曲，是圓的，也屬於圓。太極拳的獨到之處就是用各種圓來化解各種直的勁力，直力越大越猛，越會被太極拳的圓曲運動鬆弛地化解掉。太極拳所謂的「引進落空」，實際是用圓和曲的運動進入來消解外力。李經梧老師曾經說過，當你練到周身無處不圓的境界時，別人就永遠不可能觸摸到你的中心點，即便你被別人拿放出去了，你仍然不會有什麼破損，這時，你是一個整體，像一個

球一樣。這一點說來容易，但是做到是很難的。很多人在練拳時可能顧上不顧下，顧左不顧右，顧前不顧後，顧手不顧腳，這樣周身就不是一家。拳論中所說的「周身一家」，就是一個圓的意思，一個隨曲就伸的意識，一個引進落空的意識。有了這樣的意識，自身才能圓滿、圓活。自身的飽滿、圓活、渾厚，是太極拳的獨到之處。練成這個太極拳的圓，根據每個人的具體情況，需要的時間長短不一，有人需要十幾年，有人需要二三十年，也有人終生練不出來。

雖然太極拳是圓的，但這個圓的中間要有一個「心」，這樣才是渾厚的，否則就是一個氣球，輕飄飄的，就不能對對方造成威脅。太極拳練習追求的是腹內鬆淨、全體透空，從無中生出有來，形成一個「心」，也就是要求練拳的人由日積月累的練習，不斷地把圓的意識貫徹到形體上、意念上、勁路上，從形體到意識，從內到外，都能夠做到圓。這必然需要一個長期的、不斷修練的過程。

拳論說「意氣須換得靈，乃有圓活之趣」「變轉虛實須留意」。這些都是需要你從裡到外、從上到下、從整體周身到局部，全部都是要有這種圓活的意識。

這樣，我們在練拳時，身體的運動都要符合這種規律，都要圓滿、飽滿，最重要的是要「中定」。有了中定，就能夠守中用中。這個「中定」是你自身圓球的一個核心，有了這個核心，內勁就能更達到四梢。內勁的屈伸縱放自如，都是以這個核心為根本的。一般人們在靜態的時候能夠做到守住這個「中定」，但是在動態時就很難做到了，在自己練習時能夠做到，但是在推手時就做不到了。所以太極拳的練習要求默識揣摩，守住中定。這是要求練習者在圓這個角度上

多體會，多揣摩。

另外，太極拳在技擊中要求「四兩撥千斤」「借力打力」「以柔克剛」等。這表明太極拳的勁力是一個有黏性的力，不僅僅是圓形的力。也就是說能夠做到「周身一家」，內氣無微不至，才能形成這樣有彈性、黏性的圓形的力。這是一種細微綿密的功夫。

比如，吳氏太極拳的手法細膩、擅長柔化，很圓活，這是需要長時間練拳才能體會到的。還有，拳論說「牽動往來氣貼背」「識動猶靜，識靜猶動」「收斂入骨」……這些太極拳的練習要求，都是要求把自身練成一個收放自如、圓活自如、富有彈性的球體，這個球體中的內核，說起來是實的，實際又是空的，就是實中有虛、虛中有實。

我們看到一些前輩的太極拳，看起來極其輕靈，實際極其鬆沉；看著很收斂，其實極其開展，極其有氣勢，轉換像滾珠一樣的圓活。從這些前輩的拳架中，我們能體會到這種圓的意識和美感。圓滿是一種美，圓的運動凹凸、沒有缺陷，欣賞起來是一種美。

總之，太極拳是效仿天地運行的圓的運動，沒有凹凸，沒有缺陷，力不出尖，不走直線。圓的運動是生存法則的自然體現，也是一種最具美感的運動方式。還有，圓滿、圓融，也是事物發展的一種理想狀態。中國人的思維方式就是效天法地，所以，認為圓滿是最理想的。老子的哲學是水哲學，認為「上善若水」，這是因為水具有圓活之趣，隨物成形。太極拳也是如此，除了鬆柔外，圓形的運動是傚法天地的結果。圓，是事物最完美的狀態，最完美無缺虧的狀態。太極拳也追求完美的狀態，所以，它也是圓的。

# 『內外太極』『大小太極』解

太極之為拳，以人身而修練證悟於太極哲理也。身心契合太極陰陽五行八卦之理，則意、氣、勁、法乃合於太極拳道。有一種說法，謂：「太極名為拳，年代可考者不久遠」；又有種種說法，謂：「太極拳與戚繼光所教長拳以及北方所傳通背拳等淵源有自……」，這些議論皆有道理，其所由來只有一個：尋究可以避開道士張三丰創拳說，試圖找到一個信史脈絡。筆者認為，這些如果是學術研究，則可謂用心良苦，但是仍未能令人信服。

太極拳始創，頗似道家學說之宇宙論，「唯恍唯惚」「先天地而生」——近乎一個謎，在未得破解之前，無妨各是所是，各非所非。不過有一點應達成共識：即太極拳理的確高深，且不乏儒釋道三教教義之融通，尤以道家玄學為主導，這是不爭之事實。

在《宋氏家傳太極功源流支派論》（李經梧老師珍藏本）中看：《人身太極解》篇中云：「人之周身，心為一身之主宰，主宰，太極也。」並詳細講述人身部位對應於兩儀、三才、四象、五行、八卦以及十天干、十二地支之關係。結論云：「亦如此之內外也，明斯理則可與言修身之道也。」因文長而不擬錄，總之，人身為太極，這是該著的總綱。

我們習練太極拳的人，不能不知道有「內」「外」太極與「大」「小」太極的道理。應該承認，這種來自易學的拳理，是國粹的象數思維。易經學理對於創造太極拳具有舉足

輕重的作用，這是否定不了的，也不是任何一個後世拳家心血來潮後的刻意比附。

太極拳是內外、身心、性命雙修之功夫。其修練方法首先是聯繫外在形體、姿勢、動作招式，使之合於「太極一圓也」之理。即由外向內練。向內練，練到一定程度，必然涉及呼吸與內氣問題。那麼，也就開始了由內向外練的過程，所謂「先在心，後在身」「心為令，氣為旗」「以氣運身，務令順遂」的階段，是重要的太極拳練習階段，是其正內煉內修功夫內容。

欲不練成一般的「太極操、舞」，則必於此時用心。由內向外，也即「在內不在外」「重意不重力」的具體化。內主宰外，意主宰勁——但它來之不易！

必經長期反覆揣摩練習，日積月累，才能逐漸得到。而一旦得到這個東西，老輩人稱之為「有東西了」，才叫「功夫上身」。不然就是空架子。

要練成「大太極」，必先練成「小太極」。上述的「內太極」經不斷積累練習，最後達於四梢，內外一體，周身一家，完整一氣，始成「小太極」。

關鍵是「身形腰頂」的運用把握。《宋譜》有：「身形腰頂豈可無？缺一何必費功夫。腰頂窮研生不已，身形順我自伸舒。捨此其理終何極？十年數載亦糊塗。」這裡點出了「腰」部與「頭」頂是要訣。只有把太極腰練出來，才能達到「身形順我自伸舒」——成「知己之功」，才有了「中定勁」。除了腰，就是頭頂的「頂頭懸」了。

頂頭懸是內家拳的要領之一。所謂「不丟」（頂），「不頂」（勁），不丟不頂，始可知太極勁之妙。立身中正，立

如枰準，是離不開「頂頭懸」的。即「豎起脊樑」。這是上下的對拔拉抻。其間還要注意前後左右的「支撐八面」——「頂匾丟抗」中的「不丟」「不匾」。自身癟了，當然身形已不圓滿，已有虧，也不行。又不能外凸，那是「抗」，「有凹凸」也不對，讓全身都做到這點並不容易，無凹凸、無缺陷，才是圓滿太極身。

但這是言體，體是形上的事兒，有形有象，用則是無形無象的事兒，看不見、摸不著，欲進不能，欲脫不得，方為得之。「太極圖」式最直覺分明。剛陽欲柔陰、虛實與進退，運用之妙，即在身，更在心，即在我，也在彼，「我順人背」「所向披靡」全在於此中消息。

說到底，內外小大太極不可分割，又是一回事兒。最上乘是「大太極」，那是「全體透空」境界，是神明境界，當然達者殊少。

# 拳論・拳譜・練拳

　　如今太極拳習練者眾，也在熱態中，各種「太極拳」方興未艾。一方面說明傳統武術日益受到關注，在現代生活中仍能造福於民。另一方面，也表明「太極」文化與「太極拳」武術是動態的，是發展的，認識上不免多種多樣。

　　依理說，「天下太極是一家」，但恐怕這也有問題了。「天下太極出陳溝」？還是「天下太極出武當」？都是莫衷一是的武術史問題了。而關於練法，則更是公說婆說媳婦說，各有主張。

　　其實，關於歷史，隨著研究的深入，拿證據和學術成果來定論好了，在此我不欲置喙。關於練法，也可各行其是，這也是形成「門」與「派」的理由。中國藝術與技術都講究「派」。一門一派各有特點、優長，否則無法服眾，怎能獨樹一幟？當年孫祿堂飲譽南北，被譽為「虎頭少保」，一代宗師，是經諸多實戰而來。當年陳發科傳拳北平（京），被譽為「太極一人」，也是來者不拒，以功力說話。二者可謂名實與歸。今日不然，人們可以海闊天空，跨學科跨文化談「太極」——文化太極無所不可談。而論及「拳」，則自身身體尚未練好，多已好為人師，誤指靈山了。每次筆者應約談論拳功時，內心是慚愧的，因為修為不夠。之所以還上鴨架，只是拋磚引玉，願盡綿薄而已。對否均來自個人習練體認，也從無強人之意，更不願與任何人筆辯。

　　太極拳練法眾多。筆者以為楊澄甫《太極拳之練習談》

與《太極拳說十要》最樸素實在，句句從實際練習中來，尤適於初學，雖不言高深，而其所言基礎，所謂正路，一上正路，不難登堂入室。對於下中層習太極者最可揣摩。而武禹襄、李亦畬的拳論更是真實家言，可操可做，既具體又綱領，最適於中級，直中肯綮之言比比，堪稱經典。孫祿堂之《太極拳學》與《拳意述真》則高屋建瓴，陳義殊高，乃為上根說法，非有夙慧，不易接引，是知，太極拳理法原則不離陰陽變化與對待，而其運用體會不免小異。中華武術之玄妙魅力不在此乎？抑有它乎？

如楊澄甫說：「先練拳架……謂之練架子。此時學者應注意內外上下：屬於內者，即所謂用意不用力，下則氣沉丹田，上則虛靈頂勁；屬於外者，周身輕靈，節節貫穿，由腳而腿而腰，沉肩曲肘等是也。」上述內容，若要做到不易，需反覆練習體會，才能逐漸體會到身上。雖然是基本要求，卻是太極拳的基本功。任何拳種都有相同的武術基本功，但作為內家拳的太極拳的基本功是什麼？可以說大體不離《太極拳說十要》的原則，「十要」即是太極拳的基本要求，不合乎此，便不是太極拳功夫。前輩所謂要練出真正的太極內勁，都離不開此要領追求。基礎的就是高級的，萬丈高樓平地起，我們不能輕視基本要領與基本功。

太極拳的基本功是靜樁與活樁。無極樁、混元樁，太極拳勢勢皆樁，動中求靜，靜中求動，所以前輩教拳有單式重複練習。把拳套拆開單式反覆練習，也是基本功。而放鬆更是太極拳的基本功。但它不是低級的，是高級的心法。

不過以我所學，師傳中必有內功心法，此種內容確實要在門裡講授。武禹襄的《十三式行功要解》《太極拳解》《十

三式說略》，李亦畬《五字訣》《走架打手行工要言》都是太極拳要論，理應認真學習揣摩，才能深入理解此門功夫。為太極拳「闖打天下」的楊露禪、楊班侯很少有拳論留下來，但武禹襄、李亦畬卻有精要拳論傳世，十分珍貴。

孫祿堂是近代武學鉅子，文武雙修，功臻上乘，其五本拳著更是民國以來的武學碩果。以形意拳功夫登堂，以八卦拳功夫入室，終以太極拳功夫而化合三拳的孫氏，以武演道，以易解拳，可謂玄妙拳論之代表，但他的所言，亦全從實修實證中來，並非坐而論道之言，更非今日紙上談兵之拳論所可比擬。孫祿堂論拳從形上形下往來說法，不過言理多於說法，必有靈慧並已練到一定功夫，才能真正解讀並受益之。其論「內勁」之通於仙學——丹道也，實為近代武林論述之最高見地。惜乎今人多以玄虛視之，未知孫氏良苦用心。

還應重視李經梧老師受於趙鐵庵所贈的《宋氏家傳太極功源流支派論》（又稱《太極拳秘宗》），其中除傳述了太極拳的早期傳承外，更多論及的是太極拳法要。（此書部分內容在吳家傳承時稱為《太極拳法說》、在楊家傳承時稱為《老譜》）此拳著內涵十分豐富。當年李經梧老師讓我抄錄時，便說：太極拳要妙全在這裡邊了，你要好好揣摩。此譜的重點在於從道與功兩方面精妙地講授了太極拳的訓練與長功方法與道理，很是難得。可是，由於種種原因，世論太極拳者並未認真研究這本著作，受一些成見影響而徑以「偽論」視之，真是可惜可嘆。披覽該著（傳世有楊家本、吳家本、吳圖南本、李經梧本，內容大同小異）不難發現蘊含於其中的論述，其高深處不在孫祿堂拳論之下。不是過來人，是不可能撰述出來的。對於傳世舊譜，我們理應客觀之。

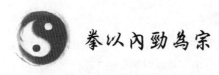

# 拳以內勁為宗

拳中之內勁，是將人散亂於外之神氣，用拳中之規矩，手足身體動作，順中用逆，縮回於丹田之內，與丹田元氣相交，自無而有，自微而著，自虛而實，皆是漸漸積蓄而成。其理無非動中縮勁，使氣合一歸於丹田。

以修內勁為宗，不求奇異之形、驚人之式，則修習之法必能簡約。

上面這段話，出自武術家孫存周先生。可謂要言不煩。存周先生為武術大家孫祿堂先生公子，武學正脈嫡傳，所秉承之武學思想也是孫祿堂之傳緒。

拳稱內外家，也無分內外家。以內勁為宗，以內功為尚則內家，反之則外家。所謂無分內外家者，即是練成內勁之外家亦內家矣。

又有謂以儒道為本土文化而衍成拳者為內家，以佛釋為西域文化而衍成拳者為外家。

有關探討乃史論家辨名求理之事，習武者可先置勿論。對於具體習拳者而言，明道知法更重要。因此，孫氏一門武學思想便顯得難得了。

筆者曾師從幾位武術老師，他們雖門派不同，但均屬內家，因此無不強調內勁。內勁從何而來？上邊存周先生言「是將人散亂於外之神氣」「縮回於丹田之內」「使氣合一歸於丹田」。可謂一語衝關！那麼如何縮回於丹田？孫先生言及方法是：

**第一，要中規中矩打拳。**

我的老師稱為「合規矩而出規矩，守規矩而變規矩」（李經梧），在反覆盤架子中求「表裡精粗無不到」「周身一家」。

依本人體會，打拳是不斷求證體驗的過程，反覆練習中，體會肢體的形鬆意緊，外柔內剛，舉手投足中驗證方圓屈伸中「一氣之開合」道理。在不斷磨合中求形圓、體圓、勢圓、招圓、勁圓、氣圓、意圓、神完。

這說來容易做來難。當拳行到無處不圓時，則上下內外相隨相合了，形體氣脈一關算過了。

**第二，是要順中用逆，才能收縮散亂之氣。**

孫祿堂先生提倡「拳與道合」。道，在拳中。融道理入拳法。道乃易道——陰陽剛柔虛實開合之理也。筆者理解，以自身之丹田為中，為內，則向四肢、向外為順，所謂達乎四梢，手足為四張弓。丹田（真氣穴）為本元，則四梢、四體皆為末，為外。而順中用逆，即向外行之開中應有向內收回之斂意，此為合勁。向外開為順，向內合為逆。所謂開中合，合中開，順中逆，逆中順。一味外行則內空虛，所以內勁產生之要，在於向裡縮收。不斷收斂，日積月累，才能積聚丹田內氣而形成內勁。

此過程存周先生明言：自無而有，自微而著，自虛而實。是漸漸積蓄而成。筆者體會，此不可急，不可希望一蹴而就，所謂「心急吃不了熱豆腐」——一旦急求不但無成反有流弊。這個過程是「積柔成剛」的過程，拳經所謂「實有心之柔軟，而無意之堅剛」也。

以我師訓，這個過程也要有三層練習，先是退拙（僵）力，退後天力階段。繼而才是逐漸積蓄內勁，即是整體力階段。後天力是拙力，是局部散亂力，而內勁是先天力，是整體周身一家力。

這個過程應「道法自然」，稍一用力即不對！因此，許多練拳者至此常會困惑：怎麼反倒不如未練之前了？

確實，在退拙力之前有一個「轉關」——換擋過節，此際後天拙力剛退，而先天內勁未生，故很「無能」。一旦「無力」過去，才會逐漸體會到漸漸積累起來的真正內勁之存在，並愈來愈感受到其玄妙——所謂「四兩撥千斤」「以柔克剛」「以靜制動」「以小力勝大力」，均可一一實現。

注意：在內勁尚稚嫩階段，最好少與人推手較勁，有如秧苗尚脆嫩，不能承受大風雨襲擊，只有待根基牢固，始可運用！不然易為所苦。

**第三，是強調修成內勁，則不會再重視形體動作之漂亮驚人，「內家」者，樸實無華，大道至簡之功藝，而非花拳繡腿。**

中華文化宗旨，以含蓄內斂，簡約自然為尚，所以武功之上，必以文成。練成真正內勁，也即是內功修成，重內不重外，在神不在跡，始克「一片神行」境界。

筆者武術啟蒙師俞先生，於20世紀70年代初不止一次對我說：好看不中用，中用不好看。拳不是練給人看的，拳是自己練習自身受用的。不是打把式賣藝和比賽表演，就不要人前顯擺。花拳繡腿打人不好使，養身沒作用……40餘年過去，俞師早作古人，然其訓言猶在耳。

　　而筆者太極拳恩師李經梧先生也不止一次說：練拳不練功，到老一場空。理論今人高，功夫先輩好！

　　李師以充沛渾厚之內功臻於拳學高境，平日所強調者與孫門武學十分近似，只是李師無祿堂、存周先生之文化水準爾。筆者深記李師之言：有丹田然後有一切。也是聽從師教，而求得了內勁的，確實受益無窮。後來得百歲歸道山之胡海牙恩師教誨，於拳學最受用的一句話是：渾身無處不丹田。

　　遵師承，依自悟，深感「拳以修內勁為宗」之真言不謬。至於有人誇大神化內功則屬別有用心，另當別論，但不可因為有庸醫、有江湖郎中誤人便認為中醫也是偽學，智者自鑑可也。

# 如何理解『無極生太極』

道自虛無生一氣。

太極拳是具有中國哲學思想的拳種，沒有中國的哲學，也就沒有太極拳。太極拳的性質、功能和理念，都是圍繞太極這個理念來的。

按照周敦頤、朱熹等的儒家學說，太極是由無極而來的，所謂「無極生太極，太極生兩儀」。這是我們傳統哲學的一個命題。我們研究太極拳，不能忘記這樣一個事實，那就是太極拳是在中國這個文化土壤上產生的，研究太極拳，就要學習中國的傳統文化。

要傳承太極拳，真正地認識太極拳，獲得太極拳的健身功效和防身功夫，研究中國傳統文化哲學是必不可少的。

宋書銘傳的太極拳老譜中有《太極歌》：「太極原生無極中，混元一氣感斯通。先天逆運隨機變，萬象包羅易理中。」這裡說得特別清楚。在哲學中，無極生太極是道家的宇宙觀，他們認為，宇宙萬物都是從「無」中生出來的「有」，就是「道自虛無生一氣」。

宋書銘還有一首《無極歌》：「無形無象無紛，一片神行至道誇。參透虛無根蒂固，渾渾沌沌樂無涯。」這就是老子《道德經》所說的「有物混成，先天地生」的那種東西，是一種先天狀態。

實際上，儒家所說的「無極」和道家所說的「先天」都是一回事，就是天地未生之時，萬物有形之前。有形以後，

119

就是太極，然後生兩儀、三才、四象、八卦等。人的身體也是太極體，與天地可以同參。

這就是中國傳統的宇宙和生命的理念。

我們在練習太極拳時，往那裡一站，即所謂的預備式，就是無極式。在古傳的太極拳中，預備式就叫無極式。這時人的狀態是無形無相、混混沌沌的無極狀態，是混元一氣，不分陰陽。靜到極點則生陽。

無極式是靜極的狀態，是至陰的狀態，陰極而生陽，陽極而生陰，這是中國的哲學理念。在周身放鬆，無形無相的無極狀態下，心意一動，先天的氣機發動，就開始打拳，這就是「無極生太極」。

練拳日久，我們會感到預備式站好後，體內的氣機會推著你的肢體進行運動，氣機一動，心意也就隨之而動。這時候，就是無極生太極，靜極生動，動則分陰陽。於是，這一套拳不管是多少式子，都是「萬象包羅易理中」。

就是說，太極拳都是按照《易經》的原理，由混元一氣而生陰陽，分兩儀，開始八八六十四卦的繁衍變化。六十四卦也就是六十四種生命狀態，循環變化，直到復歸無極，完成一個生命的循環。

易者，變易也。太極拳以易為理，講的就是變易。孫祿堂說太極拳是「一氣之流行」。這個一氣，就是混元之氣。從「無形無相」的混元狀態，變化到「一片神行」的萬千變化狀態（就是八八六十四卦的變化，可以理解為身體各個部位、各個角度、各種技法的變化），最後，復歸無極狀態。古人用《易經》的變易之理，借鑑周敦頤的太極圖說，運用「無極生太極，太極生兩儀，靜則生陰，動則生陽，陰極而

陽，陽極而陰」等陰陽變化之理，創造了太極拳。

太極拳的高深獨到之處，就在於此。

太極拳不是把招法作為上乘功夫，而是把太極勁作為追求的目標。太極拳是重勁不重招。如果用招數來應敵，太極拳就沒有什麼獨到之處了。

太極拳無招，也就是無極。無極，就是「無形無相，全體透空」。無形無相的東西，就接近了事物的本源，就是至大無上的。

太極拳無招，所以它能應對千變萬化的招式。所以，老前輩說：「太極無招，渾身是招。」

太極拳不是沒有招法，而是招法包含在無極之中了。太極拳的動作是從無生有，由有而分陰陽，然後兩儀，四象，八卦，以致於千變萬化。這千變萬化的萬相，其實就是身體的各種動作的變化。雖然千變萬化，但是不離一個圓，這個圓就是圓滿無缺，就是混元一氣。

太極拳其實是內丹學的外功，內煉丹田的混元氣，是內功外拳。拳論說：「筋骨要鬆，皮毛要攻，節節貫串，虛靈在中。」

虛靈，就是放鬆，就是鬆沉。這是太極拳的特點。一般來講，鬆柔就沒有力量，可是太極拳就是用中國哲學相反相成的道理，在鬆柔、鬆靜、鬆沉、鬆空中求得不可抗拒的勁力。這是太極拳的高明之處。

太極拳是在空無中、虛靈中練出的功夫。在虛靈鬆靜中，人體才能健康生長，神經才能發達，細胞才能生長旺盛，知覺才能靈敏。

太極拳是知覺運動，是在空無、虛無中應對萬物。如果

緊張、僵硬，看似有力量，但不會應對萬物，只能應一物。只有虛靈虛無，混元圓滿，才能應對萬物。

太極拳是先求自身圓滿的拳種，要把自身安排好，自身先有了平衡、中定，然後才能知彼。要先在心，後在身；先有內，後有外。這些都是與「無極生太極」有著密切關係。

我們如果不從這樣形而上的高度來理解、認識、領悟太極拳，那麼就永遠練不成真正的太極拳功夫。

我不反對用現代科學知識解釋太極拳，但太極拳產生的土壤是中國的傳統文化，根基是《易經》，如果不從傳統哲學這個高度認識太極拳，就很難理解拳理，也就很難練成太極功夫。王宗岳說：「斯技旁門甚多，雖勢有區別，概不外壯欺弱，慢讓快耳。」不按照太極陰陽哲理來練拳，也能出功夫，但不是太極功夫。

「無極生太極，太極生兩儀」這個理論雖然很玄，但是在練拳中也是可以操作的。

我們站預備式就是無極狀態，當我們沉靜下來，在身與心，意與形等方面都沉靜下來的時候，這時就是先天之氣一動的時候，體內的元氣一動，你的肢體自然就會微動，這時稍微用意識引導，就能自然地完成各種太極拳的拳式動作，而入太極狀態。這就是「動靜之機，動之則分，靜之則合」。

太極拳雖然有千變萬化，但是實際就是一。無論道家，還是儒家，都講究守一，要「處萬象之中而守其一」，這個一，就是道家講的中，要「不偏不倚，無過不及」。

太極拳練習到一定程度，就會感到體內有氣機推動你運動，後天的識神稍加引導，就能達到先天與後天的合一，也

就是意識和無意識相合。太極拳就是先天與後天的合一，意識與無意識的合一練出來的功夫。

無極，就是進入無思無為、無形無相的狀態，就是先天狀態。先天的氣機一動，就帶動後天的氣機而動。無論是後天的識神，還是肢體動作，都是有形有相的，它們都受先天無形無相的氣機的支配主宰，最後，無形無相和有形有相、先天和後天，合二為一。

如果你對先天的混元氣無所感知和認識，你就很難對這種練習先天混元氣的太極拳運動把握和理解。你只有上升到這個認識水準，才能感受到虛無之中先天氣機的運動的美妙之處，才能感受到與人對待時，讓對方感覺神妙莫測的神明狀態。

# 太極拳三說

## ✚ 一、武道與武術

　　古人曾說：道術將為天下裂。今天，道與術早已分道揚鑣。傳統太極拳，「詳推用意終何在，益壽延年不老春」，「不徒作技藝之末也」。內家拳所修練者，一氣（元氣）之動靜（元神）也，以腰腹（中極）為體為用，是養氣充氣而修命，進而以元神「寂然不動，感而遂通」，以元神運元氣，是修性，故太極拳乃「性命雙修」之道，是武道也。

　　必須說明，上述所言，是太極拳之上乘境界，所謂「無形無象」「全體透空」「應物自然」的神明化境之功夫。一般太極功夫是「陰陽相濟，方為懂勁」的中乘功夫境界。懂勁功夫仍屬後天功夫，是有為法，應對於人已能勝算，然而離從心所欲的應物自然，尚有不小距離。懂勁後只有「愈練愈精」才能「階及神明」「豁然貫通」。而階及神明的境界就無意與人爭勝了，自我圓滿，人天合一，以退為進，上善若水，斯謂道成。

　　若習練武功武術者則不然，往往喜歡爭勇鬥狠，或恃技凌人，或在後天有為法中討生活，不能進入虛無圓融境界，即不能以後天返還先天，從有為法至無為法，練虛合道。顯然，這也不是「性命雙修」之道。

　　功夫達到中下乘境界的太極拳習練者，也不多見，這種層次比上不足比下有餘，易生驕傲，容易徘徊不進，大多在命功上止步。如何檢驗一個人的修練層次？不妨察其言，觀

其行，進而望其神——是心氣平和、淡定從容，還是不可一世，豪橫外露。

常見習太極者無謙和溫良之態，顯然「修養」不足，練出一些功夫，終究不是求上乘功夫，更非武道境界。

或謂追求武功武術不可以嗎？當然可以。或謂武功武術當以勝敗論英雄，自然也不錯。但是，那已經不是傳統太極拳功之道，而是更接近現代搏擊術或散打。傳統太極拳是一種性命雙修的道功，這是它的本質和宗旨。因此，我們也就不難理解歷來道門中人為何少顯於世，而一些世間傳人，既為真修，便不炫露，君子藏器，容貌若愚。「少林主於搏人」而「從而翻之」的太極拳卻是「犯者立仆」，人不犯我我不犯人的。這是道家儒家哲學的中國文化理念使然。

無論歷史上的張三丰是一或兩人，是宋或元明人，他們肯定是道教人物，他們都是道家（或三教合一）思想的信奉者，所以，也無論他們是創始者，還是集大成的傳承人，他們的指導思想都是「沖和無慾」，並以隱修為證求的。這麼說，一是說武術與道功有宗旨上的差別，是兩種東西，一是說武功和武道有層次境界上的差別，是次第關係。

前面說武道修練要以後天返還先天，實際上，中華武術之內家功夫要在於內，要在於返還。向內求，正是內家的本分，向內求內氣內勁內功，以心法為「不用力」「意氣君來骨肉臣」。而返還，則是道功的七返九還之旨，是使我人之已漏日漸衰虧之身，不斷透過後天（口鼻呼吸與識神）之修練而復歸於先天（元氣元神相合）之狀態，「復歸於嬰兒」「復歸於嬰兒之未孩」，這就是返還功夫。

據師傳，內功之修為亦同於內丹之修練。練到「無為無

不為」「不用之用」，則為「無意之意是真意」境界。所謂「拳打不知」，早年啟蒙師俞敏先生示曰：拳先練下意識，再練到無意識。筆者不才，只能述而不作，略窺門徑。胡海牙師說：「如果沒有『道』的提煉，內家拳法本身就不是上乘」（《仙學精要》），真是一語破的。

## ✚ 二、說柔

太極拳「用意不用力」「極柔軟，然後能極堅剛」「察四兩撥千斤之句，顯非力勝」，上述說法不是楊澄甫，就是武禹襄或王宗岳所說，是經典之論。尚陰柔，成為太極拳的一個特點，這個特點的形成顯然源於老子思想。老子認為「柔弱勝剛強」。傳統太極拳習練以柔為用，但其目的在於「能極堅剛」，所以「蓄勁如張弓，發勁如放箭」（武禹襄語）。

趙鐵庵傳李經梧師之《太極拳秘宗》譜，中有《太極下乘武事解》一篇，其中說「太極之武事，外操柔軟，內含堅剛。而求柔軟之於外，久而久之自得內之堅剛。實有心之柔軟也，所難者內要含蓄堅剛，而不施於外，終柔軟而迎敵。以柔軟而應堅剛，使堅剛盡化無有矣」。這種以柔克剛的體用，恐怕在世界搏擊領域，惟以內家拳為然，而太極拳最為代表。這種拳學宗旨和技擊理論，是先人在長久的實

·趙鐵庵

踐中發現並總結出來的，它誕生於古老而智慧的中國文化，是一株武術奇葩。但在現實中「以柔克剛」的功夫很不易得，並不是你練了太極拳就都能「以柔軟而應堅剛」了，許多人以為我不用力便能克敵制勝，以致於把「四兩撥千斤」極為泛化，而實際較藝對待中卻無法施用。要清楚，「有心之柔軟」即「求柔軟之於外」，目的是「久而久之自得內之堅剛」。甚至可以說柔是假象，或柔是過程和方法，而剛──內壯才是目的。怎樣才能達此目的？這是關鍵。

《太極拳秘宗》說「要非沾連黏隨已成，自得運動知覺，方為懂勁」。武禹襄《太極拳解》謂「能沾依，然後能靈活」。從物理學上說，一物慾依附一物，必輕盈必綿柔才可，兩個硬性的剛物是不可能附著的，更不可能沾連。比如我們衣服上落個木棍，不會沾上肯定滑落，即是「丟」，而若衣服上落個毛髮棉絮，則會沾附而不脫落，這即是「沾」，即「不丟」。吳式太極拳傳授獨講一個「輕」字，便是此理。然而「輕」之不易為，非實修者不知，輕而靈，然後圓而活。輕靈圓活柔在其中矣。

故求柔軟，必以沾連黏隨輕靈圓活出之，積之久而為內壯，而為堅剛，而為純剛。使有心之柔軟，成無意之純剛。在對待施用（知彼）為內含堅剛，在修身養性（知己）為氣質純陽，前者為內勁，後者為內丹。

昔年李經梧師講沾黏手時，曾形象地用「牛舌捲草」勁示範，讓我們體會那種輕盈而鬆沉的吸附之感，至今難忘。李師同時精陳式，受陳發科耳提面命十餘年，然李師講陳式更強調鬆沉與纏絲，並不像講吳式時那麼強調輕靈的作用。大概這也是太極拳雖同出一源卻又流派分衍的原委。

不同流派不同門戶之大同小異也在此。比如同樣學「書聖」王羲之書法，智永得其秀雅，而歐陽詢得其險勁，顏真卿則得其沉雄。楊式大架之開展，孫式之圓隨，武式之緊湊，吳式之輕靈，陳式之剛勁，趙堡之柔順，均為特色，但都不離剛柔並濟，虛實並用，蓄發開合之共旨。

柔的前提是外示安逸和鬆順，但柔不可軟，鬆也不可懈，軟是無法發放對方的，比如蚯蚓是軟，而柔是可以含剛而施用的，比如常山之蛇。有功夫的太極拳家，往往能在較藝時讓對方不好受不得勁，「我順人背」，即讓人感覺被捆綁一般，如蛇纏身，而且你越掙扎自身越緊，正是柔中的綿韌之剛勁作用。「關節要鬆，皮毛要攻，節節貫穿，虛靈在中」，正是此意。

柔外剛內才是功夫。外示安逸，內固精神，內固才是太極拳竅要。武禹襄說「氣宜鼓蕩，神宜內斂」（《十三勢說略》），這都是至理名言。關鍵是內斂和內固。武氏說神要內固和內斂，這是對上乘層次的說法，對於中下乘或一般習練太極拳者而言，直接斂神是行不通的。太極修練與道通，煉神是上乘。所以「靜」是不二法門，形鬆意靜，庶幾近之，但還非究竟。武氏還說「全身意在蓄神」，重要的是由精氣而生神，故養氣充氣練氣然後始可言神。

可見，柔鬆順的訓練是為了讓氣脈貫通，「氣遍身軀不稍滯」，才可由丹田運氣於四肢，但內家之運氣是不運之運，「先在心，後在身」，意到氣到。鬆柔是為了堅剛——此堅剛乃是內氣充實，筋膜強壯的堅剛，並非肌肉發達之堅強。當年俞敏老師說：內功雄厚之人，身無贅肉唯筋膜強健，骨堅皮鬆，看似皮包骨。

「氣走於膜脈筋脈，力出於血肉皮骨」（《太極拳秘宗》），筋膜以柔軟鬆透為用，其柔軟而含堅剛，彈性也。「有力者皆外壯於皮骨，形也，有氣者是內壯於筋脈，象也」（引同上），太極乃大道，求虛靈而虛無，故輕形重象，輕外重內，輕力重意。

不修內家功夫，所用之力多陽脈所出，修內家功夫，所出之勁多陰脈所出，此間消息大矣。尚柔用陰者，道在無形虛空求也。以我之含蓄內斂，對彼之張揚外露，人不知我，我獨知人，英雄所向無敵者在此。

## ✥ 三、談勁

太極拳講勁，盡人皆知。關於勁力有多種說法，也有多種勁別。王宗岳說「由著熟而漸悟懂勁，由懂勁而階及神明」（《太極拳論》），又說「陰不離陽，陽不離陰，陰陽相濟，方為懂勁。懂勁後愈練愈精，默識揣摩，漸至從心所欲」（引同上）。顯然，勁是必須懂的，懂勁才算入室登堂了。孫祿堂在《拳意述真》中稱：「夫道一而已矣，在天曰命，在人曰性，在物曰理，在拳術曰內勁。」

關於太極勁有太多說法：聽勁、明勁、暗勁、化勁、鬆勁、浮勁、沉勁、提勁、按勁、捯勁、掤勁、捋勁、擠勁、採勁、肘勁、靠勁、中定勁、隨勁、截勁、拿勁、斷勁、長勁、寸勁、搓勁、頂勁、發勁、開勁、合勁、鼓蕩勁、纏絲勁、沾勁、領勁、凌空勁、柔勁、閃勁、踏勁、塌勁、丟勁、橫豎勁、起落勁、餵勁、問勁、蓄勁、腰襠勁、引勁、僵勁、走勁、敷勁、蓋勁、對勁、吞勁，等等，不勝枚舉。

眾勁之中，以中定勁、開合勁、走化勁為要。中定勁是

「守中用中」，不勉而中，不思而得，以丹田為根，以腰脊為用。開合勁即吞勁和吐勁，以丹田一氣為動靜，也即內氣之開合伸縮。走化勁即沾黏勁中寓化勁。中定是知己功夫，開合與走化是知彼功夫。

多種勁路實為一勁。太極為沒勁的勁，就如無招的招。李經梧師說「太極無招，渾身是招」，王宗岳說「本是捨己從人」，武禹襄說「從人則活，由己則滯」，因此，太極拳是「因人說法──使勁」，隨機變化，勁無一定，千變萬化，均因來力而區別對待，而且其對待是「神明」主宰，並不以後天識神作用。至此，後天漸返先天，元神元氣為體用，太極體用得，太極之道成。

太極拳有上述層次階梯功境，所以易學難精，習者多，得道者少。多年徘徊不進者，誤入歧途者，知難而退者均有。實際上，筆者認為太極拳為實修實證之道功，走一步是一步，練什麼程度體會什麼，一層一重天。我以為今人愛炫耀聰明，故作新論，其實先輩經論早有明指，理應認真研讀揣摩。故習拳明理，可少迷誤。

李經梧師曾指點說：勁意由心。關於勁力他也讓我們體會過多種微妙的「勁兒」，如彈簧勁、摔鞭梢勁、推車勁、轉碾盤勁、釘楔子勁等（諸多師兄也有演示）。

懂勁後愈練愈精的勁，即應是一種不可測的勁。因為太極即一氣之圓轉靈活，所以練到功成當無往不利，就如清代大畫家石濤的「無法之法乃為至法」，大道圓融。

太極勁是剛柔陰陽的並用之勁，簡言之，太極勁只是一個勁。它包羅萬象，不可端倪。胡海牙師曾明示：只是一勁，別無二勁。我們不妨多多體會，默識揣摩，以求進境。

# 太極拳四題

## 一、有感

　　太極拳習練者日眾，太極拳出版物日見繁多，有關理論層出不窮，舊著新論，令習練太極拳者於眾說紛紜中難辨真偽，莫衷一是。太極拳作為一門傳統武術，既是一門武功，也是一門武學。既是功夫，就包涵著技術、方法、拳理、體用等好多因素，是可以操作並可以一一驗證的。

　　前輩所謂「手上有沒有東西」「手上有沒有玩意兒」「功夫上身了沒有」，就是指功技指標的可證明性。所謂「手上說話」。手當然不會說話，但手上可以在較量時見強弱勝敗，也就等於是說話了。同時，既是學問，也就包涵著此門拳術發生發展的社會歷史以及文化淵源，拳理拳史拳法等等，值得探究。

　　太極拳有兩個特性不可放過：實踐性和操作性。眾說紛紜太極拳，是因為每個人的師承、習練、功技程度、體悟、拳學修養、實踐能力等差異很大，見深見淺，見仁見智。一些不真知「道」者，強作解人，不免誤指靈山。

　　太極拳為實學，是體悟功夫，練到什麼程度說什麼話，知「道」深淺說出來的話也就見深見淺。太極實學，非過來人不能言，言則有失。實際上，歷來知者，反倒少言甚或無言，此值得深思。對於太極拳的理解和修習方法既然存在著不少差異，著文或講解就更應當慎重，這也是對太極拳愛好者負責任的態度。

筆者少年喜武，本為文人以藝為業，但業餘好武，曾師從家鄉隱逸武者俞敏老師，陳、吳太極名家李經梧老師，內丹學者、太極拳家胡海牙先生等前輩。筆者不才，習藝有限，愧對前輩，但於武學有素好在，故隨筆數則，獻疑奉璞，以供有道，聊作一家之言。

## ✚ 二、太極拳是練什麼的

從根本上說，太極拳是練體用陰陽的。陰陽各有其體，也各有其用。體之靜定之陰陽與動用之陰陽又不同。進一步，體用和陰陽又是一事。太極即一氣，陰陽即兩儀。開合、吞吐、動靜、起落、浮沉、攻守、黏走、閃進、引化、伸縮等是一事。此意義上說，太極拳所練的只是一氣。孟子至中至大的「浩然之氣」。孫祿堂先生所謂的「中和」之境。一切有形有為法均非究竟，一氣為本（養生技擊皆然），萬法皆空。

當年俞敏老師為我講解形意、八卦、太極三拳之義理時，曾圖示說：（他先畫了個八卦太極圖）形意所練乃是太極圖圈中之「S」線，斜中寓正，曲中求直，閃即進，進即閃，直中含曲，短中含長。八卦所練乃是太極圖圈外之八方之位，也即八個意象也。他強調傳統武學是「象數」思維，來自易理，練啥像啥，練啥想啥，象形取意而已，像其形勢，取其神意，但不要淪為表演。八卦是由外向內練，由八門而求其中，變位易形，於九宮中致用於中宮。

至於太極，俞師說：乃是修練太極圖中之太極圈「〇」與圈中陰陽兩魚眼「。‧」，即「一陰一陽之謂道」也。太極是練中宮，由中而用外也，如不動先求「中定」，非真不

動，是動而不動，以中正求中用，守中用中，變化在陰陽兩眼，看似不動，實陰陽變幻，「意氣須換得靈」「潛氣內轉」，以不變應萬變也。

俞師還說，練至極處，三家是一回事兒。所謂三拳一理，即是「⊙」。此即一以貫之，一氣為本之義。形意、八卦、太極終極境界都是練中氣之開合、吞吐、起落。

後來筆者於孫祿堂先生著作中見其說，幾乎與俞師當年（1977年）講授相同相通，十分驚喜（孫先生所講「圜中一點」）。俞師還說：他當年從師學拳時，其師先教他三年形意，繼教三年八卦，接下來就要教他三年太極了，但他老師只教他一年太極，即告他天下將亂（指日本入侵東北三省），他將隱遁。所以他的太極拳只學了一年，未及深入。他拳藝未練成，所以他不教徒，不揚名。筆者當年有4年緣分向他學習，他當年向我約法三章，其一即不許向人言及向他學拳，不許提他的名諱，也不許說他所練的門派。我多年來一直恪守俞師之誡。

俞師2002年仙逝。現在筆者抱著不忘師恩的心情和鉤陳紀實對待武術人物的態度，公佈俞敏老師的當年所授，也算是對隱沒在民間武術家的一點紀念和必要的尊重。對於筆者而言，師恩難忘。而恩師當年所授，實在地說，當年懵懂，近年方略有所悟。俞師所授筆者並未盡習，筆者是從事書畫藝術創作和研究的人，多年來只是自己習練，很少與武術界來往，年屆知天命，益為迷戀武學，有感而發，但願俞師諒宥不才之學生，公佈其人其言。

後來，筆者有緣又入李經梧恩師之門，深得教誨。李師精研陳、吳、楊、孫四式拳藝，融會貫通，自成大家。與俞

師的精於形意、八卦不同，李師一生專修太極，不涉形意、八卦。但二師所言拳理，大同小異。

今兩位恩師皆已先後作古，筆者也覺得當時從師之難得，只能經常回味師傳，並自我揣摩。

筆者認為，太極拳終極追求只在一氣。此一氣哲學家謂之元氣，仙學家謂之先天氣，醫學家謂之中氣，武術家謂之內氣、丹田氣，此一氣之動靜、開合、伸縮、浮沉、剛柔、往來、吞吐、強弱乃是太極拳之根本，捨此，難成太極功夫。

## ✚ 三、此氣是何氣

中國傳統學術認為，天地萬物不過是一氣之流行，一氣為本始，演化為萬物，萬物之別乃氣質氣性不同使然。生命之鮮活乃因氣機之不絕而充沛。人身亦然。

但習練太極拳的過程必由後天返還先天，由口鼻呼吸之調攝而合於丹田內氣之吞吐開合，是謂先後天合一，先天之氣與後天氣合一，後天氣返還於先天氣，始有養生（知己）技擊（知彼）之功用。練成太極體，是謂先後天一氣渾然，體有罡氣，用在圈中一點，誠中發外，始成內功之拳。用於己身，則養生，施於他人，則技擊。丹田氣，人皆知而能言，然其練法、用法，則歧義迭出。

俞師、李師、胡海牙師所習不同，而於內功心法、內功練氣，所授則頗相似。胡老（年屆96歲高齡，為陳攖寧先生道家仙學嫡傳弟子，從李氏太極傳人韓來雨先生而習李式、從吳式太極名家劉晚蒼先生習吳式）曾點撥說：對了的都是一樣的。對了的都是一理，不對的千差萬別！月亮只有一

個，河流千條萬條，河流所顯之月也就千個萬個。

太極拳之為內家拳、內功拳，關鍵在「內」字。內功即丹田氣，即中氣，即先後天合一之氣及其有無運用。有些說法要求練太極要配合口鼻呼吸之氣動作，如此練法，必生流弊，不但無益，反而有害，尤其不利初學。還有些人講練太極要忘了口鼻呼吸之氣，又絕對了，也不算正確，人必賴後天（呼吸之氣）以滋養先天（丹田元氣），豈可無視其體用？應該採取的方法是：始則勿忘勿助，終則使之返還先天，由息調而胎息、踵息。「知其一，萬事畢。」

李經梧師當年（1989年）曾在傳授內功時說「不使氣流行於氣」，前一個氣字是指先天內氣，後一個氣字是指後天呼吸之氣。讓先後天分明，然後再使之合一，是必經之路。通常，一般人只能覺到後天口鼻呼吸之氣，感受到先天丹田氣是很難的。而且，一般人的先天氣能量有限，而且不斷消耗，需要不斷充實。

李師說：充實命門、充實帶脈、充實丹田，故先練「有」，後歸於虛無，虛無並不是沒有，是更充沛更大的「有」，這個「有」在「氣」言近乎「無」，（所以武禹襄說：「不在氣，在氣則滯」）在神言是「有」，（武禹襄說：「意在蓄神」「養氣者純剛」）。有從虛無中來（充實命門丹田），有歸於虛無（氣）之有（神），虛無之有即「一片神行」「無形無象」境界。

所以，太極拳之練氣，本質上乃是煉神。而此氣（內氣）非彼氣（口鼻），不可不辨。練內氣，要訣在有若無，無而有，「獨立守神，肌肉若一」（《黃帝內經》）。充實內氣有實在的方法，方法有階梯次第，所以太極功夫修為是

「實學」，一是一， 二是二，知道多少是多少。

內氣修練到一定程度，自身會有感應。感應程度因內氣強弱盈虧而異。內氣充沛到一定程度，加上心法運用始有中定，李師謂之「知己功夫」。但此時之感應尚屬自身感應，如丹田熾熱飽滿、腰勁增加、下盤穩固、精力充沛、周身輕靈等，尚在「知己」而不易施用於人階段。施用於人，屬「知彼」功夫，是對待（較藝）。對待，需要內氣發生質變，才能「寂然不動，感而遂通」，那時之感應程度可以「支撐八面」「一觸即發」「動急則急應，動緩則緩隨」，即有了「聽勁功夫」。

誤聽勁於皮膚，乃本末倒置。實則聽勁功夫，是源於內氣充沛，周身經脈暢通，絡脈也隨之暢通後的微妙感應。內氣是本，內勁是內氣之用，因為內氣充盈而後「神通於背」，聽勁乃懂勁（知彼）之始，懂勁乃「知己知彼」而能用。所用者何？內氣是也，內氣則養生，內勁則技擊。

必須說明：內氣不剛不柔、不偏不倚，但有有無大小強弱整散之異。及其用（發外）則顯現為剛柔偏倚方圓，因對手機勢來力而不同，隨機取捨、因物賦形、不可方物是也。

拳經所謂：「拿住丹田練內功，哼哈二氣妙無窮」，拿字最緊要，哼哈乃內氣外發自然而然，非鼓努發聲之意也。

## ✚ 四、剛柔與鬆緊

經常會聽到講太極拳的人提到剛柔和鬆緊問題。經常會聽到練太極拳的人說對方「勁太剛」或「手太硬」之類的話。王宗岳《太極拳論》在講到「斯技旁門甚多」時，也明確批評「有力打無力」是「旁門」，提出：太極拳技「顯非

力勝」，太極拳是「用意不用力」。確然，不用力是太極拳的一個特點，於是有人便誤解太極拳推手或較量時，也是一點不用力，甚至有的人常表演只用意不用力的太極推手。

太極功夫真能練到不沾身或距數步乃至數丈，而仍然能讓人跌仆或跳躍者，實在匪夷所思。就是清初學者黃宗羲記述當年「內家拳」的技擊效果時也只是說：「以靜制動，犯者應手即仆」（《王征南墓誌銘》），看來，無論是張三丰還是王征南也還沒這種「凌空勁」的本事，縱是張三丰「以單丁殺賊百餘」（孫祿堂也有過類似戰事），大概也是要一個一個沾身後才使之「應手即仆」。但往往如此玄妙的功夫多是自家門內表演，外人不太靈。

當年孫存周、孫劍雲都曾經去領教別人的「凌空勁」，但沒有任何作用——孫存周和孫劍雲先生皆安然無恙（可參見童旭東《孫氏武學研究》一書）。

筆者也曾數次往訪某楊式拳善「凌空勁」之傳人，以期體會神奇功夫，結果對方總是找理由推辭，但每次卻與學生等表演遙控功夫。最後一次，我懇求體會，並說後果自承，對方出手，筆者竟然毫無感受。類似的「用意」打人應屬於極端的例子，確實「不用力」也至玄乎程度。前邊說過，太極乃實學，必經實修實證而後可，不然難以令人信服。

到底應如何用意且如何理解力？「用意」打人到「不沾身」即有效果，幾近巫術、魔術，依筆者有限之見聞，恐怕十有九為不可信。而太極之推手較藝，必以充實內功為基礎，又必以靈明之神明運用、巧妙之內功心法為方法，始克成功，當然此中必有「用意」。至於力，前輩多說勁，且強調內勁，即拙者為力，巧者為勁，方者為力，圓者為勁，死

者為力，活者為勁。力不出尖，「意氣須換得靈，乃有圓活之趣」（《十三勢行功要解》），圓活之趣乃內勁之施用於對方而「得機得勢」「因敵變化示神奇」也。

筆者認為「用意不用力」是練習階段，是練體、知己功夫，是積柔成剛之法，但不是結果，不是練成後的對待功夫。遍查歷代太極名家乃至有記錄之近代較藝事件，恐怕也難以查到一點不用力便能放人或打人的實例。

楊氏父子功臻上乘，也未離開過快和剛。否則楊班侯的剛狠之名何來？班侯三徒，所謂「萬春得剛勁，凌山善發人，全佑則長於柔化」，不是明言萬春之剛勁嗎？所以說，不用力但要有剛勁，剛勁是力的質變結果。外力人人本具，內勁（含剛柔勁）則需後天練得。

李經梧師生前有一次講給我說：你師爺陳發科拳勁極剛，觸到他身上就如碰到鋼筋柱上的感覺。其實內勁用剛則剛，顯柔則柔，剛柔都是相對而言。剛而至於生硬非真剛，硬手非剛勁也。楊澄甫先生謂「如綿裹鐵」，正是外柔內剛之意。我認為太極功成不唯「外柔內剛」，還是「用柔體剛」，所謂練就一身混元氣，有罡氣罩體，身上筋膜極富密度和彈性，亦剛之一義也。

常見有練太極者，身軟如棉，體上不堪一擊，你若推他，他只會東躲西閃或左扭右歪，毫無中主，更無內勁，此或非太極功夫，恐怕是練偏了。太極功夫是外柔內剛，這恐怕是無疑義的。筆者強調，不可把練法當用法，也不可把體用顛倒了，更不可把結果當過程！

對於「大鬆大軟」和「鬆空」說，筆者有不同看法，軟與柔，僅一字之差，但含義殊別。就如剛與硬之差別一樣。

蓋鬆與緊乃一事，如剛與柔是一事。鬆不錯，放鬆是通順經絡氣脈的必須，鬆到透徹，近乎空空如也，「妙手空空」是大境界，是出神入化之功，但對初學或一般習練太極拳技者言，先談「鬆空」，大談「空」，就不見得合適了。「大軟」和「空」，都不宜在學拳過程中提倡。「無形無象」「西山懸磬」的「空」，是功夫上乘的無可無不可境界，以筆者之水準，不敢置喙。如果說「大鬆」還不致有流弊，但「大軟」則恐怕是難練成太極功的。李經梧師傳拳也把放鬆掛在嘴邊，但他從不強調「軟」字，更不說「大軟」。

李師倒是強調「形鬆意緊」，此合乎太極相反相成之哲理。因為「形鬆意緊」，所以「外柔內剛」，其效果即是「如綿裹鐵」，外似柔軟，內含堅剛。李師之臂，即如此，李師當年介紹陳發科師爺、王子英（王茂齋之次子）師爺之臂均是如此。

筆者早年啟蒙師俞敏先生之臂也如此。積柔成剛，積的是柔，但不是軟。太極求空，始必求有，有什麼？前面所說之內氣也。內氣練至虛無，然後才可求空。

正是因為「形鬆意緊」「氣斂入骨」，緊而不僵，鬆而不懈，才能練出太極勁。太極功夫上身之人，骨質密度增強，筋膜壯實而富彈性，才能在「極柔軟」的外象中，達到「極堅剛」的內壯境界。正所謂：「剛柔並濟。」剛柔並濟與鬆緊一體，才是「周身一家」。剛柔並濟方為「懂勁」，只強調鬆軟，不是「一陰一陽」之道。只談「空」，至少不宜於初學和未「懂勁」之人。筆者所從事的中國書畫一道，完全通於此理。如果初習書畫即一味「大鬆大軟」「鬆空」，書與畫都將不得其門而入。

剛柔是體會功夫，是聽覺、觸覺、感覺乃至神明的應對結果。太極功夫練得好，可以尺寸分毫把握不爽，放人於何地盡在掌控之中，其中剛柔勁是根本。剛柔勁即太極勁，隨剛隨柔，能剛能柔，如氣似水。

李師生前從不主動出手，在20世紀80年代初的一個夏天，師母去世後心緒不佳，一日突然主動要與徒弟們推手，眾弟子婉勸不果，李師一出手竟將呂德和師兄放到牆上，約丈遠，呂師兄頹然呆愣，此刻牆上竟將汗衫衣紋印得一清二楚。李師忽然覺得失手，連連後悔。而師兄本人則事後說：老師發出的內勁讓他五臟翻攪、頭暈目眩。

此後，李師再也未主動出過這樣的手。顯然，呂師兄當年感受的這次被放，是其無比的剛發之勁，只有受者本人才能感覺的。

李師自云平生只此一次主動出手。平日李師推手多是柔化之勁。李師常說：吳式長於柔化，陳式長於剛發。但化發自然而出時，剛柔就是一體。太極拳尚柔化，但不能練成軟綿綿的不堪一擊。人們多是友好切磋，或門內說手，軟綿綿尚可，若真相搏則不可以。鬆柔是入手功夫，鬆沉是中等功夫，鬆空該是上等功夫了吧。因柔而通，因通而順，因順而達，因達而沉。體鬆意靜，皮柔膜剛，筋骨分張，乃為懂勁，或為登堂。

太極拳之剛，一定要從柔中練養得，那時的剛，才是真剛、純剛，是無堅不摧的剛。鬆柔是我們的訓練日用手段和方法，目的是成剛。空也是我們追求的目的，但它不是方法，它是一種功夫境界，可期而不可強求。

 太極拳五探

## 一、從「立身中正安舒」說起

王宗岳《太極拳論》說「立如枰準」，武禹襄《十三勢行功要解》說「立身中正安舒」，又說「尾閭正中神貫頂」。這些顯然是要求練太極之身法必中正。在其他拳法裡很少這種要求，這是為什麼？因為立身中正是太極拳的要領之一，如不知其所以然之故，也算茫然。

太極拳既名內家拳又名內功拳。楊澄甫《體用全書》謂「願後之學者，弗惟外之是鶩，而惟內之是求」「非取形似，必求意合」。內求之意合何在？筆者以為即在內功與心法。內功心法之究竟即以內丹煉氣為結果。所以，太極拳要求立身中正安舒、尾閭正中神貫頂等，關鍵在「虛領頂勁」——以使督脈陽氣能沿脊上行而過三關為法門。

鄭曼青先生說：「（太極拳）此為人生哲學之結晶者，以其精微而論，較習一切文藝之難，且有過之，決非一般武事可比」（《鄭子太極拳十三篇》）。如今習拳者當三復楊、鄭之言，否則是會把太極拳練成太極舞或操的。

## 二、數「5」與「守中」

中國文化傳統是象數——易思維，太極拳作為中國文化的載體之一，當然也未離開象數思維。太極是至大無邊的存在，古人以「○」圖示——意指天地宇宙的無窮大是「無形有界」，其大無外，其小無內。沒有中心就沒有「同心圓」，

宇宙萬物都有中心，自然圓的中心是「5」，同心圓的中心也是「5」。天數3、地數2，合為五行，天陽地陰，故《河圖》《洛書》均以「5」數居中央，故「5」是中心數，是祖數。「三五歸中」，三是三維，五是中，其釋義允焉，為天地準。

在《太極拳論》中有「守住中土不離位」說，中央為戊己土，足見其理深遠。拳功求「守中用中，既有空聞（身體）之義，又因土在臟為脾，而脾主意，太極拳又主張「用意不用力」，所以「守中用中」與「用意」密切相關。

趙鐵庵師爺傳李經梧師《太極拳秘宗》（楊、吳式正宗傳人均有此譜，名稱或異；一般稱《宋氏家傳太極功源流支派論》或《太極法說》）中有「對待用功、法守中土」一語。而李師傳授時特別說明「中定」與「用中」的重要。

筆者認為「中定」與「守中用中」，即「時中」，即「知己」功夫，不先知己無由知彼，不知彼無法對待——交手即敗矣。然中心在人體為臍後平命門前，此為有形之中，若用意會則不可拘泥，意之時中，妙在有無間，「意氣君來骨肉臣」是也。「表裡精粗無不到」是此意（禪）也，也即此氣也。習練太極此為要，得要方入妙也。

天圓地方是象數關係，知「五」用「中」是使人身小宇宙求通於大宇宙之理 —— 無非求大小自然圓，練成太極體——令身體成無形有意之球體也。前輩形象比喻為充氣之皮球也，中而不中，不中而中，斯得之矣。

宇宙空間最大是360°，最小一個點也是360°，不離此圓（圈是圓的切面，無數圈而成圓），而有太極。李師曾說，由大圈練成小圈，最後無圈成點，點即無所不有，點上說

話，挨哪哪發，才是太極功夫。所謂「無形無象」「應物自然」或此之謂也。

## 🔸 三、「宗氣」還是「丹田氣」

太極拳須練氣，大概無異議。大多論說可以歸納為三：一是說要用口鼻呼吸之氣，使之與動作相合（開呼合吸），一是說要用宗氣，一是說要用內氣（有謂中氣，有謂丹田氣）。

第一說最普遍，用於初學，當無大失。關鍵是又想動作又想呼吸，很難心靜神凝，重要的是這個後天氣要返還並與先天氣合一才行，掌握不好易生弊端，運用得當，才能使之增加助力。俞、李兩師皆不主張開始習拳便用此氣配合動作，他們認為功夫加深自然運用自如。

第二說為某名家所主張，有專文《宗氣論》。宗氣中醫之說，是為上焦之氣，心肺主之，積於胸中，其主要作用於雙臂，與呼吸和血液循環有關。在技擊中它的作用很不直接，明顯不如丹田氣和衛氣重要，當然從醫療保健和養生角度，宗氣、衛氣、營氣、元氣、中氣各司其職，都很重要，當然元氣為根本。所以筆者不認為宗氣在太極功夫裡十分重要。它與口鼻呼吸之氣相關聯，其氣聚於膻中。

而太極拳功夫修練的是大中極（臍中），故氣沉丹田，老子所謂：「虛其心、實其腹」是也。因此，我們認為太極功夫應修煉丹田內氣，使先後天合一，丹田氣足然後可以「以心行氣」，運氣敷氣於四肢百骸。此氣之開合升降吞吐即內勁之種種運用。所以筆者認同第三說。

《十三勢歌》所謂：「刻刻留心在腰間，腹內鬆淨氣騰

然」，顯然用意所在不能在上部的胸間，而是重心下移，在腰腹這個「小太極」之位求之。否則就不合於此拳論。應該說明，後天口鼻呼吸太被注意，則「在氣則滯」，要以先天為用神（無意之意），「能呼吸，然後能靈活」（使後天從於先天）。

習練太極時要氣沉丹田，意氣鬆沉圓活，對待運用時意氣更要下沉，沉到什麼地方，主張不同，有說沉入地下者，有說沉到湧泉者，還有說沉到三陰交者，此與傳承不同有關。無論哪說，都是主張下沉的。至若用意宗氣或口鼻呼吸，難免氣機上湧，既不能較技勝人，也有違內家養生之旨。筆者獻此疑義，為探究真理而已。練拳有一定體會之人，可以細心體會，是練宗氣還是煉丹田氣更能健體或更能施用，其可操作性何者為是，自有結論。

筆者曾承教於道家內丹學者、太極拳家胡海牙先生（年屆96歲），胡老明指太極拳與丹功實為一事，僅有層次上之差別。筆者一誼在師友之同道，與胡老同為南派傳人，但他是劍仙法脈，亦持此說。

眾所周知，道家有天、地、人三元丹法，天元丹法為清修丹法，地元丹法為黃白術外丹法，人元丹法為男女陰陽雙修法，「三種丹法，都是仙學正宗，三種丹法，也不可混淆」（胡海牙語）。

太極拳功所修通於天元清修丹法。丹法須先得「藥」——在丹法為「凝神入氣穴」，在拳功為「氣沉

• 胡海牙

丹田」、為「刻刻留心在腰間，腹內鬆淨氣騰然」，既得「藥（氣）」——丹田氣足則必須引領其沿督脈上行過尾閭、夾脊、玉枕後三關。而端身正坐、不歪不靠、不偏不倚、頭容正直等身姿外形之要求，正是丹法修習之必須。至此不難明瞭太極拳習練之身法要求正與丹法修習之同一脈絡，立身中正與虛領頂勁，其目的正是便於氣脈「緣督以為經」通小周天罷了。如果不然就起不到氣行通關之作用，雖無害亦無益。知道了這個道理，則很清楚太極拳用功所在，明理練拳，易於長功。

有一點需交代：立身中正並不是僵板垂直，虛領頂勁的「虛」字很關鍵，另外「尾閭正中」是指尾巴骨與夾脊與頭頂的上下直對，並不是從身體側面來要求。因此，我們玩味學習前輩拳照時也要如此理解才好。

如孫祿堂、吳鑑泉、楊澄甫、楊禹廷、陳發科、董英傑、李玉琳、李經梧等前輩之拳照莫不合此。與此相關的「涵（含）胸拔背」，其含胸之要即在空靈其膻中穴，使心窩虛鬆，虛鬆之目的是為了便於氣脈循任脈下行而「歸根覆命」——完成一次周天運轉。

他們的拳姿皆側看微微前俯、背實而前虛，甚至有的姿勢如「摟膝拗步」「倒攆猴」等後腦與夾脊、尾閭、後腿已成一斜直線，都是便於督升任降之故。

其前俯之身亦與技擊有關，只有如此才能「神貫頂」。也因如此才能「靈機於頂」「神通於背」「斂之於髓」。因為「小周天」是氣行周天、「大周天」是神行周天。而丹道之行周天旨在打通奇經八脈。君子務本，鄭曼青先生謂：「談修養與衛生之道，捨此皆末事也。太極拳之務本之功，

亦在於斯而已」(《鄭子太極拳自修新法》),旨哉斯言。

太極拳問世以來已利益無數習練者,因其簡練方便,尤其是自20世紀50年代以來國家提倡全民健身運動後,此運動更是習者廣泛,波及海外。但大多數人並未詳究太極拳功之旨趣所在,以致習練多年而不得法,難以升堂入室,令人遺憾。太極拳之利益民眾也正是因為其係出道家內丹法脈,合符仙學養生之旨,所以王宗岳說它「詳推用意終何在,益壽延年不老春!」太極拳之讓人迷戀也正是其有深厚的傳統文化為之背景和支撐使然。

中國文化有多深,太極拳就有多深,可惜,由於多種原因,太極拳日漸被簡單淺泛化,被通俗庸俗化。我們只看到它的廣泛普及帶來的好處,卻忽略了它的許多本質與精義。假若我們承認太極拳通於修道,我們也要承認它有深奧的一面,它有易學難精的地方。有不少人受惠於它,也有一些人練不出名堂知難而退了,或者徘徊於堂室之外,不得要領。

## ✚ 四、關於門派

目前流行的太極拳影響最大的主要有陳式、楊式、吳式、武式、孫式、趙堡式、張三丰式等幾大流派,其他由上述衍生而出的太極拳派很多,也是自然而然的事,開門立戶,原委眾多,而門派紛爭,歷來不免。

對此現象,筆者抱持一個基本態度是:求同存異,學術為本。求同,楊澄甫先生說得好:「太極拳只有一派,無二法門。」眾派皆出於中國文化一源,皆以古典哲學、易理、醫學以及其他武術為背景學理和參照系。文化一源,學理一致,而演練有異,於是歧義。

在20世紀30年代前，習太極者之師傳口授多尊張三丰為祖。古來拳家者流隱於民間、藏身道釋，故不見重於士林、文人，尤見忌於廟堂，因之記述頗少，典籍不載，功夫身影閃閃爍爍於世人視線之中。虛實真偽一時莫辨。至唐豪先生出，張三丰地位動搖。

筆者參閱大量文章，以為張三丰之地位固不能確定，然若以為根本無其人或其人與太極拳無關恐也失之武斷。典籍鮮載，有歷史原因，自古真修行者，絕無爭乎名利之舉，此或不能以世情揆之。若處處以今人心思測度前人，每不免於主觀。

當年俞敏師便說：世事我們不知者多，勿以己不知便說不存在，那叫「少見多怪」。他本人武功深厚，卻從不張揚，三子三女未授一技，並說就這樣帶走了。我因有緣相學四年，略窺門徑，僅得皮毛。如非我親見歷，恐怕他就像一陣風過去了。但以我浮生所見，功夫超越於他的人總也不算多吧。俞師所習內家拳，最講形意、八卦、太極三家合一，他說三家一理，他還說門派無高低，功夫有高低。這一觀點，李經梧師亦然。俞師說名拳名師所出，功夫未到仍白搭。李師說招不敵功，太極功成渾身都是招。

直言之，兩師都反對門戶之見，都重視真操實練。李師精於陳、吳、孫、楊四式，而以陳、吳為嫡傳，但他從無成見，使之融會於一身。他早年名噪京城，卻在壯年隱於北戴河。他們都是口傳身授，很少或絕不形諸文字。而在古代如此修練者不計其數。而前述劍仙派友人一門更是如此。

武術有道、藝之分，孫祿堂前輩言之鑿鑿。藝則分張，道則唯一。炫技淫巧，徒增迷惑。形意誠一，八卦歸一，太

極守一，誠中、虛中、空中之說，一說即見本來。「一」即內丹，老子謂「有物混成」之存在，知其一，萬事畢。楊澄甫先生所謂「只有一派，無二法門」者也。

然而，門派繁衍，畢竟存在。這是因為不同的傳承與不同的理解使然。比如陳式拳之「雲手」手心向外運轉，而吳式拳則手心向裡運轉，此一差別在於陳式所走氣脈乃由手三陽經變為手三陰經，而吳式所走氣脈則以手三陰經為主，陽經勁力偏剛，陰經勁力偏柔。這些習練法式之異，不免於練成之勁力之別。

太極拳與書、畫、棋、樂、詩文等其他民族傳統藝術一樣，最後要「盡性致命」，練得與個人性情一致，顯剛顯柔顯文顯武顯粗顯細，拳風如人。因為它是實學功夫，是一種功夫學問修為。同學一師，見識不同，難免「各有靈苗各自探」，也就形成了門戶。尊重門派就是尊重差異，尊重其藝術性的獨到，但是同時更要遵從真理、規律——「一以貫之」的「道」。兼學多門，貴在能通，而不是臨摹很多套路，關鍵是融匯之後的大成，化人為我用。當然這是極難極高的境界。

李師兼習四家，但在晚年，可以說自成一派。他演練的陳式保留了其剛勁沉實的特點，但也具有含蓄柔鈕的意味，而這正是他吳式太極這一母拳的作用。而李師之推手功夫就更難測來路了，被太極研究家嚴翰秀先生譽為「無形無象，應物自然」。書法藝術講「通化之際，人書俱老」，這個老不僅指年齒，更是指境界。拳與書其理同。

天下太極是一家。這應該成為習藝者的理想。君子和而不同。

## 🏵 五、以何為「根」

傳許宣平《三十七心會論》中有「腰脊為第一之主宰」和「丹田為第一之賓輔」之語，他把地心與足掌分列為第三主宰和第三賓輔。由此可見，在古拳論中並不以足為根，至少足不是第一賓輔。

以腰為主宰，腰為中節，中節不明，渾身是空，「命意源頭在腰隙」。腰與丹田共同作用，成一太極體，而此太極體以腰為主宰，以丹田為賓輔。顯然，腰腹為根。習練與對待之際，如一味下沉，甚至五指抓地，則有違此理。常見人們習太極不明此理，以為沉墜體現功夫。別忘了，太極是相反相成之道，只有沉沒有浮，只有重沒有輕，只有陰沒有陽，便不合理。

武禹襄有「其根在腳，發於腿，主宰於腰，形於手指」說，當然不錯，不過，筆者理解太極之根在中極丹田及腰腹部位，武氏說主宰處才是根，足為第三賓輔，是借地心之力的根。郝為真形容練拳三種境界皆與水有關，而其足下無不虛靈，不紮實固不滯「率爾騰虛」也。

人身九節，軀體以丹田為根，頭為梢，上肢以肩為根，手為梢，下肢以跨為根，以足為梢。此形意、八卦、太極三拳皆然，乃為舊說，非我發明，特揭示而已。筆者俞、李、胡三師以及前述有關師友均主此說。胡老明指「以神氣相交為用法，以腰身為主宰，以丹田為根基」。

以丹田為根，是基於內氣內功之修為，及其用也，又必以腰為主宰。做個比喻，丹田是油箱，命門（腰）是發動機，身體是汽車，意是引擎。因此，以丹田為根即以中為

用，此用亦體，丹田命門合而為一太極體。若一味下沉則為孤陰而陰極，若身體極力下蹲而以式低為功夫，則有違用中以及「中和」之道。

個別習太極有年而不得法者，或膝足有傷，皆與不諳中道、不知根蒂有關。功夫在腳下，但根本在丹田。昔日俞師常說「行動坐臥不離這個」，我問哪個，師答歸根返本這個。當年李師晚年前列腺手術後行動不便，坐於椅上猶能發放，若根在足上，師足根本未著力也，此所謂渾身無處不丹田。前面說過，太極功夫乃是與內丹法相通的功夫，所以必以丹田為根本。要說明的是，不如此練也肯定出功夫，但那種是以腰腿身法為勁力的功夫，與內家勁力不一樣。

以丹田為根，不追求低架子，不偏不倚，不上不下，個中滋味實耐人尋味。太極是圓，藏中隱內，性命之學也，「深根固蒂」之道也。太極功夫以不用為用，以不變應萬變，捨己從人，隨屈就伸，其以「一」為根本也。

太極功夫有層次之別，不同層次要求有異，自練與對待其心法也有異。練到什麼階段說什麼話。

# 太極拳形與意之體會

太極拳是中國武學文化發展到一定階段的必然產物，其尚自然、崇虛靈、重中定、用陰柔等特點，正是中國文化從漢唐的陽剛向宋元的陰柔轉化的一種文化反映。這一文化反映體現了國學思想的向內追求和尚柔趣味。近代大儒梁漱溟在20世紀30年代便在《東西文化及其哲學》一書中指出「中國文化是向內的」。旨哉斯言。

由此而及於傳統藝文之文學、書畫、音樂、養生、醫學、哲學等似皆然。再者，太極拳之為武術，又為體育，在中國傳統，技藝必進乎道。

太極之道，法於陰陽，合於術數，其運動在身，其規律在天，是人道人文之以能合於天道天文者為大為至。

## ✚ 形與意

太極拳不管是作為體育運動還是作為武術技擊，都離不開外在形體與內在的心意的雙向修練。然而，偏重外形動作的主要是在形上摹仿，而忽略了內意的修練，使太極拳流於套路運作的規範與優美。先師曾稱這種「公園太極拳」為「太極操」。而其甚者，在比賽或表演中更求外表漂亮，不顧太極拳的內家性質，使之淪為表演化的運動，由操而舞，早失太極「起腳不過腰」的古訓。先師稱此類太極拳為「太極舞」。

其實，中國武功確實有武術（技）、武功、武藝、武道

的多重性功能，欣賞性的武藝也是客觀存在，也不必全盤否定它。不過，在追求武功者看來，花拳繡腿畢竟不能實戰，一味向外求的結果，勢必使太極拳喪失武之本質，在技擊和養生兩大功能上有所失漏。這是單純追求好看和表演效果者必須正視的。相反，對於內意的追求較為合乎拳經「用意不用力」的宗旨，與此相關，就是「重內不重外」。重意不重力，才會使拳道走上正軌，大方向是對的。但是，如何重意？重意到什麼程度？又不可不知。

嘗見有論者或練家認為，用意不用力，所以外形動作便不重要了，意念極重，甚至認為我只要意念一動，與對方接手時便可放人丈外。我想，此一認識也已落入另一誤區。

凡人學藝，必有階梯、層次遞進，不可躐等以求。若謂唯外是騖者失，則唯內是求者亦未必真得。

有些練者，入門不久，拳架尚未中規中矩，方圓開合尚未得竅，便已不求形似，一味練起意來，恐亦失之。如學書法，始於臨摹，必求點畫方圓合度，先求外形之逼似，再追形意之自運，終得神采之飛揚。此中階級，迤邐而進，方為合道。若始習書便不求形似而動輒以神似自炫，易落野狐之禪，終成胡塗亂抹之書。

習太極者，或彷彿之。入規矩而出規矩，從必然王國向自由王國努力。庶幾得之。故筆者認為，習拳之初，當求形似，外形非常重要；練習即久，必練內意，心法是也；迨拳功深，外形內意，渾融不二，拳意真真，化機方至。功之深者，意念一動而內功隨之，外焉不覺，而內意到而內功充，或至「一片神行」境地。此中積累歷練，豈是初學可窺？是知始習便言「意」，總落空洞無物。終成不離意，恍兮惚

兮，無意之意是真意。

因此，筆者認為：形與意（亦為內家拳種名）乃是練太極拳必須弄懂的東西，甚至一切中國傳統文化都要處理好這對存在。形與意、外與內、實與虛……也就是陰與陽的對立統一原則，此外無道。偏執則非太極，單一則不合道。

至於內意，近於心法。心法之傳，門戶有別。歷來練家皆知「用意不用力」之拳經，在楊露禪之用意與一般練家之用意，其異同如何？其功用如何？悟者可多領會。無功之意，啥都不是。然功從何來？真傳善悟者方知。若初學乍練，便用意不用力，便單從意上求，純屬奢談妄念。

昔一位吳式拳師叔，曾述及當年向吳式太極宗師楊禹廷師爺討教拳理時，楊禹廷師爺說，鑑老（吳鑑泉）的太極球（意氣圈）只有綠豆粒大小，王茂齋老師的球（圈）約黃豆粒大小，自己之球（圈）如蠶豆粒般大。此一故事可令習練者參悟。

太極一氣，也即太極一意，此意非彼意，意的質量不同。外形之有無與內意之有無，必須習者領悟得之。心既知之，形法隨之，不是那麼簡單。「書之妙道，惟觀神采」──此是高境界。「太極高手，一片神行」──此亦是高境界。以高層次練法指導初學，往往讓人不知所以，而永遠以低層次法修習大道，永難升階。

早年筆者的形意拳老師俞敏曾告訴我說，象形取意就是學問，形意合一，是拳非拳。後悟中國文化，形意並重，以意為上。形似為始，神似為終。後人太極之門，恩師李經梧教拳一直要求中規中矩，但同時他又強調練意，常說，我什麼時候都在打拳。這不就是「行走坐臥，不離這個（拳）」

嗎？前者是在強調形法的入手規矩之重要，後者又是在揭示養拳練意的本質。楊澄甫《太極拳體用全書》謂，「非取形似，必求意合」，此已指習拳之中高級境界。

李經梧師曾在入門之初說：太極拳道理很深奧，但也很樸素，它是從古代的導引術、吐納術、內丹術逐漸發展而成。由此筆者思考認為：導引者，形動而氣行也；吐納者，氣運而脈通也；內丹者，神、氣、精之能量轉化也。

人體的特定姿勢動作，可以疏通運動的經脈氣路，此外形不可廢，因外形之動與內氣相關。然一經經脈暢通，周天運轉之後，則意之所到，氣血隨行，若太極氣圈成，則周身八萬四千毛孔開合一家，即全體大用，放之六合，退藏於密，「皆在當中一點子運用」（孫祿堂《太極拳學》）。此一點子即中央戊己土之意運也。

因此，外形運動之導引，與夫內氣（意）開合升降之吐納，則是二而一也，外導內，內引外，開合升降即太極也。以之養生則為太極道，以之技擊則為太極拳。

施放於外者，功也，修養於內者，道也。故高明拳家內外雙修，拳道一如，練養一家。

## ✚ 圓、勻、中、連、柔

前人之論太極者已汗牛充棟，筆者鮮於創見，僅從上述五字略抒管見，亦形意之發揮也。

### 【圓】

環也、圈也。試看宇宙間天體之運動，日月星辰無不以圓轉為存在規律。此即天道，而世間之物凡與道之規律鄰近或相合者即能長久，不近不合者便易消亡。「天不變，道亦

不變」（漢儒董仲舒語），此「天」乃有此「道」，一切世間法不離此世間道。試看地球上之生物果實亦皆圓，圓滿為成熟之形，而日月星辰之運動則為圓弧運動，圓弧運動為常規運動，也是永恆運動。

太極拳上合天象，下合地理，就意念和身形來講要符合渾圓的要求，此即渾圓飽滿、靜亦圓、動亦圓、不凹不凸、不丟不頂、八面支撐，環、圈、圓、轉，珠圓玉潤。在佛家密宗有大圓滿心髓，在道家則恪守天道之象與義，太極則之而成太極拳理。

李經梧師曾簡潔地概括太極拳練習有四性：柔和、聯貫、圓活、完整。此處所提之圓，即是先師所說四性中的「圓活、完整」兩性。

楊式與吳式拳均有「太極圈」之說。趙鐵庵師爺授與經梧先師《太極拳秘宗》中便有那首著名的「太極圈」歌訣：「退圈容易進圈難，不離腰頂後與前。所難中土不離位，退易進難仔細研。此為動功非站定，依身進退並比肩。能如水磨推急緩，雲龍風虎象周旋。要用天盤從此覓，久而久之出天然。」凡與我師接過手的人，無不覺有一個圈在我師身手間，甚至一旦接上手，退也不易了。

周旋、圈、水磨推急緩，都是圓弧運動，身形不可凹凸，不可出死角，然後可以臻圓融無礙、進退自如的天然境界。因此，太極拳古名「先天拳」，含理至深，我以為還可以名之「自然拳」（不同於自然門），因為它的拳理深契「道法自然」之旨。

【勻】

天體日月星辰之運行無忽疾忽慢之變態，其永恆不變者

155

即勻緩運動，此為常態。常態即合道，非常態即不合道。試看地球上四時之交替，天體間日月之穿梭，星辰之旋轉，皆勻速運動，故勻速為天地之大道，太極拳則之，運動以勻速而易圓滿無偏也。與勻相關聯的就是緩、慢。然而地球之運轉勻而緩，勻而慢，故人立於其上而不覺其動，而其實際則緩慢中有不緩慢在。

太極之體在靜，其用在動，動與靜為一，動中寓靜，靜中寓動，勻緩中寓不勻緩，所以楊澄甫《太極拳體用全書》中有「貴在動靜有常」一說，又謂「忽左右上下俯仰之不勻也」皆屬失常度。

勻之一字包蘊舉步伸手、俯仰向背、進退顧盼、呼吸吐納諸方面，又非僅指運動速度。試想，練拳者呼吸不勻，能不散亂輕浮嗎？內家拳之靜以制動、後發先至、似慢實快，便需在此勻緩中討消息。

## 【中】

凡圓球皆有中心。日月星辰，乃至果實皆有核心，核心即中心。中之為用大矣。所有圓球之運動皆有向心力與離心力，兩者之相反相成為張力。

太極拳即以圓取象，因此最重用中，可以說，不能用中即不為圓。老子《道德經》謂：「多言（動）數窮，不如守中」，守中者即全體大用，中為太極本。心意安和中正，不進不退，不攻不守，不貪不欠，渾然忘機，無勝負爭強之心，是謂得中。得中而天地靜，四方安，五臟百體安和通泰，是為無極態。

太極本無極，靜則無極，動則有極，靜動之機即太極。守中者，太極返無極也。中者，如如不動，守中者，周身一

家。「神宜內斂」便是守中；「內固精神，外示安逸」便是守中。道以中為體，以和為用，中和為大道。人體之中為何物？眾說紛紜。

太極拳要求「立身中正」「八面支撐」「中正安舒」，此乃身法之「中」。而若究其實，其「中」即身體的完整性，圓滿無缺，周流無礙，「中」在圓中矣。若言有中，各天體星球皆有中心，因此向心力之作用，作圓弧線之運動。因各星球皆有自我軌道，各以中心自運，故互不相犯，往來循環，而成天體運行。可見中心之整合與牽製作用而成常道。故不失中則形全氣滿神足，不偏不倚，不盈不虧。在外為圓，在內為中，時時不離中土，即不丟不頂。所以外形之圓滿即不失中，中在空間之中，又不一定在空間之中。

許禹生《太極拳勢圖解》中說：「太極拳者，形而上之學也。」因此，練太極拳而不明理，必不能得太極精髓，此其與他拳不同者。太極掤勁即中定之為用。「超以象外，得其環中」，中即定之意，時時處處寓中定之意，即謂得中。氣定神凝便是中定功夫。

吳孟俠、吳兆峰《太極拳九訣八十一式註解》之「全體大用訣」原文即有「全體大用意為主，體鬆氣固神要凝」之句。凡能守中用中者，則得中和之氣，而能與太虛同體。

經梧先師授徒，非常重視品德教育，他本人之品德亦為武林所識者有口皆碑，正是守中用中之典範。其拳術之出神入化要在於品德之中正無虧。不解此理，僅事爭勇鬥狠，縱鐵鞋磨穿終不能至我師之上乘武功，不修道之故也。

丹書云：「中者，虛空之性體也。」可知，有形之「中」或為臍、為丹田、為命門，而無形之「中」則為虛無之靈

性。守中之意須若有若無、若即若離、若存若亡，否則即落執著，著相則妄。

孫祿堂《拳意述真》記述劉奇蘭語曰：「道藝之用者，心中空空洞洞，不勉而中，不思而得，從容中道，而時出之」，即此意。孫祿堂以誠中、虛中、空中之妙理以說形意、八卦、太極虛無合一之道，習太極者當三復斯言。

拳經所謂：「拳無拳，意無意，無意之中是真意」，故守而不守，不中而中，乃為得之。當與人接手之時，有意無意方為得。形意拳老師俞敏說：「拳打下意識」，李經梧先師說：「接手時一想就晚了」，皆指此意。打拳不散亂、不間斷、不歪斜、不凹凸、不丟頂、不零碎、不出尖、不呆滯，即為圓渾，中已在焉。

## 【連】

綿韌也，貫通也，續繼也。萬物以生生而不已。試看天體運行其有瞬間停頓否？地球自轉其有片刻停息否？故連者，一貫而至永恆也。

太極法則於此，故又以名「長拳」。此長拳非肢體姿勢之大小，實指拳勢之連綿不斷。勢乃內氣之吐納，如環無端以外顯，故拳打氣勢，內練氣脈；式乃拳腳之變化，顯為招著之法術也，兩者需明辨。宇宙古往今來，循環無端，無首無尾，相續不斷，此即存在之大道。故太極之為拳，依天道運行之理，行雲流水，滔滔不絕，從虛無（無極式）起，至虛無（無極式）終，總有「一」在。

經梧師授拳，十分重視起式與收式，習拳時之起與練至完成時之止，僅為小收束，故拳打不知，拳打十二時，無時不在太極態。經梧師83歲做前列腺手術後，腿腳不便，多坐

於椅上休息，然總在用意練拳。晚年坐椅上與人接手說手依然沾、連、黏、隨、接、化、打、發，絲毫不差，雄風不減，全在其意「連」而未停歇。故「連」之一字，非僅謂拳式之不斷也。又我初習太極，師謂勁短、斷，要勁長、連。今思之，勁之長、連，即意、氣之長、連也。

歷來練家有練拳、養拳之分。經梧師亦告誡：要練養相兼。因之體會：練習時之連與不練習時之連當融為一體，於是片刻無不在拳功中。近年，我諸多同門師兄時有指點，中有強調：十年練拳，十年養拳者，受益匪淺。

## 【柔】

非軟也，如棉裏鐵也。《太極拳秘宗》謂：「絕不可失其綿軟。」武禹襄《太極拳解》謂：「極柔軟，然後能極堅剛；能沾依，然後能靈活。」以柔克剛為天地之理，老子在《道德經》中盛譽水之柔中含剛，攻堅克強，且說萬物以柔弱生以剛強死之道理，乃天地至道。

而某些人解太極拳攻訐「柔軟說」，說什麼「一柔到底」如何如何，實在淺薄。傅鍾文以水中蘆葦的搖擺之柔來喻太極拳理，是知者之言。經梧師曾以鞭子之勁喻拳，亦極形象。徐致一在《太極拳》書中從技擊和生理兩方面闡述太極拳的「柔」與「以柔濟剛」的優點，很有說服力。

萬物之剛者，往往易折斷，再堅硬的剛物，一旦遇到比之力量更強大的都會被摧折，故太極拳家取此義入拳，柔勝剛之理幾乎為中國先哲的慧見獨知。亦正因此，中華武功才能獨秀於世界武壇，如無此種文化內涵哲理意蘊為支撐，中華武功特別是太極拳，還不是也淪為一種人體力量搏擊術了嗎？不柔不化，不是太極拳。人體從精神到肌體若持續繃

緊，緊張超過負荷，人很快就會完蛋。

泰拳之剛猛舉世公認，泰拳師之軀體亦剛硬無匹，然而泰拳師之平均壽命僅為40歲還不到，說明斯術是戕生之術，而非延年之法。或謂養生則太極拳為優，技擊主柔則未必為優。此說亦似是而非。太極功夫之以柔化搏人，歷代皆有高手，豈能以自己之淺解枉誣古人，誤導太極修為？

盈天地間最巨偉之力量莫過於大氣壓，大氣壓力無形可見，茫茫宇宙，大小天體得以生存運動，皆氣之作用。古賢悟此理而演創太極之拳，象天法地，包陰孕陽，將虛無一氣之道理引入拳法之修練，是人道武事合於天道自然之一大發明創見。如果無視於此，純屬無知淺見而已。

現代醫學證明，人體肌肉組織若長期處於緊張堅硬狀態，則細胞迅速壞死，具體表現在現代人類的一些現代疾病，如肩周炎、頸椎病、腰肌勞損等。細胞壞死並不可怕，問題是壞死後它能否迅速新生。現代人類的緊張生活方式，導致了壞死細胞不能新生。

太極拳之所以有祛病健身、養生延年的功效，根本原因即在於主張「道法自然」——以柔軟為剛強！這種剛強是真剛強。嬰兒、小草、樹苗、活水皆因柔軟而活活潑潑，欣欣向榮。太極拳的鬆柔狀態，正是我們人體「歸根覆命」的不二法門，在鬆柔狀態中細胞和神經叢，才可以再生和保持鮮活靈敏，使汗腺毛孔和肌肉在長時間的拳勢運動中處於開合鬆柔狀態，於是，人身小宇宙才能空鬆而元氣充滿，與天地太虛同體，從而永葆生命的鮮活靈動。

# 以武演道說虛空

　　鬆靜、虛靜、空靜，是練功的要求，也是練功的不同境界和層次。

　　首先，我談談**鬆靜**。

　　鬆靜，是太極拳最基本的要求，無論到什麼階段，練習太極拳都要符合鬆靜的原則。不符合這個原則，就不能進入太極的狀態。鬆靜，是練習太極拳必須要達到的狀態。如何達到鬆靜狀態呢？無非是肢體要放鬆，心意要安靜，神意要專注。注意，這裡的「靜」，不是昏沉，不是散漫，不是鬆懈，應該是專注的鬆靜，凝神於一種意念。

　　有些人提出練習太極拳要「大鬆大軟」，如果只是從肢體上要求「大鬆大軟」，是可以的，但是精神上不能「大鬆大軟」。鬆與靜，是一對陰陽，外要鬆，內就要緊，也可以叫專注。太極拳的鬆靜，是外在肌肉肢體的放鬆，同時，內在的神意要專注。靜，首先是清靜、安靜，但不能渙散。渙散了，雖然也是靜，但是沒有那一點靈氣。

　　拳論說：「精神要提得起，才無遲重之虞。」這裡的「精神要提得起」，就是要保持那一點靈氣。鬆靜這個層次，就是肢體、肉體等有形的要安靜；無形的神意，要專注，要安靜。如果內外沒有這個差別，肢體鬆懈，精神也鬆懈，就不是太極拳。

　　武禹襄說：「發勁須沉著鬆靜，專注一方。」其實，不僅發勁時如此，太極拳的整個演練過程都應該如此。

鬆，還包括鬆得開，要「節節貫串」，要圓活，每個關節都應該處於鬆放、安舒的狀態。但是，不鬆散，不渙散，不鬆懈。這就需要用神意來引領，用凝重的神意來統攝。

所謂「鬆靜」，我認為就是練拳、推手時，要掌握最大的空鬆、安靜的狀態。王宗岳說：「刻刻留心在腰間，腹內鬆靜氣騰然。」這裡說的鬆靜，不僅是身體外部的鬆靜，也指內裡的鬆靜。

如何做到鬆靜？我認為這是在漫長的訓練過程中逐漸形成的一種對肢體和神意控制的習慣。由腳下向上鬆，由頭頂向下鬆，把身體各個關節鬆開，就能真正做到鬆。鬆透了，心意也就能夠專注了。肢體的放鬆，也反過來幫助心意的安定。肢體的放鬆，首先要心意安靜。這是內外互相作用的一個過程。鬆靜，既是整體要求，也是對某些部位的訓練要求。比如丹田，我們進入太極狀態，馬上就有一種鬆沉感覺，叫氣沉丹田，肢體的僵硬馬上就得到緩解。這種鬆靜的狀態，人人都有體會。但是，鬆靜到什麼程度，只有自己才能體會到。

其次，我談談「**虛靜**」。

鬆靜的狀態是對身心的要求，更傾向於身；而虛靜，則更傾向於心神。肢體達到一種放鬆的狀態後，就要尋求進一步的、深度的鬆，就是虛靜。道家非常講究虛靜，莊子、老子都有相關的論述。《道德經》說：「致虛極，守靜篤。」靜，是安靜；篤，是更深度的靜。虛，就是要把人練空了，像個衣服架子。這個虛，有著混混沌沌、陰陽二氣交融的狀態。虛靜狀態，我以為是處於先天氣和後天氣混合的狀態。鬆靜的狀態，傾向於後天氣，傾向於後天的「有為」；而虛

靜，則是先天、後天混合的狀態。

太極拳是道家的內丹功，是從鬆靜功夫入手，然後到達深一層的功夫——練習虛靜。虛靜，在道家看來，就近於合道的狀態了。道家講「煉虛合道」，就是這個意思。老子說：「致虛極，守靜篤，萬物並作，吾以觀復。」就是說，在虛靜的狀態下，體內的精氣、津液才能生發、興旺，生機盎然。虛靜，是道家修練的高級階段。

太極拳，作為拳，是武術，本質在於搏擊；作為功，是修道。太極拳修練到高深處，就是以武演道，以武證道。這是修練武術的方向。現在，太極拳作為全民健身的一項運動，離道家功夫的修練要求就遠了，不是每一個練習太極拳的人都能夠「以武進道，以武演道，以武證道」，也就沒有必要要求人們都按照修道的方式練習太極拳。

太極拳練到虛靜的狀態，就是中層以上的功夫了，這不是人人都能達到的。

第三，講講「**空靜**」。

所謂空靜，是引入了佛學的思想。空，是佛家講究的，認為「萬法皆空，不著一物」，講究「無形無相，全體透空」。空靜，就是全體透空的境界，練功的人內裡沒有一點東西了。

李經梧說：「當人與你搭手時，感覺到你是空洞無物的東西。」這就是空靜的狀態，對方感覺不到你的一點東西，沒有任何著力點，如臨深淵。到了這個境界，與人搭手，對方會感到你的一切都不存在了，有如臨深淵的感覺。這個時候，對方感到什麼都沒有，但又是什麼都有；這個時候的無，就是有。練到這個境界，你會感到心身泰然，與天地合

德，達到「天人合一」的境界。

人體處於最大的鬆靜狀態，就是達到虛靜、空靜狀態，這對身心的健康是有益的，它能使人體的陽氣旺盛，氣血充盈。在技擊中，這種空靜狀態是否能夠發揮最理想的效果？我不能肯定，也不能否定。對此，我還略有保留。「引進落空」，就是把對方引到自己的空處。要把對方引進來，才能空。如果你不空，對方就不會有如臨深淵的感覺。吳式太極拳特別強調化勁，化勁的空，是沒有限度的。

總之，太極拳的修練一定要弄懂它的文化和哲學的道理。道理上搞清楚了，然後要探討它的可操作性。鬆靜、虛靜、空靜，是一個遞進的關係。到了空靜狀態的修練者，他也就沒有興趣和別人搭手了，也沒有爭鬥之心了。如果用上了，一定是出神入化，神鬼莫測。

在現實中，這樣的功夫是很難見到的。而虛靜的狀態，一般的練習者是可以達到的。鬆靜，則是練習太極拳必須的功夫。鬆靜、虛靜、空靜，無非是肢體和神意的放鬆和寧靜，是內和外、陰和陽的關係。

# 易經是誕生武學的根本

　　早期的武術，其套路特徵並不明顯，大多是比較簡單、實用、樸實的格鬥動作，為了練出實戰技擊能力，往往是單獨練習一些單操手。隨著社會的發展和武術風氣的盛行，武術的套路就越來越豐富了。

　　武術套路的形成，就是把單操手的練習串聯起來，逐步形成的。當然，也有一些武術宗師，為了增加自己的技擊能力，編創一些適合自己練習的套路；或者是為了傳授給弟子，創編一些套路。

　　到了明清時期，武術的發展達到了一個高峰。這時，介入武術的人越來越多，有一些人是文武雙修的武術大家，比如戚繼光、武禹襄等人，他們都是文武兼修的人。他們的介入，使武術套路越來越有文化色彩，在套路的編排上也更加完備，比如，一些武術招式的名稱就非常具有中國文化的色彩，有傳說的歷史人物、佛道中的人物、動物的形象等，武術的仿生性也體現出來。

　　另外，中國武術有多種功能，除了搏擊功能外，還有健身祛病的功能、表演功能。這樣，武術套路中就出現了一些不是為了技擊而設的動作。這些動作符合身體的生理功能，能夠起到健體強身的作用，還有表演性。

　　有一些武術大師對傳統文化有著深入的研究，於是易學被引入武術的套路編排當中。這樣，武術套路的編排就不再是簡單的動作組合、數字的排列，而是要符合易學的道理。

這時，武術套路的編排，不僅要符合技擊的原理，還要符合醫學養生的道理和易學的道理。

說到易經，太極拳就是易經理論指導下產生的。在易經中，數字是很重要的，太極拳叫「十三勢」，太極拳套路還有「三十七式」「七十二式」「八十五式」「一百零八式」等，這些都是受易經的影響，有很深的易學道理。古人認為，「三十六」是天罡之數，加上起勢，就是「三十七式」。太極十三勢，就是五行和八卦之數。五行和八卦，是易學的概念。所以，人們說太極拳是文化拳，是哲學拳。即使在套路的編排上也體現出了易學原理。

「七十二」，是一年當中五運六氣的總數，是氣和候的總數。古代人認為，數字包含著很深的天、地、人相互影響的道理，包含著人道、天道的道理，並不是簡單的數字疊加。「一百零八式」，是三十六天罡加七十二地煞之數，是天數和地數相合。

從這些可以看出，古代人創編武術套路從來也沒有離開陰陽、五行、三才、八卦這些數理邏輯。這是中國文化中獨有的。西方和古印度文化也重視數字，但是它們和中國道家文化的數理邏輯是不一樣的。

中國傳統文化的博大精深，就體現在這裡，太極拳的傳統文化特性也體現在這裡。中國文化的根在易學，中國人的思維方式也是符合易學道理的。

太極拳承載著中國文化，就像書法、茶道、古琴等，都是裝載中國文化。太極拳套路是外表，是形式，它裡面裝載的精髓是易學。易學的精髓是太極一氣、陰陽二氣、太極兩儀、三才、五行、八卦。我們懂得了這個數理邏輯，就知道

古人編創太極拳套路不是隨意而為的，是非常講究的。

　　然而，我很遺憾地看到，這些年來，無論是國家編排的簡化套路、競賽套路，還是一些太極拳傳人創編的新套路，他們對中國古代易學缺乏深入的研究。比如，有些太極拳的式子數字從易經角度看，它不是成數。易經認為，天一生水，地六成之。一是生數。三生萬物，三是生數。六是成數，是一個成功的狀態，結果的狀態。

　　現代人太欠缺國學知識，也缺少對傳統文化的深入瞭解。比如，38式、42式、45式，在易學看來，這些不是成數，不符合邏輯。比如古人編了83式、81式，這是有道理的。因為九九八十一，八十一是陽數九的最大重疊。83式則是在81式上加上天和地。所以，古人編的套路都是有數理邏輯的。

　　中國人做事講究道理，道理則是由「數」和「象」來體現的。太極拳是易經的象數思維的體現。「數」就是易學的體現之一。象，就是象天法地，模仿生物。所以，編創太極拳套路，是以編創人的多方面的修養為根底的。當然，練習武術套路不一定能成為搏擊高手，但是編創武術套路一是為了學生記憶方便，便於傳授，也是為了讓自己的搏擊技藝符合天道。

　　從表面看，這些武術套路動作與易學的數理邏輯沒有關係，但是，你長期練習，深入研究，就能體悟到其中的易學道理。如果你練習的是一般的武術套路，不深入研究，流於一般的體育層面上，就沒有必要研究這些；如果你想以武演道，體悟中國傳統文化，那麼，你就得研究其中的易學數理邏輯。透過武術的演練，要合乎天道，也就是修道。傳統的

武學是修道。中國武術來源於道家，當然也包含儒家、佛家的精髓。

陳鑫的《陳氏太極拳圖說》講了很多這方面的理論，我們現代人的知識體系離這個很遠，認為他是牽強地附會易經八卦。我認為，在這方面，人們搞顛倒了，不是武學附會八卦易經，而是易經本身就是誕生武學的文化根本。由於有了這個本，才有了後來武學的多姿多彩的門派和套路。這些多姿多彩的門派、套路的本，就是易學。

傳統的武術套路，大多是從易學這個本產生出來的，是以易學為指導思想的。比如內家三大拳種，如果沒有易學這個學理，也就沒有所謂內家之說了。內家，就是內證之學、內修之學、內練的功夫，內練的功夫就是要做到人道合於天道。我們現代人不要以自己的淺薄去非議古人，不要以自己的無知來武斷地說古人迷信、附會、穿鑿。具體說來，如果沒有《河圖》《洛書》的知識，沒有周敦頤的《太極圖說》，就不可能形成太極拳。即便形成一個套路，也只能是太極操，不可能成為以武演道的太極拳。

當然，我也不簡單地否認現代人可以新編一些太極拳套路，以適合現代人習練。但是，我們不能簡單、盲目地否定傳統太極拳套路。

現代人可以編一些套路，甚至可以開宗立派，但是要經過歷史歲月和實踐的檢驗。比如形意拳，以五行拳為母拳，五行拳以最簡樸的形式，表達最深奧的陰陽哲學道理。現代人對此還不理解，也很難超越前輩們的武功素養。

現代人為了各種目的編一些套路，無可厚非，但是應該慎重。否則，我們還沒有繼承傳統的優秀的東西，卻又另起

爐灶了，這樣就徒增混亂。

我們應該把老祖宗的東西吃透了，練上身了，然後再去融會貫通，有所創造。在近代武術史上，像孫祿堂這樣的人，他是真正地融會貫通了，而且身經百戰，文武雙修，所以能夠開宗立派。如果達不到這樣的水準，就不要輕易創編套路。國家創編的競賽套路，有其歷史原因，但是，我們不能把競賽套路和傳統套路視同水火，這樣不利於太極拳的發展。

比如國家編創的24式簡化太極拳，經過半個世紀的實踐，現在影響很大，總體來說，它保持了一定的生命力，在普及太極拳中起到了很大的作用。這套太極拳是當時幾十位太極拳專家共同參與創編的，我的老師李經梧也參與了這項工作，而且還是這個套路科教片的第一個演示者。這是經過半個世紀的實踐檢驗的。

後來，各個門派又編了許多競賽套路，這是時勢造成的，還需實踐檢驗。總之，我們還是應該繼承傳統的東西，然後才能考慮創編新的套路。

# 『正宗』其實是一個話語權

太極拳雖然流派不同，但是，道理是一個，都遵循陰陽變化之理。然而，在表現方法上，由於不同的傳承，練習者不同的感受和領會、不同的目的追求，就有不同的差異，動作招式肯定也會有所區別。這是一種正常現象。

對這種差異是可以驗證的。首先要驗證一下它是否符合太極拳的宗旨，是否合乎太極拳的道理；其次，按照這種方法練習，身心上是否有明顯的改觀，是否日益健康，身體強健，內心沉靜；第三，功夫是不是日益增長。中國傳統武術，包括太極拳，都是可以驗證的。驗證的方法，一個是身心受益，一個是功夫的增長。

另外，看一個人的傳承是否正宗，還要看其師承傳遞。如果師承有序，代代相傳，有明確的傳承記載，那麼就是正宗的；否則，就不是。

總之，太極拳是否正宗傳承，一個是要透過實踐檢驗，另一個要看是否有師承傳遞。

如果我們真正熱愛中國的武術文化，想傳承、弘揚太極拳文化，「正宗、真傳」這些東西就不是最重要的了。過於爭正宗、爭名分，意義是不大的。但是，由於中國傳統武術確實有特殊性，爭正宗、真傳，其實是爭一個話語權，實際上是以誰為標準，以誰為準則。如果從上述的兩個方面，你都能證明你的所學所練是科學的，那麼，你的正宗是不爭自在，大家自然也會尊重你。一個名家、一個門派，不在於你

說什麼，而在於你修練到了什麼程度；不在於自己標榜，而在於實際的效果——健身、技擊防身、為人處世等方面的效果。這些方面，都會顯現出你的太極拳修練是否得法，門派正不正，修為高不高。

一般來說，正宗的太極拳是能夠讓人練出真功夫的。但這不是絕對的。有些人雖然是正宗門派，但是沒有得到真正的傳授，沒有得到精華的東西，也不能說明你的功夫好。有些人，雖然沒有非常有名望的老師，但是他用心學習，刻苦研究，也會掌握太極拳的精髓。正宗、真傳有時又不是很重要的，關鍵在修練者個人的悟性和刻苦程度。

以上是談的師承正宗與否的問題，下面我再談談太極拳老師之間的差異問題。

我以為，太極拳不論什麼流派，都應該遵循太極哲理。太極拳有關於神意的要求、身體的要求、氣息的要求、動作招式的要求等，這些都顯現了太極拳的博大。在太極文化的根上，生出了眾多的支脈，才顯出太極拳文化的博大深厚。

太極拳作為中國武術最成熟、最完備、影響力最大的拳種，它本身就積澱了中國的歷史、哲學、文化，吸納了許多其他武術門派的東西，是中國武術的集大成者。太極拳是個大門派，有很多分支流派，即使同一個傳承，各個名家老師之間的差異也是很大的。儘管差異很大，但還是應該尊重太極原理這個祖。

太極拳在傳承演變當中，形成了不同的流派，彼此差異很大。比如楊式太極拳與陳式太極拳相比有很大的不同。楊式太極拳出於陳式太極拳，吳式太極拳出於楊式太極拳，這是公認的。楊露禪的拳我們已經見不到風貌了，全佑的拳我

們也看不到風貌了，他們後代的傳承卻各不相同。但是，從拳勢名稱、套路順序看，又大同小異。

我比較過20世紀以後一些名家老師的拳照，他們的動作都有自己的特點，差異比較大。我認為，這裡就有個人的傳授問題、個人的體質問題，以及追求的練功目的不同等因素，造成了這些差異。

有些知識分子為了健身治病練拳，比如鄭曼青，他們和那些追求武術技擊功夫的人，比如田兆麟，練習的拳勢肯定是不相同。還有，練拳人的文化不同，修養不同，這些也會造成拳架的差異。鄭曼青、孫祿堂等人，文化水準高，可以把太極拳上升到比較高的層次，甚至上升到武道的高度，上升到文化的高度。而有些人文化水準不高，功夫很好，可是對文化內涵的理解就差一些。像我的師爺陳發科，文化水準不高，有許多東西就講不出來，李經梧老師跟他學習十四年，都是靠體驗、感悟出來的。

我說這些，就是想說明太極拳的差異性是有其合理的地方。太極拳有不同類型，不同檔次的太極拳，人們對太極拳的理解和追求也不一樣，再加上自身的體質、文化修養不一樣，不同的老師有自己的側重點，有自己的所長，這樣，太極拳的變異也就在所難免。

再者，太極拳的動作、名稱等外形的東西，都是表，是末節。表象重要，但是這只是對於初學者來說，到了中高級階段，這些外在的表象東西就不是最重要的了，重要的是內在東西的學習。這就像書法，大家都學王羲之，到了唐代、元代，就出現了歐、柳、顏、趙等不同的風格。

太極拳也是這樣，源流是一個，歷代的傳人卻各有自己

的風貌。這就說明，太極拳的原理是不變的，法則是變通的。練拳到了最後，一定要合乎自己的心性。不同的心性、不同的性情，就練成不同的拳。李經梧老師說過：「打拳的風格是隨人的性格的，就像下棋一樣，也有風格。」如果過於糾纏外在的東西，練拳則很難大成。開始學拳，要注重外在動作的規範，姿勢要準確。隨著練拳的深入，就要得拳的精髓和真意。每個老師都有所謂的「得意弟子」，就是得到了老師的心意，得到了拳的真意。

總之，拳術也好，書法也好，都是千人千面，各有各的特點，即便是同一個人，在不同的時候，動作也會有所變化，比如楊澄甫，早期的拳架和晚期的就不同。這是很正常的現象。但是，基本的原則、原理是不變的，而小的細則、外形的東西肯定會有所變化。

最後，我再說說正宗的問題。正宗也是相對的。相對別人，你是正宗；相對別人，你是嫡傳。嫡傳、正宗是重要的，但不是絕對重要的。如果僅僅是正宗、嫡傳，卻沒有得到太極拳的真髓，或者沒有練到身上，這樣的正宗、嫡傳有什麼意義？我對這個問題的看法是：第一，尊重正宗、嫡傳，這是由於中國傳統文化、技藝的傳授有這種特點；第二，也不要把這個絕對化，所謂正宗、嫡傳也是相對的，還要看你得沒得到真東西。

學習太極拳，初學階段外形動作是非常重要的，必須循規蹈矩，但是到了高級階段，更重要的是對太極內涵東西的體悟。如果你總是停留在對外形動作的追求上，儘管很漂亮，也能獲得許多榮譽，但是，你對太極拳的內涵，還是沒有真正地掌握。

# 一片神行解密深——
## 太極拳十二說①

### 說基本功

太極拳的基本功就是先要練樁功。

### 說放鬆

至於今人常說的放鬆，古人說得很少，只有現代人才反覆地說，因為現代人心思太複雜，現在生活節奏太快，現代人的壓力太大，神經都緊張。現代人和現代生活，最缺少的就是真正的放鬆，所以要不斷地強調。

其實，放鬆是不得已的。放鬆這個東西，在古人沒有那麼多說法，古人萬緣放下，不動念就是放鬆了。

### 說呼吸

太極拳作為內家拳，呼吸一定是順乎自然為主。當然在不同的階段，也有不同的要求。

在開始練的時候，越自然越好。忘掉呼吸才好。到了中期，呼吸吐納才關乎修習太極拳的成敗，所謂「拿住丹田練內功，哼哈二氣妙無窮」。這時候要講究技巧的配合，往裡收斂的動作就是吸氣，往外發放的動作就呼氣，這是吐納的大原則。到了後期，則又忘掉了呼吸，能用皮膚呼吸，甚至

---

① 本文為筆者應《武魂‧太極》雜誌之約，以深入淺出、明白如話的敘事方式，為讀者闡發難以言說的太極體用經驗和內家秘奧。

進入胎息的狀態。達到「無為無不為」的上乘境界。

## 說抻筋拔骨

抻筋拔骨是內外家拳術的共法，而非內家拳首要的東西。內家拳術是反少林之道而用之，對神氣的訓練，才是太極拳獨有的要求。

當然，太極拳以筋力取勝，必須抻筋，拔骨之說則不一定妥當。而且一味強調抻筋拔骨也不對，要根據自己的身體條件，量力而為。

## 說無極樁

太極以無極樁為本，太極之上就是無極，是無形無相無人我。要隨時隨地練無極樁。無論是養生還是技擊，都很重要。一旦能進入功態，就是返還於先天。而一部道家的學問，就是返還之學。太極拳站無極樁，本身就是通於大道的。

無極樁最重要的就是兩腳與肩同寬，平行相對。膝蓋微彎，彎的程度可根據個人的喜好而定。最主要的是要鬆胯、鬆腰、鬆肩。人身小宇宙，上半身是天，下半身是地。要讓天地相通，就必須鬆。所謂鬆通，不鬆不通。

## 說太極拳與外家拳

太極拳是智慧的拳，是哲理的拳。

相比外家拳，太極拳不是避實就虛的，外家拳才是。真正的太極拳是即打即化，打即是化，化即是打，是走化之中就進攻，是化打合一。

太極拳之所以叫長拳，是因為其意氣、勁路都是不間斷的，無始無終，如浩瀚宇宙。太極拳是減法，不懂得減法的人練不成太極拳。一定是用減法，就像包袱一樣，不斷地丟，是不斷地掉，就像是人穿衣服似的，不斷地脫，脫成如赤子，就對了。

太極拳是內動帶外動，是內練而不是外練。太極拳之所以要慢練，是因為只有真氣發動，才能打拳。經由極柔軟的練習，練成極堅剛，是積柔成剛。

### 說太極拳練什麼

太極拳是道家內丹的外功，內丹靜功的動功。一定要圍繞著這個，要煉丹。而丹就是精氣神的凝合、化合。怎麼化合？就是要虛靜。生理要虛，心理要靜。生理和心理並練，就是陰陽雙修，就是太極拳。

但是，還是和道家的內丹有區別，道家的內丹練的是純陽氣。太極練的是陰陽，合乎《黃帝內經》所說的陰平陽秘，精神乃治。所以要中和。

孫祿堂說，太極就是練一中和而已。中和就是不偏不倚，無過不及。練太極就是要練陰陽平衡。太極拳從本質上說是中和平衡之道。中和的東西是氣，有形的東西是平衡。內外要相合，上下要相隨，神氣要並練，性命要雙修。

從這個角度上說，太極拳通於道家天人合一的大道。

### 說套路

太極拳中大概有三十六七個不重複的式子，是古人千錘百煉得來的成果，是符合太極之理的，已經達到了很完美的

地步。現代人再編拳，其實就是疊床架屋，要嘛是不懂，要嘛是別有想法。事實上現代編的拳，還有很多不符合五行生剋的道理，不懂數術。如果不懂易經、不懂醫學、不懂經絡學、不懂內丹學，那麼，編創套路就有自作聰明之嫌。

## 說丹田

丹田是一個部位，一個空間，在臍後腰前，會陰之上。

生命的能量都在下丹田，丹田、會陰、命門之間的下三角區，是生命中最重要的地方，是生命的關要。練太極的人90%是為了健身，而能否健身的關鍵，就是看能否在下丹田培元固本。

## 說技擊

能不能打是個人練的問題，和拳種沒有絕對的關係。

## 說天人合一

中國人認為人身是一個小天地，道家的丹法認為，天為泥丸宮，地是小腹。

當然，小腹往下延伸就是兩足，在中國的學說裡可以理解為頭頂百會，兩足湧泉就是天地。

天人合一是一種真正的生命境界，是真正的一種功態，是頂天立地，練得中脈通。中脈通了的人叫通天徹地，只有中脈通了的人，通天徹地的人才能叫天人合一。天人合一裡最重要的就是讓人身體裡的中脈貫通，然後奇經八脈也隨之貫通。

所謂一竅通，百竅通，一脈開，百脈開。一竅指的是玄

關一竅，一脈指的是中脈。這時，人的八萬四千毛孔全能呼吸，就是體呼吸。只有在體呼吸的時候，一開一合，與天地是完全合一的。這個時候，其大無外，其小無內，才堪稱是天人合一。

## 說產業化

我們要考慮什麼樣的文化能產業化。太極拳的產業化與國民性和體制有關，涉及所有制、利益、經濟效益和話語權等一系列問題。

太極拳如果想和瑜伽、跆拳道分庭抗禮，同台競技，就需要國家行為來推廣，需要業內減少內耗，一致對外。

第三編

# 道涵武功

梅墨生作品，1999年

# 《道德經》與內丹養生淺探

## ✠ 中國文化始於巫史文化

中國文化的源頭十分古老，就目前所知，當始於舊石器時代。原始社會，卜、祝、巫、醫為人驅邪治病、祈福通神，所謂民神雜居之時。通靈的卜巫之士，可以「絕地天通」。漢代王符《潛夫論》云：

「天地開闢有神民，民神異業精氣通。行有招召，命有遭隨，吉凶之期，天難諶斯。聖賢雖察不自專，故立卜筮以質神靈。」

比如《史記‧扁鵲傳》中記載的上古巫醫俞跗為人治病，即是利用「漱滌五藏，練精易形」的方法。而漢代劉向《說苑》亦記「上古為之醫者，曰苗父，苗父之為醫也」「北面而祝。發十言耳」，病人「皆平復如故」。從這些記述中，至少我們知道上古先民巫卜醫祝的通用之處。

有人認為「巫認為人的本質是靈魂，而醫則認為人的本質是組成形體的精氣」①這一觀點指明，巫與醫相通又相異。巫通向了宗教，而醫走進了科學。但在中醫學裡，巫的屬性仍有保留。

自西醫進入中國以來，西醫對中醫的批評不絕於耳，根本上即是以西方實證主義哲學與實驗室科學醫學，對中國天人合一哲學與生命經驗主義醫學的水火不相容。

---

① 《醫、巫與氣功》，漆浩著，人民體育出版社，1990年，第37頁。

經驗的、體驗的、領悟的、直覺的、靈感的中國古老文化，近百餘年來已逐漸被衝擊和洗禮了。

## ✥《道德經》與道家生命觀

老子思想集中體現於《道德經》一著中。既往之「解老」，有階級分析兩說（討論老子本身是代表貴族，還是代表平民），有唯物唯心兩派。其實，從哲學思辨去理解老子思想，作純粹形而上分析，當然是一途徑，但並不能包涵全部的老子思想。從社會學角度將老子思想理解為為人治世之理念，當然也不全面。

老子思想博大精深，非單一角度可囊括，是不待多言的。今之人，去古已遠，難免以今揣古、誤會古人。特別是在特定的意識形態時期，在受到西學思維與方法論占據制高點的思潮中，真正理解老子思想恐怕困難。

老子之為老子，首先在於他是以身修證成功而悟知大道的智者，他洞徹幽微，可以知人知世，而世人之知解不免以蠡測海，以偏概全。中國學問一如司馬遷所說：「究天人之際，通古今變，成一家之言」，又如張橫渠所言：「為天地立心，為生民立命，為往聖繼絕學，為萬世開太平。」作為「古之博大真人」的老子之學，一定不會脫離「天人古今」「天地心（性）命」之學，不妨說，老子之學正是「天人性命」的鼻祖源頭，「天人性命」之學乃是後世學人要承繼闡揚的「往聖絕學」！而此絕學之產生，不在邏輯學、哲學、形而上學與實證主義科學中產生，而是在身體立行、性命雙修的知行合一、天人合一、心物不二的生命實修中得來，寫出來便成為「經典」。

老子有超乎常人的體驗修證，其所述《道德經》，便含有大量的上古智慧在內，對於常人而言，其超驗的生命修為便是得「玄秘」，老子寫出來，加上他的生活經驗與人生思考，以他的史官之學背景，便成了《道德經》。用今天的話來說，書中所言，由生命實修的功態體悟，由社會觀察和歷史反省的理性思考綜合而成。《莊子》《易經》（加《道德經》為古稱「三玄」）亦然。只不過，每篇表述不一樣、側重和體悟有不同而已。

中華學術始於春秋，至戰國時期而諸子百家興起。其淵源則先於春秋，可追溯上古洪荒時期之人文初祖伏羲氏。其實，上古以降諸先智先賢，無不追蹤同一大道——無分道儒名法墨陰陽兵農諸家，至春秋而分道，至戰國而異幟，各言所見了。

古傳世有「三易」——夏之「連山」、商之「歸藏」、周之「周易」。而孔子之儒學「鬱鬱乎文哉，吾從周」（《論語》），其五十一歲見老子（參見馬敍倫《老子覈詁》）之後稱：「吾十有五而志於學，三十而立，四十而不惑，五十而知天命，六十而耳順，七十而從心所欲不踰矩。」（《論語‧為政章》）應是孔子見老子問道以後所言。孔子問道於老子，儒家多稱「問禮」。結合《莊子》所記述，二子相見，多是老子教訓孔子，特別是批評孔子所宣揚的「禮」，則可知孔子受教之後，始稱「五十始知天命」。

蓋「孔子之孫，子思作之」（鄭玄語）的《中庸》開篇即言：「天命之謂性，率性之謂道，修道之謂教。道也者，不可須臾離也，可離非道也。」（《中庸‧一‧天命章》）自稱「五十而知」道了「天命」的孔子，極可能是拜訪老子時

得聞了「大道」——「天命」，也即「天人性命」之學。而其弟子子貢不是感嘆過嗎：「夫子之文章，可得而聞也。夫子之言性與天道，不可得而聞也。」（《論語・公冶長》）弟子們「不可得而聞」，不是夫子不說，很可能是那時候夫子本人還未「聞道」。

孔子祖述周禮，同時也為《周易》作「傳」。而《周易》是六十四卦乾為首。乾卦以「行健」為用，剛強篤實、浩然沛然，正乃儒家安身立命之學的特色。所謂「乾道變化，各正性命，保合太和」（《乾卦辭》）以乾健陽剛為首的儒家之道，有積極進取，知其不可為而為之的精神，恰與老子之道學不同。

老子所祖述的該是殷禮，是殷之「歸藏易」——殷易以坤為首，尚乎陰柔，貴乎虛無玄遠。只需看乾卦的內外卦六爻皆陽，坤卦的內外卦六爻皆陰即可明白。儒家之思孟學派所發揮即「充實而有光輝」之學派，而道家之莊子所闡揚者，即「虛無」而「宇泰定發乎天光」之學派。

舉先秦儒學與道學關係之一斑，可知先秦諸子皆尚一「道」，道本一個，而知解發揮不一。故莊子於其時感嘆：「天下大亂，聖賢不明，道德不一」，「道術將為天下裂」（《莊子・天下篇》）。

莊子認為「道」只有一個，各自所得（德即得）不同，所以被天下人分割了。孔子也感嘆過：「道其不行矣夫！」（《中庸・不行章》）

此處之道，正是古傳心法。正是宋儒所欲承繼的「往聖絕學」，也即天人合一、性命雙修之大道。

老子在《道德經》裡所言道，本質上即是性命之學。性

命之學是「究天人之際」「天人合德」「天人合發」的「天人合一」之古傳大道。在儒家屬於修齊治平裡的修身功夫，由子思、孟子傳其緒，而至宋儒則已茫然若失矣，復向道家暗求之，惜所知不多，獨邵雍、周敦頤窺之。於是儒之士日降為文人、為書生，而委頓孱弱漸失儒學古義矣。

老子思想的全面闡述非本文所職責，本文主旨在探討老子的養生修身理念。他認為：「道可道，非常道」（《一章》），「常無，欲以觀其妙，常有，欲以觀其竅（有本作徼）」（同上）。

學界多以今日概念解釋老子學說之名詞，或謂不夠準確、嚴謹之類，實則老子思想概出乎生命自我內證，並參以外向觀察，都是心身返觀內照修練的領悟。

有論家認為老子之「玄牝」乃是女性生殖器，女性生殖力即是「谷神」（參見《道家和道教論稿》牟鐘鑑著，宗教文化出版社，P22）筆者認為確然，當然它也引申為大穴之義。玄牝之門，為天地根的大道，是造化天地萬物的本源。

道家認為宇宙為一大生命，人身為一小天地。先天地而生的無以名狀的那個東西，在道家稱為「太一」。看看老子在《道德經》裡所使用的許多術語，大多是生命體及其相關描述，便可一目了然。天地大生命與人體小生命的有無生成之理，便是老子思想的基礎。前言的「太一」，在宗教家則認為是「神靈」，在養生家則認為是「元氣」。

老子之學道理玄奧，包蘊廣深，政治家從中看出王霸之術，經營家從中看出謀利之道，兵家從中看出運籌之策，養生家從中看出延壽之法。

前述巫的靈魂本原與醫的精氣本原之別，在原始社會源

頭渾然莫辨，後世乃有分野。道家之與易、醫、武、哲，均難斷其聯繫。老子思想烙印著濃厚的原始母系氏族文化的印記，其論屬於母系陰性文化，是後天返還先天的學問，是比儒家更加尋根問祖的文化。儒家問祖到祖宗便止步了。道家問祖到祖宗還不止，繼而問到天——生命之創生——一切有生皆為「天生」。

「天生」即天之化身，「天生」才有「天性」，當然也就是「天命」，「天生生命」即是「天人性命」。

老子思想要講返還——歸根覆命，「玄牝之門，是謂天地根」（《六章》）。在老子這裡，「玄牝之門」是道體，「谷神不死」是道心——天心。一部《道德經》所述，其理論依據與實證物質便是修行中的人體生命，而其結論，也是以生命功態體驗感受所得出的。其大則天地，其小則人身。在追問生命的從來時，老子使用了玄牝谷神、心腹志骨、有慾無慾、後身先身、營魄、嬰兒、赤子、天門、雌雄、目耳口、飢食、生死、柔弱剛強、根柢、久視、靜躁、言辯……上述詞彙，莫不與命體有關。

視人體為小宇宙，便是老子道學的生命觀。後世儒學以倫理綱常見用於世，大體日益忽視了生命內求的大道，而外向化（相對的）。後世的道學則分化明顯，或與儒學合流而成理學，或與巫術高度合流而演為宗教，或與易醫密切滲透而探索金丹仙道。

此最後一類係出黃帝老子，以莊子學說為依據，形成了後世的丹學。近世仙學鉅子道學大師陳攖寧（1880——1969）卻將仙學獨立於道教之外，倡言道家生命科學，開啟了一種新道學派。

## ✤《道德經》與內修內證

歷代註釋《道德經》者夥，而以漢代河上公《道德真經注》為最早從養生學角度作注者，他分別為八十一章各加篇名，提要鉤玄，殊有「過來人言」之概。

筆者認為，漢代河上公、清代黃元吉二家所注最為中肯，切近老子本旨。而近代陳攖寧未有全注本，但散見之篇什也頗多真見，發人所未發。

應該指出，《道德經》中常用君、民、國、治之詞，兼賅兩重義：君，在國為君，言外事治亂也；在身為心，言內修主宰也；民，在外為百姓，在內言人身全體；國，取國家、身家雙義；治，在社會言統治也，在修身言內養煉也。知上述則不難解老子常混交而用之故。道家所以顯則用世，隱則獨善，不僅天人一之，且內外一之，心身一之，神氣一之，身與國一之。河上公《道德真經注》第三章便是「安民第三」，中注老子「是以聖人之治」為「說聖人治國與治身也」，正是確論。

《道德經》內修之道簡括言之約有六端：

1. 慈
2. 儉
3. 不為先
4. 虛靜、歸根
5. 柔弱、守雌
6. 反動、弱用

下邊試略陳述上六端。

《道德經》（以下簡稱《經》）六十七章有謂：「我有三

寶，持而保之：一曰慈，二曰儉，三曰不敢為天下先。慈，故能勇，儉，故能廣，不敢為天下先，故能成器長。」

**慈者**，仁愛也。於內修，必寶愛自己的生命——五臟六腑、四肢百骸、身心全體。於外行，則以己推人，仁及於老幼，愛及於草木，不以私心殺伐萬物，體道自然，常葆春心，春屬五行之木，秉東方生氣，生氣主仁慈之德。內修其德，以仁慈為種子，一年中萬物全體（身心）生生不已，一生中五神（心肝脾肺腎）歸藏於密而不漏，是為命寶之一，看似虛幻，實為主宰。世有修行之人，術法甚多，然永不得道，蓋心氣不正也。

恩師胡海牙先生嘗云：邪人行正法，正法亦是邪，正人行邪法，邪法亦歸正。心所動意為後天識神，後天有形之身賴心為主宰，內丹修練為借假（四大假合之身、五行合運之體）以「修真」，即用後天以返還先天也。後天識神為凡心，先天識神為真心。必凡心仁慈，而行修，始能見真心，即天心也。天心即無妄心、初心也。故慈為命寶種子！若塵心私慾過，殺伐貪念重，皆違仁慈之心，永不見道。

**儉**之一字，吝嗇也。老子《經》五十九章云：「治人事天，莫若嗇。夫唯嗇，是謂早服（河上公釋為得也）。早服謂之重積德。重積德則無不克。無不克則莫知其極。莫知其極，可以有國。有國之母，可以長久。是謂深根固蒂，長生久視之道。」兩文合參，顯然儉即吝嗇精氣也。

《莊子·在宥篇》記述黃帝問道於仙人廣成子。廣成子語於黃帝云：「無視無聽，抱神以靜，形將自正。必靜必清，無勞汝形，無搖汝精，乃可以長生。目無所見，耳無所聞，心無所知，汝神將守形，形乃長生。慎汝內，閉汝外，

多知為敗。……慎守汝身，物將自壯。我守其一以處其和，故我修身千二百歲矣，吾形未嘗衰。」可見，黃帝受於廣成子之道，亦與老子同，吝嗇精氣，深根（內丹之陰蹻穴）固蒂（神闕即臍內），同此長生之道。

不為先，與反對剛強、用柔守雌都相關。在養生學角度看，「**不為先**」即不爭強，不主動，令身心「虛極靜篤」之時（坤卦？），待一陽來復（復卦？），而讓陽氣積蓄生長，長至乾陽（乾卦？），慎乎「上九，亢龍有悔」。按，《易》之言龍，皆謂元陽之氣也。

朱可亭注「用九，見群龍無首吉」云，龍之剛在首，無首謂乾變為坤，剛而能柔也。一身之陽氣充沛，周流六虛，循行不殆，乃丹功所謂周天也，因其圓周，所以無首，如環無端也。體內陽氣之升也漸，莊子所謂「緣督以為經」（《莊子·》）也。

**虛靜**、**歸根**、**覆命**是《經》核心理念，也即是根本法旨。《經》三十七章云：「道常無為而不為」，十六章：「致虛極，守靜篤。萬物並作，吾以觀復。夫物芸芸，各復歸其根，歸根曰靜，是曰覆命，覆命曰常，知常曰明。」《莊子·天道篇》說：「夫虛靜怡淡寂寞無為者，天地之平而道德之至也。故帝王聖人休焉，休則虛，虛則實，實則倫矣。虛則靜，靜則動，動則得矣。」

關於歸根，至關重要。老子看到植物紛華，終葉落歸根，也即覆命。即《易》所謂「原始要終」之義。在後世流傳的內修丹法中，以性為根者，主張守祖竅，以命為根者，主張守下田，然先修上田（祖竅）者，必以煉神為本，此偏於性功（有唯神性，但不是唯心主義），而修命功者，終於

復性，《易》所謂：「復，其見天地之心乎」，宋儒張載的「為天地立心，為生民立命」與此相關。其實，人無法為天地自然（大宇宙）立心，人可以傚法天地自然（大宇宙）為人身（小宇宙）立心安命。

張三丰認為人是「無根樹」，此就其順化之常而言。仙家所傳金丹、大丹功法，仍認為「生身受氣初」——人身所從來處，即是本根，也即丹學所謂「玄關一竅」。

清代黃元吉在《道德經註釋》十六章中云：「人欲修大道，成金仙，歷億萬年而不壞，下手之初，不可不得其根本。根本為何？即玄關竅也。」老子《經》說得明白：「常無，欲以觀其妙；常有，欲以觀其竅。」有以觀竅，即有為之後天法，以識神求返元神者也。無以觀妙，即先天無為法，以元神作主人翁之先天大道。前者為漸法，為常人所宜修習，後者為頓法，為上根利器所可徹入。然無論何法，均須內外、心身、神氣、性命合修，始為大道。而「玄關一竅」則尤關鍵。不同門派，所傳不一。

仙學大師陳攖寧認為它「既不在印堂眉間，亦不在心之下腎之上，更非臍下一寸三分。執著肉體在內搜求……固屬非是；離開肉體在外摸索，又等於捕風捉影……著相著空，皆非道器。學者苟能於『內外相感』、『天人合發』處求之，則庶幾矣」（陳攖寧《道教與養生》，華文出版社，P279）。此幾句話大可玩味參酌。可見，識得玄關，為下手有為，開竅後，必無唅唅，而得其玄妙，玄玄兩重妙，方始成大道。

老子也明示：「歸根曰靜，靜曰覆命。」虛極靜篤（太陰也）時，即一陽來復時，一陽來復後，始有萬物並作，乃可覆命。即道家中之仙家別立宇宙，再造乾坤手段。逆運河

車,「順則凡,逆則仙」在此也。一竅開,百竅開;一脈通,百脈通。一竅玄關,一脈中黃也。

老子謂:「天地之間,其猶橐籥乎?虛而不屈,動而愈出。多言數窮,不如守中。」(五章)中脈也即中黃,老子未直接講中黃、中脈,但他透露了「守中」,而中者,天心所在也。他未明言玄關,但開篇即講「常無常有」「觀妙觀竅」,仍然啟示了養生大道裡的機關,如不是道成者,豈能言其高深玄妙?

《經》二十八章云:「知其雄,守其雌,為天下谿。為天下谿,常德不離,復歸嬰兒。」直接的理解就是:明瞭是陽剛(雄性)的,卻要守藏於陰柔(雌性),就像大自然裡的溪水(與陽性的高山相對比)。讓自我的真氣(太一),經常處於守中不離(德者得也)的狀態,返還恢復如嬰兒的狀態。

按,嬰兒乃全真純陽狀態,仙家煉內丹,關鍵在「築基」,築基首先是積貯陽氣而不漏洩。我們世俗中人,男16歲、女14歲後,即為破體有漏之身,仙家「七返九還」之術即是令已破有漏之身,回歸於無漏的嬰童狀態。所謂「男子修成不漏精,女子修成不漏經」,男子的外生殖器要練到「陽物龜縮,馬陰藏象」──「復歸於嬰兒」也,蓋人身陽愈足則愈「不思慾」,終至「無慾則剛」,釋家謂之金剛不壞之身。外腎,生殖器如龜縮,即是嬰兒狀態。

老子思想的「貴生」「養生」,主張集中於一個基本觀點:「堅強者死之徒,柔弱者生之徒。」復歸於嬰兒的方法,老子明言乃是「專氣致柔」,專,乃摶字,團之本字,團聚凝結意也,即後世名「丹」之方法。嬰兒的小生殖器並

不是因為知道男女交媾的事而常常翹起，正是精氣團凝充足所致。「未知牝牡之合而朘作，精之至也」（五十五章）。

老子在《經》中不止一次言及「復歸於嬰兒」，是他的生命經驗「觀」與生命體驗「修」的智慧結論。這一結論，正是後世養生丹學尊之為祖的原委之一，對於整個人類的生命探索而言，都是破天荒之論！

《經》二十八章接上文繼續說：「知其白，守其黑，為天下式。為天下式，常德不忒，復歸於無極。」這段話被學界用今天的「哲學」理解很多了，都對，但是我們應該看到，老子所著的《道德經》，是基於個體生命實修內證——返觀內照之後並與天地參而「述」的智慧超驗之書。還是那句前邊的話，如無實修內證，不可能直中肯綮地解釋和理解《道德經》。「知白守黑」這個名言即如此。

中華文化的五行與陰陽概念源於上古，我們不能因為未見於文字與文物便遽斷其僅出現於戰國，因為上古的炎黃先輩有關性命天人大道，多是口傳身授的。一則遠古尚無文字出現而記錄之，二則有文字先民也珍視之不肯輕洩「天機」。我深信，華夏文化從一開始即是重實踐輕理論、尚實修而輕文言的！

動輒以今人或西人思想思維邏輯理念，而妄議古人厚誣前賢，實為數典忘祖！老、孔均為「述而不作」（老子被動作了《經》），莊、孟、荀、墨已屬「多言」者了，倘請益於老氏，肯定是會被洞如觀火的智者批評一頓的。今人受西方學術影響和主導，動輒幾十萬言，大多是文抄公，又有多少智慧創見？

「白」與「黑」，顯然與古老的傳統陰陽五行密切相關。

從其顯義言，可以認為是從染織起認的，既然知道白素的織物一定要被污染，那麼乾脆就直接保守於污染徹底的黑色吧。可是聯繫老子全《經》看，立論之基全從身體出發，上述便非其本義。在華山高道陳摶傳出陰陽魚太極圖之前，內丹學一直隱傳於道門。

唐宋而後之論道家，陰陽魚「太極圖」便成為一個中華文明的象徵圖符為世注目。一目了然，該圖最可體現「知其白，守其黑」之奧義。接下來，老子言「為天下式」，式多釋為範式，固然不錯。但有學者認為這個「式」，應該是古代天文地理學所用的羅盤——栻盤，它有天地人三盤，上標周天365刻度，從兩儀以至五行八卦二十四山六十四卦內容一一對應標乎其上。至少此可存一說。由於本文主旨在探討老子的養生思想，故於此不展開。

道家全真道南宗始祖張紫陽，丹學名著《悟真篇》中云：「黑中有白為丹母，雄裡懷雌見寶珍。」丹家術語之「丹母」，是指小、大藥，無藥不成丹。黑指五行之水，在五臟為腎，白指五行之金，在五臟為肺。肺司皮毛主呼吸，但「真人之息以踵，眾人之息以喉。」（《莊子·大宗師》）口鼻呼吸為後天，仙家胎息深深，必達乎腎，而足踵為腎經之端也。丹母則有小大藥內外藥之始稱，始則為坎水（腎）中元陽之精氣也，術語亦稱為「黑鉛」。仙道貴在後天返先天（肺之呼吸為後天，腎之內息為先天），知道了後天的呼吸，更要保守先天的呼吸，這也是此話的隱在義。

重要的是，修練家有具體的確指：「所謂丹母者，大丹之母也，其形如球而中空，謂為雌者，以其中空故也。此為人身之寶，是丹亦是金丹，周流在黃庭一路。」（《大道真

傳口訣》）又明言：「已結內丹，則腹中有寶，譬如牛之有黃。人之有寶，內有寶則外必有相。即在溫養之時，顯現於眼前空中，有一個黑圈○，初見時與臍相平，漸漸上升而漸大……其物內白外黑。」（引同上）這些記述，與老子思想一脈相傳的修練家言，可視之為老子《經》中內修內證方法的實踐總結，具有非常的價值。

可惜，道家仙學一直處於隱傳狀態，世人極少窺其奧，「大道不傳久矣」。而且，長久以來的社會思潮與教育傳播的知識體系，早已遠離了中華文脈，性命天人之學幾近湮沒而不絕僅剩一縷了。老子「知白守黑」的目的在於「復歸於無極」——也即後世丹學的「煉神還虛」功夫。

處**柔弱**，居謙卑，守黑**守雌**，復歸嬰兒等主張背後，是老子對「陰」「母」「水」「靜」的崇尚。其文化淵源與母系文化相關，其生命觀念與女性生殖崇拜相關，其社會價值理念則引申為民本民貴的樸素唯物思想。

這個思想就人生言主張貴生養生保命，就社會言則主張人民「甘其食，美其服，安其居，樂其俗」（八十章），過上幸福生活。

最後再略談談「**反動與弱用**」。

《經》四十章云：「反者道之動，弱者道之用。天下萬物生於有，有生於無。」這是《經》中八十一章裡最短的一章，只有上述四句話，但道家的基本思想與核心觀念卻在此。關於「道」，世上註釋甚多，各取其義，不勝枚舉。本文側重談《經》中的修證養生內容，不擬多言於「道」。

依筆者之見，老子言「道」，實質上從修真出發。所謂「真」者，也即儒家十六字心傳之：「人心惟危，道心惟微，

惟精唯一，允執厥中。」（《尚書・大禹謨》）此古傳堯授予舜的「心傳」，應是先秦上古以來，諸子百家共尊之「道」，其與廣成子語黃帝那段名言（見前）可謂同出一源，而詳略不同。

黃老之道比孔孟之學更在「天道」上用心，實此即性命天人大道也。孔子認為：「形而上者謂之道，形而下者謂之器」（《易》），是以為道可分形上形下。

在老子，「道」是宇宙大生命和宇宙小生命的共母，「道」是「萬物之宗」。在莊子則解釋為「太一」。宋儒張載云：「由氣化，有道之名。」（《正蒙》）精一之氣化，而生萬物。秉天地靈氣而為人身之神靈（性）。承父母精血而有人身之軀體（命），是天性即天命。今日言之，宇宙大有與生命小有都是元（始、本）氣所化生。因為六根四體之動耗逐日消減，至老衰而歸空，則從無而有，從有歸無的人生宿命無人能逃。老子認為只有與這個順化過程相反方向運動，才能「返璞歸真」「返老還童」而「長生久視」。

讓什麼在身體裡「反動」？讓「精一」或謂「元陽」之真氣反動！後世丹功常說的「倒轉河車」「黃河水倒流」即是。既然人體生命是一個消耗過程，那麼減少消耗，放慢過程就好了。更重要的道法是：培元固本，深根固蒂。

從養生學而言，老子的「道」就是「先後天氣」！「復歸於無極」，也就是讓後天的所有，以「損之又損」的手段回覆到原初，返回到嬰兒境界。這就是「反動」——讓體內外散亂的精氣（清陽）凝聚於身上的「玄牝之門」——仙家丹學稱為「虛無窟子」「虛危穴」「陰蹻穴」「丹田」等等。此時則「復見其天地之心」矣。

因為回覆到嬰兒境界，體內是真息（內呼吸）綿綿，體肢則柔軟如無骨，則從「堅強者死之徒」返回到「柔弱者生之徒」狀態。注意，這是性與命同時返老還童，元性渾然無慾，命體柔弱如綿，「與天為徒」（莊子），此時是「人天合一」了。四十章即可視為道家哲學，但它是生命修復哲學。此亦正是中華文化與文明智慧迥然不同於歐風美雨文化的地方。以古希臘羅馬的哲學文化發展而來的「更高更快更強」的奧林匹克精神理念，與華夏文明的尚和用中貴柔主靜道理大異其趣，算得上截然相反。

西方文化的最大弊端是只看進步，往而不返，走向極端。中華文化的最大特點是「致中和，天地位焉，萬物育焉」（《中庸・天命章》），守中用和，往而求返。以西方文化為主導的近世人類，已經踏上了一條往而不返之路，將人類帶入了一條前途未卜之途，他們的思想缺少老子的辯證智慧，這是毋庸置疑的了。

「無為」是不勉力為，「守雌」是待時而動，《經》之立旨，是以陰柔虛靜而為尚。若具體到內修內證上，則十分複雜又十分簡潔。唐宋後之內丹修證門派眾多，有三元丹法之別，而秦漢前之仙家修練則口耳相傳，大道簡明，所謂「上古煉神，中古煉氣，近古煉精」矣。

## ✚ 結　論

老子《道德經》五千言，內涵宏富，非本文所能盡探。本文試圖思考的是：

《道德經》即堪稱《得道經》，它是教你如何修證得道的。

　　《道德經》的立論基礎——道，即是「谷神」，遍虛空、周法界，其大無外，其小無內，惟精唯一的「太一」祖氣。在生命誕生與成長消亡的過程中，它無所不在，「有物」「有像」「有信」——有無不立，虛實轉換。「負陰而抱陽，沖氣以為和。」一切言說，都不是它，又離不開它！

　　得道者，即是「抱一而為天下式」者，一者，由道而理而精而氣的那個「絕對存在」。這個「絕對存在」只在靜極虛極時恍惚地顯現。既得道則「知天命」，則「萬物皆備於我」，則「與天為一」了。

　　得道當然要有智慧，要有悟性，但這還不夠，只是「見道分明」了，真得道的人又「明道若昧」。

　　道有竅有妙，要有欲以觀竅，自古此不輕傳，老子是深湛的大修證家，不聞其言：「天地相合，以降甘露」（三十二章）乎？後世丹功的竅與火候最難知。而卻還有上品丹法，常無慾以觀妙，玄妙的「生生不已」之道。上品丹法只在「虛其心，實其腹」與「致虛極，守靜篤」中求才是。

　　然而世多中下之士，大多還是要從有為上求無為的途徑去求索無極先天之道，還要在參閱丹經道書且尋求明師以指點迷津中前行。

# 老子《道德經‧二十一章》
與太極內功

　　一門（千經萬卷）道家文化，不外乎是一套返還之道與術。於哲學、美學是「返璞歸真」，於養生、長生是「返本還元」。豈有他哉？！

　　道家尚道，不言而喻。然「道之為物，惟恍惟惚」──《老子》（《道德經》）所強名的「道」似乎離人生玄而且遠。其實不然。古人云：道在日用。《道德經‧二十一章》云：

> 惚兮恍兮，其中有象；
>
> 恍兮惚兮，其中有物；
>
> 窈兮冥兮，其中有精；
>
> 其精甚真，其中有信。

　　究之，先賢之言，包涵文、史、哲、易，乃天人性命之大道之學。道家立言，正如《陰符經》所謂：「觀天之象，執天之行。」先秦儒道之原始義，莫不以「究天人之際，通古今之變」（司馬遷語）為宗旨。宋儒張載所謂之「為往聖繼絕學」之絕學，即是孔子弟子很少聽孔子所說的「性與天道」。秦漢而後，儒生開始窮經，而道士日漸煉丹，於是儒道本於一源之學術易幟而求。莊子之前感嘆的「道術將為天下裂」，得以實現。儒士不斷干政，外施用於社會，而道士不斷修身，內求證於自身，分道揚鑣了。

　　所謂性命天人之學，一直為道家所隱修而奉行，綿延不絕而傳世。惜乎其不能接引下士（老子云：下士聞道，大笑

之，不笑不足以為道也。）廣傳世人，因之，雖代有傳人，而只是不絕如縷。矧乎今世，風尚習歐，以科學為拜物教，古學因之潛湮。

世有20世紀太極大家李經梧，以師承兼自悟，曾傳太極內功於世。他在傳授我太極內功時曾強調：人的意念有能量。你只要照著做就行了，不要非問為什麼、何以然，前輩就這麼教的。——這不是對「道」的莫可名狀嗎？

在武、醫、易家的思想體認裡，「道」這個形而上的東西，是可以形而下的，宋儒即認為它即是「氣」。道——理——氣。修道即養氣、練氣。

李經梧老師是太極拳家、養生學家，他教的太極內功當然是以健身、養生為宗旨的。他重視意守，意守命門（後腰眼）、會陰（兩陰中間）、丹田（臍後，或謂臍下三橫指）。先意守命門，即神意關注這個部位，待其發熱（能量聚集的效果）後，再意守會陰，經過一段時間有效果後，再意守丹田。

太極內功十分重視丹田。丹田經意守後，逐漸積聚能量，而發熱、而跳動、而旋轉，則表明丹田有了東西。這個東西，不就是老子所說的「有象」「有物」「有精」「有信」嗎？然而它是恍惚難名狀，卻又明顯可以感受得到的。當其氣機發動，一陽來復，「甚真」！那是人體自身的元陽回覆。元陽只有在靜虛之極致才會出現。所以內功訓練是在放鬆入靜、神意專注中求之。

但我要講明，這個階段不過是無中生有的初級，道自虛無生一氣，又從一氣分陰陽。無中生有的元氣積聚，仍屬有為法，屬「易」之後天。經過相當時段的有為法訓練，「道

在有恆」——不斷練習，它就恍惚而來了。

真的能量（有信）積聚多了，便要運轉河車，使之「督升任降」，所以是氣運，而不是運氣，但仍要微微用意。神意是丹功的火候。意念重了，火候過了，丹不焦了嗎？意念輕了，火候不夠，則丹又不結。所以太極內功，從本質上說，是道家內丹功的派生功法。

我們的人身一得出胎，即落後天。後天的人身為陰。只有練陰成陽，才能讓陰身脫胎換骨，變化氣質。我們練的是陽氣。陽氣足一分，陰氣即少一分。陰氣少一分，身體便輕一分，最後練至純陽氣。這是仙家功夫。

通常的武術家練的是陰陽氣，離仙家丹功還有不少差距。這種陰陽氣的平衡是正常健康人。練對了的武術家，可以強身。但不是所有的武術家都能練對了，也有不少練偏了，所以，有些有功夫的武術家也不怎麼長壽。陰陽氣練好的，就是《黃帝內經》所說的「陰陽平秘」的人，已難得了。

武術家如練對了，可練成丹田氣。丹田氣滿，則進而丹田內轉，丹田開合，闔闢之機加以命門、夾脊之運用，能暢於四肢，神通於背，有渾圓勁兒，可以施運於人，增加技擊力。可見，武術家與內丹家之所求、所修還不盡相同。

就內功而言，是求有東西，即丹田「有物」。這是元氣。道家也稱「抱元守一」。這是養生與技擊的資本。但這還不夠，進而要由有返無，所謂的煉神還虛、煉虛合道，才是究竟。有些人一開始即說練空了、練虛無，那是練不出功夫來的，也不能真正養生。

從有為法再求無為法，過程長短因人而異。總之，是要

返還於無極，由有極而求無極；由後天而返還於先天。先天即合道的生命境界。

《周易參同契》所謂「委志歸虛無，無念以為常」。無唸唸，當然是後來上乘境界，不可能輕易到達。但萬丈高樓平地起，要從有為的丹田築基開始是絕對不錯的。

上述太極內功，是道家命功的初級，它也符合於老子《道德經》之旨，有心的讀者朋友，不妨認真體會試行吧。

古人不會欺世人。

# 內家・內氣・內勁・內功・內丹散論

　　劉勰在《滅惑論》中說：「道以氣為宗」，陶弘景《延性延命錄》也說：「道者，氣也。」所謂內家拳，又稱內功拳——以內求、內煉、內動、內證、內修，即內功為特徵。內功是求內壯，區別於西洋體育之求外壯外強。然何以達內壯？以積蓄內氣為方法，以能結內丹為目的。故「以氣為宗」之道家，才會產育以內功為殊勝之內家拳。內功之顯現施用為內勁，內功之本體為內氣，內氣之高度凝聚昇華為內丹。故內家拳與內丹之間關係幽微而內在。

　　道涵武功，武可演道、證道、修道。然而近現代之中國，道學式微，雖曾有道家學者內丹家陳攖寧先生（筆者師爺）之中興道學，以仙學為己任，振臂高呼，畢竟孤掌難鳴，終被世俗與特定政治思潮所淹滅。

　　筆者所追隨之師友數人，多不乏以武證道而臻功高德劭者。如早年啟蒙師隱者俞敏、太極大家李經梧、丹學泰斗胡海牙以及劍仙掌門張姓某友、新加坡民間武師李某等，無不是功夫精湛卻又人品淡泊者。

　　然而，習武者也可能僅止於武而未能上求修證於丹道。此類習武者，若持之以恆，習之得法，也可強身健體，練出中下武功，然終以一技之長而用世，不能大成。而若執著於武技而不能上求於內丹大道者，甚或以丹道玄學為妄，輕視之際，自囿下乘。

　　不聞乎張三丰真人云：「願天下豪傑延年益壽不老春，

非徒作技擊技藝之末也。」不聞乎張紫陽真人云：「學仙須是學天仙，唯有金丹最的端。」如果習內家拳者囿於淺見，認內家拳與內功與內丹無關，也就不必多言了。

在這方面體認至深的近代武學巨擘孫祿堂，在《太極拳學》中曾說：「使學者虛心研究，方知拳中一氣貫通之奧妙……內外體用，一氣而已……故拳術之內勁，實為人身之基礎，在天曰命，在人曰性，在物曰理，在技曰內家拳術。名稱雖殊，其理則一，故名之曰太極。」

內家拳術以內勁之有無為區別，得內家真諦者，必以內勁勝人。內勁云者，李經梧師謂之「太極勁」，亦稱「陰陽勁」。修練內功者，體型無論肥瘦必精幹而充實，呈渾厚飽滿圓健之勢，精氣神足。

內勁乃武術家言，內丹乃仙道家言。泛稱之為內功內煉，而所修練者內氣而已。筆者啟蒙師俞敏20世紀70年代初曾語曰：其師耄耋之年仍精神完足，而瘦小軀體無絲毫贅肉，幾乎全是筋骨皮膜，內功剛如鐵，又軟如綿。其所練者內斂之極矣，所積蓄之內氣已然結丹，結丹之後，終臻虛化。（其師白姓，告為臍正奇門。於20世紀三四十年代間退隱江湖，再未曾見。筆者未曾一見，僅轉述師言。然筆者通過與師接觸，相信師言無妄。因在20世紀70年代初，師隱居小城，外人均不知其功夫。雖

·孫祿堂

三子三女而未授一人，僅傳授我一二而已。其時武術為封建文化，不能張揚，況且師既不謀名又不謀利，唯恐人知。）其師終日默然，夜間為不倒丹。

俞師亦然，終日閉目而已，不多言語。不菸不酒，數十年間未見其服過藥，且能令我摸不到其脈，用血壓計量不到其血壓，然自言八十餘壽，果八十餘逝，終挾技歸道山。

內功實為道家仙學之命功。以李經梧師所傳之「太極內功」言，全套功法主要圍繞下丹田、命門、會陰、帶脈區域用功，特別是基礎功法和技擊功法。而此人體生命三角區域正是現代醫學所謂生殖腺、前列腺、性腺等生命原始能量聚集區。仙學家認臍後腎前為「虛無窟」「真氣穴」，也是經數千年之修證發現了人體此「西南地」「坤方」的養生特殊位置。命功雖眾多，然無不以腰腹、二陰及尾閭為下手用功之關鍵部位。李經梧師之內功除自悟外，亦得自胡耀貞師爺之點撥，而胡耀貞之內功，則得自道家龍門金山派左一峰道長之傳授。

「太極內功」以意念守竅為主要方法。守命門，守丹田，守會陰，守湧泉，守膻中，守祖竅等，甚至同時守二竅以上法。再就是以意領氣，貫氣法，而其核心乃在吸、抵、抓、閉功。吸、抵、抓、閉功在道家南宗丹法裡為「武火」運用，但「抓」字為「撮」字。且作為武功的內功意念導氣路線主要是圍繞命門和帶脈區間並往來於命門與湧泉穴間。而丹功之吸閉功法乃是「武火」——「進陽火」時吸閉精氣使用，其間有很大不同。儘管有不同，兩者圍繞命功修練，以腎水為物質丹基卻無異。由形意拳大家宋世榮傳出的《內功經》不詳來路，所習功夫又不同此，當是另脈。

　　武式太極拳家李亦畬《五字訣》有一心靜，二身靈，三氣斂，四勁整，五神聚之訣。其中神聚條云：「氣向下沉，由兩肩收入脊骨，注於腰間，此氣之由上而下也，謂之合。由腰形於脊骨，佈於兩膊，施於手指，此氣之由下而上也，謂之開。合便是收，開即是放，能懂開合，便知陰陽。」

　　綜合而言，由大同小異各法所訓練而來的內勁，不外乎是以丹田為能量，以命門（兼含腰胯）與夾脊為機關，以皮膚與末梢（指臂）為知覺，以神意為指揮的反應（聽勁）與制衡（懂勁）運用。懂勁（懂開合）後愈練愈精，漸至從心所欲，無形無相，應物自然。且內勁練出來以後，即在不用時會團抱於丹田成為一個高能量氣團，老武術家稱之為「丹田有了」「丹田有東西」，也即所謂「功夫上身了」，功夫上身後一般終生不退。有人撰文說：某某拳家「散丹」了，這恐怕是不可信的。如果能散的，便是幻丹，非真丹。如是真

・李經梧

・宋鐵麟

丹，只在人死時會化去。通常武術家所練就的內勁，在功深後常成為氣團，即腹部有「太極球」，此球可大可小，可剛可柔，可靜可動，可有可無。李經梧師生前常說，不用則無，用之則有。而當年宋世榮指點孫祿堂練得腹堅如鐵，終為所累一語，是往上乘再求的法門。於一般武術家，必先求有，再練至無，無亦有，有亦無。必先練有為法，再修無為法，這是練功次第。如果開始沒有，將來就真的啥也沒有了。筆者多年練功體會和與人交流切磋的經驗是，凡是丹田沒有東西的，大多功夫欠缺，或根本不堪一擊。而不少名門傳人或名家亦不乏「腹內空空」者，恐為未得內家真傳。

筆者曾與多位海內外武術家、拳擊手有過不同方式、不同程度之交流切磋，深感丹田內勁乃是根本。不管對方身量大小，塊頭如何，都要以內勁為本錢。2012年筆者在埃及紅海旅遊時曾偶遇一英國拳擊手（交流前並不知），與之交流，方式有二：

一是雙方坐在甲板一排座上較量臂力，他挑我壓，他挑至齊胸高度後，再抬不起。我是左臂，他是右臂，而其體重約在二百餘斤，其肌肉甚壯碩，此前先向我炫耀肌肉，讓胸大肌跳動。壓臂持續約三分鐘左右，他自動放棄。二是我請他站好前弓步，我問他站好後，我以雙手推放其胸腹，他兩次被我推放丈遠。之後他惱火以手指我，要求推我，我只站前虛後實步，他連用三次力竟未推動我一步。他回座後一直低頭不語，十分鐘後右手仍舉杯時顫抖。以至船艙上二十餘人向我翹大拇指，他過後也翹指稱讚：中國功夫。

可惜，隨行的夫人和另一畫家未能抓拍下我推放他的瞬間場景。那一刻，我深感老祖宗的內功「不我欺」——真是

好東西。而在用勁瞬間，我覺得他的蠻力無奈我何，而我覺得他的「丹田」根本沒有——他當然不會練內家功夫。

胡海牙師96歲高齡時因地面濕滑摔折了大腿，醫院檢查各項指標正常，於是鉗了三個釘子，他仍在家為人診治（此前每週兩次出診）。一次因一個事情，師與我有推讓，不想98歲的胡師左臂一擋，竟然讓我覺得內力之大，我動他不得。過後，我說老師高齡還傷腿了，內勁仍很大。胡老一笑，說：內家功夫上身，終生不退。

這些體會，常讓我思考，傳統文化之博大精深，為什麼常有人妄自菲薄、數典忘祖？

筆者曾有緣得遇新加坡民間武師李某慷慨傳授「道家洗髓功夫」（稱黃帝為始祖）與「道家小九天功法」，與其他諸師友所傳亦有異同，包括後來所遇道家南宗太乙門張道長所傳道家丹法，綜合而言，不外性、命之功。但個中關竅要總有差別。應該指出，通常武術家所練成之內氣團，或非

· 梅墨生與英國拳擊手較量臂力

真結丹。但有內氣團——太極球，即足以於技擊中運用對敵了。但那還不是真丹，丹學可稱丹母，因為這些武術家並未結真丹，所以武功雖好，卻多不長壽。內丹之修練必須向內封爐溫固，行三步九候之功。無論清靜修法還是陰陽雙修法均有口訣心法相傳，歷來為秘傳，不會公開言講。這倒不僅是保守，而是出於所傳是否得人之故。

道家功法，以上清與全真兩大派為著。而全真一派門派眾多。依師所講，道家功法，上古煉神，中古煉氣，近古煉精，等而下之矣。大道至簡，所謂三元丹法，終歸性命雙修，三家相見，而五氣歸元，又神合於氣，抱元守一，入太乙虛無境界。相對來說，內家功夫，一定是孕育誕生於源遠流長之丹法氣功，是其動功與外功。張三丰真人在《太極行功說》裡明指：「若才得太極拳法，不知行功之奧妙，挈置不顧，此無異於煉丹不採藥，採藥不煉丹，莫道不能登長生大道，即外面功夫，亦決不能成就……此練太極拳者所以必先知行功之妙用，行功者所以必先明太極之妙道也。」此可為以武證道者借鑑。當然，不欲透過武功而上求者，也可以不去走這條路。

會養氣、煉氣、運氣、蓄氣、化氣，才可能功夫上身，功臻神明。

中國文化只是「造化」二字，而「造化」即是「氣化」，捨此無「國學」「國技」。

• 《洗髓經》

207

# 太極拳修練與丹田及內功

　　太極拳是道家功法。道家功法的核心是煉丹（變化氣質、改變體能）而成仙（健康長壽、長生久視）。丹有內外：外丹為地元丹法，指燒煉鉛汞的黃白之術，內丹為人體鍛鍊精氣神的方法，分為天元清淨丹法和人元陰陽丹法。天地人三元丹法皆離不開產藥與煉丹。結丹之處，即丹田。所謂丹田，即煉丹、結丹、養丹之田地。此大道丹學源遠流長，遠紹黃帝軒轅氏以迄於今，然隱傳密授，人多不知，故世以渺茫視之。其實它是中華文化的養生之瑰寶，實實在在之學問。由於人多不知，於是好名利者每自作聰明，誤修誤導，妄指靈山，道幾於不存。軒轅黃帝修道，其時代便利，「且戰且學仙」（《史記》），迄於老子時代，禮教大行，丹法已隱；「知者不言，言者不知」（《老子》）矣。秦漢以至隋唐，外丹術盛。而唐宋以後，內丹法隆。世所修者，金元代之前，地元丹法與人元丹法世多並修，及金元之後清修派興，多全真一脈，地元丹法日衰，人元丹法尤成絕響，則世上多修天元清修丹法了。天元、地元、人元丹法分別稱大丹、神丹、金丹。實在地說，「道隱無名」，道需傳法術，必擇人而授，是先修命功，與佛家不同，佛家是主修性功，勸人修心養性，人人可修，故佛門廣大，普度有緣。

　　道家是命功為主，不能「一超直入」，多漸修法，練起來較難，對修練者要求較高，所以近代道學式微，且此等實修乃大道之修，在莊子時代他已大呼：「道術將為天下裂

（道與術要被世人分裂了）」，故大道不傳久矣！

　　太極拳功本為大道修練之外功與動功，其本質上必以修練內丹為目的。故張三丰有《太極煉丹秘訣》傳世。惜政治、歷史、社會、人文諸多原因，世人認妄為真、誤真為妄，對國學深意不查，棄國粹於不顧，日益祭起西學之科學主義大旗，而對太極拳功理解日益淺薄，以致將之降格為一般的大眾體育運動。中華武術（包括太極拳在內）含有體育之功能，但西方概念也即現代概念之體育，卻不能包含中華武術之全部功能。

　　太極拳是性（精神、心理）命（肉體，生命）雙修之功。其鍛鍊之階梯乃練形、練招，進而練氣、練勁，再煉炁、煉神，以致練虛無合大道，達「無形無象，全身透空」（唐李道子《授秘歌》）之天人合一境界。太極拳之修練，必以外求內、以動求靜、動中猶靜、靜中猶動，繼之以內達外、以靜制動，於虛實開合吞吐動靜攻守間求陰陽之消息，以成「一片神明」「一片神行」「一運一太極」之化境。而所求之內，即先求「有」，有內動、內氣、內勁、內球、內意——內功，繼之以成「丹」，「丹」乃精氣神所聚集化合而成，有質有能有量有信而無形無象無聲無味，且「其大無外，其小無內」，使人體內之丹氣場與身外天地宇宙之大元氣場相通感相契合，斯為「得道」。「得道」之境界當非常人可一蹴而就，「得功」水準則需刻苦用功並用心修練。

　　所謂「得功」，以筆者受師傳及體悟所知，即指由內動、內氣之內功心法練習而使丹田內氣充足如球（有大小軟硬鬆緊之差異），並能使之運用施放、開合、縮展、旋轉、吞吐而隨意鼓蕩，是為「功夫上身」，是為「手上有東西」

「身上有東西」，是為內勁之有。此際為太極功初成，過了「聽勁」（與人對峙時）階段，漸及「懂勁」水準。這時的太極拳水準是初級或中級水準。為「有」（內勁、內功），為「有為法」。再進而求證化「有」為「無」，達虛無空靈自然神明階段，則復歸於「無」（更高級的無中有、有中無境界）。《授秘歌》所謂「無形無象，全身透空」「應物自然」，即此也。

必須說，虛無心靈之境界必須從「有」中求來，否則即為假「空無」。筆者接觸過一些練太極拳多年者（甚也不乏名門名家），因為直接求證訓練所謂「空靈」「空無」「妙手空空」，而缺乏由有入無、由漸至頓、由少成多、由軟而實的內功訓練，錯把結果（空靈）當開始，竟使十幾年光陰白過，無「功」而返，真的是「空洞無物」，無真功夫可言。以致於有人竟揚言「根本無內功這個東西」，豈不荒唐而可笑，當然也可悲。

不少人拿孫祿堂先生「無內外家之分」與「腹硬如鐵終為所累」說事兒，別忘了孫祿堂所達到的武學武功境界。他到了高峰絕頂，當然過來人一覽眾山小，當然早不見「分別心」與「有為法」，但他是必然從「分別心」起，從「有為法」入，而達到「無分別心」「無分別法」的。他的無為境界是由過程過來的。他說「如不化堅」「終為所累」！到了化境當然一片化極，當然「一片神行」，有即無，無即有，陰即陽，陽即陰，「陰陽變化示神奇」了。筆者提醒太極拳愛好者、習練者，千萬別從一開始即求空靈空無，否則是誤入歧途，一輩子也難練成真正太極功夫的。

筆者與一些類似拳家摸勁兒，無一例外地，「身上無功」

「丹田無勁」──「對待」接手根本毫無抵抗力，健身也未達到理想效果，因為不諳大道。說穿了，這種「空」（透、靈、虛、無）是自欺欺人，不會有所成就的。中國功夫上乘是無為而化，不戰而勝，但其前提是「人不知我，我獨知人」「先知己，後知彼」「英雄所向無敵，蓋皆由此而及也」，如果「對待」（較量）之際，根本接不住來手來力，化發不出敵勁敵勢，還遑論什麼「透空」「空靈」？

太極拳功從本質和宗旨上言是「無待」（無可對待）的性命內外雙修功夫。但那是終極目的，是上乘化境，是「拳與道合」的「天人合一」境界，非常人可到。別錯把至境當初階，錯將結果當入手！

師傳太極功「渾身無處不丹田」「太極無手渾身是手」「太極無招渾身是招」「挨著何處何處擊」。入手功夫卻必須從學前班、從小學而中學、大學，而研究生、博士生、博士後學過來、練過來，得正確方法而執著練習之，才能一級一級而上，一階一階而進，不能躐等以求，不能自作聰明，不能一口吃個胖子。

真正太極拳功必從「太陰煉形」，進而「陰陽煉氣」（勁），「太陽煉神」（元神）而完成其返還之功。「入門引路須口授」的入門功夫必步步走向丹田充實、內勁充沛、內功渾厚，而後「周身一家」「表裡精粗無不到」，終而化之，還於「妙手空空」「全身透空」「應物自然」，完成「盡性致命」之功。而其入門之丹田即通常所謂下丹田（臍內一寸五而非臍下一寸五）。只有在此丹田做功，細心體會，持之以恆，才有登堂入室之希望。雖未必能成仙了命，至少可以「得功」而技高一籌，延年益壽。

# 健身站椿功

　　兩腳分開與肩同寬，身體直立，頭正頂平；兩手在自然抬於胸前，與乳同高，手心向內對乳頭，鬆肩微微內收並放鬆，沉肩墜肘，想像一繩繫吊頭頂最高處，繩有向上輕拉之力，虛靈頂勁。意念引導，從心口處向外擴鬆，使胸背部放鬆；腰椎前收，至尾椎前勾，腹部收緊，這就是所謂「虛胸實腹」。腹股溝擴鬆，兩膝微屈（圓襠）。

　　兩眼微開，兩眼把目光從前方遠處，慢慢近看回收於眼中，再把目光從眼中在身體內部向下放送，慢慢看遠，直至看到丹田。意守丹田。

　　上下齒微扣，舌尖輕頂上齶，自然用鼻呼吸，當吸氣時，意念肚臍向後水平移動，盡量向命門處靠近，並隨吸完氣時，肚臍在命門處短暫停留；當呼氣時，後腰上的命門水平向前往肚臍處移動。如何產生「氣」，由「氣」推動位於肚臍和命門中間位置的丹田，前後往返移動。同時意念身體體內正中有一垂直線，丹田的這種前後水平移動往返推拉這根垂直線同時前後移動。

　　每次呼吸九次後，兩臂向同體側水平展開，手心向下，兩臂盡量外伸長，使肩胛骨盡量鬆開，如此三次。然後兩手手心向前，兩臂水平向前，兩手直臂在胸前遠處重疊（男左手在內右手在外，女右手在內左手在外）、兩手向後收於近胸前後，再向下，掌心向內按住丹田，左右各轉動三次，然後兩手自然放下。

此時再把目光從丹田收到眼中，再從眼中把目光向前放出，從哪裡引回來的，再送回哪裡去。完成動作後，在周圍慢慢走動一會兒為結束。

如此為一組。根據時間，每次可練習一組，也可以練習多組。根據身體五臟六腑運行特點，每天練習時間在下午5~7時、晚上9~11時為佳，其他時間也行。

練此功法，不在特陰暗、潮濕之處，不在雷鳴電閃之時。

丹田的這種前後移動帶動全身氣血活動，通暢氣血、充足氣血，平衡身體陰陽，而達到強身健體效果，長期練習，身體不斷祛病、少病，並且精力旺盛、體力充沛、頭腦反應靈敏。一般練習兩三個月後可見效，長期練習效果更好。

此功法是一太極大師，在幾十年深入研習太極師傳功法基礎上，結合佛學、道學、仙學密宗密義，反覆琢磨、聚其精髓，在浩瀚的國學和複雜的內功習法中，發現了前人沒有發現的奧妙，並高度提煉，深入淺出，創造出這套適合現代普通人練習的功法。

功法雖然依託的原理十分高深複雜，但它的動作卻非常簡單、易學易練，集中體現了太極「大道至簡」的最高境界。到目前為止，此功法已創立十年有餘，大師僅僅將它教給入室弟子的親屬和關係要好朋友，這些人練習後，有病的沒病了，沒病的精力體力和腦力更好了，並且面容光澤，皮膚潤滑，練習者無不感到此功法的神奇。

# 演『道』之藝——
## 太極拳與書法藝術通感二題

　　古老的書法藝術與深奧的太極拳功，皆淵源於先秦哲學文化。作為中華傳統文化的精華與載體，太極拳與書法均是以藝（功）演道、以藝（功）證道之術。國學之要旨歷來不離「文以載道」——此「文」乃泛指一切傳統藝術文化門類。反過來講，不承載中華文化之道理者，即非吾傳統文化。兩者之區別一在於以拳（身法）演道，一在於以字（墨跡）演道，外用不一而內旨相同，其化境皆為天人合一也。一妙在心手雙暢、物（字）我相忘、書我相合如一；一妙在形神合一、身心合一、拳我相合無分別。

　　太極拳之至境乃「名家一運一太極」「一片神行」，書法之至境乃「滿壁縱橫千萬字，醒後覆書書不得」「一片天然」。是知太極拳與書法雖一武一文，而其妙致則一也。

　　在我少年時筆者習武蒙師既訓曰：大武若文，武至聖而如恂恂儒者；至文如武，文至真而率率俠焉。個中旨趣，頗耐文武兩道思之。

　　太極拳與書法皆孕育於中華歷史哲學文化，其核心價值是十分相通相似相同的。有關論述汗牛充棟，筆者擬擇其要點申述兩端，以求證於高明。

## ✚ 儒道釋思想滲透後而體現出的中正、圓融、自然、空靈之美感

　　眾所周知，儒道釋三教文化對中華藝文之綜合影響非比

尋常，特別是自唐宋以後尤顯合流之勢。而其中之儒學，以中庸為尚。「中也者，天下之大本」（《中庸》），講究「誠中發外」、內充實而外光輝，中充沛而四達。與上述子思學派相呼應之孟子學派，又提出「養吾浩然之氣」，並使之至中、至正、至剛、至大，充溢乎天地之間。

證諸太極拳法之「立身中正」「支撐八面」（外形）與夫「無過不及」「不丟不頂」（內勁）之要求，進而重內功，煉內，求內，達內養之「致中和之道」（孫祿堂語），無不環環相扣於儒學中正之旨。太極推手之「守中用中」「守住中土不離位」（《李經梧太極內功及所藏秘譜》）更是強調太極功夫之用中法則。

書法藝術從筆法求圓厚中鋒，以及結字之求方中寓圓、圓中寓方，亦深契此旨。漢蔡邕論用筆謂：「藏頭護尾，力在字中；下筆用力，肌膚之麗。」漢魏間人論書多以「書勢」「九勢」「筆勢」概之，蓋拳法之重拳勢一如於書勢，其中妙趣唯實踐者知之。以筆勢言，多側重言用筆之中鋒為主，中側鋒並用，不離中正圓厚也。以九勢言，多側重言字之含寓九宮八法，而以中宮為用。

太極拳法又名十三勢，亦以中定為主宰，中定者定於中宮也。宋大書家米芾自稱「八面出鋒」，則能用八必含九數於中——中者，太一也。經云：知其一，萬事畢。一者，元始太初之元氣也，一本也。在筆曰中鋒，在字曰中宮，在拳曰中定，在勁曰內氣也。

「有中定而後有一切」，此為李經梧老師授拳法要語。有中正而後有圓融。「中正安舒」，才能「支撐八面」，蓋中正安舒乃身法，支撐八面乃結果，乃內勁。

儒道釋皆於尚中後尚圓。儒學之「從容中道」，顯現為宋儒之「理即氣、氣即理」（張載），中道即大道、至理，至中至正至剛至大之氣，盈乎身充塞於宇宙。國學中「身即小宇宙」。而孫祿堂謂內勁即「當中一點子之運用」。一點子亦謂一粒兒，即中氣、內氣、元氣。因其「其大無外，其小無內」，是謂圓融、圓滿，「周行而不殆」，在拳則「氣遍身軀不稍滯」「周身一家」。

太極拳之求證圓滿圓融與書法用筆之忌偏鋒、偏枯、不稱同一樞紐。中正圓融得而後有平衡、有和諧、有不激不厲、有剛柔並濟、有相對相濟、相反相成而得「道」旨。清劉熙載說：「書之要，統於骨氣二字。骨氣而曰洞達者，中透為洞，邊透為達。」又清朱履貞說：「書法勁易而圓難。夫圓者，勢之圓，非磨棱倒角之謂，乃八面拱心，即九宮法也。」可見圓渾之於拳於書同一原則。

太極拳之習練演示如長江大河、連綿不斷，又必圓融無礙，「無凹凸處，無斷續處，往復須有摺疊，進退須有轉換」，而其內勁又謂長勁，尤須無棱角、無出尖、無方硬，才能從心所欲、便利從心。

是謂圓融又為儒道釋三家之共旨。儒以中求圓、道以自然證圓，釋以空悟圓。道家之象天法地，「觀天之象，執天之行」（《陰符經》）。天道圓弧之運動，圓滿無虧之法象，皆自然之旨。故老子云：「人法地、地法天、天法道、道法自然。」又道家《太平經》云：「天以道治，地以德治，人以和治。天地人三相得，乃成道德。天主生，地主養，人主成。」故以自然圓融為理法為價值，亦道家之上智。太極拳勢勢求圓滿、勁勁求圓融、式式求無虧，皆法天地自然之象

理。「天地垂象，聖人則（法）之」（《易經》）。故法則天地之象，即圓融，也即自然矣。

世間凡果實皆圓，宇宙星辰體用皆圓，故萬事萬物莫不求圓滿，圓融無礙即得自然也。自然得即自在也，大自然得即大自在也。故傳統藝文，文武之道亦不離圓融自然，此亦道家思想之所崇尚，此亦道家思想於拳法書法之所滲透體現也。莊子誇讚列子御風而行乎天地間，皆大自然大自在之生命境界也。

拳與書皆求演大道，亦深合默契於此，必通達性命形神之學，故拳術至境理應天人合發、形神相合、性命雙修而天人合一。「天地有大美而不言」（莊子），自然自在也。違背自然則乖理違道，為中華文化所不取。前輩論拳法有「三害說」，即挺胸、努氣、拙力，正此之謂也。古典書論推崇自然天趣，妙手偶得，最忌造作，有關論述甚夥，不遑多引。

陳式太極拳大家陳長興曾說：「天地間，未有一往而不返者，亦未嘗有直而無曲者矣。蓋物有對待，勢有回還，古今不易之理也。」這便是「易」的思想，易的思想便是儒道兩家的思想。循環往復、圓融無礙之旨，在拳曰氣勁，在書曰筆勢，個中妙處，善學者自悟之。

而於空靈之追求，則太極拳與書法藝術同樣體現了佛家本體論空寂觀所示現的空靈境界，且以之為至高境界。

大道以虛靜為本，此大體為道學境界。道家說無，但無中生有；道家言虛，但以虛無為大道本體。道家少說空，空乃釋家所擅言。佛學認為緣起性空，空為宇宙實相本體，此種世界觀決定了佛學對待世相萬緣的根本態度。作為其宗教哲學的概念我們且不討論。但是作為一種文化演繹和闡釋，

其思想之光輝，卻給中國藝術文化滲透了特殊的魅力和品質。「靜故了群動，空故納萬境」（蘇軾語），由於有佛學思想的進入，中國文化具有了別樣的空靈之美。

在具體的太極拳法中，《授秘歌》云：「無形無象，全體通透；應物自然，西山懸磬；虎吼猿鳴，水清河靜；翻江播海，盡性致命。」全體透空，正是拳功境界臻於化境的表現。「一羽不能加，蠅蟲不能落」的聽覺知彼功夫，也是拳學至空至靈的水準才能實現的。

萬物至靜至空的靜極，乃有陽生，乃有對至微至小響動的感應與聽聞，這種物理生理現像在生活中不乏其例。太極功夫「動之至微，發之至驟」，必須從虛靜空靈中才能訓練出來。這也正是內家拳通於「道」的緣故。以儒道思想為哲學根底而被先民創造出來的太極拳功，以筆者理解與多年實踐所證悟，還是應以儒家用中、道家崇無用柔為主體，至於釋家之空寂思想應該是至上境界，極難體現，練至其水準者恐萬不見一。

換言之，太極拳功必從有而求無，必從中定而求空靈，否則斷難修成功。從另種角度說，虛無並非空無，而是更大的實有。用傳統表述，即空而不空，無而非無，不空而空，非有非無。拳經所謂「忽隱忽現」「左重則左虛，右重則右杳。仰之彌高，俯之彌深」是也。

書法藝術同樣也把有無陰陽關係表現在「知白守黑」的道理中，但更崇尚虛寂空靈的氣象與氣息之美。

由於書家的人生境界和生命文化興趣不同，「書聖」王羲之的第一名作《蘭亭序》表現了一種濃郁的道儒思想意緒，其美學境界是道家的圓融自然與儒家的致中和的美感。

而近代三大高僧之一弘一法師，則在其晚年書跡中呈現了一種空靈寂寞之生命況味。

誠然，上述分別都是相對的。在拳與字的至妙表現中，一切都可化為一如，這種分別見只是分析言說之不得已爾。

## ✚ 易之陰陽思想在拳學與書學中的體現

「一陰一陽之謂道」的易學思想，是太極拳法和書法藝術的安身立命之處。如沒有了這個綱領，拳與書則會失去根本。王宗岳《太極拳論》開篇即明言：「太極者，無極而生，陰陽之母也。」依筆者所知，太極拳法作為以身演道修道之術，練習須分階段，初必始以規矩，始必能分陰陽（虛實），能分陰陽而後細分陰陽，在實做中即身有大虛實，又有無數小虛實，拳經所謂「一處有一處之虛實，處處總此一虛實」，到此地步是又返還為一大陰陽虛實，即「周身一家」成為太極整體。

在《李經梧太極內功及所藏秘譜》中稱「人身為太極之體，不可不練太極之拳」，而練太極之拳則是返還於太極之體的有效方式和途徑。把握這個易學為宗的太極拳理，正是登堂入室的不二法門。而太極拳「無招勝有招」「挨著何處何處擊」「太極無手渾身是手」的說法，也正是修練成太極（陰陽）功夫的具體化表述。

楊澄甫《太極拳十要》裡即有一要：分虛實。分虛實也就是懂陰陽，也即是懂勁的入門之階。孫祿堂將所創孫式太極稱為「開合」太極拳，也是對陰陽概念從氣機上的另一種表述。虛實開合，是無論哪門哪派太極拳都離不開的關鍵概念，有多層次的含義與理解。「實非全然站煞，虛非全然無

力」，表示的正是虛實的深層運用。開合亦然，以身形招數來體現開合，是低層次的開合；以勁路體現開合，是中層次的開合；到了拳功上乘，開即是合，合即是開，開合變成一個，也即陰陽合成一個，此境界之開合虛實又怎麼可能人人知、人人能呢？是故，太極拳功至陰陽莫測階段，即謂之「神」矣。

因無形無象而非陰非陽、亦陰亦陽，陰陽變化無窮，則「人不知我，我獨知人」，這樣才能「英雄所向無敵」了。楊露禪大概達到了這個境界才被譽為「楊無敵」的。始於陰陽分和終於陰陽合的太極拳功夫，只能「功夫無息法自修」，妙處難以言說。這也是「易學廣大，無所不包」的一個明證。鑒於此，易拳相通，是應該落實到實操實做上的，而不是哲學概念上的，而拳法是運動上的，兩不相關。

而書法藝術的易學精神，同樣體現得淋漓盡致。書寫時的筆墨運動可視之為陽動，而宣紙可視之為陰靜，由此陰陽互用而生成了書法作品。然而也可以將書寫後之墨跡的黑視之為陰，將紙地之白視之為陽，如此「知白守黑」，你中有我，我中有你，「虛（白）實（墨）相生，無畫處皆成妙境」。點畫在筆法的提按頓挫、縱橫使轉中呈現為不可窮盡的黑白關係、方圓關係、大小關係、疏密關係、向背關係——也即陰陽關係，「一陰一陽之謂道」。王羲之《記白雲先生書訣》謂：「書之道，同渾元之理。」渾元之理，即大道無極之理，其中生出有極而包含太極（陰陽）之作用。清代大書家何紹基說：「書雖一藝，與性道通。」可見書家們理解書法藝術時，也離不開易的陰陽思想。

太極拳功成則有渾元勁，字法之妙通渾元之理，十足證

明了拳與書法皆可由祖述易學思想的修練使之成的道理。清大學者劉熙載說：「書須兼備陰陽二氣，大抵陽則峻拔，陰則沉鬱。」在追求平衡陰陽水火，表現剛柔虛實之美，運用開合動靜等方面，拳法與書法雖各有側重，而其理則一也。

值得強調的是，以太極拳為代表的內家功夫（孫祿堂先生認為無內外家之分是指功臻化境時，其初、中級功夫還是有別的），重視陰陽剛柔並濟並用，卻更強調陰和柔為用。所謂「知其雄，守其雌」「不敢為天下先」（《老子》），先即先動、即進攻，亦所謂「後人發，先人至」「以靜制動、以逸待勞、以柔克剛」「以小力勝大力」「用意不用力」。這種柔化走打功夫，是武當派所特有的功夫特點，顯然是老莊道家思想以及孫子兵學思想的作用與演繹。

書藝之表現在這些方面便不明顯了。但是，筆毫之剛柔運用、墨跡之黑白運用、點畫之動靜運用亦能與之相通，也就「妙悟者不在多言」了。

上述所言，不免扼要而掛一漏萬，乃篇幅所限。尤其是言及微妙玄通的書道與拳道，更需在身心之具體微妙處和毫穎之細膩纖毫間切實體會，只能言有盡而意無窮。

國學傳統歷來重視以武演道，以拳合道，以書悟道，以字證道。然此傳統，值百年西風東漸而逐漸退出話語中心。筆者對此心有戚戚焉，故不揣簡陋，草成此文，以供同好參酌思量。

# 大道顯隱 —— 我讀李經梧

我無論如何也不敢說「曾經滄海」這四個字。不過,以我四十餘年的浮生閱歷,也算經見過不少人和事。有些人和事,真的就是過眼雲煙,早已隨歲月而淡忘,而有些人和事則不然,歲月愈久,反倒愈加浮現,常常憶起,難以釋懷。

一代太極宗師李經梧先生仙逝已近十年,然而去年一年內我竟四次夢到老人家,其中三次是為我說手,一次是他抽著香菸,坐在沙發上笑眯眯地看著我。每次覺醒,不禁悵然若失,以至雙眸為濕。

我是一個深信緣分的人。與恩師的緣分達十二年之久,可惜,後來我到了北京,見老師的機會少了。當我命筆之際,忽覺先生顯隱行藏的一生,我是既熟悉又陌生,對於老人家的道德與功夫修為,我究竟知道多少?儘管,我曾經數年間親承謦欬,多蒙教誨,然而,我仍然覺得老師是一座山,仰之彌高,老師也是一汪海,俯之彌深。回想老師的風範與為人,點點滴滴,記下一點筆記,以供與我一樣景仰前賢、熱心太極文化的人士同享。

## ✚ 武功沒有天下第一

幾乎沒有人不對中國武功抱有幾分神祕感。中國武功本身就是傳統文化——包括神祕文化的產物。我的武術蒙師俞敏先生在我少年時代也確實展示過神奇的功夫,比如點穴術,親眼所見,不能不信。少年時讀古代武俠小說,也不禁

中道皇皇　梅墨生太極拳理念與心法

神往於那些神奇的超人本領。

至今我依然認為中華武術的特徵之一便是「在內不在外」，它的神祕性是與它的武學文化基礎密切相關的。由於重內功，所以人難見其妙而常易領受其外發，於是以為神。易云：陰陽不測之謂神。人的小宇宙與天地大宇宙合其德，常人不解其道，故神奇而神祕。

一次，經梧先生對我說：世上沒有天下第一的武功。怎麼證明你天下第一？你與天下所有的高手都比試過嗎？無法全比試。當然也就無法證明你無敵手。所謂的「無敵」都是相對的，在你能遇到的人中你取勝了，但人外有人，天外有天，更高手也許根本你就未遇到。楊露蟬號稱「楊無敵」，陳長興被譽為「牌位大王」，說明他們有真功夫，功夫過人，但也不能說天下第一了。

功夫有假的，那是走江湖賣藝的，也許他謀生混飯吃，不得已。而真功夫呢，也不一樣，有一人敵，三人敵，十人敵，百人敵，千人敵，甚至萬人敵。萬人敵，也是形容。所以，功夫不可誇大。但功夫確實沒法窮盡。

一個時代有一個時代的武功高度，高手多的時代，大家都高。真正的高功，不戰而勝，不用動手，人家就佩服了，你是最高的功夫。什麼東西能如此呢？只有道德，德行。以德服人，是最高的太極拳功夫。

當時我聽了老師這番話，以為就是《孫子兵法》的思想。今天仔細想想，不止如此，其中還有老子的思想，既辯證又樸素、又深刻。這是迄今為止，我聽到和讀到的最好的「太極拳論」。老師畢生修練太極功夫，人們說他功夫高，多是說他的手高，其實，我今天才明白，老師是心高、品

高，也就是人高。別看他普普通通，老人家的不普通處人或未見到。正因為有了這樣的認識和境界，經梧先生的人生才那麼平常而超常。對了，他末了還說：就算你功夫再好，給你一槍試試？在今天，練功更不是為了打別人了。打什麼人也不行，都得償命。練太極就是為了強身健體，修心養性，有一種樂趣。

我忽然明白，老師對武功的求真背後，還有一種超脫的認識，難怪他老人家的後半生，那麼隨和平常，與世無爭。

## ✿ 述而不作

經梧先生活了86歲練武70年，拜師訪友，與武林中人相識頗多，20世紀40年代即為「太極五虎上將」之一而聲噪京城，50年代又在北京與全國武術賽事榮獲金牌，還出任過北京武術隊教練和全國比賽的裁判等，不但精通陳、吳式太極拳，同時研練孫、楊式以及一些國家競賽套路，但是，他竟然從不著述，我多方搜求，也只找到二三篇文章，再就是他在耄耋之年在弟子們幫助下整理出版的《李經梧傳陳吳太極拳集》和《太極內功》了。

50年代中後期，在國家體委的組織下，他曾講述了（李劍華執筆）《陳式太極拳》第一路的動作說明（此書稿初版時寫上了李師的名字，後來再版時則無李師之名了）。除了上述這些「著述」，先生就幾乎沒再寫過任何別的東西。一代太極高手卻只有片言隻語留下。而且，《李經梧傳陳吳太極拳集》一書，約30萬字，彙集了先生畢生演練的主要拳械，然而遍閱全書，老人家竟然一句心得也沒說！這實在讓人費解。

・梅墨生（左）與老師李經梧合影，攝於1988年

　　試看如今坊間所出太極拳書籍，優劣混雜，東拼西湊的東西比比皆是，誤導著學習太極拳的人，而先生藝融四家，深通內功與醫道，卻無一點心得體悟？絕不可能。然而事實就是如此。是不會寫、不能寫嗎？也不是。

　　《太極內功》一書雖有學生幫助整理編寫，但其邏輯結構之嚴謹，述說表達之清晰也是事實。客觀上說，先生文化水準確實不算高，只在早年讀過私塾，前半生多在經商，比起一些文人墨客自然不長於文墨。但是以先生之聰慧與水準，寫些習武經驗是毫無問題的。不然，他為什麼能反覆閱讀趙鐵庵老師所贈《太極拳秘宗》一書，並從其「太極陰陽顛倒解」一篇而悟創「太極內功」呢？一些太極拳同道包括一些同門師兄弟都曾對此表示不解或遺憾。

一次，老師說完手，我問先生：您怎麼不多發表些習拳文章？先生笑了笑說：老師肚中沒墨水，不長於寫啊。不像你王培生師叔，會寫、能寫。我說老師太謙虛了。先生又說：不是謙虛，是自己量力。我說：老師多寫些可以啟迪不少人啊。先生深深吸了口菸，吐了一個菸圈，便一直沉默不再答話。老師為什麼不想寫？這成了一個謎。

在老師辭世後，每當我翻閱《李經梧傳陳吳太極拳集》想從中找到老師的一些經驗性文字時都會有些「失望」。這本書當初老師也是不肯出的，是眾多弟子一再勸說他才勉強同意的。書既然出了，卻只寫了傳統套路，收錄了一部分《太極拳秘宗》，其他發揮性文字一句也沒有。真是乾淨。一次，李秉慈師叔也向我表示了對這本書的一點遺憾。

為什麼？當我在書坊翻著一些含金量不夠的太極類書時，總不免會想到老師為什麼會如此「吝嗇」。要知道，他一生教過的人逾萬，學生逾百，弟子也有數十人，老師是不算保守的啊。

孔夫子是「述而不作」的。世間事就是如此。無知者、小知者、淺知者總會大言不慚、美言曉曉的。真知者都選擇了不說，這緘默讓人難以捉摸！老子說：大道無形。古人又說：聖人行不言之教。我現在似乎慢慢懂得了先生的「述而不作」。

記得有一次老師對我說：我教給你們的都是你師爺們教我的東西，我基本上保持原貌傳給了你們。是原汁原味。當然不能說裡邊沒有我的體會。拳是練出來的，更要有悟性。當年你陳師爺教拳很少說什麼，師傅領進門，修行在個人。書上寫的都是知識，要多學習，但也不能迷信書，要是光靠

看書就練好了拳，那不都成了家了？

我不知道先生這段話是不是可以為他的「述而不作」作個註腳。天下的事，本來就不可能都弄明白，老師此舉可以任人猜想。世間的書太多了，有用的也很少。老師這本書，出了也像沒出，它是本無字書啊。至於我們從中領會到什麼，全在自己了。

## ✚ 不拍錄拳照

不愛拍拳照，這是經梧先生給弟子們的一個鮮明印象。到目前為止，我知道老師留下的拳照只有1982年大勇、德和、益健、徐翔、志明等幾位師兄組織拍攝的一套陳式一、二路拳照，算是老師最完整的一套拳照了。

2003年我從中選出21張發表到《中華武術》第4期上，立刻引起了不大不小的轟動，一時間，許多網站都轉載了。國際音像文化交流出版社出版的《陳式太極精粹》VCD介紹先生，也是選用的其中幾張拳照。要知道，老師從20世紀50年代末移居北戴河以後，很少外出，更不宣傳，他爐火純青的拳藝，外人也難以得見。此次刊發的先生拳照雖僅是露了冰山一角，然而已足讓人大開眼界。

另外，徐翔師兄自費出資在1980年也給老師拍過一組陳式拳照，約有30多張一、二路定式，這是目前所見老師最早且有系統的拳照了，可是，先生時年已68周歲了。

而吳式拳，先生竟然沒有一套拳照留下。似乎僅有60年代初的那張「退步跨虎」一張！80年代後雖也偶爾拍一兩張拳照，幾乎都是陳式一兩個動作。

我曾多方搜尋，也僅止於此。演練器械的照片更近乎

無。

那麼拍攝錄影呢？先生就更少拍，我目前收集的先生錄影資料該是最全的了，然而，也少得有限，有些都是老師晚年坐在椅上與弟子或徒孫們說手了。

客觀地說，那時節拍照、錄影都是費用較高昂的，一般人家都做不到。但是師兄弟們湊錢也不是不可以，關鍵是老人家主觀上不願意拍。印象中，每次一說到這事，老師都是不同意。為此，我專門詢問過先生，他的回答也簡單直白：我老了，拳打不出當年的神氣，有些姿勢也做不到位，留下拳照會讓後人笑話，更怕貽誤後人。

我聽後愣了半晌。沒辦法，先生就是一個完美主義者。他不僅想到了自己的體面，更想到了貽誤後學的責任。

我曾在友人的幫助下，費盡周折，經過一年多的努力，終於找到了先生最早的錄影（實為電影）資料──1958年應國家體委之邀由老師示範演練的二十四式《簡化太極拳》科教片的原始錄影。那一年先生46歲。這是先生最早的演拳影像資料了。透過它，我們可以看到先生中年的打拳風姿。

有時，我看到許多太極拳家的出版物上有那麼多拳照，十分羨慕，覺得老師留下的打拳資料太少了，不禁覺得有些遺憾。可是，現在想想，世間的好東西總是不會太多。正是因為它稀有，才彌足珍貴。況且，窺一斑而知全豹。就先生留下的有限拳照，我們已經能夠一瞻大師風采了。若是相比於楊露蟬、武禹襄那代人，老師已很「幸運」了。我們也該知足了。

先生早已遠行。但先生遺世的有限拳照和錄影資料就如

書藝中的碑帖，後學可以不斷學習、欣賞、玩味其中的內蘊，我們也可以滿足了。王羲之的墨寶當然不可多得。顏真卿不也只有那麼幾件墨妙留下來嗎？

不願拍錄拳照，更讓後人嚮往。這也是經梧先生的淡泊隱退吧。君子不器，大象無形。

## ✚ 沒有門戶之見

歷來練武之人，多有門戶之見。此種習氣很少習武者能不沾染。所謂先入為主，即有成見在先，就不容易見人之長處而虛心學習。於是門派紛爭，同行是冤家，既不利於武術界團結，也極大地阻礙了中華武術的良性發展。我甚至認為這種習氣之有無，正是體現一位武術家道德修養的試金石。

李經梧先生從無門戶之見，他虛懷若谷，善於發現別人的長處，因此才能練成過人的功夫。20世紀40年代初期，經

・李經梧（後排右四）拜陳發科（前排左三）為師時與同門合影，攝於1946年

梧先生已經是吳式太極門的「五虎上將」，但他聽說陳式拳很厲害，在北平有個陳發科與人較技從無敗績，於是便前往拜訪，試手之後輸給了陳發科，便從此帶藝學習陳式太極，直到陳發科去世。

據說，陳家拳原來只在河南陳家溝陳姓家族傳授，1928年陳照丕邀請陳發科到北京傳拳，始漸為人知。雖然許多來試手者均一一敗北而去，而真正從學於陳發科的人卻不多。其中原委，一是民國時期在北平人們只知太極拳是楊家、吳家所傳，尚不瞭解陳家太極；二是陳家是河南農民，社會地位不夠高，也被世俗社會看不起；三是陳發科沒什麼文化，又講的是滿口河南土話，人家聽不懂，況且他也不善講話，人們佩服他的功夫都無法從學。

據經梧老師講，當時許多學生、徒弟都不敢跟陳師推手，因為他功力太大，放人時一般人都受不了。只有經梧師、孫楓秋、田秀臣、李劍華等極少幾個徒弟敢與陳師推手。1946年是陳師60大壽，經梧先生與田秀臣、孫楓秋、宋麟閣（一說還有劉金生）四人正式磕頭拜師。據說，這是陳師第一次正式舉行收徒儀式，此前，陳發科不知道如何舉行收徒儀式，是經梧先生提出按吳式門規而辦的。前後經梧先生從學於陳發科十三四年之久，盡得真傳。

那時，經梧先生已是北平太廟太極拳研究會理事和推手組長，與楊禹廷師叔早已熟悉，但未拜門。抗戰勝利前夕，經梧先生的第一位太極蒙師趙鐵庵隱遁，他開始同時習練陳式拳，時或向楊禹廷師叔請教，1953年正式拜師入門。

這裡要交代一句，楊禹廷雖然也練吳式拳，但因師承不同，拳架也不同於趙鐵庵。趙鐵庵是吳鑑泉、王茂齋共傳大

· 1933年北京吳式同門合影，前排右一趙鐵庵、右二王茂齋、右三郭松亭、後排右三王子英。此時吳鑑泉已去南方教拳，因此「缺席」。

弟子，這從1933年的吳式門合影可以看出他的地位。那時吳鑑泉已去南方，而全佑的三個弟子中的兩位弟子都在北方。照片上王茂齋、郭松亭師兄弟居中而坐，左右側則坐著趙鐵庵和張子和，而王茂齋的兒子王子超、王子英以及吳季康等都是站在後排，可見趙鐵庵在弟子輩中的分量。

趙所傳授的拳架是吳鑑泉的架子，與楊禹廷所練的王茂齋架子同中有異。經梧師先從學於趙，現在又從學於楊，足見其善學、好學與虛心。

此外，經梧師的推手功夫又多受教於王子英。王子英是王茂齋次子，功夫高超，但性情剛烈而孤僻，傳人甚少。作為師叔，他對經梧先生恩愛有加，傾囊相授。經梧先師生前多次提到王子英，感恩之情溢於言表。在陳發科那裡經梧先

生又結識胡耀貞先生，胡耀貞是山西心意六合名家，學通易醫，內功深厚，經梧先生曾向他請教氣功之學，後亦拜門執弟子禮。由上述可見他的取人之長，好學虛心之一斑。

## ✚ 淡泊名利

世人皆崇淡泊，然而一到名利關頭，大多守不住。在我所認識的人中，真能達到此四字的委實不多。然而經梧先生該是一個，他確實是寧靜從容、淡泊自甘，不攀附、不追逐、不炫耀、不經營、不計較，平淡地生活，本真地練功，坦蕩地做人。

我作為他不才之弟子，在這一點上對他是十分佩服、由衷地敬重。到了今天，我想明白了，老師的武功高首先是他的品格高、心性高，他的「中定」功夫近乎深入骨髓，對一切利益基本上做到了不動念、不起心。從這點上說，經梧先生永遠是後輩學武者的楷模和典範。

20世紀80年代中華大地興起「武術熱」，蘇聯、日本、新加坡、瑞典等國家和地區慕名邀請他出國教拳，待遇豐厚，名利可以雙收，經梧先生一一謝絕。那時，老人的婉拒理由很簡單：人已老，教不動了。其實，今天可以披露事實，他不出去教拳自然有上面的原因，但更主要的是他無比珍惜「國寶」太極拳。

他這一代武術家從舊社會走來，經歷過民族屈辱，對自己民族的遺產十分珍愛，是不願意輕易傳給外人的。這一點我不必為老師諱。今天，國門洞開，國際文化交流頻繁，人們爭先出國傳播中華武術，自屬正常，但是，像經梧先生的想法，也代表了一種觀念，也理應尊重。

　　就在80年代中期，一位與經梧先生較技而敗北的日本拳師，此前就曾宣稱：太極真功已在日本！儘管他敗後十分禮貌虔誠地欲拜師於經梧先生，先生自是婉拒。此日本拳師迅即改口說：太極真功仍在中國！此事讓經梧先生印象殊深。他曾對我說：要教我也一定是先教中國人。難道老師不知道那時出國的榮耀與好處嗎？甚至，有外國友人表示可以讓他攜眷定居國外，經梧先生也不過是一笑置之。

　　還是在80年代，有一年國家體委曾函邀經梧先生赴廣西桂林，請他帶兩名弟子去為全國太極拳師資培訓班授兩月課，來去坐飛機，報酬數千元。經梧先生仍然是謝絕。以致於有些弟子背後著急，說：老師怎麼什麼好事都不去？

　　1984年，江城武漢舉辦首屆「國際太極拳邀請賽」，大會特邀當代太極拳專家與會做表演和報告，李師位列「十三太極名家」之中，大會還給每位受邀名家單印了一本小傳，會前報紙已發了專版介紹。面對如此榮譽，經梧先生仍然是辭謝不赴。

　　我很佩服先生這種定力。渾身本領，偌大名望，而不以功夫謀一點名利，這就是李經梧。說實話，老師也不富裕。自1959年移居北戴河，他與師母、三個女兒一直住在療養院內的家屬宿舍。後來分給了院外的宿舍，也不過是三間小平房，院子是一窄長條，直到去世再未離開。先生在新中國成立前可是北京西單「五洲百貨店」的老闆，挺闊氣的。

　　在40年代與陳發科師爺的合影中，他都是西裝革履的。論名呢？四五十年代先生已享譽京城了。經梧先生是以一生修習太極功夫並證悟太極文化的「得道者」，他的生平履跡是從顯到隱，真正地以平常心而修證了「大道」。

# ✤「凌空勁」與「發功」

　　關於太極有無「凌空勁」，說法不一。當年從報刊上看到這一說法，不免好奇，於是專門向經梧老師求教。先生說：老師不懂凌空勁，你幾個師爺也未教過凌空勁。所謂凌空勁，據說是兩人不挨身便有一方會被擊倒，甚至可以被放出一兩丈遠。對此神奇功夫，我曾覺得十分神祕。舊武俠小說上便有「隔山打老牛」的功夫，此或類之，然而那是小說啊。我以為老師功夫精湛，見多識廣，又曾廣拜名師，一定會知道或者會此功夫。不想，老師的回答讓我「失望」。也許，我原來的「希望」本身就不值得肯定。但我不甘心，仍想再探究竟，聽聽老師對此的看法，結果，經梧先生一點也不故弄玄虛，他對太極功夫深信不疑，十分崇敬前輩的功夫，對自己不知道不認同的說法，毫不含糊。

　　經梧先生說：就我所知，兩個活生生的人，挨著身你還不見得能把對方如何呢，何況不挨身？這不符合科學道理。再神奇的太極功，也是要「借力打力」，不借力而放人丈外，那不是玄乎嗎？你陳發科師爺功夫那麼好，也從未說過凌空勁。其實，太極拳理雖然十分深奧，論到功夫本身，仍然是十分具體的，實實在在的，也是很樸素的。不過，功夫出神入化時，也難免有「神來之拳」。

　　先生說，他有一次和我一師兄推手，由於彼此勁力特別熟悉，而且當時老師神意旺足，似乎未及接上手，那位師兄已從老師的肩上被翻身扔過。老師說，他自己也說不清楚。那位師兄驚出了一身冷汗。老師說，事後再專門要出現這個場面和效果，就沒有了。

　　為此，先生說，功夫是實實在在的，練上身與未練上身不一樣。功夫上身後，在特殊的對手面前偶然有特殊的效果是可能的，但這種狀態可遇而不可求。那次老師發手頗近於所謂「凌空勁」，好像他還未觸到師兄的手，似接未接，也算是一種功能場吧。

　　老師並不以此而認為是「凌空勁」。那次他還為我講述了師祖王茂齋的過人功夫，但老師強調仍然是師祖「聽勁」至為虛靈而已。

　　80年代大興「氣功熱」，許多氣功大師講「發功」，即利用自身能量為他人治病。為此，我也向經梧先生請教，他肯定地說：老師不懂。他說這個話時，十分自然平淡，言從心出，表裡如一，也沒有任何唯我獨是的輕蔑意思。由此，我認識到老師雖不大講科學（一如他不大講玄學），但他是用實事求是的科學態度對待太極拳功的，絕不會自欺欺人，更不會故弄玄虛。人品即拳品。另一面，先生也用非常客觀的心態向我講述了功夫可以出神入化，可以練至師祖吳鑑泉「一羽不能加，蠅蟲不能落」的境界，然後，他告訴我：今人多不肯下苦功。功夫前人好，理論今人高。

　　我對此事印象殊深，終生難忘。透過此事，也使我進一步瞭解了經梧師，同時，也進一步瞭解了太極拳。

## ✥ 支撐八面

　　太極拳經講「中正安舒，支撐八面」。要「支撐八面」，首先要管好自己，重要的是中定功夫。筆者以為，中定說來易做來難。練太極者人人知道「中定」，然而知而不能至者多。為什麼？人皆有爭強好勝之心，貪念隨時即生，一起勝

負之貪念，則非丟即頂，非軟即剛，做到真正的不偏不倚，不丟不頂、不貪不欠，殊非易事。

在我看來，「中定」不止是一種功夫，更是一種心態，是一種境界。魚之咬餌、犬之入套，皆因有貪慾之心。顯現在功夫上是自己丟中失中，體現在生活中是不能把握自己。老子說：「多言數窮，不如守中」，守住中定，才能八面支撐，從容中道，人不可犯。

經梧先生一日與某師兄正面說手，某師兄欲一試老師「八面支撐」的真功，突然從身後擊向李師一掌，霎時間，前面的師兄人被放出，而後面的師兄也同時被老師強大的內功所擊倒。必須說明，「偷襲」的師兄毫無惡意，他只是想驗證一下老師的理論與功夫到底是否一致，好奇心與求知慾讓他為此付出了代價。事後知道，他的膝蓋骨被摔傷了，治療休息了三個月才好。

後來李師告誡弟子們：千萬不要試這樣的手，因為我在沒知覺的狀態下，受到外力擊打，身上完全是自然反應，不在自己的控制之中，很容易傷人！

現實生活中的經梧先生，同樣是「支撐八面」的，特別是晚年的先生，淡泊自甘，奉公守法，無私教拳，無慾無求，那種定力，確實少見。什麼閒言碎語、是非榮辱，都不動心。高幹領導，伙伕百姓，三教九流，凡與先生交接，他都一視同仁，都是一團和氣，「謙虛謹慎」一點不走樣兒。對人對事，周全體諒，一絲不苟，外示圓融，內含方正，真的讓人無「懈」可擊。你說這不是真正的「支撐八面」的「中定」功夫嗎？如今回想與師相處的日子，實在是溫馨親切和平美好的時光，讓人懷念。我以為太極拳的修為必須上

升到太極文化境界，那才叫「技進乎道」。

## ✚ 尊師重道

　　李經梧先生習武70年，早年尋師訪友，殷勤向藝，聰明好學，在其長輩那兒都是出了名的。算起來，先生的遞帖老師就有劉子源、趙鐵庵、陳發科、楊禹廷、胡耀貞，還有雖未遞帖卻純屬師生之誼的師叔王子英。據知情老輩說，師爺們都十分喜愛經梧師，因為他不僅聰明好學，更因為他尊師重道。

　　劉子源是他的秘宗拳老師，他年輕時在哈爾濱，當學徒受風寒才從師習武，孝敬師父沒得說。「太極拳」就是這位師父告訴他的，臨別叮囑，將來有機會一定去學習當時還不算普及的太極拳。帶著劉師的叮囑，他用上了心。後輾轉到北京後，終於有緣得窺此拳，並幸運地拜在了趙鐵庵門下。

　　趙師乃吳式開山祖師全佑的兒子吳鑑泉和其師兄王茂齋的共傳弟子，深得兩位大師真傳。為了習武，趙鐵庵一生未婚，功夫精湛，但甚少收徒，當時為京中高手，是吳鑑泉的頂門大弟子。從學數年後，值抗戰結束，趙鐵庵將隱去，臨別將手抄本《太極拳秘宗》贈給了經梧先生，足見器重。

　　筆者曾搜查資料，除經梧先生為其嫡傳弟子外，至今尚不知還有什麼人曾師承於他。我想，若不是有經梧先生光大其傳，如今太極拳界恐知之者不多了。

　　對於前後師從14年之久的陳發科老師，經梧先生多方面的關照，更是為人稱讚。記得有一位練陳式的同行告訴我，當年，他去拜訪發科公之女陳豫俠，陳豫俠對他說：李經梧對我們家是有恩情的。那時，陳發科無生活來源，靠教拳為

生，但種種原因收入有限，經梧先生既入師門，無微不至地接濟生活，直至陳師辭世。記得經梧老師在世時親口告訴我：你陳師爺的喪事都是我一手操辦的。只此一句話，經梧師再未多做過任何表白。倒是我後來聽一些長輩多說到他對陳師的孝行，讓人感動。那年月，大米白麵實在是希罕物，但李師每月都要給陳發科送兩袋米麵。

陳師既逝，經梧先生又投帖拜在楊禹廷門下。此前，兩人為吳式門的師叔師侄關係，也經常見面。楊禹廷為太廟太極拳研究會執事，主持會務，經梧先生為理事。當他欲入門時，楊師推卻說：你功夫那麼好，我沒什麼可教你的。李經梧說：那我就跟您老學做人吧。楊禹廷於是欣然收下了這位高徒，一直器重有加。1982年楊公去世，經梧先生已70高齡，仍不辭遠途趕到北京送別。

收徒入門時，經梧師都是要求徒弟們先向趙鐵庵、陳發科、楊禹廷師爺們的遺像叩頭或鞠躬，然後再給他行禮，此規矩至老未變。

先生暮年，做過前列腺手術後腿腳不便，但徒弟們經常看到他顫巍巍地親手擦拭師爺們的遺像鏡框。令人感動的是，經梧師的「太極堂」內從不懸掛自己的頭像，只掛師爺們的頭像，而把自己的像掛在臥室裡。

從師習拳的過程中，徒弟們經常可以感受到經梧師對長輩的尊敬，那是發自心底的。老師是從舊社會過來的人，舊社會的武行有不少規矩。對此，他有棄有取。如尊師重道的「禮數」他取，如門戶之見的「門規」他棄。對學拳的療養員、學生、愛好者，他一視同仁，耐心細緻地教拳，分文不取，從無疾言厲聲，更沒有任何講究說法；對於徒弟則一向

要求嚴格，從學拳到做人，只要發現過錯，毫不留情。

就說入門的「禮數」，經梧師完全是按老規矩辦，收徒他是謹慎的，拜師儀式要遞帖，要有師兄弟做證，他還要給「授徒證」。

筆者就從拜門儀式中感受到中華民族的尚武重俠的古風，接受到一脈武學儀規上的馨香。那種莊嚴熱烈的場景與氣氛讓人深受感染，你會覺得，從師習武是人生一大幸事，你會珍惜那份緣。不過，經梧先生也有變通：改古時候的跪地磕頭為鞠躬。經梧師常說：我是「傳統派」，我認老禮（理），我就是這麼過來的。

有兩件事在此須寫上一筆。

一是，經梧師曾向胡耀貞先生請教內功心法，並多有所得。有一次為了一個難題再次請教時，胡耀貞說：「經梧，你拜師吧。」為此，經梧先生只好在西單一個好酒樓請了兩桌客，正式遞帖拜師。事後，胡公才將那個方法傳給了他幾句訣要。老輩講「傳法不傳竅」，大概即是此意。所以說，胡耀貞也是李經梧的業師之一。不清楚什麼原因，經梧師晚年不大提起胡耀貞。因為是歷史事實，有必要寫出來。老師也是性情中人，也有個性，也不能說是完人，不必為尊者諱。時過境遷，胡、李皆

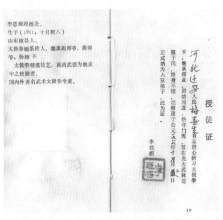

·梅墨生保存的李經梧老師發的《授徒證》

已作古，晚輩認為，胡耀貞的做法有他的理由，李經梧的態度也有他的性情。古來武功傳承，由於秘訣要求「六耳不傳」，

筆者早年從俞敏師習形意時，他也是如此做的。珍秘之因，其來有自，並非皆無道理，恐「妄傳匪人」即一端。當然，胡公的方式讓李經梧有什麼不解處，我們已不得而知。不過，晚年的李師有一次對我說：我的內功主要是受益於你胡師爺。經梧先生是十分誠實的。

還有一事，經梧先生的吳式推手功夫頗得益於師叔王子英，四五十年代居京期間，李師經常去王師叔家推手，王子英十分喜歡經梧師，幾乎是傾囊相授。劉光斗高足劉晚蒼先生之徒劉培一先生告訴我，晚蒼先生說過，那時他們常在王子英家相遇推手切磋。王子英是宗師王茂齋的次子，乃一脈嫡傳，推手功夫飲京城一時之譽，但性情孤僻而剛烈，極少收徒，更不當人打拳。經梧師獨得鍾愛，深受指點，但未拜門。雖未拜門，而經梧先生畢生以師禮事之。

筆者以為，王子英與李經梧已是實際上的師生關係，不是一般的師叔師侄關係。王子英幾乎沒有傳人（容或我寡聞），李經梧則是他的重要傳人。

## 🏥 融匯四家

近代武學巨擘孫祿堂融形意、八卦、太極三門於一家，乃一代大宗師。此外，也有不少武術家是內家外家共修的。一些太極拳名家也是出入諸多太極拳流派的，然大多兼習兩式者，同時習二式太極者已較少見。當然會有個別「大名家」號稱兼能各式太極，但實際上「能」與「通會」還有距

離，真功如何別人無法妄談。唐代大書法理論家孫過庭在所著《書譜》中說：「通會之際，人書俱老。」此雖論書，移以論武，理為一貫。我們常見不少「拳混子」，什麼都會，今兒學這個，明兒學那個，樣樣通樣樣鬆，什麼學得都不精。不精也就不是真通。每一家學得不真通，也就談不上「匯通」「通會」了，此理甚明，不用多辨。

經梧先生兼擅吳、陳、孫、楊四式，尤精吳、陳二式，堪稱兼能又專擅，晚年大成，臻於通會境界。前已言及，李師吳式從學於趙鐵庵、楊禹廷、王子英三位老師，40年代中期已飲譽於京城，被譽為「太極五虎上將」之一。

要知道，那個時期的武林，沒有真功夫是不行的。整個居京的四五十年代，前後約20年間，李經梧遊訪於京津武林，識見頗廣，所交流切磋者非僅限於太極一門。但由於經梧師極少談及「當年」往事，從不自吹自擂，對於什麼「過五關」守口如瓶，我們也就無從知道他的「英雄」軼事。但是從他傳拳時的隻言片語裡，從武林同行或太極前輩的記述中，我們總能感覺到經梧先生的武學知識頗為廣博精到，讓我們感到他的「深」，深而不炫耀，不輕露。

李師的陳式拳，前後從陳發科公學習14年之久，每週還請師至家「教館」，獨得真傳，甚至被陳

• 楊禹廷90高齡練太極

師晚年首肯為傳脈之弟子。而李師的孫式拳乃與李玉琳長子李天池友情換拳而得。李玉琳乃山東省國術館教務長,從學於郝恩光與孫祿堂。

60年代初,李師在哈爾濱表演過一次陳式拳,李玉琳看後緊緊握著經梧師的手稱讚不已。可以說,經梧先生的太極功夫基礎是吳式和陳式,後又吸收了孫式和楊式之長,經過漫長的融會貫通過程,在他約60歲後漸臻化境。

李師1959年48歲時移居北戴河,此前是他學習吳、陳、楊式和國家推廣簡化套路時期,也是他廣參博採,交流切磋,接受大量的太極與武學知識的時期,是他的初成和貯備期。但是,由於正值盛年,又身居京都,自己又有生意要經營,不可能專心致志於研究太極拳。

自移居北戴河以後,則每天在氣功療養院的工作就是教拳,可以靜心專心於拳功之中,而且,中年所有的知識貯備此時都可以充分反思研究,得天獨厚的工作條件與優美的自然環境,更開闊了他的心胸與心智,成為經梧先生拳功昇華的客觀因素。60年代初,他又學習了孫式太極,日常中又逐漸有了弟子追隨,可以成為他試手的對象。尤其重要的是他的年齡開始進入理解中國文化的黃金期。這一切造就了李經梧「通會」諸家的可能性。

筆者曾仔細將李師陳式拳照與陳發科公拳照相較,發現李師拳照明顯比陳照含蓄,勁力更內含一些,姿勢更收斂一些,胳膊不挺得那麼直。顯然,李師在陳式拳中加入了吳式勁路,減少了陳式的「剛」勁,增加了吳式的「柔韌」與內斂,我相信這是李師的有意變化。所以,我認為李師不是僅止於學吳像吳,學陳像陳,而是有所取捨,取精去粗,用長

捨短，力求融會並貫通之。可以說，李師善於從其他諸式中汲取東西，先專後博，由博返約，達到高級的「一如」境界，而其中的主體是李師的吳式拳功。在某種程度上，無妨說李師是用吳式來「同化」諸式，使之形成自己的拳術風格與推手特點的。此一認識當然是我的個人拙見，徵詢諸師兄，卻也得到了他們的認同。

記得李師晚年專門說過，打陳式拳要減少震腳和發力動作，要區分練與用法。在一次講課時，李師言簡意賅地介紹過諸式太極特點，他說：楊式開展、吳式輕靈、武式緊湊、孫式靈活、陳式則最剛勁。所以看過李師打拳的人一致認為其拳風渾厚飽滿，氣勢大，中正安舒，沉著又輕靈，足見其容納性。凡與李師推過手的人都會感到他內力充沛、莫測高深、手法細膩。可見，吳式與陳式的勁力主導了其拳功，而楊式的開展大方、孫式的開合靈活也體現了出來。這即是活學活用。

在推手方面，李師更是融功力與勁法於一身，將陳式的纏絲螺旋與吳式的輕靈內斂完美結合，令人無可抗拒，引進而不覺，放人於無形，聽勁至微，接點即走，自然而從心所欲，技進乎道而顯示為藝，以致於不知者不相信其真，知者不禁歎服。李師強調推手「挨哪哪說話」，而接觸點上的處理又無比巧妙難言，是他數十年純功的體現。80歲生日慶典上，他應邀表演推手，三位年富力強的師兄均傾跌再三，被放於數步之外，觀者驚嘆，是難得一見的太極功夫。

中國文化，大器晚成，老而彌堅，此之謂也。繪畫宗師齊白石、黃賓虹、「當代草聖」林散之在書畫方面同樣是愈老愈成。李師晚年盤架已不及壯年雄風，而晚年推手卻是雄

・李經梧八十大壽與弟子馮志明推手時的「放人」鏡頭

風不減，或更自然從容。太極文化學者余功保先生看罷李師
80歲推手錄影後慨然贊曰：「李先生敷、蓋、對、吞之功的
確出神入化了」，允為知言。

　　綜之，「天下太極是一家」，此其通也；但諸家太極各
有特點與妙處，此其分也。言其分，必求專深；能其通，終
為化合。由一至萬，由萬歸一，始近於道。李經梧先生正是
現代太極名家中真正能夠融匯諸家、專深而通達的一代高
手，因此，筆者相信，就此一點而言，李經梧是現代太極拳
史上一位舉足輕重的代表性人物，有著特殊的研究價值。

## ✠ 關於內功

　　毫無疑問，太極拳既有健身作用，又有技擊作用。求啥
有啥。以養生健身為目的的練法，與技擊搏鬥為目的的練
法，自然不同。太極是理，太極拳是體，太極拳法是用，而
太極拳功是兼有體用的。用於健身和用於技擊，都可以，關
鍵在練法。所謂「種瓜得瓜，種豆得豆」也。

武術界諺語說：「練拳不練功，到老一場空」，此已主要是說養生了——你練武一輩子，如果只會耍弄拳腳而不懂內功，很可能不養身反而傷身，不益壽反而折壽，這一點，歷來武者驗證已多。

許多太極拳家功夫上了身，一味較力鬥狠與人比武，不注意持養，以致於壽命並不長。還有不少太極拳家並不能真正實戰，主要是在門內「說手」，心思在於保健，所長在養生。古拳譜所謂：「詳推用意終何在，益壽延年不老春。」能在養生保健和技擊實戰兩方面有所成就者委實少見。我以為經梧先生乃其中之一。

1986年10月人民衛生出版社出版了李經梧先生所著《太極內功》一書，在其「前言」中李師寫道：「由於個人科學理論水平所限，過去又是在武術界練太極拳，從1959年轉入到醫療體育戰線。」在此，先生非常明確地表明了自己的練功旨趣前後有所變化，也就是前半生更熱衷於技擊，而後半生更重視養生了。平日教拳，李師對愛好者、療養員、學生等非入室弟子主要是講授健身內容，幾乎不談及任何技擊方法。只有在教授弟子時才會提到推手、技擊方面的內容。這個分水嶺，在先生言是再清楚不過的了。他的授予施捨是極謹慎明白的，內外有別。

如果說李師一輩人沒有「保守」思想，恐不符事實。然而對於其「保守」要正確看待。歷來武家都十分重視傳承關係，內家功夫尤然。「十不傳」的門規就印在李師的「授徒證」前面，「不傳無德」乃第一不傳。在我的印象中，李師隨和得很，但講規矩。比如長輩到來，晚輩絕不可以先落座，等等。

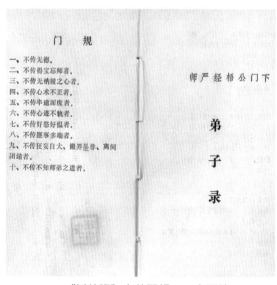

門規

一、不传无德。
二、不传得宝忘师者。
三、不传无纳履之心者。
四、不传心术不正者。
五、不传半途而废者。
六、不传心迹不轨者。
七、不传好怒好慍者。
八、不传匪事多端者。
九、不传狂妄自大、搬弄是非、离间团结者。
十、不传不知师弟之道者。

师严经梧公门下

弟子录

・《授徒證》上的門規——十不傳

　　李師晚年將自己畢生習練研摩所得的「太極內功」公之於世，不是沒有經過一番思想抗爭。在這本薄薄小冊子中，是他數十年甘苦所得的練功結晶啊。可以看出，李師在書中側重介紹了袪病保健強身的功法，對技擊性練法則較少介紹。這與新中國成立後李師不斷受到國家政策感召、提倡全民健身運動有關。他認為和平時代廣大人民群眾就需求這個，這也是太極拳這門古老運動對新時代的貢獻。

　　他不多談技擊練法也是順應時代潮流和社會需要之舉，並不僅限於「保守」意識。當然，不必諱言，對於武之魂的「功法」，歷來練家視為至寶，秘不示人，已是武界習俗。從民間武術界走來的李經梧經歷過民國革命、軍閥混戰、外辱侵略，也經歷過歷次政治運動，閱世歷人之經驗不少，他深知世故而做人卻不世故。

其鮮於披露技擊功法的想法，最主要的在於怕「傳之匪人」，而為罪愆。李師生前親口對我說：將東西給了不該給的人，這是貽害無窮的事。壞人得了好東西，免不了要做壞事。而好東西不給好人，讓祖宗的好東西在你手上失傳，也是對不起祖宗的。話語至為樸素，然理深語重，足見一代大家的責任感與薪火傳人的使命意識。

如上所言，李師的「保守」之想不排除「私心」，但更多的考慮乃在於為世人計。

自清末民初楊家幾代人，先是教王公貴族健身，後是教百姓健身以來，近百年的太極拳一直傾向於向保健發展，尤其是新中國成立後推廣簡化太極拳，使之日益成為老年人的運動。同時，由於太極內功為武家珍秘，漸傳漸少，世多鮮知，以致於有人認為沒有這個東西，或者沒必要練這個東西。「真傳一句話，假傳萬卷書」，武術訣要在任何一門功夫中都有，只是重要的心法，知者自知，不知者自不知而已，就說楊家太極功夫有沒有內功？我請教過一些楊式傳人，他們說沒有。可是，一些文章中信誓旦旦說楊家有。這些暫且留待考證再下結論吧。

這裡只說李經梧先生所傳，他是主張練內功的，不僅主張，而且他特別看重內功。不是入室弟子，他是不傳授內功的。而且他強調「分級、分段、分步、由淺入深」，不可躐等以求。在我理解，太極拳術「極柔軟而極堅剛」「外示柔軟內含堅剛」，既然四肢外體都要柔軟，是什麼東西能讓它「內含堅剛」？「堅剛」從何而來？結合習拳實踐與得功者的成就，我認為只能是內功修練。內功可以稱為內丹、內氣、內勁，名謂不一，實質則一。內家拳尚內外雙修，甚至

更重視內修。

李師在世時，曾批評許多在公園習太極者為練「太極操」，在一些大賽中的表演為「太極舞」，站在太極拳家的立場上，先生的批評是否值得深思？太極體操化、舞蹈化，都可以，但其實質已變了，本質的屬性已淡了，我們還繼承和弘揚什麼？

內功的增長就是體能的增長，是精氣神日足，然後有體健，有身輕，有堅強，有敏感，有過人之力量與膽略。「招不打功」，此之謂也。功夫無息，日就月將，積而後得。某種意義上內功為武之本，內功勝則健身自在其中，技擊還有用法（打法），不限於僅有功夫，但沒有功夫的打法是用不出來的。

李經梧先生重視太極拳和氣功的結合，此是古傳之法。太極拳功為道家思想的產物，一切功法、境界，都要符合道理。從虛無求實有，從柔弱求剛強，從外柔求內剛，最後以致於返虛入渾，練虛合道，實非過來人不可知。中華武功，乃體證體悟之道，非身知心到不可。從未接觸過高深內功的人是無法真正理解的，那種感受必須親歷才能體驗。筆者與李師推手多次，當然是李師教我，那種感受難以言說，妙不可言，人的身體很微妙靈敏，「言語道斷」。

經梧先生的內功無比深厚。一次他讓我用手撫摸其腹腰一圈之帶脈，竟有寬約半尺堅硬無比的東西，當時他面帶笑容看著我，從容而自然，根本不用努氣之類。在一次太極拳講座中，李師強調如何理解拳經上的「不使氣流行於氣」這句話時說：古人明示我們，有兩種氣存在，一是呼吸的口鼻之氣，一是無關呼吸的丹田內氣。此話是說不讓內氣與呼吸

之氣一致，是兩種東西。

李師傳我內功時說：方法是循序漸進，結果是產生鼓蕩氣——鼓蕩氣才能作用於推手和較技。李師推手時，往往有一種氣概發出，放人瞬間，丹田內轉，神通於背，靈機於頂，偶有低沉的哼哈之音，甚至耄耋之年扔人丈外，令人驚嘆，正是得力於他充沛的內功功夫。

經梧先生享年86歲，也算高壽了。集養生與技擊於一身，且80餘歲時仍然能搭手之間頃刻發人，甚至暮年手術後腿腳不便，坐椅上也能展示推手功夫，不能不說是其內功的作用。記得我一次去看他，他說我老了，不中用了，連一籃子雞蛋都提不動了，但是，如果有人給我作用力，我還是可以利用內功引化發放。大概這就是反作用力。不過這種反作用力是長久練習才能運用的，這就是功夫。功夫若上了身，是一輩子都丟不掉的，甚至躺床上也能使用。末了，老師說：內家的內功，一旦有了，終生不退，這就是內家拳的獨到之處。

孫祿堂《八卦拳學、太極拳學》言：「以體言則為太極，以用言則為一氣。」內家秘鑰，此語已揭。又於《太極拳學》言：「太極即一氣，一氣即太極」，其所闡拳學奧義，在開合收放。其所謂開合，李師告曰：「是內氣之開合，而非指形體動作之開合。」察今人以形體動作為開合不能說不對，亦不能說全對。至於某些「名家」誤指靈山，告訴習太極者以動作配合呼吸，又謂順逆之類，實為以不知為知，誤盡蒼生，害人不淺，奈何奈何！

筆者親身領教過經梧師之神奇內功，惜修習功淺，不敢再作深談。但我堅信，只要是真修實練之人，必知吾師之無

欺，其暗合深契道家仙學之旨正有待來者不懈以追之。

就筆者淺陋之見，李經梧先生在太極拳修練中強調內功，內外雙修，養生技擊兼得，不僅是傳之古法，而且也在他自身得到了令人信服的證明。經梧先生的太極拳學思想是值得我們後人認真研究學習的。我也相信，現代太極拳史也必將記載下李經梧先生的傳承與探索之功，並逐步確立起其應有的武學地位。

李經梧的太極內功除了受前輩的傳授外，主要得益於他過人的領悟力。李師反覆研究趙鐵庵所贈《太極拳秘宗》一書，他在其中《太極陰陽顛倒解》一篇中所悟頗多。是篇謂：「蓋顛倒之理水火二字解之可以明矣。如火炎熱、上水潤下者，能使火在下而用水在上則為顛倒。」氣功認為人之意為「火」，精為「水」，故李師內功在「凝神採氣」時將此「意識」（即火）直接送入會陰穴，此即取火在水（腎水）下之意。神下行，精上行，水火既濟，氣通全身。

經梧先生通醫知易，長於針灸經絡之術，所創內功嚴謹縝密，其功理功法科學可行，只要按步驟習練，便無流弊。其特點是動靜兼有，內外合一，以抓閉呼吸為基礎，且要行氣通督脈。核心在抓閉呼吸和充實帶脈，用意識守竅，重點在命門，由前後丹田內轉呼吸之鍛鍊，使水火相濟，五臟六腑之氣各歸其原，達到百脈充實，神旺氣足，病去身強，然後神通於背，靈機於頂，在技擊中可以發出超強的爆發力。如此，健身為基礎，技擊為進一步的功候。在體勢上有臥、坐、靠式，適宜祛病健身；還有站式、活練式，適宜強體增長技擊功力。低、中、高三級功夫，深合道家「煉精化氣、煉氣化神、煉神還虛，練虛合道」的大道。經過大量的臨床

實踐證明，太極內功對於神經衰弱、失眠症、高血壓、早期腦動脈硬化、陽痿遺精、早洩、胃下垂、胃潰瘍、冠心病、肺結核、自主神經功能失調、關節炎、月經不調、附件炎、風濕病等許多疾病都有不同程度的治療作用，只要持之以恆，一般練習3個月以上皆會有效果。

在太極拳與氣功相結合的探索上，李經梧做出了自己的大膽探索，創造性地運用在衛生保健與武功技擊上。他的這一創造與貢獻在太極拳界也是蓽路藍縷的，開一先河。

應該說，繼承傳統氣功、武功、醫理、易理而編創的太極內功，已成為李經梧太極功夫的一個組成部分和武功特點，其啟示於後人的東西，仍有待於我們不斷研探深化和學習繼承。

最後，以詩一首懷念恩師：

> 日悟陰陽日悟空，從來大道自然通。
> 平生顯隱行藏內，曠世方圓進退中。
> 技化四家真妙手，丹凝一粒有神功。
> 開合意氣混元境，流水行雲最羨翁！

## ✤ 太極大家李經梧及其拳照

一代太極大家李經梧先生（1912——1997）仙逝已十幾個年頭。先生生前不喜拍錄拳照，也很少當眾表演拳術，功夫與修為高深，為人處世卻很低調，這尤其讓人敬佩。以至原國家體委副主任、亞洲武術聯合會名譽主席徐才先生稱譽李先生為「太極全人」，對他的武術和人品給予了高度評價。為此，李先生的拳照益顯珍貴。現在這裡選發的幾幅拳照，是從筆者保存的恩師拳照中精選出來的，攝於1982年左

· 金剛搗碓

· 懶紮衣

· 掩手肱捶

· 初收

右。

　　李師之數十年深湛功夫，形成了他飽滿渾厚、大方雄健的拳風。從這裡發表的一組拳照，可以看出他當年的風采。而他與人接手時的那種美妙感受，只能成為與他推過手者心中一份珍貴記憶的財富了。

# 李經梧太極內功

## ✚ 太極內功

氣功療法是中國醫學遺產的一部分，是我國古代勞動人民創造的一種卻病延年的養生方法。古代許多醫書中都有記述。兩千多年前成書，總結上古醫學經驗的醫學典籍《黃帝內經·素問》中，就講到了養生道理和方法，如《素問·上古天真論》中提到：「虛邪賊風，避之有時，恬淡虛無，真氣從之，精神內守，病安從來。」《素問遺篇·刺法論》中提到：「腎有久病者，可以寅時面向南，淨神不亂思，閉氣不息七遍，以引頸嚥氣順之，如咽甚硬物，如此七遍後，餌舌下津令無數。」

中古時代的名醫扁鵲在他著的《難經》中曾專門計算過人的呼吸次數，並把「呼吸太陽」作為一種鍛鍊方法。

漢末張仲景在《金匱要略》中寫到；「若人能養慎，不令邪風乾忤經絡，適中經絡，未經流傳臟腑，即醫治之，四肢才覺重滯，即導引吐納，針灸膏摩，勿令九竅閉塞。」另外，華佗的「五禽戲」也是一套著名的古代醫療體育鍛鍊方法。魏晉名醫葛洪所著《抱朴子·別旨》篇專論了吐納導引的理論和方法。陶弘景著的《養性延命錄》中也講到了養生之道。

唐代名醫孫思邈在他著的《千金方·養性》上記載：「心無煩，形無極，而兼之以導引，行氣不已，亦可得長年，千歲不死。凡人不可無思，當以漸遣除之。」又說：

「和神導氣之道,當得密室,閉戶安床暖席,枕高二寸半,正身偃臥瞑目,閉氣於胸膈中,以鴻毛著鼻上而不為動,經三百息耳無所聞,目無所見,心無所思。」宋朝醫書《聖濟總錄》中也可以找到許多養生方法。元朝王中陽的《泰定養生之論》中,明朝李時珍的《奇經八脈考》中、清朝《沈氏尊生書》中也都有練功方法的記載。

由此可見,中國醫學遺產中有關養生部分的內容是豐富多彩的。武術界的太極拳類把技擊轉到養生方面來,又為氣功界增加了新的內容。無論長拳和太極拳,對於鍛鍊身體,都有著積極的作用,而太極拳又是和氣功有著密切關係的。在氣功界裡都已把太極拳稱為氣功中的「外功」。

我們要介紹的太極內功就是太極拳和氣功相結合修練的一種卻病、保健、延年並能增強太極拳技擊和產生鼓蕩氣能力的一種功法。

它原是內家拳術中內功與外功相結合的一種氣功,以意守命門部位為主,運用吐納、導引的運氣方法,以練腰健腎,練氣強身,並用於增強技擊能力的一種功法。又稱它是動靜相兼,內外合一的完整功法。歷來拳術家為了保持技擊上的「地位」和「實力」,視為至寶,密不傳人。

這種功法在強身保健方面的作用,在拳書上已有記述。如太極拳書中提到:「腰為兩腎之本位,而先天之第一,又為諸臟之根源。故腎足則金、木、水、火、土,無不各顯生機也。」武術傳統理論指出:「命門在兩腎之間,男子用以藏精,女子用以繫胞,生津為液,乃人生強弱之主要關鍵。命門火蒸騰,能化而為氣、為血,升而為神,張而生肌,動而為力,神旺氣足,身體強健。反之,如面色蒼白,腰痛膝

冷，足痺骨酸，陽事萎弱等諸症，皆起於命門受損，牽連腎部，故腰部與人身甚為重要。設能練之得法，則身弱者，必能臻於健康之境……如能習之習恆，則皮膚滋潤，面現紅色，兩耳發赤……眼珠光澤，有神有色，舌底津液不思小飲，此乃命門火充足之象，實於健康大有關係。」可以說明，由太極拳和氣功內功合而為一的太極內功在醫療保健上的作用是可以理解和肯定的。關鍵是在於掌握運用得法。

太極內功的特點不僅僅是在於由內外動靜結合到內外動靜合一，而且在功法的組織、鍛鍊方法、臨床運用諸方面又是分級、分段、分步，練靜、練動、練意，因人、因病、因時，由淺入深，區別對待，循序漸進，逐步提高的。在效果上，除和一般氣功一樣收到治療疾病，保健強身之效外，兼有產生鼓蕩氣增強技擊和抓閉固精養生之能。功法全面，取長補短，適用面廣，要求較高。

太極內功的適應症比較廣泛，尤對高血壓、神經衰弱、陽痿、早洩、遺精、慢性腸胃病及腦動脈硬化等疾病有顯著療效。由於它具有分級、分段、分步，由淺入深，適應面廣的特點，既適用於強壯者也適用於病弱者。又因為太極內功是過去武術界用以增強技擊能力的功法，無論是氣功愛好者、太極拳鍛鍊者，還是慢性病患者以及氣功專業人員都可以學習應用。有興趣的同好還可以透過氣功的鍛鍊把針灸與氣功功夫結合起來，可以提高針刺的效果。氣功與武術結合起來還可以增加鼓蕩而引出爆發力。

## ✚ 太極內功操練方法

太極內功的姿勢很重要，與功法要求、意守部位、呼吸

方法密切相關。大致可分為三類：靜練式、動練式、活練式。可根據練者的需要選擇。

### 靜練式

練功初級階段時應用，適於治療疾病。可分為臥式、靠式、坐式、站式四種。

1. **仰臥式**：採取平時睡覺的仰臥姿勢，頭部端正，枕頭略高一些（約25公分），肩下墊高約3~6公分，以舒適為宜。兩腿伸直併攏，兩足跟相靠，足尖分開成自然八字形，兩上肢自然伸直，手放於身體兩側，手心向下平貼於床上，兩眼微閉或微露一線之光（圖1）。

・圖1　仰臥式

2. **靠式**：又分為靠臥式和靠坐式兩種。

（1）靠臥式：即採取平時休息的半臥姿勢，半臥床上，枕頭要高，背下墊起約35~45公分，上身成坡形，餘同仰臥式。另一種靠臥姿是在左腳置於右腳上，壓住解谿穴（在腳彎前正中兩筋間），或右腳在上。以舒適為宜（圖2、圖3）。

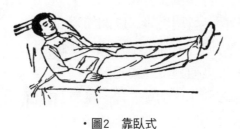

・圖2　靠臥式

・圖3　靠臥式（壓解谿）

（2）靠坐式：即平時在躺椅上的姿勢，要求與靠臥式相同。坡度適宜，運用方便，感覺舒適，臨床上多採用此式。本式也分壓解谿與不壓解谿兩種（圖4、圖5）。

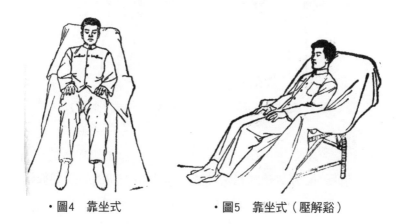

・圖4　靠坐式　　　　　・圖5　靠坐式（壓解谿）

3. 坐式：身體端正，穩坐於凳上，兩腿自然分開，寬與肩等。膝關節彎曲成90°角，兩小腿平行垂直於地面，雙腳踏地。凳的高度要適度，頭正直微前傾（有頭頂懸之意），含胸拔背，鬆肩垂肘，雙手放在兩膝上。如果坐椅子，背和腰不可靠椅背，不可失去放鬆原則（圖6）。

·圖6　坐式

4. 站式：是太極內功的基礎功。姿勢與太極拳預備式相似，立正，左腳橫開，腳尖向正前方（不外斜），寬與肩等。頭正直，下頜收斂（頭頂懸之意），含胸拔背，鬆肩沉肘。兩手貼於身體兩側，全身關節、肌肉放鬆，兩眼向前凝視（圖7、圖8）。

·圖7　站式（正面）　　·圖8　站式（側面）

### 動練式

動練式又分單練式和帶功式。是太極內功的中級鍛鍊階段。

1. **站式**：與靜練站式相同，凝視後兩眼微合或微露一線之光看會陰。頭緩慢下垂，隨呼氣身體慢慢彎腰下蹲，蹲到兩膝發酸為度，姿勢到此定形，開始吐納練習，吐氣時把氣向下引導，兩手同時自然伸開；納氣時氣向上引到命門，隨吸氣兩手握拳，進行抓閉，抓閉後呼吸稍有停頓（圖9~圖12）。

・圖9　動練式站式動作
（正、側面）

・圖10　動練式站式動作
（正、側面）

・圖11　動練式站式動作
（正、側面）

・圖12　動練式站式動作

2. **活步站樁**（又稱太極看手式）：開始先做預備姿勢，頭正直，兩腳橫開一步，含胸拔背，吸氣意貫丹田，此時閉息不呼，兩拳緊握，兩臂抬起，左手在前，左腿同時邁出。兩拳變掌向前按，兩眼看到手的時候，左腳尖點地，十分之七體重在後腿，雙肘略彎，右肘俯於左肘，止步閉氣，待閉氣不能堅持時再呼吸換式（圖13）。

換式動作：將兩手輕落身體兩側，隨落手同時慢慢呼氣，將氣呼盡後再行吸氣抓閉握拳。抓閉後，與前左右相反作活步站樁。（圖14）此式可依練功者身體情況規定鍛鍊時間。本功應在站練式基礎上進行。

・圖13 動練式活步站樁（出左腿）　・圖14 動練式活步站樁（出右腿）

3. **帶功練拳**：在練完靜練、動練、活步站樁基礎功之後，即可開始帶功練拳。要注意交替鍛鍊。正氣不足時，則可重新抓閉充實，待充實後再行帶功練拳，長期堅持帶功練拳可達到高級階段，即活練式。

## 活練式

活練式是太極內功的高級鍛鍊階段，沒有固定姿勢，是無形無相的東西，用則有，不用則無。採用喉頭呼吸法或意識呼吸法。以意行氣，氣通全身。此時可帶功演練整套太極拳。平時也可隨意練習，不必採用固定姿勢，可走路練、說話練、坐車練，即隨心所欲練，不受時間、地點限制。

## 意　守

太極內功意守部位和操作方法較其他功法多，依據練功的不同階段，步驟、姿勢和因人、因時而異，現分述如下：

### 1. 意守會陰法

本功法所指的會陰就是前後陰之間部位，也稱下丹田。意守這個部位可以迅速排除雜念，使神凝心穩。開始時兩眼平視，向正中處視為一線，先將視野放到最遠處，尋找一個目標，如山川、日月、星辰、花朵、勝景等，待神凝後，將改採之景物收回離眼1、2尺左右，停止凝視，待凝視幾分鐘後，由於雙眼凝視改採之景物會變得模糊不清，也有的單景色會變成重影或變成一個白色氣團，所以過去傳授此段功時叫採氣霧（物），待凝視中出現模糊不清的景物或氣霧（物）時，頭慢慢低下，眼看會陰，此步要與內視合一，以意下達會陰，意氣同行，守住會陰穴。

### 2. 意守湧泉法

以意領氣，從會陰慢慢經過大腿、膝關節、小腿、足踝部最後達到湧泉（足心），領氣要緩慢進行，不可過急過快。初練時呼吸不深長，氣不能隨意念同時達意守部位時，

可不管呼吸，任其自然，此即「氣斷意不斷」。經過一定時間的鍛鍊，意氣自然合一。又因氣從會陰到達湧泉走的是一條線，故此又稱「連線意守法」。

### 3. 意守命門法是最關鍵的一環

以意守命門為主，以氣聯絡其他部位，循環不止，故又稱「循環意守法」。練功開始，以意領氣，從湧泉開始配合吸氣，引氣經足踝、小腿、膝關節、大腿，最後到會陰合而為一，再從會陰引氣到後丹田（即命門）。

引氣到命門後要停頓，意守命門的時間長短以體質，功夫深淺決定。停頓後再以意領氣從命門開始返回，經會陰後分兩條線經大腿、小腿、足踝達到湧泉。如此週而復始地進行，久而久之命門即可得到充實。姿勢可配合站式、坐式兩種。注意氣的運用要緩慢、均勻、無聲、無息，不可過急過快，不可用力。

### 4. 意守關元法

關元就是通稱的前丹田，但不同於其他功法（關元在肚臍正下3吋小腹的中央部位）。此法練熟後可達到氣貫丹田，氣沖帶脈的功夫。方法是：以意領氣，從命門開始分兩條線衝向關元，稍有停頓，即進行意守。配合呼吸，反覆進行，鍛鍊日久，前後貫通，在腰的周圍似有一條帶子縛住，也就是帶脈部位，練到這一步，可達到帶脈充實。在此基礎上只要稍用意引導，結合呼吸便可產生鼓蕩氣，這時帶功練拳就可提高拳術技擊能力。

### 5. 意守印堂法

這是太極內功最後意守部位，必須在以上各功鍛鍊成熟的基礎上才能運用，又因不易掌握其火候，在無人指導時不

可自行練此功。

　　方法是：將吐納的納氣（吸氣）不放，再把氣由意念提到背部，經夾脊、玉枕、百會、上星達到印堂，守住印堂。氣到印堂後停住，不再下引，也不旋轉，兩眼內視，全身有意氣貫滿之感，精神貫注。如帶功練拳可優於平時。

### 6. 命門湧泉連線意守法

　　此法多用於治療疾病，開始可採用臥式、靠式或坐式，配合深呼吸，以意領氣。把氣從命門下引到會陰，由會陰分兩條線經兩大腿、膝關節、小腿、足踝到湧泉，然後再吸氣，以意引氣，把氣從湧泉經原路線返回，再配合呼氣，以意下達湧泉，如此週而復始進行。

### 7. 意守解谿法

　　本法不是原太極內功的鍛鍊方法，主要用於治療高血壓、失眠症等。練功時可採取仰臥或靠臥式，一隻腳跟落於另一隻腳背部的解谿穴上，全身放鬆，採用沉氣呼吸法，呼氣時使氣下沉到解谿（或達到湧泉），注意呼氣，不注意吸氣，反覆進行鍛鍊。

## 呼　吸

可分以下幾種形式。

### 1. 自然呼吸法

　　用於初級階段，或者是練功開始的前幾分鐘。取平時緩慢的自然呼吸，逐漸用意引導把胸式呼吸改變為腹式呼吸，不停頓，不默念，要求均勻、細長、緩慢。

### 2. 導引運氣法

　　用於第二階段。練功開始，口對會陰方向細長吐氣，隨

著吐氣身體慢慢下降，降到兩膝發酸（參照「姿勢」一節）。用意引導氣由會陰降到大腿、膝關節、小腿、足心；吸氣時由足心再返回會陰，週而復始、令氣運行。

### 3. 抓閉呼吸法

運用於中級階段，練完導引運氣法後可接練本法。這種呼吸法從操作過程來講也可稱之謂吸、貼、抓、閉呼吸練功法。採取站式（參閱「姿勢」一節），在練完導引運氣法後，吐氣時把氣引導到足心，呼吸停頓，停頓後吸氣，引氣上行經兩小腿、關節、大腿、會陰、尾閭、命門；隨吸氣的同時，兩手用力緊抓（握拳），兩腳十趾扣地不放，舌尖輕貼於上齒與齒齦之間，緊縮肛門並上提，吸氣到不能再吸（飽和）為止，然後停頓（閉住）；停頓後隨呼氣再將氣慢慢順原路線回到足心。手指、腳趾放鬆，隨後全身放鬆，如此週而復始進行。

本呼吸法是一種內呼吸法，不介意口鼻呼吸。又因這種呼吸法較猛烈，抓閉鍛鍊時間不宜過長。抓閉停頓時間也要隨著鍛鍊的時間加長而延長。

### 4. 喉頭呼吸法

本呼吸法是在抓閉呼吸的基礎上進行。操作時忘掉口鼻呼吸，用意配合喉頭納氣。所謂喉頭納氣不同於生理上的淺呼吸，這指的是在經過抓閉呼吸鍛鍊後，有了「內氣」的感覺，但在技擊時不能等待練完抓閉呼吸後再與對方搏擊，而是要用一種迅速充實內氣的方法，也就是在一瞬間（大約四分之一秒）喉頭用意擴張一下氣便迅速進入丹田，小腹立即充脹起來。這種呼吸從外表形式上看不到操作內容，張喉、充氣、鼓腹均在同時進行。

姿勢採用站式和活步式，只稍用意念整個帶脈立即充實起來，腰部充實，氣遍全身。這種呼吸可以單獨應用，也可以在喉頭呼吸後把氣閉住，再進行抓閉呼吸鍛鍊。這種呼吸過去多用在太極拳技擊上。因為它無固定形式，完全以意引氣，隨用隨來，非常方便。

另外，還有意識呼吸，它是在喉頭呼吸法的鍛鍊基礎上更高級的內呼吸法。它同喉頭呼吸法的區別是，無形無象，不用喉頭納氣，在應用中，如果是拳術技擊，只要手或肢體任何部位接觸對方時，意識反應立即出來，氣隨意識同時充滿帶脈和全身。這種呼吸在應用時，不必做任何準備，用則有，不用則無。

### 5. 內轉呼吸法

本呼吸法是把納入之氣用意引到腰部腹部，使中丹田（前丹田與後丹田之間）充實後再引氣圍繞臍的周圍轉圈。先從裡圈開始由右向左，順時針方向外轉圈，共計轉36圈；然後再從左向右，逆時針方向，由外向裡轉圈，共計轉24圈。

### 6. 沉氣呼吸法

用於治療，也用於氣功的預備。它不是太極內功原有的呼吸法，適用於初練者和體弱者，尤以高血壓，自主神經功能失調、失眠等最為適宜。姿勢可隨意，平坐、靠坐、仰臥、站式均可，以靠坐、靠臥最適宜。練功時全身放鬆，以意配合呼氣，不用注意吸氣，呼氣開始以意引導氣由命門下降，降到會陰、大腿、小腿、湧泉，久練可感到呼氣時氣由命門下沉到足心，並能產生一股熱流。必須注意，此法強調不管吸氣，只注意呼氣，任其自然。

## 收功法

比較簡單、隨意。用於治療，可以逐漸停止意守，兩眼慢慢睜開，兩手相搓發熱後撫摸面部，活動肢體，開始散步；如練整套太極內功時，不拘哪一個姿勢，均以意收功，身體直立，以意使氣下沉到足心，然後活動肢體，散步即可。

## ✚ 關於意守命門

「太極內功」是太極拳術中內功與外功相結合的一種氣功，也就是說在練功時，要分為內外兩個方面來進行鍛鍊，必須內外合一，兩者結合方是一套完整的功法，它的特點是以意守命門為主，運用吐納導引的運氣方法，起到調息的作用，最終達到強身治病的目的。所謂「平氣定息，握固凝想，神宮內視，五臟照徹」，也就是用「意」「息」來調和內臟陰陽的平衡。基本原則是以「陰陽交合，水火相濟」為基礎的。意守命門是太極內功鍛鍊中的關鍵。

什麼部位是命門呢？根據《內經》中所說是在兩腎之間。古人所說的「膈肓之上，中有父母，七節之旁，中有小心」即是指的這一部位。太極拳書中也說：「命門在兩腎臟之間。」

中國醫學認為：命門之火屬於先天的元陽，腎中之水則屬於先天的元陰，二者為一個人生命的根本。練功養生家又把命門稱為後丹田，在命門兩側是左右兩腎，趙獻可在《醫貫》中又以「中」字為解，以太極形容，則左腎為陰水，右腎為陽水，命門在兩腎之中，是卦中之坎象，一陽陷於二陰，水氣潛行地中，為萬物受命根本。認為腎雖屬水，而水

中有火，二者之間的平衡實為保持身體健康的關鍵。

我們都知道，腎氣與生長發育有著密切而重要的關係。有生之初，胎孕始結，形如露珠，這是父母之精氣，為生長發育的根本，乃得氣於先天。若既生之後，飲食所長養之氣血，則為後天。故同為生長發育所需之氣，尚有先天後天之分，而先天水火又為後天之根。故水火為氣血之源，而腎與命門則又為水火之本。

腎與命門為人身「元陰元陽」（或真陰真陽），為藏精之所在，精即水，精中之氣即是火，精以成形，氣以成神，原於父母，故以腎中水火為先天，水得火則氣常溫而不寒，火得水則形常潤而不枯，一有偏勝，即失其中和，而後天培養之功必不可少。

後天者為脾胃。火根於腎而屬諸心是何道理呢？因腎為水之宅，陽根於陰，則火生，火性上升。心為火之宅，至其宅而後旺，故從其旺而屬之心。故曰：心為君火，腎為相火。腎位於輸其火於心，以為神明之用，若失其主，則有飛揚僭越之患。故腎水充足，乃能上奉於心，心火旺乃能下交於腎，心腎相交，水火既濟，方能神安志定，精神飽滿。水火相交，精方能化氣。

在太極內功的鍛鍊中，由意守命門，配合「抓閉」「喉頭」「意識」等內呼吸法，使命門之火充沛，方可達到這種目的。陶弘景曾說過：「養生之道，以精為寶，施之則生人，留之則生身。」所以，練功家特別注意「保精」，精足則氣足，氣足則神足，精、氣、神充足，身體才能強健。所以人體內臟功能和生長發育以及生育繁殖，無不依賴於腎水，命火之相濟。所以《景岳全書·傳忠錄》說：「命門為

精血之海，脾胃為水穀之海，均為五臟六腑之本；然命門為元氣之根，為水火之宅，五臟之陰氣，非此不能滋，五臟之陽氣，非此不能發，而脾胃以中州之土，非火不能生，……脾胃為灌注之本，得後天之氣也；命門為化生之源，得先天之氣也。」又說：「命門有火候，即元陽之謂也，即生物之火也。」對這些論述我們從臨床病理的變化中，可以得到驗證。

如腎陰不足的病人，可以導致肝陰不足而引起頭暈、目眩等虛陽上亢的症狀；腎陽不足的病人，可以導致脾陽不振而引起脾虛瀉洩、食少納呆等症狀。另一方面，如果命門火不足，可引起陽痿、早洩等症狀；反之相火妄動，可引起陽亢、夢遺等現象。在此，我們可以理解到命門為五臟六腑之本的意義。

透過太極內功的鍛鍊，配以內呼吸可以使機體內臟活動迅速增強，意氣達於命門，肛門緊縮提睪，有形之精上提並化為無形之氣，再由以意守命門為主，前後丹田內轉呼吸之鍛鍊，使水火相濟，五臟六腑之氣各歸其部，百脈充實，各效其能，這時不但諸病消除，機體也強健了，為拳術上的技擊能力也打下了堅實的基礎。

## ✚ 功法運用中的幾個問題

太極內功在臨床上運用時間還不長，只能介紹一些我們的初步經驗，供同好們參考。

### 功法結構

太極內功的功法組織結構是比較系統和完整的。初看起

來似乎很複雜，其實它在結構上是分級、分段，分步鍛鍊的。如果按著練功步驟進行鍛鍊，由初級到高級，從簡到繁，由淺入深，是可以很快掌握的。下面簡述有關臨床應用的幾個問題。

1. 初級階段為練靜階段，要求以靜為主，以動為輔，也就是在練初級功法時，輔以太極拳運動。此為治療階段，可分兩步進行。

第一步：主要為練神收心，也稱之謂虛靜訓練。透過姿勢、呼吸、意守的鍛鍊來使心神安寧，修心養性，達到心平氣和。這裡所提的神，就是古人所說的心神。由意守丹田與內視合一的靜守，排除雜念，恢復和增強體質，達到治療目的，這就是練神。

第二步：主要為練氣入靜（如果是用於臨床治病，則在此步功中為集中治療時期）。在練完第一步功練神收心以後即開始練氣入靜。這裡所說的氣有兩個含義，一個是口鼻呼吸之氣；一個是中醫所說的元氣，亦即先天之氣，或稱真氣、浩然之氣。

2. 中級階段為練動階段，為動靜並進，鞏固療效和強身保健階段。在這一步太極內功與太極拳同時進行，並可開始帶功練拳，但不可勉強，宜斟酌情況配合。鍛鍊法也分兩步。

第一步：動靜並練，鞏固第一步成果，提高內氣功夫。在鍛鍊中內功和太極拳同時進行，但這裡所指的內功和太極拳同時鍛鍊是指練拳架，並非帶功練拳。

第二步：充實內部之後（充實帶脈）達到神通於背，完成築基功（基本功），達到此步功時可以帶功練拳或稱持功

練拳。

3. 高級階段為練意階段，使精、氣、神合一，亦稱深造階段。古人云：天有三光日、月、星，人有三寶精、氣、神。此階段就是使精、氣、神合而為一。中國醫學認為：人體內的精、氣、神有損則生病，耗盡即死。以太極內功之法鍛鍊，使神下走，精向上行，練精化氣，練氣化神，水火既濟，以意行氣，氣通全身，周身氣血通暢，則卻病養生，益壽延年。如配合太極拳，動靜相兼，內外合一，完整一體，不但可祛病健身，還可以加強內在鼓蕩氣，增強拳術技擊能力，鍛鍊可分兩步進行。

第一步：動靜合一，帶功練拳。在完成築基功之後，轉入深造階段，使動靜合一，內外合一，也就是說內功與拳術合一。

第二步：練精化氣，固精養神。練功達到這一步，功夫到身，身健體壯，精液生多，性慾增加，此時如果不固精，便會有損身體。這裡固精指練築基功一百天嚴禁房事，即使練成後也要節制房事。必須經由固精，使精化氣，練氣化神，達到固精養身的目的。

### 姿勢、呼吸、意守的運用

姿勢，呼吸、意守是太極內功鍛鍊中統一不可分割的。為了說明整個結構和姿勢、呼吸、意守的關係，列出簡表，以供參考。

### 關於練功的時間和進度

太極內功練功時間長短，進度快慢，次數多少，根據疾

## 太極內功結構簡表

| 階段 | 步驟 | 姿勢 | 意守 | 呼吸 | 配合 |
|---|---|---|---|---|---|
| 初級階段（40天） | 第一步 | 臥式、靠臥、靠坐 | 單竅意守 | 自然呼吸沉氣呼吸 | 簡化太極拳 |
| | 第二步 | 靠臥、靠坐、站式 | 單竅意守 | 沉氣呼吸抓閉呼吸 | 簡化太極拳 |
| 中級階段（30天） | 第一步 | 坐式、站式 | 多竅連線意守 | 抓閉呼吸 | 老架太極拳 |
| | 第二步 | 站式、活練式 | 多竅連線意守 | 抓閉呼吸 | 老架太極拳 |
| 高級階段（30天） | 第一步 | 活練式 | 守前丹田（關元） | 喉頭呼吸內轉呼吸 | 帶功練拳 |
| | 第二步 | 活練式、隨意式 | 守後丹田（命門） | 意識呼吸 | 帶功練拳 |

病程度、身體健康情況、練功條件以及採用的姿勢、呼吸、意守等不同情況而靈活掌握。一般情況下，用於治療時，從治療開始到疾病痊癒需時間為1~6個月。如以保健延年為目的者，需持之以恆，常年堅持鍛鍊。為了帶功練拳，增強拳術上的技擊能力，需完成築基功一百天。不論哪種情況，每天都要堅持練功2~3次，每次練功時間10~60分鐘。

病情較輕，疾病又單純者鍛鍊時間可短，病情重者練功時間可延長，這裡指練靜功時間宜長，而動功時間宜短，臥式、靠式宜長，站式宜短。呼吸鍛鍊注意從自然呼吸法開始，沉氣呼吸法鍛鍊時間宜長，導引運氣法宜短。另外，抓閉呼吸時間更不宜長，每次不宜超過5分鐘，最長不超過15分鐘，每日2~3次。

### 太極拳與內功配合的方法

太極內功與太極拳具體配合上有三種形式：

#### 1. 循環交替

循環交替又分集中交替和交叉交替。

集中交替：是指在一節功內交替配合。一是兩頭靜，在一節功內先練靜功，中間練動功，最後練靜功；另一是兩頭動，在一節功內先練動功，中間練靜功，最後又練動功。

交叉交替：是指在一日之內靜、動交替進行鍛鍊。一次專練靜功，一次專練動功，一日數次，交替進行。

#### 2. 定時定次

在一天之內規定動功練幾次，靜功練幾次，依據具體情況規定鍛鍊時間和次數。

#### 3. 動靜合一

動靜合一係指帶功練拳而言，此步功可依據功夫深淺自行掌握。

在帶功練拳的學習過程中，可以集中學，以後分組，最後個別專修。學習中首先學好國家體委規定的簡化太極拳，中級階段學八十八式，最後學習太極劍、楊氏太極拳、吳式太極拳、孫氏太極拳、陳式太極拳比較合適。

## ✚ 太極內功通督與周天功

### 太極內功通督問題

太極內功的特點是動靜相兼，內外合一，以抓閉呼吸為基礎，而且要行氣通督脈。

　　練功過程中，當沉氣呼吸鍛鍊達到要求後，即有氣感下沉到足部（每呼氣時），為抓閉呼吸打下了基礎。練到抓閉呼吸一步時不僅注意呼氣，同時也注意吸氣，吸氣時氣由足上行到命門或丹田，呼氣時由原路再下沉到足，這就為通督脈打下了基礎。此步功完成的感覺是命門（後腰）、丹田（小腹）、雙下肢有氣感隨呼吸上下走動，並且肢體有發脹、發麻、發熱甚或起雞皮疙瘩的現象。抓閉呼吸完成後，再行氣通督脈和神通夾脊（太極內功所指的夾脊在後背正中線督脈，與華佗夾脊不同）。神通夾脊的感覺是吸氣時氣由足上行到命門後不停，沿督脈上行到兩上肩胛角中間（相當第三胸椎部位），至此氣不再上行而分別貫入兩上肢並到手，氣感到手神通夾脊才算完成。

　　此時氣感到夾脊和上肢是由意念引領上來的，但切忌引氣上頭，這是與周天功氣的運行通路不同之點。也就是說太極內功可以通督（脈）不通任（脈）。這是因為太極內功原來是為配合太極拳而練的基礎功，以便在練拳時使氣在體內流動，達到拳經上說的「意到氣到，氣到力到」。使拳術達到行如流水滔滔不斷的境地，又可使氣血流暢，達到卻病健身的目的。

　　太極內功的靈機於頂是氣的高級鍛鍊形式，是武術技擊時應用的一個步驟。它是在神通夾脊練成功後將氣引向頭頂（百會部位）停止，但不引氣下行，恰在此時由氣留頭頂而引起精神狀態改變，自感力氣增大，有爭強好勝情緒。技擊（對打）後再將氣沉下。

　　故太極內功傳人一再囑咐太極內功靈機於頂的一步功不可輕傳，也不可輕易練，只有到萬不得已時才能應用。無人

指導不可盲練此步功法，尤其是病患者。

這裡需說明的另一點是周天功的通任督二脈，此功是通過靜功（打坐、導引行氣等）鍛鍊後，蓄積元氣，元氣充沛後使氣自行沿任督二脈運轉，禁忌以意領氣，要勿忘勿助。

鍛鍊的步驟是「煉精化氣，煉氣化神，煉神還虛」，所謂「周天三部曲」。練周天功的目的是保健卻病，延年益壽增智。而太極內功的通督不通任是由沉氣呼吸，抓閉呼吸，神通夾脊，靈機於頂四步功達到提高技擊能力和引發出爆發力的。在鍛鍊過程中也有較好的醫療保健、卻病延年作用。所不同的是太極內功強調用意念引氣和導氣，通督快些，感覺大，產生力量也快。

### 談談周天功鍛鍊中的幾個問題

太極內功有通周天的內容，但並不是周天功。近來一些動功也常常把周天功加進功法裡，這是值得注意的問題。我們既反對「氣功宗教」也不贊成「宗教氣功」（即將宗教修持法全盤托出），而是要研究和宣傳醫療保健的氣功方法。同時仍要注意用歷史唯物主義和辯證唯物主義觀點去研究古代文化遺產。對此，我們談談自己的體會和指導經驗，供初學者參考。

周，環繞一週；天，比喻人體是個小天地。功，是指鍛鍊方法和練功中人體內產生或增強元氣的功能，也稱功夫。具體運行路線多指元氣循行於督、任二脈之中，週而復始，周流不已，故名周天功。其他如道路、築基、搬運、陽運、河車、乾坤運轉、輻輳運轉、子午徘徊、任督交流、法輪自轉、真氣運行，內景墜道等，都是同法異名，只是流派不

同，修練步驟上稍有差異。

有人認為此法記載最早和最詳細的是戰國初年的歷史文物「行氣玉珮銘」，共45個字，銘文為：「行氣，深則蓄，蓄則伸，伸則下，下則定，定則固，固則萌，萌則長，長則退，退則天，天幾春在上，地幾春在下，順則生，逆則死。」它刻在一個十二面體的小玉柱上（郭沫若著《奴隸制時代》）。周天功產生年代，可能還要更早些。

・行氣玉珮銘

周天功經過數千年的流傳，又經過歷代練功家的整理提高，在醫療保健、益智延年和陶冶情操等方面，都有很好的效果。由於在流傳中分門立戶，或單口傳授，各家各派又互相影響和滲透，因而周天功的一些修練方法也各有差異。這給當代人學習氣功和臨床實驗研究帶來了一些問題。按照取其精華，去其糟粕，推陳出新的精神，結合臨床經驗和個人練功體會，介紹以下幾個問題：

### 1. 周天功的姿勢

以盤坐（自然盤坐）為宜，平坐次之，站式及臥式更次之。盤坐或平坐（平坐椅上）時，調息和氣沉丹田較容易。腹呼吸形成快，元氣感來得早。尤以盤坐式，周天功運行順利。臥式多用於重病和體質過弱者，或周天功已形成，達到「行、住、坐、臥，不離這個（丹田）」階段採用。而周天功的一些特殊姿勢，有的已不適合當代人應用，如所謂「天

門常開，地窟永閉」（地窟指肛門，練功盤坐時，用一隻足跟頂住肛門），這種姿勢不可取，而且會給病人帶來痛苦。其次是所謂男女雙修之類糟粕，更應該注意別除。劉貴珍、李少波、蔣維喬等人整理的靜練姿勢，對初學者和臨床應用都較適宜。有了一定基礎功夫，站式也可以採用。

### 2. 周天功運行的路線和方向問題

有很多種提法，常用的幾種：

（1）周天運行路線是從元氣產生後，氣流由丹田降至會陰，由尾閭上行，沿督脈（脊背正中線）過夾脊、玉枕再過頭頂下來，再用舌接入任脈，沿任脈（前胸正中線）下行入丹田。隨呼吸升降，週而復始。此功法理論認為督脈是六條陽經（手太陽小腸經、手少陽三焦經、手陽明大腸經、足太陽膀胱經、足少陽膽經、足陽明胃經）之首；任脈是六條陰經（手太陰肺經、手少陰心經、手厥陰心包經、足太陰脾經、足少陰腎經、足厥陰肝經）之首。任督通，百脈皆開，周天形成。

（2）第二種同第一種大致相同，只是在元氣產生後先通帶脈（腰的周圍），整個丹田充實後，再沿上述路線運行。

（3）上兩種元氣運行路線是周天築基功，屬於小周天。此步完成後再行大周天，它的路線是在任督脈交流後，在十二條經脈中的任何一經或幾個經脈有元氣運行，即為大周天形成。也是隨呼吸升降，週而復始。

（4）在任督二脈交流後，元氣再按十二經脈的循行次序逐一運行。即肺經→大腸經→胃經→脾經→心經→小腸經→膀胱經→腎經→心包經→三焦經→膽經→肝經，為一大周天，然後再由肺經起始，週而復始。

（5）任督脈交流後，只要元氣通往全身（不按經絡路線運行），或元氣行某一部位（有時某個臟器），就是大周天形成。

（6）任督二脈交流就是大周天形成，而小周天的路線只限於腹部前丹田（氣海）、後丹田（命門）、下丹田（會陰）、神闕（肚臍）小範圍的運行才是小周天。

還有一些運行辦法這裡不贅述了。

上述幾種，以一、二種練者為多，且有典籍可考，第五種次之。而第四種雖路線具體又有理論依據，但對初學者特別是自學者困難較多，不易為大多數人掌握。第六種運行法是個腹內行周天，為武術家練基礎功（充實丹田之氣）用，均為單傳口授，無典可考。

這裡還須注意行周天功的路線，都是先由盾（督脈）運行，再前（任脈），只有極個別的方向相反運行，也稱乾坤倒轉。在運行路線的寬窄，粗細，深淺等方面並無具體要求，每個人功夫體質不同，氣運行的感覺不一樣，不能強求一致，否則會引出偏差。

### 3. 所謂「闖三關」問題

練周天功初期，只有少數人在元氣循行時，有幾個部位感覺運行速度慢（像蝸牛爬行），有的走走停停，少則幾小時，多則幾天或幾個月才能通過。這幾個部位多見於督脈的尾閭（尾骨部位）、夾脊（後背正中第七胸椎部位）和玉枕（後頭枕骨粗隆部位），故稱三關。三個部位中，又以玉枕通過最差，個別練功者氣行到此部位時有頭脹等不適感。後來有人主張這個部位要闖一下才能通過，其實不一定要闖，闖字裡面有較強的意念活動，闖不過去又是偏差的苗頭。過

三關完全靠元氣充沛之時，自然通過。停滯不前可以用疏導，搭鵲橋（舌抵上齶）溝通，也有的是因元氣不足，須繼續紮實練功，千萬不要拔苗助長。

從臨床觀察中發現，出現所謂三關不通者，多數是練功前看一些周天功之類的書籍，或聽過個別人介紹練周天功要闖三關。所謂「闖」字作為一個信號留在這些人記憶裡，又貫穿在練功過程中，給練功者和指導者帶來煩惱和麻煩，特別值得注意的是一些自學者都是在出現偏差後才告知醫師。我們在專業機構內教功時，初期一概不講什麼氣運行或要闖三關之類內容，而是任其自然，功到自然成。

臨床曾用兩組對照，一組是知道「闖三關」，一組不知道「闖三關」或沒接觸過氣功的。結果第二組沒有要闖的感覺，沒有沖頭現象，只有少數人頭微脹，通過了則立即消失，只是這一組周天形成要慢一些，一般要半年左右時間。我們主張不過早讓病人通周天，不講「闖」之類詞，避免產生偏差。元氣發動時，指導醫師要及時查功，巡視、陪功（和病人一道練功），身傳手授，及時指導。同時還要注意中醫的辨證選功，有的氣質（神經類型）不適合練周天功則要改用其他功法，尤其青少年更要慎重。

因為周天功在過去是中年人（40歲以上）的練功法，這時人體精氣衰退，需要固精，即「煉精化氣，煉氣化神，煉神還虛」。目前我們大多數用的只是固精和煉精兩部功，至多是煉氣化神為醫療保健之用。煉神還虛這一步是臨床上不提倡的，當然個別練功家除外。

臨床還須說明的是，周天功氣的交流與否與臨床療效並無重要關係。任督交流說明有了功夫，但不是百病皆除，周

天功不通也可以治病保健。20世紀50年代曾在臨床進行兩組對照，內養功不行任督交流，強壯功行任督交流，一百天後療效無差異。

### 4. 周天功的療程和功時問題

古時的周天功，能否形成要練一百天築基，氣功療養院在50年代制定的三個月為一療程，也是根據這個一百天和民間治病經驗而定。實踐證明90~100天，大多數對症病人都可見到療效或痊癒。功時（*每次練功的時間*）應在每日6~8次，每次1小時。少於這個功時，療程要延長。這裡有個功時長療程短，功時少療程要延長的辨證關係。

古時練功家要在深山僻靜之所修練，每日除睡眠、用餐外，幾乎都在練功。有的夜間也練功（*子午功*）。所以每日只練1~2個小時，想一百天通周天多是困難的。我們也曾見到過練三年才打通周天，也有打坐十多年一直沒有周天運行，但身體卻很健康。周天功任督交流不能硬性規定時間，大家一起練，到三個月或一百天都通周天，這是不可求的。練功的時辰（*白日練與夜間練，上午與下午、餐前與餐後等*），也要考慮。古代人很注意練功的時辰，現代有一些氣功師仍在堅持子午功或寅時功，也不無道理。

### 5. 周天功的呼吸和意守問題

氣功臨床應用周天功的呼吸法有三種，第一種自然呼吸法（*也稱正呼吸或順呼吸*），同平時的生理呼吸一樣，要求均勻、細穩。靜而無聲：第二種是停頓呼吸，每次呼吸後或呼吸之間稍停頓，停頓可由幾秒到幾十秒。其次是逆呼吸，較少用，它的形式與平常呼吸相反，吸氣時腹肌緊張下凹，呼氣時腹肌鬆弛凸起。此種只在固精，治療遺精等症時應

用。此外還有胎息，則不在臨床應用之例。

周天功的意守重點是丹田（氣海或膻中部位），元氣充實後引任督交流時，意念重點是周天運行，意隨氣走。周天功純熟後意守重點還放在丹田，少許意念放在周天運行上。臨床以外修練的煉神還虛高級階段不在此例。此外還要注意，不要什麼動功都要通周天，不可牽強附會，以免給初學者帶來麻煩，引入歧途。

## ✚ 太極內功的查功方法

太極內功常用的查功方法有四種，即望、聞、問、觸。

### 望　診

就是觀望的查功方法，是臨床最常用的一種。無論是新練功還是經久練功者，都適用。有經驗的氣功指導者，往往只用一個望診，便可以正確地指出練功者掌握是否得法以及入靜程度。望診主要是看外表形態、姿勢是否合乎要求，全身肌肉是否放鬆，精神是否緊張，胸腹部的起伏情況，呼吸是否平穩合乎要求，有無拿勁憋氣現象，面部氣色是否正常，不合乎要求的應及時糾正。

### 聞　診

聞診主要是聽呼吸有無聲音，是否通暢及粗細、長短、快慢。尤其在練抓閉、吐納呼吸法時，聞診檢查更為重要。對功中腹鳴、關節響動等都應予以注意並及時向練功者解釋清楚，說明這種現象是練功過程中可能產生的，不可追求，也不必疑慮。

## 問　診

問診主要是聽練功者自敘病情變化、功中反應，以供指導者參考，以便給予及時的糾正和指導。

在問診中應注意對一些功中反應不可多問，也不可暗示性提問，以免掩蓋真象或使練功者追求某些指導者提出來而自己又未達到的功中反應。

## 觸　診

觸診就是用手觸摸，一般觸摸腰部和腹部，檢查練功者的呼吸情況。尤其是在練帶脈和吸貼抓閉兩步時，要以手觸法檢查氣的運行情況和功夫進展速度。觸摸時，手下的感覺是當練功者吸氣時腹或腰部的氣可將檢查者手頂起來，功夫深的檢查者手用力壓擠會感到練功者的腹和腰像木板一樣堅硬。指導者可根據觸診情況決定是否添加新功法。

檢查方法，是以兩手（或一隻手）四指輕撫於練功者的腰部（命門兩側），檢查抓閉呼吸持續時間和帶脈充實情況。如吸氣時，只有小腹起來，後腰部鼓不起來，說明氣已貫丹田而未將帶脈充實起來，還要練抓閉呼吸。

另外，用雙手檢查時，可一隻手放於小腹部，另一隻手放於腰部，進行觸摸檢查。

## ✚ 練氣功應注意的事項

練功注意事項指練功前、練功中和練功後應做和不應做的事，無論初學者還是長期練功者都要加以遵循，以保證練功順利進行，取得醫療保健效果。下述注意事項可供各流派

練功時參考。

1. 練功要樹立戰勝疾病的信心，消除顧慮，不可三心二意，同時要做好宣傳解釋工作，去掉疑慮和雜念，儘快進入安靜狀態，有利練功。

2. 功前半小時停止一切較劇烈的體力和腦力活動。瞭解自己病情和選擇功法的操作內容，做好入靜準備如：喝點開水，解好大小便等。

3. 練功中禁忌穿緊身衣褲和當風而坐（臥、立），練動功禁忌當風而立，以免受涼。要寬衣解帶，如解開紐扣，腰帶等，除去首飾、眼鏡、手錶、義齒、假髮等物，以免影響練功入靜和氣血運行。

4. 練功中禁忌追求所謂「八觸」和心隨外景以及所謂「入幻」。功中出現一些景象也不可恐懼，任其自然消失。

5. 練功者注意調理飲食，應營養豐富但宜清淡，禁食肥甘辛辣食物和飲酒吸菸。大魚大肉食用過多產風生痰，於練功不利。

6. 禁忌房事過度，治病練功者要隔絕性生活，病癒後要有節制。從古至今練功者都重視此點。同時注意不可久臥、久坐、久站、久行，要動靜結合，練養相兼，勞逸適度。

7. 練功房內溫度不可過熱或過低，保持空氣流通。避開壞天氣和嘈雜環境練功。狂風大雨，雷電交加之天，無論室內外都不宜練功。動功宜在早晨的樹林或避風的平地練功。

8. 禁忌飽食和飢餓時練功。隨功法不同又各有禁忌，如空腹不練內養功，飽食不練強壯功，癌症、癲癇病人不練自發功等。

9. 禁忌在大喜、大怒、大悲、憂傷、驚恐、過慮等七情

干擾時練功，精神不集中易引起偏差，待心情平靜之後再練功。

10. 初練功者不可亂用未經實驗證明有效的功法和練功口訣，禁忌朝學夕改亂試功法。

11. 練功前排淨大小便，功中不可久忍二便，久忍二便可引起腹脹、腹鳴影響入靜。

12. 練功期間禁忌看驚險和刺激較強的電影、電視、小說，以利入靜。

13. 練功時禁忌昏沉，入睡和貪戀功中景色。昏沉和入睡不能收到醫療效果，功中出現欣悅、舒適之感不可隨意加長練功時間，一般最多不應超過兩個小時。已入靜者，他人不可干擾，要保持環境安靜。

14. 初學自發類氣功要有醫師指導，尤其是老年人更要注意。要選擇病例，要選擇寬闊房間或平地練功，以免摔傷碰傷身體。不可追求自發動，發動後不可突然停止，要慢慢停止發動再收功。

15. 注意有病練功無病保健的區別，兩者練功要求不同，不能強求一致。同時注意體育氣功與武術氣功、醫療氣功的區別，不可盲目亂試功法。

16. 病癒後仍要堅持練功，鞏固療效，避免病情復發。但可以適當減少練功時間，每日至少堅持一個小時的練功。

17. 在練功中或練功後有了突然病情變化要及時查找原因，以做出診斷及時治療。氣功是身心鍛鍊醫學，不是藥物，但在病情變化時不排除藥物及其他方法的綜合治療，以便縮短療程，提高治療效果。

18. 有條件的單位和家庭，在練功期間可以配合「藥膳」

或「食餌」療法，把一些治病的藥物做成「萊」；把一些食物又做成「藥」進行服食；但要少食多餐，以加副食方法在每日上下午練功之間各加一項副餐，有利練功和疾病早癒。無條件的可以簡單食物代之，如每日上午10時、下午4時可加用1~2個雞蛋或饅頭片，白開水少量也可。

19. 練功注意男女區別，如婦女在月經期間可以照常練功不必間斷，但要減少意念活動（意守下丹田時），以免引起經量過多或經期延長。孕婦可以照常練功，有助於分娩和防止妊娠期高血壓。

20. 注意用實事求是的科學態度研究應用氣功方法，要用歷史唯物主義和辯證唯物主義方法去繼承。研究、實驗和推廣。不盲目迷信某派、某法、某人，關鍵看療效，堅決清除江湖術和江湖氣對氣功界的影響。

21. 在氣功與體育、氣功與武術、氣功與按摩，氣功與針灸、氣功與布氣等鍛鍊中，要注意各自的鍛鍊目的不同，特點不一，最好要由有經驗的人進行指導，以免結合不成反而引起「走火入魔」狀態。

22. 練習太極內功的注意事項：

（1）首先向練功者介紹太極內功的特點，練習方法、步驟、適應證、功中反應等，以使其對本功法有個全面認識。

（2）在練整套太極內功的築基功這一步時，必須禁止性生活一百天。築基功完成後，進入活練階段也要適當控制性生活，這樣對身體健康有益，對功夫進展有促進作用。

（3）臨床運用本功法，必須以靜練為主，動練為輔，健康人則動靜相兼，循序漸進。功夫是經久鍛鍊得來的，不

可急於求成。

（4）功中產生的異常景象和感覺，都不必恐懼，對舒適感也不可過分貪求，宜專心練功。

（5）抓閉鍛鍊開始，時間不可過長，應量力而行。最初一次可3分鐘左右，逐漸增加到10分鐘，最長不超過15分鐘。

（6）帶功練拳，開始可在抓閉後能練幾節就練幾節，練完後再抓閉。一次抓閉練不完一趟拳，可分兩次、四次。最初練簡化拳，有基礎後再帶功練老架拳。

（7）意守上丹田法不宜早練，無人指導不可盲目練功，本步功必須在指導下進行。過去多用在技擊上，目前一般練功者可以不必練習。

（8）在練功期間，女子月經期可以停止活練式，改用靜練式。在休息幾天後再堅持活練。在過勞、過悲、過怒、過憂、過喜、過思及受驚恐嚇後，都要暫時停止練功，待心平氣和後再練。

（9）在治療期間可以配合針灸、按摩、藥物、理療等療法，以利縮短療程。生活上要有規律，飲食上有節制，不過飢過飽。有突然病情變化者，要停止練功，進行必要的檢查，明確病變性質後，在醫師的指導下進行練功。

（10）技擊可以提高鍛鍊興趣，在鍛鍊過程中可以適當參加推手活動。但必須明確是以治病健身為目的，技擊是治療手段，是提高鍛鍊興趣的一種方法，因此，在鍛鍊中也要加強個人品德修養。

（11）太極內功的整個過程，是個艱苦的鍛鍊過程，必須樹立堅強的信心和有頑強的毅力。「冰凍三尺，非一日之

寒」，憑一時高興或圖一時安逸是不會練好身體和練好功夫的。半信半疑又是鍛鍊中的大敵，所以在鍛鍊之前，必先樹立必勝的信念。

## ✚ 太極內功指導原則

1. 無論選擇什麼功法，都必須充分發揮病人的主觀能動性，解除病人的悲觀消極情緒和半信半疑心理，正確認識疾病，儘快掌握氣功這一治療方法。

2. 使病人在治療時期，尤其是在集中治療時期，處於安靜的環境之中，避免外界不良干擾。解除病人思想上的及全身肌肉緊張狀態，突出強調虛靜為主。醫務工作者必須具體的幫助病人進入虛靜狀態，達到「精神內守」「恬惔虛無」的狀態，使經活脈開，氣血通暢。

3. 意氣相合，要以練意為主，以意來領氣。鍛鍊時要循序漸進，不可急於求成。有些患者往往容易把氣功看成是單純呼吸鍛鍊，每次練功都是盡量使小腹隆起，似乎肚子鼓得越大越好，結果出現偏差。要循序漸進，不可急於求成，不可離開意識強行練氣。同時，指導者本人必須結合個人練功體會和臨床觀察，不斷積累經驗，提高氣功業務水準，掌握意氣相合的規律，以正確有效地指導病人。

4. 只動不靜，久了會產生疲勞，只靜不動，久了會使人消沉，只有動靜相兼才能達到體適神逸，精神輕鬆愉快的境界。不能只強調動練或靜練，指導中要注意這一點。

5. 對太極內功的指導，要注意把健康人和病人的鍛鍊區別開來，不能一樣對待。一是以治病為目的，一是以健身防病和增強拳術技擊能力為目的，兩者的目的不同鍛鍊的方法

也不同。

## 🏵 練功中常見的反應

大極內功最常見的反應有以下幾種：

1. 練功入靜後，意氣下沉，全身關節肌肉放鬆後，有精神輕鬆愉快的感覺。

2. 由於呼吸的鍛鍊，腹肌伸縮的幅度加大，胃腸蠕動加強，促進了消化吸收的能力，而使飲食增加。另外，由於新陳代謝旺盛，頭髮，指甲、鬍鬚生長比平時快，面容光澤紅潤，眼睛有神。

3. 由於長期循環意守，可感覺有一股熱流隨氣沿兩下肢走動，足心發熱，有時出汗，有的熱流可隨氣一同循環。長期意守命門、腰部及前丹田，則會前後貫通發熱，如熱流從命門放散到前腹及會陰，最後熱流遍及全身呈放射狀。

4. 在抓閉呼吸鍛鍊時，氣達到背部也叫神通於背，此時背部開始發熱，熱流上行達到兩肩並推動兩肘、兩手，手及臂發熱發脹，比平時有力。抓閉的同時還有提肛、縮睾的感覺（肛門括約肌收縮，睾丸上提）。

5. 帶脈充實之後，氣貫全身，腹部周圍似有一條敷帶相護，內裡又似有一觸即發的鼓蕩勁或鼓蕩氣。

6. 長期練功後，有的人平時不思小飲（即很少喝水）。

7. 內外合一後，帶功練拳很少疲勞，動作聯貫自如，增加了體態造型的優美感。

## 🏵 太極內功在臨床上的應用

太極內功在臨床上的應用，從它的鍛鍊步驟來說，其適

應範圍是很廣泛的。

　　過去雖然也用此法治療不少患者，但未做病歷記載。用於臨床還只是近幾年的事情。雖僅幾年的時間，從臨床治療效果上看是令人滿意的，它對許多慢性病都有效，並以高血壓、神經衰弱等症效果最好。

　　由於太極內功之功法較複雜，步驟較多，兼以動靜相兼，各步功法有各步的要求，所以在臨床應用中可根據具體情況，採用功法中的一步、一個姿勢或一個意守法或一個呼吸法，進行實驗觀察。

　　太極內功的姿勢，一般可按下列原則選用。

## 臥式為主

　　適用於身體虛弱、年老氣衰及重病者，胃下垂、胃潰瘍、十二指腸球部潰瘍、心臟病（冠心病、風心病）、肺結核、高血壓、腦動脈硬化症、腦血栓形成後遺症、自主神經功能失調、失眠等症均以臥式為主，輔以坐式和靠坐式。

## 坐式為主

　　適用於一般病情較輕，體質尚好，或經過臥式治療有一定效果者。坐式可與臥式、站式配合。

　　另外，神經衰弱、遺精、陽痿、關節炎。月經不調，附件炎、風濕症等病症都可採用坐式。

## 靠式為主

　　主要治療較重的高血壓患者，腦血栓形成後遺症的半身不遂和較重的神經衰弱和失眠患者。輔以臥式和站式。

## 站式為主

適用於身體較好，病情較輕、疾病單純的患者，神經衰弱、失眠症、高血壓、早期腦動脈硬化都適用，配合抓閉呼吸治療遺精、陽痿、早洩效果最好，可以固梢養身。輔以坐式和臥式。

在姿勢的運用上不可機械固定，而是依照病情、體質、鍛鍊目的等不同靈活運用。運用中既要使病人感到舒適自然，又要達到鍛鍊要求。練功的勢式和疾病的關係是相對的，不是不可變的。一種功法可以治療一種疾病，也可以治療許多種疾病；一種疾病可以用一種功法治療，也可以採取多種功法治療，這就是功法上的臨床辨證施用。

此外，太極內功還有它獨特的系統鍛鍊方法，這就是除了治療上可以靈活：選用功法外，在用於強身保健、增強太極拳技擊能力方面，又必須嚴格遵循鍛鍊步驟，由低到高，循序漸進，逐步提高。

太極內功的呼吸，也是分步練習。在臨床應用中，可依據病情、病種、體質等靈活選擇。如果是用於保健強身或增強拳術技擊能力，必須按規定依次鍛鍊。太極內功操作法中介紹了七種呼吸法，即自然呼吸法、導引運氣法、抓閉呼吸法、喉頭呼吸法、意識呼吸法、內轉呼吸法，沉氣呼吸法。這七種呼吸法除沉氣呼吸法外，另六種呼吸法是太極內功鍛鍊中由淺入深的六個不同階段。在臨床上，可根據病情任選一種呼吸方法進行練習，不必逐一都練習。如沉氣呼吸法，可以作為各種功的準備呼吸，適用於初期練功者、老年虛弱者。各種病症均可選用這種呼吸方法，而它又主要治療高血

壓，腦動脈硬化、神經衰弱等。經臨床實驗證明，這種沉氣呼吸法對高血壓有滿意的療效。

導引運氣法可以治療潰瘍病、胃下垂、自主神經功能失調、失眠、關節炎、高血壓等，對失眠有較好的療效。

抓閉呼吸法主要治療陽痿、遺精、早洩、胃下垂等。內轉呼吸法可以治療消化不良、腸炎、月經不調、附件炎等。導引、抓閉、喉頭、內轉等呼吸法又可以作為鞏固療效強壯身體之用。總之，對呼吸、姿勢的運用，要根據辨證施治的原則，結合臨床具體情況靈活掌握。

太極內功的意守要與姿勢，呼吸法相結合，尤其是與呼吸方法結合最為重要。因為氣離不開意來引導，而意又無時無刻的不在領氣，意氣相織不可分離。它的運用原則和呼吸方法基本相同。如高血壓患者採用意守解谿法或湧泉法，失眠患者採用命門連線意守法，遺精、陽痿患者採用意守命門法、婦女病症採用意守前丹田（關元）法。帶功練拳、技擊採用神通於背和意守上丹田法等。

## ✚ 個人練功心得

### 原始太極內功介紹

1. 調息：立式姿勢和太極拳預備式相同，用自然呼吸法進行調息，使心神達到安寧，心平氣和，體態舒鬆。

2. 吐濁氣：將胸腹中氣由口向外吐出，越細越長為佳，最好做到周身吐空為止，所謂吐空是指意念上把自己體內的濁氣吐空，然後再做第二口。初練可三、四口吐完。久練一次一口即可達到吐空。

3. **凝神**：立式。用意推動兩眼之光，把視線向前方最遠的地方放出，尋找一個固定目標如月亮、星辰、山川、勝景、花朵、江河湖泊等，採取其精華進行凝視，之後不停地往回收、把視點收回離眼約一尺二寸左右的地方停住，精神貫注，兩眼目不轉睛地盯住，約3、5分鐘可產生一個像氣球一樣的氣物。

4. **採氣物**：氣物出現後，再把凝成之氣物，用眼神和意識送入會陰。

操作法：用鼻子吸氣，在吸氣的同時，頭慢慢下垂，垂到鼻對肚臍為止，兩眼垂簾看會陰，舌貼於下齒與齒齦之間。開始鍛鍊，三四口即可，最後一口噠到為止。

5. **吐納**：口對會陰，細長吐氣，吐的第一口開始，隨吐氣的同時身體下降（下蹲），至兩膝發酸為度。用意推動氣下降到足心（湧泉）。

納氣：用鼻子吸氣，以意引導氣從腳到腿、經會陰到命門（後丹田），如此週而復始地吐納。鍛鍊時間長短，以兩膝發酸不能支持為度。

6. **內轉法**：將吐納的吸氣引導到腰部，再向中丹田（腹部）吸氣，待氣充實後，再以意引導氣由小圈從裡往外，從右向左轉36圈，再從外向裡由大圈轉小圈，從左向右轉24圈。

7. **神通於背**；由吐納之吸氣不放，再以意領氣至背部，使氣達於夾脊，此即神通於背。

姿勢有：靜練式取站椿，動練式取活步。

8. **靈機於頂**：由吐納之吸氣不放，在神通於背的基礎上，再引氣由背上行到後頭部的玉枕，頭頂的百會、前頭的印堂（上丹田）。此步無人指導千萬不可操練。

## 氣功與太極拳的配合

經由古今實踐證明，只求調息靜坐，而不使身體適當活動是有偏差的，久了會使人消沉，但是只求動不求靜也會使人產生疲勞。因此，必須內外合一，動靜相兼進行鍛鍊。現在流行最廣的太極拳運動，就是配合內功鍛鍊最理想的外功。目前，全國很多醫療單位在開展氣功療法的同時，都配合了太極拳運動。內功產生的年代比較悠久，《黃帝內經》已有記述，而外功從出土文物上看產生年代也比較久遠，此點從馬王堆三號漢墓帛畫導引圖上可以得到證實。

而整套太極拳的形成就晚一些，大約產生於15世紀。它是綜合當時各拳術家手法、眼法、身法、步法等協調動作，結合古代導引術（附仰屈伸運動肢體）和吐納術，以及武術運動中的意識、動作、呼吸整理出來的一整套鍛鍊方法。鍛鍊方法上的整體性和內外統一性，成為太極拳的特點。

太極舉動作的弧形、螺旋形地伸縮轉折，始終用意識引導氣血循環周身，達於「四梢」（兩手兩足），配合腹式呼吸使內臟做自我按摩運動又與中醫的氣血學說和經絡學說有著密切關係。

太極拳本身雖然已經包含了治病保健的因素，但在過去主要是用於技擊。在動作上有快有慢，有發勁，有躥蹦跳躍。在一百年前，太極拳適應時代需要，提出了「想推用意終何在？益壽延年不老春」的口號，逐漸演化為治病、保健、防止早衰和延年益壽的套路。這就是流行國內的動作輕鬆柔和、速度均勻、聯貫圓活，不縱不跳的太極拳。這種醫療保健性的太極拳分為楊架（架式開展大方）、吳架（架式

緊湊小巧）、孫架（架式步法靈活）、武架（架式更為緊湊），以適應不同對象的需要。

國家為了增強人民體質，根據流行最廣的楊架編成了「簡化太極拳」，易學易練。以後又相繼編制了四十八式、八十八式等套路，供廣大愛好者學習之用。

太極拳練習中的柔和性、聯貫性、圓活性、完整性的特點，又決定了它在鍛鍊方法上對姿勢動作上的種種要求。以個人研究太極舉的經驗，治療各種慢性病都收到了滿意的療效。氣功是靜中求動，太極拳是動中求靜，一是內功，一是外功，一是靜功，一是動功，內外合一，動靜相兼，輿乃珠聯璧合。如果大力開展氣功與太極拳的配合工作，總結經驗，還可以縮短療程，防止疾病復發。

如果單獨練太極拳，不配合內功，尤其是太極內功，便不能使太極拳功夫深入。配合內功練拳可以彌補單練中不足之處，同時，由於意氣的推動，可以增加姿勢的優美、柔和、自然、沉著，久練太極拳者都有體會。

### 太極內功的八練、一句話

1. 八練：練內、練外、練靜、練動、練意、練氣、練精、練神。

2. 一句話：透過八練的手段，採取八結合的方法，最後達到四用的目的，即用於治病，用於保健，用於技擊，用於固精。

### 太極內功與抓閉固精修身

抓閉固精修身是本功之特點之一，過去古法雖有固精修

身之說，但很少有詳盡文字記載，多憑言傳口授。有的方法不僅不能達到固精修身目的，反而使精氣耗損更大。我個人多年帶功練拳體會，抓閉固精、修身方法還是比較可靠的一種方法。所謂抓閉固精修身，就是利用太極內功中吸貼抓閉的鍛鍊方法，功夫達到一定深度再用於固精化氣。練過長久太極內功的人，是不難掌握這種方法的。

在指導練太極內功時，有陽痿、遺精、早洩的病人，都能得到治癒。正常人練功後，很少有遺精現象或者無遺精現象，這並非是性慾減退，而是由於長期練功的結果。性慾要求完全可以由人的意識來支配。我們敢於向大家介紹這一方法，並非誇大其詞。關鍵是要掌握得法，運用正確。懷有貪慾的人是很難學好這種方法的，甚至會有害於身體。

## 太極內功與人體潛在能力

太極內功是師傳口授的練功夫的方法，沒有聽說這種功法與人體潛在能力有什麼聯繫。可是在練太極內功達到一定功夫時，在身體內有一些特殊的不同於平時的現象，過去叫它是氣的作用，這也許就是現在科學家所說的人體潛在能力。我介紹一下個人的例子，供有志於此者研究參考。

當我練太極內功達到抓閉這個階段，帶脈充實，抓閉後氣由命門領氣到夾脊、雙臂、雙手。在這時摸不到我的脈搏（橈動脈）跳動，有時雖能摸到也很微弱。當抓閉功一停止，脈搏跳動立即可以摸到。這也許就是醫生所說肌肉緊張所致，由於肌肉緊張而掩蓋了脈搏的跳動。我們練功夫的認為這是氣的作用，有了氣不運用它，不能有什麼作用，當你用意識去領它，也就是練功家所說的以意領氣，氣領到身體

什麼地方，那個地方就有一些特殊感覺和特異的現象。

太極內功由於鍛鍊方法不同於其他功種，鍛鍊目的不同，在感覺上也不一樣，在特異現象上也不一樣。太極內功鍛鍊的最終目的是提高拳術技擊水準，加強爆發力，也就是這種功夫一來，氣便立即產生，氣在意的引導下可以達到指定部位，比平時力量加大幾倍甚至能增加幾十倍。這正如拳論中說的「以意行氣，氣遍全身；意到氣到，氣到力到」。

這種意氣功夫不固定一個部位，用在手上的手的力量加大，用在腿上腿的力量加深，用在肘上肘的力量也加大，由於意的變化而氣行的部位也更換，而且這種氣的運行非常快，在技擊中表現得最為明顯。

在個人的主觀感覺上，這種特異感覺就是和對方接觸時（推手），局部感覺特別靈敏，拳家常說的一句話叫「聽勁」，也就是「要看功夫有沒有，搭手便知有沒有」。意思就是雙方經由手的接觸後，便能透過意氣的功夫查知對方功夫深淺。而這種功夫也是太極內功練後的又一種特異現象。甚至雙方只要稍稍接觸一點皮膚也能查知對方功夫和其意氣的動向。

須注意的是，這種特異現象只有在練功時或技擊運用時才有，平時不練功或不運用，這種特異現象就很快消失。同時，當練太極內功到氣貫丹田時，小腹及腰部有熱感，抓閉呼吸時背部和雙手有熱感，時有微汗，其他人可以用手觸摸得知。

此外，還有一種過去從不能外講外傳的練功效應，就是涉及到男女陰陽之事。在男女交合（性生活）中，由於有抓閉功夫，可有提肛縮睪感覺（一種反射作用），這對排精有

控制作用，攝生家把這叫「固精養身」，這就是「留之則生身，施之則生人」。

## ✚ 太極內功與針灸結合

中國的傳統醫學針灸療法，主要是透過針刺，使經氣疏通或氣至病所而達到止痛、治病的目的。這種循經感傳古代已有詳細記述，近代又有新的研究。在臨床觀察中證實，「氣至而有效」，「氣至病所」療效更好，這說明針灸可以激發經絡之氣，並使經氣運行通暢，從而達到治病和提高抗病能力的目的。這就是說，氣功是通過意守、呼吸、姿勢的鍛鍊而使內在經氣主動運行，如大小周天運行就是任督脈經氣交流等。而針灸則是透過針刺而使經氣（被動）疏通。兩者的手段不同但目的都是活躍經氣或激發經氣。

但是，在應用針灸治療時，並不是每個人、每個穴位都能得氣，這是為什麼呢？究其原因，除要選穴準確、補瀉手法適當、認證無誤、針灸時機恰當外，還有一個非常重要的但已被世人所忽略的意氣行針法。

這種意氣針刺手法，不只是透過針刺一定穴位，調動病人自身經氣運行，而且是醫生在施針法時把施術者本人的意氣由針體傳導到病人穴位上，使病人的經氣得到激發或恢復，加大醫療效果。這在臨床上是有很多例證的。

目前，在臨床上很少有人使用這種意氣針法，關鍵是沒有能夠掌握內功，如不抓緊搶救繼承，就有失傳的可能。

眾所周知，氣功療法以練意、練氣為主要內容的，當修練到一定程度，有了功夫，產生了意氣，這時以意領氣，氣流可按練功者的要求而運行到全身各個部位。手是氣最容易

運行到達的部位，氣功醫師在用手給病人治病時，就是先把氣運到手上，然後才能給病人治病。而針灸醫生在使用這種意氣運針法時，首先是醫生本人先有內功功夫，先把氣運到持針的手上，而後進針，把手上的氣透過針體傳導到病人的身上。當然這種氣和氣功師手上的氣一樣，不能被眼睛所見，只能用一些科學儀器探測出來。而接受這種治療的病人，卻能感覺到進針後有熱流傳入身體，有舒服感、麻脹感等，這也是用醫生手上的正氣去驅趕病人體內的邪氣，扶正祛邪，從而達到治療疾病的目的。所以說氣功的內功與針灸術有著密切的關係。

　　氣功與針灸結合的方法和應用，從歷史上看，有許多傳統針法就是氣功與針灸相結合的，如「無極針法」「意氣行針法」「意氣合一針法」等。

　　無極針法是從道家口傳繼承下來的針法，「無極」與「太極」同義，是古代哲學名詞。道學認為「太極本無極」，「太極者，陰陽之母也，動之則分，靜之則合」。在太極拳運動中依此理論進行鍛鍊，「一動無有不動，一靜無有不靜。」在無極針法行針時，不用施捻轉手法，而是靠布氣進行治療。如果進針後施行捻轉等手法即有削陽（補瀉）變化，不能叫無極了。

　　意氣合一針法，是指行針時要求患者配合，主要指患者的意念配合，注意力集中排除雜念，這樣施術時對醫生的布氣患者會感覺到，從而可以較快地激發其經絡之氣以達到治療疾病的效果。

　　根據臨床經驗和練功的體會，將幾種氣功練法和臨床應用介紹如下：

## 意氣針法基本功鍛鍊方法

### 1. 閉目暝心坐

盤膝、平坐均可，雙目輕閉，舌抵上齶，齒輕叩，口唇微開一縫。肩背放鬆，氣沉丹田（關元穴），心不亂想，意守丹田，自然呼吸，吸氣小腹隆起，呼氣小腹凹陷，呼吸要悠、勻、細、緩、靜。

每日坐2~4次，每次40~60分鐘，本功法練30日左右，為練內氣之基礎功法。

### 2. 太極站樁

站立，雙足分開一橫足，頭正直，雙目閉合，舌抵上齶，全身放鬆，呼吸與意守同靜坐法，雙手微抬起，虎口相對，置於小腹（前丹田）前，似抱一太極球狀。

每日2次，每次20~30分鐘，練1~3個月。本功站到一定程度，內氣激動，出現肢體微動，雙手上下抖動，這種抖動似有意又似無意。一般幾分鐘後即可自行停止。手抖動或甩動後有熱脹感覺，這是內氣向外發放的一種初級形式。

### 3. 合掌領氣法

站立姿勢同太極站樁法。雙手於胸前合掌，腹式呼吸，意守雙掌。雙手合掌時可稍用意和用力，這樣可引氣到手，而使手開始抖動，這種抖動比太極站樁的激烈，但大多雙足不離原地。但要注意雙手合掌時用力不可過重，過重則動起來很劇烈，容易產生疲勞。一般只動3分鐘左右（有的體質差，只能動幾十秒鐘），很少有超過5分鐘的。

### 4. 掌板發氣法

也叫指板練氣法。製作50~100塊與本人手掌大小相似

的木板（一般寬15公分，長20公分，厚1~1.5公分）。練功時，手置於木板上，手指及掌心緊貼於木板，然後以意引氣到手，令手發出微微頗動，木板也隨之顫動。發氣力大時，木板顫動幅度大，並有咯咯響聲。當氣力發放完後，手的顫動會自行停止不動。開始先從一塊木板練習，手有力後再加添木板，最多的可加到幾十塊，據說能練到一百塊，但很少有人達到這種功夫。鍛鍊時左右手交替進行。

5. 太極拳法：本書從略。

## 意氣針法在臨床上的應用

一般在鍛鍊一百天後，大多數都可以運氣行針。常用的有無極針法，意氣行針法和意氣點穴法。

### 1. 無極行針法

操作時與傳統手法一樣，只是無極針要求：「手不離針，針不離手，以氣運針，手到病除。」進針時手握住針柄，直刺入穴位後不捻轉，留針時手不離針柄，一般留針由幾十秒到3~5分鐘，起針後再針第二個穴位。在行針時，要求醫師精神集中，「手如握虎」，以術者之氣通過針體傳到患者穴位內，以術者之氣來調動病患者之經氣。這種針法，得氣也起針，不得氣不施手法也起針，取穴多選用背部的夾脊穴和俞穴，也可用於耳穴。

### 2. 意氣行針法

施術手法和無極針法相似，所不同的是在進針後施用補瀉手法，意氣與手法相結合，以激發病人的經氣，同時告知病人配合，調動病人體內之氣與醫生的意氣相結合，這樣針刺入穴位後，氣至迅速、療效高。病人的意氣很主要，是提

高療效的關鍵之一，不可忽視。

意氣行針法的手法除直刺外，捻轉、提插、以及呼吸、迎隨補瀉手法均可應用。但必須注意手不離針柄，氣至後手仍握針柄30秒至3分鐘左右，再留針10分鐘或立即起針。但術者有某些原因，如患病、疲勞等，不宜發放外氣時，不要勉強應用意氣針法，可改用普通針法。

### 3. 意氣點穴法

用於懼怕針刺者或臨時急救之用。運用時和意氣行針法的領氣一樣，只是不用針，而用手指代針進行點、按，以達到治病目的。多用右手食指或中指，操作時要輕點穴位，不可粗暴過力，以免損傷軟組織。這種意氣點穴法要用的是「氣」，而非靠「力」，其他則同上。

運氣施針法是運用術者本身之內氣，補益、調整患者之經氣，多為補養調理作用。故治療需用瀉法時，一般不用本法。

下面舉幾例典型病例說明：

褚××，男，40歲。1971年起因生氣致左半身不適，有氣走串感，時有脹痛，脈弦滑，苔薄白，證屬肝氣鬱結。

【治則】疏肝解鬱理氣。

【取穴】合谷、太衝（雙）、內關、足三里、三陰交（均左側）。太衝用瀉法，不宜用意氣行針，針刺入穴位後即留針不動；足三里、三陰交、合谷刺入穴位後，手不離針柄進行意氣針法。

【反應】針刺入足三里用意氣行針後，即有一股熱流（病人自述）從足三里處通到膝關節，又由膝部到腹股溝（髀關穴處），繼續施意氣行針手法，可使熱流上行到左腹

（天樞穴處），最後熱流緩慢地上下流動，這個流動的線路恰恰是針前感到不舒適的部位。此例在出現針感後即打嗝、排氣、半身不適感消失。每次針10分鐘，3次治癒。

潘××，女，36歲。一日突然頭暈，天旋地轉，不能睜眼，伴輕度耳鳴，噁心嘔吐，咽乾，脈弦細，舌質紅。證屬肝陽上亢。

【治則】平肝潛陽。

【取穴】太衝、風池、肝俞、太谿、通天。其中太衝、風池、肝俞用瀉法：太谿、通天用意氣行針法。

【反應】針太谿後意氣行針3分鐘，眩暈減輕、嘔吐亦止，通天穴意氣行針約4分鐘，即能睜眼坐起，再繼續施手法腦後即有舒適清新感。1次治癒。

韓××，男，10歲。左側頸部疼痛，不能轉頭，欲回頭時須連同全身轉動已有七天，外觀頭歪向右側，左頸肌緊張，觸摸疼痛較劇。證屬風寒侵襲頸背，局部經氣受阻。

【治則】祛風散寒，舒筋活絡。

【取穴】耳穴頸椎，用意氣行針法。

【反應】刺入穴位後，手搓針不放，待耳熱發紅時鬆手，囑患者轉頸。只行針1分鐘，頭即轉動自如，疼痛完全消失。1次治癒。

趙××，女，32歲。因不慎扭傷腰部，疼痛逐漸加重，行走、梳頭受限，不能大聲說話和咳嗽，由人攙扶而來診。證屬經氣運行受阻，氣血瘀滯於局部而致病。

【治則】舒筋活絡，消瘀止痛。

【取穴】意氣耳穴點壓法，用食指尖（或拇指）在患側耳穴頸椎頸點進行點壓。

【反應】點壓數秒鐘後，耳廓很快發熱充血變紅。點壓約1分鐘，疼痛完全消失，活動自如，未用任何針法，1次治癒。

## 氣功針法基本功鍛鍊方法的選擇

上述的五種基本功鍛鍊法不必全部按順序鍛鍊，而是依據醫師本人體質情況選擇其中的——種到兩種即可。一般沒學過氣功的可以從閉目瞑心坐開始靜練，待有了一定感覺，如元氣比較充實，氣可在體內循經流動，或有發熱、發脹等感覺再選擇動功鍛鍊，以利將內氣布散出來。經過幾個月的鍛鍊，能布氣後，每日仍要堅持練功作為保健之用，使術者有較好的體質，充沛的精力和元氣，以保持布氣的效果。

初學者閉目瞑心坐法可與站樁法結合鍛鍊，兩個功法可以交替練習，如每日上午練靜坐，下午練站樁，也可以上午練一次站樁和一次靜坐，下午也用同樣方法鍛鍊，稱為交替鍛鍊。多數在三個月左右可以達到布氣階段。

合掌領氣法，用意念較重，發動較快，一般練習3~5天即可發動，意在雙手，故手先抖動，繼而帶動全身，動起後雙手不可分開以免氣散。如抖動過劇可睜開雙眼，以免摔倒跌傷，這個方法得氣和發氣快，但比較累，達到能布氣階段要1~2個月的日程。

掌板發氣法，過去武術家常用來鍛鍊掌力，近代按摩師也採用此法用以提高按摩效果。但這種鍛鍊法比較費力和艱苦，沒有毅力是練不成的。其優點是練成後掌指力量大，不僅可以行意氣針法，且可以為病人按摩，如震顫按摩法就是由此法鍛鍊而來的。

太極拳法為多數人所接受，其優點是動作柔和聯貫，像行雲流水，連綿不斷，而且具有很高的協調性和平衡性。鍛鍊時強調用意（意識集中）不用力，要求一動無有不動，一靜無有不靜的全身性整體運動，有動有靜，動靜相兼。同時要求動作與呼吸結合，氣沉丹田。步法虛實分清，手眼相隨，意到氣到，氣到力到，以意行氣，氣遍全身。因此，這種意氣的鍛鍊可以由手掌或手指布氣於人。尤其是太極拳以用掌為多、用拳少的特點對意氣行針極為有利，這就是過去認為會拳術的人行針術療效較好的原因之一。

作為意氣針基本功鍛鍊，一般以八十八式、四十八式太極拳為宜，架式並無規定，當然能持功練舉（帶內氣練拳）對布氣的作用則更大（可以參考太極內功鍛鍊方法）。一般經2個月左右的鍛鍊可以達到布氣階段，個別體質好、練功得法者可以提前。

在動功中除上述列舉的以外，還可以採用砂袋法、石鎖法、易筋經、八段錦、本能運動等任選一種，作為基本功鍛鍊也可以達到布氣階段。每日練功2~3次，每次不少於半小時，鍛鍊時間最好選擇在清晨。

## ✚ 持功練拳

在前面提到練習太極內功達到一定程度，可以持功練拳，也叫帶功練拳。怎樣才能把內功帶到拳架裡呢？過去拳家有這樣一句話：「入門引路須口授，功夫無息法自修。」持功練拳也必須由老師指導，在這裡我儘可能用文字把具體操練方法介紹出來，便於大家學習。

在練太極內功時，必須按步驟，一步一步地紮紮實實練

完。當練到動練式時，有的人可能在吸貼抓閉、充帶脈或神通於背階段，身體內部產生一股特殊感覺，有的發熱，有的發脹，有的發麻如同傳電一樣，有的則像有一股內在動力推動兩上肢活動，而本人並不覺用力，我們把這種由於練內功而產生的感覺或動力，稱之為氣，這是練意練氣的必然結果。當然有些練功者是達不到這種要求的。

當出現這種氣的感覺時，要不失時機，抓住這時產生的氣，吃住功夫，也就是不讓這種氣消失，利用這種氣去練拳，這就是持功練拳。持功練拳開始時，也分幾步進行，以免走彎路。

### 第一步

當練功剛產生氣的感覺時，立即由太極拳的起勢開始練拳，最好是先由簡化拳開始，這趟拳比較短，容易練習。在初期產生的氣大多數持續時間不長，可能練到4~5節或半趟，氣就又消失了，氣一消失拳就停止，再抓閉練功，當氣再次產生時又可持功練拳。

第一步不可貪多，也不可貪功，每次不超過10分鐘，每日不超過3次，另一種方法是，當氣產生後能練幾個式子就練幾個式子，氣消失後可照常練拳。鍛鍊次數同前。

### 第二步

練功後氣持續的時間比第一步稍長，能堅持到練完一趟簡化太極拳，或者能練完半趟八十八式太極拳。每次不超過20分鐘，每日不超過3次。如果想多練拳架則不在此限制之內，因為這時產生的氣微弱，還不能貫滿全身。這時可以採

取持功練舉和不持功練拳交替進行。比如一日兩次持功練拳，兩次不持功練拳。

## 第三步

練功後產生的氣持續時間比較長，有的氣已能達於四梢，也就是說氣能讓到手指和足趾的末端，肢體感覺也比較明顯，如有手掌發熱或發脹等感覺。到第三步後，一般都能持功練完一趟八十八式太極拳。如果為了鞏固功夫，可以每次練兩趟拳，每日2次。如氣只能持續練一趟拳，則也可採取持功練拳和不持功練拳交替進行。

## 第四步

練內功後，或不練內功，只要用意引導，體內馬上有氣感，這時的氣比較大，並能隨意識控制，可按意識引導到身體的各個部位，如腿上、腰上、肘上、臂上、腕上、掌上等部位。當氣到時感覺增加了力量，正如拳論指出的「意到氣到，氣到力到」。

為了讓大家學習，附上持功練舉的部分拳照供參考（圖15~圖18）。本組拳照採用陳式太極拳，當然哪趟套路都可以帶功練拳。

從下面所附拳以圖15單鞭開始，利用太極內功意念的鍛鍊，採用導引運氣法，把氣由足引到腿部上行到腰部，立即充滿前後丹田，也就是帶脈充實，充實後再用抓閉法，抓住氣，吃住功夫，開始持功練拳。在用文字說明這個過程時，有些繁瑣，而在應用時只是個幾秒鐘的事情，如果功夫純熟，只是個一瞬間的事，這一點須加以注意。

· 圖15　單鞭

· 圖16　肘底捶

· 圖17　退步壓肘

· 圖18　懶紮衣

　　在持功練拳過程中，要按太極拳的要求、要領、注意事項去練。如練時要全身放鬆、不用拙力、呼吸自然、以意行氣、上下相隨、周身協調、內外合一、完整一氣等。

　　本文就不再過多介紹，可以參照有關太極拳專著進行修練。如果是持功練其他舉路，如形意拳、八卦拳等則應按各

自的要求去練。

## ✚ 練功偏差及糾正方法

練功中出現的偏差多是由於練功者選擇功法不當，或氣功師指導不及時而引起的。

### 出偏原因

綜合起來，常見導致偏差的原因可分以下幾種。

#### 1. 功法選擇不當

氣功流派繁多，功法複雜。醫療氣功應用原則是辨證選擇功法，如果選擇功法不對症可引起偏差。

#### 2. 追求幻覺

練氣功過程中，常出現一些功中感覺，古代稱為「八觸」「十六景」等，有人知道後在練功中盲目追求而出偏。也確有人因出現幻覺而產生恐懼，難以控制而造成偏差。

#### 3. 亂試功法

少數人只為獵奇，追求外表形態，朝學夕改，亂試功法而引起偏差。

#### 4. 以偏概全

一些人不瞭解氣功基本概念及專業知識，而以偏概全，認為只有「動」，或只有「靜」才是氣功，從理論和操練上形成了錯誤心理而引出偏差。

#### 5. 違反氣功禁忌原則

某些氣功禁忌證如癔症、精神分裂症；某些疾病的發作期，如心肌梗塞、癲癇等，這類病人不宜練功，如不聽從醫囑盲目練功常可出現偏差。

### 6. 急於求成

練功時需心、息、身三者結合進行修練則能功到自然成。個別修練者不瞭解氣和意的修練原則，拔苗助長，亂用意念領氣以致違反氣功修練的自然規律，而引起偏差。

### 7. 功中受驚

練功環境不安靜，有意外響聲，突變天氣如雷電、狂風、暴雨等，有時也可以引起偏差。

### 8. 七情干擾和溫度不適

練功房間陰冷或當風而練，或受喜、怒、憂、思，悲、恐、驚七情的刺激之後練功也可出現偏差。

## 常見練功偏差的類型及其糾正方法

### 1. 走火

有的練功者練到一定時期，可產生「熱流」或「熱氣團」，在體內發熱流動。若在氣流的流動中鼓動肢體微動，這是正常現象，但肢體大動不止，不能自己控制者則屬偏差，古人稱之謂「走火」。

【糾正方法】

（1）放鬆意念活動。

（2）對功中產生的熱氣團、氣流不驚慌，不追求。

（3）肢體微動時不用意念引導，任其自然產生和消失。

（4）動象加大或不止時，立即睜開眼，意守丹田或向遠方凝視。

（5）嚴重時停止練功數日或改變功法。

### 2. 沖頭

少數練功者，功中氣流上沖頭部而感到頭脹、頭暈或頭

痛。極少數人數日甚至數年不能恢復正常。

【糾正方法】

（1）不可在功中有意強行引氣，氣產生後不可用意念去亂領氣行。

（2）氣沖頭痛可用舌抵上齶把氣接到任脈中。

（3）頭部脹痛時可請醫師從旁點穴或導引行氣。

（4）氣沖頭嚴重時可適當練些放鬆功糾正之。

（5）個別情況可停止練功或配合藥物對症治療。

3. 入魔

個別練功者，在練功時可能出現一些類似精神異常的胡言亂語，手舞足蹈或翻滾跌爬，甚至裸露肢體等難以自制的現象，但心裡尚明白，停功後能回憶；或靜功時出觀奇異景色的幻覺而驚恐昏厥等。

【糾正方法】

（1）當幻覺之景、亂動之象一旦發生時應立即睜開眼，向遠方凝視。

（2）動象不止者改換功法或停止練功，

（3）用誘導功。

（4）嚴重者配合藥物治療。

（5）長時間大動不止者（超過24小時以上），可讓有經驗的氣功醫師點穴、針灸、語言誘導等糾正之。

4. 走洩

走洩也稱「走丹」。練功中不能固精而有遺精、滑精現象，嚴重的導致精疲力竭，有害身體，不能堅持練功。

【糾正方法】

（1）正確理解氣功中精、氣、神的修練內容及其方

法，不可隨便參閱古書或道聽塗說盲目修練。

（2）輕度滑精可用吸、貼、抓、閉四字訣法糾正，每日練2~4次，每次5～10分鐘，或在將遺精時練。

（3）嚴重者可配合揉丹田，按摩腎俞、揉搓陰囊睾丸。

（4）欲遺精時用右手中指點會陰穴。

## 5. 氣亂竄

少數練功者在練功中自覺體內（腹中或腰部）產生熱氣團如火球，走走停停，有的熱氣燙人難以忍受，有的脹滿不堪無法練功，亦有的在練功中受涼感冒或衣著不當，覺冷氣在全身亂竄，出現全身發涼或有腹瀉不止等。

【糾正方法】

（1）改變意守部位（可守外景）。

（2）放鬆意守，配合放鬆功。

（3）因病引起者可配合藥物或針灸按摩。

（4）悶氣團熱燙者可配合鼻吸口呼，或口吸口呼法，每次3~10分鐘。

## 6. 誘發或加重病情

選功不對症或指導不當，部分練功者可加重病情或誘發新病，常見的誘發病如癔症、精神分裂症等，如肝病、冠心病、腦血管病或癌症晚期由於練功不當可加重病情，甚至導致死亡。

【糾正方法】

（1）練氣功者要遵循辨症選功原則。

（2）青少年和有　病史、精神分裂症史的患者要慎重選功，特別是對自發類氣功和周天功更要慎用或禁用。

（3）已加重病情或併發症者，一旦發現立即終止練

功，入院檢查治療。

（4）對不適合氣功治療的病症，不可強求療效，應改用其他方法治療。

### 7. 意念重、呼吸不得法引起不良反應

由於意唸過重，調息不得法而引起的胸悶、腹痛、氣促、心率加快等症狀是較輕的偏差。

【糾正方法】

（1）按照身、息、意的修練要領去練。

（2）練功不可急於求成，要循序漸進。

（3）針對出現的症狀，找出有關原因糾正。

（4）個別患者出現症狀可臨時用藥物給予糾正。

### 8. 練功出現口乾舌燥或唾液過多

由於練功不得法，或某些病症引起口乾舌燥，或口水（唾液）過多甚或流涎不止。

【糾正方法】

（1）口乾舌燥者，因病情引起的可採用內養功第一種呼吸方法（硬呼吸法，即吸氣時舌抵上齶，停頓時舌不動，呼氣時舌落下）。唾液會慢慢產生，同時練功前飲些白開水。因呼吸不得法引起的，可將口輕輕閉上用鼻呼鼻吸的方法。

（2）練功中因意唸過重，少數人唾液產生過多時要放鬆意念，同時把口輕輕張開，停止舌動，用口吸口呼。不可用莨菪鹼類藥物，以免影響練功。

### 9. 練功出現昏沉或陽舉

練功中入睡或昏沉者多發生在臥式或坐式，出現這種情況很影響練功的效果。

【糾正方法】

（1）可改變練功姿勢或舒展活動一下肢體即可糾正。

（2）若因閉目思睡，可睜開眼簾，並配合默念字句、數息、聽息（聽自己呼吸）等方法糾正。

由於練功中元氣充實，各種生理功能旺盛，陽舉是其中之一，個別陽舉幾日不減弱，應及早給予糾正。

【糾正方法】

（1）因意念引起的要放棄意念。

（2）由於練基礎功使體質加強引起者，應變換功法，可練精化氣，充實丹田及命門之氣則可以糾正。

（3）陽舉幾日不減弱者，要用吸、貼、抓、閉四字訣糾正，或用中指點會陰穴。

## ✚ 練功入靜層次

太極內功與其他功法一樣，都是在「三調」的基礎上達到入靜。入靜的快慢、深淺關係到氣功治療和保健的效果。本節的重點就是討論氣功入靜的問題。

「入靜」這一名詞已在氣功學術界中通用。它原是道家術語，《資治通鑑·唐僖宗光啟三年》胡三省註：「道家所謂入靜，即禪家入定（指入於禪定）而稍異。入靜者，靜處一室，屏去左右，澄神靜慮，無私無營，冀以接天神。」儒家入靜指靜坐，如《大學》裡有：「知止而後有定，定而能靜，靜而後能安，安而後能慮，慮而後能得。」這裡說的是儒家對入靜的要求和應用。

其他如醫、釋、武、俗等家，對入靜各有自己的要求，這是因為他們修練的目的各有不同。

「入」是進入，「靜」是安靜。功中入靜就是把散亂的思維活動，由特定的手段如調整姿勢、呼吸、默念字句、意守丹田、目觀鼻準等，使機體放鬆，雜亂的思維活動相對減少，最終達到入靜，使人體內產生一種特殊的生理效應而達到醫療保健、益智延年、陶冶情操和涵養道德的目的。這點已為古今練功家所證實。

在臨床應用中發現，由於選擇功法的不同和修練時間的長短，入靜的快慢、深淺，也就是入靜的層次也不盡相同。雖然這種入靜指的是精神活動的寄託所在以及守住與否，目前雖沒有統一指標，但從古今練功家的經驗和臨床實踐來看，氣功的入靜深淺層次與功效有密切關係。

入靜快見效快，入靜深療效高，不入靜則療效差或無效，雜念多則易出現副作用甚或導致「走火入魔」的偏差，嚴重的可加重病情等。

怎樣才算入靜，其層次怎樣劃分，各家認識不一，有二層、三層、五層等分級法。醫療氣功入靜的分類法，我認為以三級分層法較為適宜，易於掌握和推廣。層次太多過細不利於多數人學習應用。

下面就介紹一下入靜的三級分層方法。

### 初級入靜的思維與功象

初學氣功者往往有個過渡階段，這時表現為能初步切斷雜念。時常有雜念襲來，心律不整，有眨眼動作，呼吸有時急促，意守困難。

1.能基本控制意念，可勉強守住丹田，有默念活動而不散亂，功時不長，偶有心律不齊，呼吸比較平穩。

2. 不默念也能安靜，思維不亂而輕鬆，功時稍長。

3. 意守達到似有似無，綿綿若存，思維尚存，但茫漠不分輪廓，功時較長，呼吸平穩。

以上三點逐一達到，就說明已達到初級入靜的標準。

## 中級入靜的思維與功象

1. 思維近似終止，練功者的身、息已似乎不存在於空間，似與大自然混為一體。心律整齊，緩慢。

2. 功中先後出現各種練功反應，如「八觸」「十六景」等。

3. 各種感覺逐漸消失，只有輕微思維存在，完全入靜。此時基礎代謝趨於降低，達到「恬惔虛無，真氣從之」的境地。

## 高級入靜的思維與功象

1. 在完全入靜中，部分修練者又可產生異常反應，如少眠、思維敏捷、清晰，並能控制思維活動，以及控制自身臟器功能等，如使血壓降低或升高，心跳次數減慢等。

2. 出現特異現象如反觀內景隧道，所謂「五通」。

3. 更高級入靜，達到「明鏡高懸」，即鳥來影顯，鳥飛影空，鏡面上不留任何痕跡，「無私無營」甚或有全身透明光照之感。基礎代謝明顯降低，心律、呼吸次數明顯減少，達到「胎息」「真人之息」，可連續靜坐幾個小時或更長時間。

從實踐來看，氣功入靜中的各層包括入靜初期的過渡階段，都有醫療保健作用。

療效最為明顯的是氣功入靜的初級和中級階段，練功入靜者40日後可見初效，30日後多數病症好轉，少數可獲治癒，百日後大部分患者病症顯效，半數以上可獲治癒。氣功入靜的中級階段，不僅有醫療保健作用，還有健腦益智的作用。而入靜的高級階段比較難達到，此時主要有陶冶情操、涵養道德和引發出特殊效應（特異功能）的作用。

氣功入靜指標，還沒有客觀標準，目前對練功者腦電變化的觀察，初步認為可作入靜的客觀指標。功中入靜時，腦電圖波幅可增到150~180微伏，各區域腦電波同步性提高，入靜越深則同步性越強。但這並不是入靜的唯一指標。另外，還可引起生化方面的變化，主要是氣功鍛鍊有素者，當深入入靜後基礎代謝明顯降低，腦的耗氧量比清醒狀態下的正常人低約16%，而正常人熟睡狀態下腦耗氧量比清醒狀態下只低10%；此外還測到去甲腎上腺素的代謝水平是正常人的60%，明顯降低；而五羥色胺代謝水平是正常人的2~3倍，這些測驗雖只是初步的，但為尋找氣功入靜指標，以及探討氣功機理開闢了途徑。

## ✚ 氣功入靜方法

既然入靜是練好氣功的關鍵，與療效又有密切關係，怎樣才能更好、更快地進入入靜狀態呢？

下面我們就介紹幾種有效的方法：

### 意守丹田法

意是意念，守是守住。丹田有內外之分，練功家指的是內丹，就是產生元氣的部位。太極內功的丹田部位有：前丹

田（關元）、後丹田（命門），下丹田（會陰）。中丹田（膻中）、上丹[1]（百會）。

另外，其他功法也有不同的丹田部位如：氣海、印堂、神闕、湧泉等等，都可以意守。意守丹田就是把意念活動寄託在身體丹田部位上，以利排除雜念，順利入靜。意守部位也要注意按病症選擇。

### 舌動法

就是在練功中，隨呼吸配合舌尖起落。如吸氣時舌尖抬起抵住上齶，呼氣時舌尖落下，也可在呼吸之間舌尖抵上齶。還有一種是舌尖抵住上齶不動，下功後放下，也稱「搭鵲橋」。在練功中舌功與舌抵上齶可以排除雜念，幫助入靜。

### 獻念字句法

練功時選擇有益於身心健康的字句，進行默念。如「自己靜坐內氣生」「自己靜坐身體好」等。字數不宜過多，一般以不超過十二個字為好。初練者從三個字開始，逐漸增加字數。默念是練功初期排除雜念的常用方法。

### 數息法

就是在練功中默數自己的呼吸次數，從一數到百或數到千，亦可週而復始，便可以很快入靜。

### 聽息法

就是在練功中聽自己的呼吸，使精神集中，協助入靜。

## 意守外景法

因某些原因不能意守丹田時，可以守體外景物，如意守大海、松樹、鮮花等。把意念寄託在體外某一景物上，也可以達到入靜狀態。

## 意守臟器法

由於某臟有病，在練功中可以直接意守某個臟器，如意守肝臟、意守腎臟、意守心臟等。這種方法不僅有利入靜，而且可以使氣至病所提高療效。

## 誘導法

練功時雙手放於小腹上，誘導氣入丹田（形成腹式呼吸）或用壓解谿法等，進行自我誘導。

若由他人從旁點穴導引、語言暗示等，則叫他人誘導，也是入靜的常用方法。

## 放鬆法

又分部位放鬆、分線放鬆及臟器放鬆幾種。此法多用於練功初期，精神緊張或某些病症如高血壓、局部疼痛等。放鬆法是由意念來完成的，吸氣時不予以注意，呼氣時配合默念一個「鬆」字，週而復始，即可入靜。

## 聲音誘導法

在練功中可以輕聲（自己能聽到）誦讀字句，也可以聽鐘擺之聲，這也是幫助入靜的很好方法。

### 咽津法

練功開始先攪海（舌體在口腔中攪動），生津液後，分三次用意念送入丹田。也可用意念吞日、月、星、光等，都可幫助入靜。

### 吐納入靜法

練功開始可先大呼大吸三五口氣即可幫助達到入靜。以上是常用的入靜方法，可任選一種或幾種同時進行，但一般不宜超過三種，否則會人為地增加雜念反而不利於入靜。

## ✥ 太極內功治療病例介紹

### 病例1：

苗××，男，49歲，中學教師。

【主證】患者初起有時眩暈、失眠、心悸，繼而出現記憶力減退、缺乏食慾、乏力，心率每分鐘85次，律整，無病理性雜音，血壓170/100毫米汞柱，曾用中西藥物治療，效果不明顯，而試用太極內功治療。

【診斷】（1）高血壓1期；（2）神經衰弱。

【治療】開始先練太極內功準備功，以靠臥式為主，每日3次，每次15~20分鐘，意守湧泉法三天後改用靠坐式，並用命門、會陰、湧泉連線意守法，沉氣呼吸，每日3~4次，每次20~30分鐘。第四天血壓下降到150/90毫米汞柱，頭眩暈好轉，每晚能入睡5~6小時。練功到第10日，血壓降到130/85毫米汞柱，食慾增加，心悸消失，每口入睡7~8小時，精力開始恢復。3個月後恢復正常工作，並堅持練功，

追訪10年未復發，

病例2：

劉××，男，48歲，幹部。

【主證】上腹疼痛、嘔吐，以食後疼痛為重三年，伴有食慾減退，乏力，心悸，失眠，消瘦，體重49公斤，血壓105/70毫米汞柱，心肺正常，上消化道鋇餐檢查，十二指腸球部潰瘍，輕度變形。

【治療】按太極內功鍛鍊要求，分步，分階段進行，經100天全套太極內功的治療，鋇餐複查潰瘍消失，體重增到60.5公斤，血壓115/80毫米汞柱，出院後能堅持日常工作，追訪3年未復發。

病例3：

李××，女，34歲。

【主證】半年來，月經過後，淋漓不斷，腰痠痛，面色白，全身乏力，心悸氣短。婦科確診為功能性子宮出血（中醫診斷崩漏症），用太極內功意守關元法：每日3次，每次20分鐘，1個月後症狀減輕。第二步改為意守命門法，經2個月治療後，月經恢復正常，上述症狀完全消失。

病例4：

周××，男，30歲，農民。

【主證】新婚一年，因陽痿、滑精夫妻感情不和，求治心切，回顧陽痿已有10年，並有手淫史。

【治療】先練太極內功的意守會陰法5天，每日3次，每次20分鐘，然後練吸貼抓閉呼吸法，每日練4~5次，每次練5~10分鐘，囑治療期間嚴禁房事，經5個月的治療，滑精消失，性功能恢復正常。

# 大隱閒閒歸道山——
## 悼念胡海牙先生

2013年9月28日的子夜,在北歐冰島旅行的我竟做了個奇怪的夢:

我夢到近代三大高僧之一的虛雲大和尚忽然活了,他突然從躺著的狀態站了起來,連呼兩聲我的名字,我在夢中吃驚,大和尚怎麼知道我的名字?

虛雲法師竟站了起來開始走動,他手裡拿把寶劍,奇怪的是他身上包著布,從頭到腳,嚴嚴實實。走了幾步他就搖搖欲墜很快倒下了,奇怪的是此時他身上的布竟不見了,同時他無力地在喊:墨生,把禪宗的法脈傳下去……於是我驚醒了。

一看手錶,當地時間凌晨兩點(冰島與中國時差8小時)於是覺得詫異,便寫了首詩紀事:

奇幻因緣寐醒奇,虛公頻叫墨生時。

莊嚴法相傳托重,頂禮悲心跪拜姿。

世上芸芸難大覺,夢中活活竟追隨。

可憐一脈禪宗久,當下流風曷作為?

被擾醒的妻子怪我半夜不睡覺。我對她說這夢太奇怪了。說起來我與虛雲大和尚也並非毫無因緣,我皈依的傳印法師即是他的關門弟子之一。去年五月份,借佛山講學之機,還專程到六祖慧能家鄉和雲門大覺禪寺,叩訪虛雲紀念堂,一路因緣殊勝。詩寫就不禁唏噓,於是又休息,約五點,妻子打開手機,女兒微信過來,告知恩師胡海牙先生

（1914——2013）於北京時間9月27日中午12點仙逝！這距胡老逝世約22小時。對我而言，這個噩耗太突然……也太令我悲痛！雖說恩師已百歲高齡，雖說出國前9月18日即中秋前一日，我還去看望了恩師，但這個消息還是沉重地打擊了我！站在冰島首都雷克雅未克賓館房間的窗前，不禁潸然淚下……

這個奇異的夢，與胡老的仙逝一定有某種關聯。奇怪在於去世的老師是道家仙學的一代巨擘，而夢到的卻是佛門高僧……世間因緣難以說清。痴立在房間，久久不能平靜。我永遠失去了德高望重的仙學恩師，而對於整個道家學術界其損失更是巨大的！

若不是9天前的探望，我豈不更抱憾？知道29日上午將舉辦小型追悼會和遺體告別儀式，痛苦的是我遠在地球北極一隅，無法親自為恩師送行……9天前的告別竟成永訣，8年的指教與師生緣將銘刻心間……悲乎！人生自古傷別離。

回憶與胡老交往請益的8年時光，歷歷在目，老人家對我的指點與那份淡淡而濃濃的親情，一一浮現。寫下點滴，以寄哀思。

大約在2005年的一天，我終於在一位太極同道的引見陪同下，站在了我仰慕已久的胡老面前。自1997年恩師著名太極拳大師李經梧先生辭世後，我一直渴望能拜訪胡海牙先生。李

・梅墨生與胡海牙

老師走了，我再有練拳習功的疑難向誰請教呢？而胡老是心儀已久的前輩，他是我國碩果僅存的仙學內丹泰斗，又是名老中醫和著名的李瑞東式和吳式太極拳家。三學貫通而年登耄耋。但一直苦於無緣識荊。同道友人說：老人年事已高，不再輕易見人，但我引見，他會見你。不過，他收不收你，我管不了，看緣分吧。當我十分有幸見到胡老時，他的仙風道骨的風度和平和慈祥的態度讓我十分高興而欽仰。

同道友人引薦後，我又介紹了自己的學拳經歷與工作情況，胡老熱情地讓我落座，並說他常聽他吳式拳老師著名太極拳家劉晚蒼先生，提到李經梧老師，胡老對李老師很推重。他說以後歡迎你來，但拜師事他卻拒絕了。

這樣，我便經常去請教胡老並探望老人家。胡老居京城北郊，恰好我也住城區北部，開車去約半小時車程。每次去帶些我出版的書畫類書，老人家都會認真看，還鄭重地擺在他的茶桌上。一次，他說你給我刻方印吧。我自己已二十多年不治印，便答應請友人刻。胡老讓刻他的字號：海牙一字師尚。印刻好後我呈送他，他看後還滿意，隨即在一書上鈐蓋了一下。

因為胡老是紹興人，居京半個多世紀仍鄉音未改，有些話不太懂。有時是由師母做翻譯的。因為老師和師母兩人日常自己生活，兒子兒媳在城裡上班住城裡。孫女上學也在城裡。只有孫子和他們一起，但也多是週末才在。80多歲的師母做飯，還要照顧90多歲的胡老。我初次拜訪時胡老已90多歲高齡了，但精神矍鑠，思維清楚，尤其是氣色十分好，童顏鶴髮，神奇的是面龐上竟無皺紋。

一次與我同去的20歲的女兒和40多歲的妻子回來時說，

胡老氣色比我們還好。這即是學仙修道的證明吧。

2007年的一天，胡老終於在我再次懇請下同意收我為徒，但他堅拒搞排場和儀式。於是在臥室中我分別向胡老和師母各叩了三個頭，如願以償忝列門牆。這樣，我的拜高師學內丹人生夙願終於得償。此後，我每次請教的多是這方面內容。恩師是考察了我兩年才正式納入門下的。在我與恩師交往的幾年裡，印象最深的就是老人家對師爺陳攖寧先生發自肺腑的敬重。

眾所周知，陳攖寧先生（1880—1969）是近代著名道學學者，仙學學術的開派宗師，學識淵博而人品謙和，平生著述甚夥，弘揚道家學術不遺餘力，其建樹、學術、道德、修為為世共仰，於1957年赴京主持中國道協工作直至去世。而自追隨攖寧夫子北上以至陳先生去世，胡老陪侍奉養達二十餘年之久，是追隨攖寧先生最久又最受喜愛的傳法弟子。為繼承夫子之志，弘揚古仙學學術文化，恩師同樣是筆耕不輟，醫師活人，九秩高齡後仍傳功育人，且偶或接待訪者，每週出診兩個半天，其精神之可嘉可佩雖年輕人覺漸或愧。

一次我往謁恩師，他說剛有客人來訪，客人曾詢及恩師內丹功夫問題，其中涉及雙修陰陽丹法。客人面對95高齡之恩師直問若先生當今或不能行男女之事了吧？先生坦言：沒問題。如不能則非道家內丹功夫。蓋仙學之內丹概言之有清修與雙修兩派，世所常行者多為清靜孤修之丹法，而於陰陽雙修一派，不僅知者甚少，且知者亦多隱而不言。恩師承攖寧夫子之傳，博知兩派丹法（**世傳東、西、南、北、中五派，實則均可歸為南北兩宗**）。公開所講多為北宗清修，而於南宗丹法實密而獨重之。是故有上述問答。師稱：世多以

房中採戰之術而污毀南宗陰陽雙修丹法之名，故言者不知，知者不言矣。之所以如此，原因眾多，師告曰：法必告你，但能行其法，否則隨你福慧因緣了。

在與師請益的過程中，深感恩師要言不煩、直指實質，從不尚虛妄誇誕，樸實明瞭，令晚生受益匪淺。

還應提到，恩師對世俗之不學無術，不知以為知之輩深心厭惡，錯指靈山，誤導學人，恩師以為大謬大損。師常對我感嘆：世人因好名好利而不懂裝懂，可這是有關性命之大事非同小可。誤導別人，自己謀財盜名還罷了，可怕的是混亂實修道理，又「謀害」別人性命，孰可容忍！師每言及此，常搖頭嘆息不已。視坊間眾多此類書刊，確令人無奈。

當年陳攖寧先生於儒、釋、道三家外獨樹仙學——長生久視之學派，一片苦心孤詣，復經胡海牙先生等人承傳脈緒，繼承發揚，功不可沒。而今世風日下，而又大纛傾倒，師亦仙去，令仙學後輩情何以堪！

恩師在日，每教誨我：以我平生所知，世間最好的運動莫過於太極拳。世間最好的養生學問莫過於內丹功。而太極拳作為內丹功之外功、動功練習，以拳演道，以武修道，故拳學之進階必向內丹學上求。明理理則知拳所練為什麼了。這令我撥雲見日，於日後之修習中頓覺一片青天。

恩師之視財富淡然之極。其一親屬巧取豪奪了他位於杭州的一處市區獨院房產，老人也不過一笑了之，本人既未有任何舉措，也未讓家人如何如何。由於早年在杭州時，恩師常陪侍陳攖寧先生往訪國學大師馬一浮先生，或有時馬先生亦來過訪陳先生，胡老與馬先生亦相熟。馬一浮曾為胡老寫過多幅書法，皆精彩的很。

因筆者從事藝術，偶也收藏，素仰馬先生道德文藝，一次談及於此，先生囑師母找出一卷未裝裱之名人字畫，就中沙孟海、徐生翁、張宗祥、謝無量、啟功、沈尹默等均有，而以馬一浮最多。

知我喜歡，恩師擇其中一幅馬老書法慨然相贈，所書寸楷行書為節選《周易參同契》內容。我下次去府上，讓妻子為我裝了三萬元信封，呈與胡老，胡老嗔怒，說：我又不與你做生意！喜歡你去掛好了。同時又似自言自語，都是身外之物。我堅持將錢放下，胡老用臂一擋我說，再這樣不送你了。我只好作罷。

只這隨便一擋，我深感老師內勁之強，以我壯年之軀，且也練功有年，竟覺胡老勁力足以讓我不能近之。要知老人家當時已96歲高齡啊。後我將此馬書與所藏謝無量聯懸於書房對面壁上，並詩以記之。當年馬一浮與謝無量有「馬浮謝沉」之譽，頗相友契。胡老說：馬先生來向陳先生請教道學，而陳先生則向馬先生請教佛學，互相敬重。

後來筆者閱《馬一浮全集》，於詩卷中讀到多首馬先生贈陳先生詩作，足見惺惺相惜。實則二位皆是碩學，貫通三教，且尚能互相取長補短，真古風也。據師告：馬先生一生以儒為宗，尤精釋家之學，但晚年受陳先生影響，亦篤信道家養生之術，曾向陳先生學煉氣術。如今幾位碩望咸先後歸道山，思之令人神黯。

因年事已高，師與師母晚年極少南返。而師母常常想念家鄉杭州西湖。一次，我將一小幅簡筆山水拙作裝成軸攜贈予胡老。師將之掛於客廳，另側相對處即謝無量先生為師書軸。偶然曾問師及師母喜歡拙作否？拙作乃畫西湖煙柳景

色，師母率答：喜歡，我常坐在沙發上看，就當回西湖了。而恩師則微笑頷首，用他輕柔而慣常的語氣說：好的，好的。胡老每當首肯一事物，習慣用此種表達方式。我略略欣慰，但心中每有戚戚之憾。我知道老人們是想念故里的。

退休了，他也不想回去。恩師當年是陪侍陳先生來京的，開始住白雲觀，後來陳先生介紹胡老到北大醫院工作。胡老在民國時期已是名中醫，經國民政府考試認證的。退前胡老已是北大附一院局級專家。

古人云：小隱山林，大隱朝市。胡老正是京城的大隱。雖然學貫醫、武、丹道，且為陳攖寧嫡傳弟子，於仙學養生學為泰斗級人物，而一向低調做人，不事張揚，不爭名利，雖名聞海內外，深受景仰，卻甘於淡泊，恬然自處，頗合於仙家真人之古風。

前些年，衛生部高調遴選評定「國醫大師」，先生不與，筆者相詢，師平靜一笑。其實胡老乃極有資格威望參評者，不僅精於醫道，且乃世所鮮傳之馬丹陽古針法傳人。我常向胡老問及有關道學人物，胡老極少臧否。但於學術見地，則必明言，絕不含糊其辭。

胡老於仙學丹功講求實事求是，完全繼承陳攖寧宗師學風，反對玄虛力主實修實證。不盲從古人，不枉非今人，從不以權威自居，不似有些學人，略有所得則傲氣十足，目中無人。謙謙儒雅，大家風度。胡老風度風雅，氣質不凡，雖老不減。正應了宋儒「學問變化氣質」之言。其實一個人有無修為，修為如何，不用開口，其氣質已令人有所感受。若再查其言行，則尤見雅俗。

恩師曾有一趣事，因其美風度，竟意外死裡逃生。此事

為師母生前親口講與我，不妨錄出：日偽侵華時期，師為地下黨傷員治病，被漢奸告密，全被逮捕。在日本軍官軍營中一一處死。家人已為準備後事，因斷無生還希望。不料，當拉恩師出來準備行刑時，恰日本軍官之夫人從室內出來，一見恩師風度，頗生愛憐，竟用日語問師：你是做什麼的？恰師會日語，告之乃醫師。日軍官夫人用日語對其丈夫說：國際公約於戰時不殺醫生，放他生還吧。日軍官稍一沉吟，竟當場釋放恩師。待師歸家時，全家驚喜之至。問何以生還？師告原委，皆大感意外奇蹟。師母講此事時已85高齡，而其視師之眼神仍無比溫馨。如今師與師母均已先後謝世，念及往日種種，無比傷感。

　　如今，國學漸興，而由陳攖寧師爺開創之仙學，仍未足以為國人所真正重視。胡師生前立志光大仙學，曾先後為陳先生整理編輯出版了幾本書。如《仙學指南》《陳攖寧仙學精要》《中華仙學養生全書》《仙學必讀》《師古人心，無襲古人跡》以及自著《胡海牙文集》等，其不顧年邁而矻矻以前行之風姿，宛在目前，然先生亦於仙學之事業仍有未竟，無論客觀主觀上都不可能完全實現理想。然則今日先生齎志而遽歸道山，晚輩思之泫然難名也。然損失真乃國學道學仙學醫學之無以彌補者。

　　去歲，南懷瑾先生仙逝，筆者恰在俄國講授太極拳。聞訊而悽悽多日。記得南老在日，曾致函胡老盛邀南下講學於太湖大講堂，胡老因摔跤傷腿養病未赴。南先生也曾兩次命學生來謁並呈上著作，謙請胡老指教。我聞之對胡師說：如您南往，我無論多忙，定陪同前往。恩師當時點頭，說：先要你師母批准。那種白首偕老的恩愛，讓晚生覺得真是人間

幸福！

　　胡海牙，初名維新，字師尚，道號函中子。浙江紹興人。著名道教學者，中國農工民主黨黨員，北京大學第一附屬醫院主任醫師、教授，中國道教協會第四、五屆理事會理事和中國道教文化研究所丹道、醫藥、武術顧問。是陳攖寧道家仙學的主要繼承人、當代仙學巨擘。恩師以醫為生，以仙為業，懸壺濟世，療重症，起沉痾，救人於水火。以靈樞，針砭時疾，有神針之譽；精素問，參同悟真，享神仙之名。於仙學，實修實證。每日伸筋縮骨，操拳養命，或揮臂撫琴，雅樂養心。於仙道承符古訓，培元固本，澡雪精神，不求聞達，其樂融融。所謂「老而無病即人仙」，實後輩之楷模。

　　天喪斯文，我喪恩師。想恩師以百齡歸彼白雲帝鄉，一定與大化同其逍遙矣。謹含淚成詩，以祭海牙先生在天之靈。嗚呼哀哉！

　　　　一夢驚魂兆驗奇，晚生從此失恩師。
　　　　奈何冰島五更雨，敢憶京城九叩時。
　　　　大隱閒閒仙氣度，真心淡淡道風姿。
　　　　百齡駕鶴歸虛化，遙望東方淚似絲。

## 道隱無名——
## 瑣憶恩師俞敏先生 [1]

### ✚ 因棋得緣

我的家鄉在河北唐山地區。我認識師父是因為下象棋。只要有人跟他下象棋，他就高興。而正值少年的我，那時候也非常酷愛象棋，天天研究棋譜，真有一種想要當象棋冠軍的感覺。後來，別人見我這麼愛下棋，就對我說：「看你這麼喜歡下象棋，我給你介紹一位老頭兒，他也特別愛下象棋。」就這樣，我就經常去找老頭兒下象棋。

半年後，老頭兒就不能贏我了，我們常常下個平手。經常如此，老頭兒就說：「不玩了，不玩了，不好玩。」那時我們早已成為忘年交了，我隨口就問：「那玩啥呀？」他說：「那我明天教你學功夫吧！」這位老頭兒就是我後來的恩師俞敏先生。

當時，一聽說老頭兒要教我練功夫，我眼前猛然一亮，不敢相信自己的耳朵。我當初特別喜歡看清代和民國的武俠小說，非常崇拜小說中的俠客，一直夢想自己什麼時候也能

---

[1] 本文是筆者與《武當》雜誌主編劉偉先生2008年在北京的一次有關武術的閒話，後來在《武當》發表。其實當時的談話是同好間的聊天，不是為了發表。我擔心讀者誤會自己，因為我確實沒練成師父教的功夫，師父像一個影子，什麼「物證」也沒留下。在重「證據」的今天，容易讓人當成「故事」。何況，我又不以此為業。但劉偉先生說，其中很多內容挺好，對人有啟發。我再三考慮，那也好，就算我對一個隱沒在民間的武者的紀念，讓人們知道有過這樣一個「生命」的存在，也給民間武術提供一個口述史料，供人們研究。至於文中所記，都是當年實述，是「故實」。特此說明。

碰到世外高人。沒想到，朝夕相處半年的人，我竟然不知道他會功夫。我當初真是又興奮又懷疑。

老頭當時看著我的表情，說：「小子，你明早上過來吧。我讓你體會體會我的功夫。」

第二天一大早，就我去了他家，他對我說：「小子，我可從來沒在外人面前顯露過，今兒個得讓你見識見識。」當時正值盛夏，他下身穿條綢子褲，繫著橡皮筋的腰帶，上身穿著個背心兒，往那一站，說：「小子，往這兒打。」我說：「我不能打。」這之前我曾經練過一年的長拳。我當時堅決地說：「我不能打，怕把您給打壞了。」這下老頭兒就樂了：「你把我打壞了？你小子注意了，把勁用好了。」

我當時就硬著頭皮一拳打過去，就像打在水泥板上似的，我的手當即痛得馬上縮了回來，在原地轉了幾個圈。老爺子眯眼笑了笑道：「你不是說怕把我打壞了嗎？」剛吃了虧，我這就服軟了，連忙道：「別，別呀，我信了，我不打了。」他說：「不行，過來再打，換那隻手打。」換另一隻手我也不敢打了，那太痛呀，讓人害怕。我說啥也不想再打了。老頭兒這時就急了，說：「你不打我，那我就打你。」我然後就說：「行行，我打。」

這回我猶猶豫豫地又打出了一拳。這一拳打下去，卻是另一番景象，感覺好像打在橡皮泥上似的，只聽「噗」一聲，我的手被他的肚子吸得深深陷了進去，任我怎麼往外拔，甚至跳起來拔，但最終還是拔不出來。這時他稍一用力，肚子霎時鼓了起來，我又被反彈出去，「噌噌」地退出五六步遠，一屁股坐在地上。

他笑著說：「小子，這回知道了嗎？」我連忙點頭：「知

道了，體會了。」後來，我的那隻拳頭痛了好幾天。他說：
「這只是讓你體會體會本門的東西。」

不經意間，我們談到了當時社會上有很多人都在練鐵砂
掌的事。我就問：「您老會鐵砂掌嗎？」他就對我說：「鐵
砂掌沒什麼了不起，別大驚小怪。」我就問他：「那還有什
麼掌？」他就說：「那我告訴你，我練的是綿砂掌。」我又
問道：「那綿砂掌與鐵砂掌有什麼不同？」

只聽他娓娓道來：「鐵砂掌打人，外邊要紅腫，要見
傷。而綿砂掌打人，外邊幾乎見不到傷，或者只能隱約見到
青白印，但卻已傷及內臟。」我激動得當即就表示要學綿砂
掌，他卻告訴我，欲學綿砂掌，須先學會鐵砂掌。

後來，我上了美校，晚自習也管得特別嚴，但我晚上還
是經常偷著去外邊練鐵砂掌，回去晚了時常進不去門，還得
給門衛說好話。那時剛唐山大地震後不久，集體宿舍條件簡
陋，環境也相當惡劣，更不可能具備練鐵砂掌洗手之類的環
境和個人條件。

· 梅墨生與俞敏先生，1998年

時間久了，我的手紅腫疼痛得幾乎拿不住筆。終於還是被老師發現了，責問我是要學業，還是選擇繼續練功，無奈之下我只有放棄練了近一年的鐵砂掌，重新抓起了學業。所以說，人要成就某些事，還真得具備一定的機緣和條件，或者說需要緣分。

我生於國家三年困難時期，小時候又沒奶吃，體質特別弱，印象中每年都要住一兩次醫院，還有就是在班上同學總欺負我。遇上師父後，體質還是比較弱。他就對我說：「你只要跟我練，我保你一年身強體壯。」實際上，沒用一年，只用了半年，我的身體就強壯了。

他非常注重樁功，強調入門先站三年樁。我認為那太枯燥了，想講條件，他說至少也要站一年。我大概也算很賣力，也還真就站了近一年的樁。但在這站樁期間，他總不願教新的東西，我就老催他，鬧著要學新東西。後來，他也是沒辦法，就在我站樁的同時，穿插著教了一些東西。

他總是說：「心急吃不了熱豆腐。功夫功夫，就是要慢慢練，需要漫長的時間。」那時候，跟他在一起我感到特別充實，很有樂趣。連師母都說：「你師父就拿你當第四個兒子了。」因為，他有三個兒子，三個閨女。再後來，一年春節返鄉，我又帶著妻子去看他。那時，我師母已中風偏癱了，見到我們淚如雨下，說：「你師父有你這麼個徒弟，沒白教，還記著他呢！」師父還像往常那樣硬聲朗氣地說：「小子，過來摸摸。」就像拜師時讓我去摸的感覺一樣，乍一摸全身像鐵棍一樣硬，再一摸又如橡皮泥一樣軟。

後來，我就在想，一個把身上練得跟鐵棍似的人，肯定有，或者說不在少數。一個能把身上練得跟橡皮泥一樣軟的

人，確實不多見。我這麼多年來沒碰上第二個。就連武術名家吳彬聽後也嘖嘖稱奇，羨慕我的機緣好，碰上了高人，遇到了好老師。雖然他老人家教的功夫我沒能練全，但這也算是我人生中一筆不小的財富。

## ✛ 約法三章

我師父家是家傳的中醫和按摩，家中條件還不錯，而且家傳就有少林羅漢拳，他自幼練的就是少林童子功，懂事起就跟父親學。歲數不大時，跟父親學了沒兩年，就被父親送到東北人師父家中，並住在師父家中學拳。

他這個師父就是個半隱居狀態的武林中人。他跟師父只學了形意八卦，剛要學太極，師父就跟他說：「天下從此要大亂，咱爺倆的緣分也就到此為止了。你這輩子也用不上這些東西，就回家去吧。」之後不久，日本人就占領了東北。他師父更是一頂一的高手，應屬道門中人，不然為啥會說「天下要大亂」呢。

師父不輕易教人，有他自己的道理。

第一，他師父沒說他已出徒。因為，這門功夫是先練三年形意，再練三年八卦，再練三年太極。這叫三三見九，九九歸一。這門功夫十年小成。他大概只學了六七年（形意八卦）。只告訴我，他的老師姓白，當年在東北江湖人稱白大俠。

第二，他知道自己沒有世俗的榮華富貴。他說不能傳徒，傳徒就有名利感。

當年，我跟他在一起，那真是情同父子。那時沒什麼文化課，放學就跑到他家裡去。直到很晚才回家。沒事時，師

父什麼都跟我聊，我也好問。他說，他當年在東北三省，跟蘇聯人、蒙古人、朝鮮人、日本人都交過手，從未逢過對手。唯有一次，在天津的時候碰到過兩位亮場子賣藝的，好像是祖孫關係。

當時，作為看客的他多了句嘴，那個女的就跟他動起手來，幾乎打了個平手。停手後，旁邊那位老頭蹲著說了句嘴：「年輕人，功夫練得不錯，不過修為還差。」因為他多了句話，似有砸人家場之嫌。他這時再看那老頭，兩眼如電，目光如炬。他內心暗忖道，如果要跟這位老頭交手，自己肯定不是對手。你想啊，老頭的孫女也不過二十來歲，竟然跟他打個平手。在這之前他從未遇到過對手。

記得恩師曾對我說，他說將來我的緣分不錯，能遇上高人。也就是說，「遇上真人才拜佛」。我就問他：「什麼樣的人才算得高人？」他就跟我說：「第一器宇軒昂，氣質不凡，第二談吐不俗，第三雙目如電。遇上這樣的人，絕對是高人。」他又說起當年在天津的那次遭遇，當年那老頭的眼神似乎就能殺了他，一看就知道那人的內功太深了。他感覺那個老頭的功夫可能與自己的師父相差無幾。

他就經常教導我說：「山外有山，人外有人。在任何時候都要低調做人，要謙虛，要夾著尾巴做人。處事江湖險惡，武林是非紛爭」等等。

當年師父收我為徒時，就曾約法三章：「第一不准說是跟我學的；第二不准說出這門功夫的名字，也不許說我的名字，對外你就說練的是形意拳；第三，到任何時候不能拿這門功夫賣藝。」

並補充道：「我們這門功夫，在外邊說了也沒人知道，

加之你又練不到家，所以沒辦法說，說了人家也不信。」他常說的一句話是：「真人不露相，露相非真人。」後來，我就問他：「那您總要告訴我，你教我的是什麼功夫呀？」他說：「我教的是臍正門功夫，你知道就行了，對外就說是練形意拳的。」不過，他本人也真是藏得夠深的。

記得他當年教我之前，還規定一條，就是他所教的東西，不許拿筆記，只准用心記。也就是說，口傳心授，不立文字。而且有外人在場的時候，他從不談及武術，隻字不提。只有我們爺倆在的時候才教，正所謂「六耳不傳」。到現在已經二三十年了，他教我的那些東西，我依然記得很清楚。只在後來，讓我手抄了他的一個拳譜。這個譜的記載，非常重視排打，再就是樁功，還有就是抓空。

所謂抓空，就是沒有人當有人練，實際上就是跟空氣搏鬥。其實，他的練法主要有輕功、硬功、樁功、排打功、內功等。他對我講，最高的招，實際上就是無招，最簡樸，正所謂「無招勝有招」。

他最看不起那些花拳繡腿。他常說：「最實用的，也是最簡樸的。花拳繡腿沒有用，既不健身，也不防身。」練功夫就是為了健身防身。既然練功，那就要求「頭頂太極，腳踩八卦，懷揣五行」。意思是，在這個拳裡，是三拳合一的。此三拳就像階梯一樣，三大台階練成後，融會而歸一。拳到最高境界打的就是無意識，下意識。

## 淵源臍正

到了20世紀80年代初中期，一些武術期刊應運而生，並陸續披露了一批失傳已久或瀕臨失傳的功法。那時，我就認

為，師父所教的「形意拳」，其很多練法、很多講究有點像杜心五的自然門。很多年後，我曾試探性地問過一些武術界的權威人士，問他們聽說過「臍正門」嗎？正如師父當年所說，沒有人知道，也沒人聽說過。但我私下裡總是非常好奇，一遇上練武的，便老問：「您聽說過臍正門嗎？」但得到的答案都是否定的。包括我後來拜太極大師李經梧為師後，他也從來沒有聽說過臍正門。

我也曾拿過一些武術雜誌去請教過師父，問他知不知道自然門。他說不知道，但據他師父白大俠說，臍正門的功夫練到最高境界就是自然而然，道法自然，不期然而然。自然門命名是當年杜心五給定的，在杜的老師徐矮子之前沒有這個稱謂。而我這個師爺白大俠當年傳我師父，他也只說此門功夫為「臍正」。這兩個拳種在拳理拳法及練法上都非常接近。只不過我師爺當年在東三省，而徐矮子、杜心五在南方。由此，我懷疑自然門與臍正門同出一源，只不過到現在還沒有文字上的依據。

2008年我去福建寫生，福建電視台有位女記者見我在練功，出於好奇，她便把我引薦給她先生的老師，一位姓黃的自然門萬籟聲之高足。這位黃先生從12歲起便跟隨萬籟聲習武，現在已經六十多歲了。

與黃先生會面後，得知這位黃先生正在寫一本關於自然門的書，並且書的打印稿也帶在身邊。兩人相談甚歡，我又不失時機，試探性地問道：「黃先生，您聽沒聽說過臍正門？」他一拍大腿，說：「唉呀！梅老師，萬老在世時曾經告訴過我，自然門練的就是臍正的功夫。」他邊說邊從那堆打印稿中找出了一段話指給我看。真的就有萬老當年記述的

那句：「自然門修練的就是臍正的功夫。」還真就印證了我多年的懷疑和猜想。

後來，我又看了許多相關的武學資料，包括孫祿堂本人及其武學思想。發現孫祿堂的很多武學觀點，跟我這位師父所把持的武術觀及練用法非常像。那就是「三家合一」。孫祿堂本身也就是「三家合一」的典範，我師父亦然。只不過，一直有個困擾我的問題就是，師父所教的不要說練到沒練到，很多東西我根本就沒練。還有就是師父當年的告誡，這門功夫不要在外說，說了也沒人知道，還會認為你在瞎說。說孫祿堂與我師父「三家合一」的觀點驚人地相似，是有章可循的。

當年師父說：「頭頂太極，腳踩八卦，懷揣五行，三家合一；三年形意，三年八卦，再三年太極，三三見九，九九歸一。」那麼，用什麼東西使其三者而歸「一」呢？他說是用內功。而孫祿堂說：「內家三拳，其理一貫。」那麼，貫的是什麼呢？貫的就是內氣，內勁。孫祿堂又說：「內勁就是內氣，內氣就是內功。」從修練角度上來講，這一點是相同的。

不過，我們當今在研究源流問題上，老說拿來文字依據等，真正的武術在古代都是民間隱傳的，是不立文字的。就像師父當年教我時，不讓我拿筆記，就是用心去記。人走了，東西也就帶走了。能代代薪火相傳的，也就傳了下來，沒傳下來的，也就只能隨著老一輩帶入黃土去了。有些東西也不一定都能用文字來證明。

另外，歷朝皇帝對武術多心存戒備，不讓民間私自練武，甚至收繳兵器等。古代的這些武術家即使身懷絕藝，也

多半暗自珍秘，絕不會輕易顯露。再者，古代武術家社會地位低下，文化素質大多不高等，受到諸多因素的限制。很多東西有文字依據的可能性太小。

## ✚ 返還之術

關於臍正門的「臍」，我當初就特別好奇，還問及過師父。曾經一度，我還以為這個「臍」字是奇怪的「奇」。後來，師父還專門給我解釋說，人在母胎孕育的過程中，是依靠臍帶與母體連著的，要由這裡來呼吸，母親呼吸，你也呼吸。而營養也要由這兒，像管道一樣輸送給你。當你「呱呱」墜地，臍帶一剪斷，你的先天也就落於了後天。落於後天以後，也就與母體分離了，並不是先天狀態下的母子相依了。這個時候，你就是一個獨立的生命體了，口鼻呼吸一口是一口；嘴巴吃飯，吃一口是一口。無論是有形的營養，還是無形的營養，都要依靠你自己的口鼻來後天補充。

但是他又說，生命的過程，就是說人體一年有多少個呼吸，一吐一納，一呼一吸。這一年有多少個吸，全都有賴於五運六氣的賦予及個人稟賦，以及在你出生的那一瞬間天地父母賦予你的先天氣。這叫氣性，氣質。不同的人，所稟賦的先天氣是不一樣的。諸如人是賢是愚，是善是惡，是聰慧還是笨拙等，都取決於你脫離母胎，「呱呱」墜地前精卵結合那一瞬天地父母所賜予之稟賦。

中國古人結婚，要先拜天地，再拜父母。天地是先天之父母，父母乃後天之父母；天地是大父母，父母是小父母；天地為無形之父母，父母為有形之父母。人出生以後，天地賦予你先天氣以後，你成為另一個獨立的生命體後，完全要

依靠你的口鼻呼吸與嘴巴吃的東西來營養你的血肉之軀，來維持生命這個後天存在。

假如你七天不吃不喝，你這個生命體就完了；假如你一刻不吸不呼，你這個生命體也完了。如果餓你渴你，你可以活七八天；但如果讓你的口鼻不呼吸，你連七分鐘也活不了，生命也就一氣而已。這三分氣在，萬事在；三分氣斷而萬事休。

氣比吃的東西還重要。故，生命就是先天的元氣不斷耗損的過程。元陽之氣耗損殆盡，也就是這個後天生命體結束的時候。反過來說，生命的過程就是要不斷地用後天的呼吸、飲食不停地補充先天，才得以使生命能夠延續。而延續的時間長短，就在於你補養的如何。

他說這門功夫煉得就是要把後天返還到先天，或者說是用以補充先天，乃至加強修練後返還到先天的無極狀態。並說，中國的武學養生文化，都是返還之術。諸如道家內丹之金丹派的九轉還丹，就是返還。正如老子所說：「搏氣至柔，能嬰兒乎。」嬰兒的狀態，就是先天，不知善惡，不知好壞，不知天不知地，就是混沌沌。老子還說：「復歸嬰兒之未孩。」我們認為孩子是天真的，卻偏偏也是不行的。此時的孩子已經是有思想意識的了。要「復歸嬰兒之未孩」，只有嬰兒是沒有善惡是非，沒有得失榮辱與恩愛成敗。

事實上，人類回到那個樣子，只是一種理想，但是作為中國功夫和人生的修練，要努力地往這方面去做。這種狀態，正如老子所說的「道法自然」，自然而然。師父還說，人從一降生開始，後天所有的習性習慣，最後都失去了天然和本然，失去了原來自然的東西。而這個後天的生理習慣，

就養成了你很多違背自然的東西。

其實，人的很多東西都是不自然的。假如有人認為我什麼也不練，什麼也不修，那就自然了，那就大錯特錯了。你什麼都不練，你那個習性的東西已經固有了，來自於你的遺傳和你的生活方式，必須要回到你那個最本然的狀態。這個本然的狀態是要經過修練的，要與天的自然合一，這才叫「真自然」。

煉本門功夫，第一就是後天返先天，第二是達到先天真正自然無為之狀態。這個自然無為，並不是什麼都不做，無所事事。如果什麼都不做，那為什麼他能把你打了，你卻打不了他。功夫是練出來的，要從有為法練成無為法，要從有為練到無為。現在，很多太極拳師總是在說我要練空，我要鬆空，等等。如果你本身就不存在「有」，你就練「空」，那是根本不可能的，就屬於頑空。而頑空什麼都沒有，什麼都不是。空，是指空有，而不是空無，最終要達到不空而空，空而不空。還有就是鬆軟，大鬆大軟，沒有一個老師告訴我，練太極拳只需要鬆軟就行了，絕不能把這些片面地理解。故，師父常說：「無中包含著有，由有為法煉成無為法；由有意識，變成下意識，從下意識到無意識，再從無意識到潛意識。」講到拳理，他說：「人身之中，有形之中與無形之中，最關鍵的就是守中用中。」老子說：「多言數窮，不如守中。」

師父的這一觀點與後來李經梧老師所教我的一樣。並認為，一個不知守中，不知用中的人，肯定不懂中國傳統文化。而人渾身無處不中，先由大中而至全身無處不中。

這門功夫的道理就是不斷地培元固本，守住你的本，強

化你的後天，使你趨於並接近先天之狀態，讓人身小天地與天地大宇宙之間相互溝通。當然，他也是很注重內功心法，經常強調相反相成，所謂「沒有冷無所謂熱，沒有動無所謂靜」等等，所有這一切都是相對的。

還有就是，現在外邊流傳甚廣的河北形意拳是金木水火土五行拳，十二大形。而他所教的是二十四形。我們常說的七星，他稱為七拳，並常說：「頭背拳腳身，肩肘腕胯膝，無處不打人。渾身無處不是拳。」形容二十四形的語句有：「狼躥狗閃貓上樹，兔滾鷹翻蝴蝶飛。牛驚馬跑羊頂架，虎撲豬拱龍折身。」等等。

他練拳講究「不走遠道，走近道，閃就是打，防就是打，打就是防，閃就是進，進就是打」。細細想來，對每一動物習性之象形取意無不貼切形象。強調「不打消耗戰」，也就是一擊必殺。

該拳練不好，掌握不住分寸容易傷人，或火候不到家，易被人所乘，傷到自己。故而他常常提醒不可輕易施用，若施用，分寸與火候是掌握得恰到好處的。

他又提倡「會而不用」。大約學到第三年的時候，他提出教我一些實戰的功夫。他說：「我教你的沒有花拳繡腿。為什麼不讓你參加表演呢？因為不好看。你記住，好看的不中用，中用的不好看。我教你的就不好看，也不能跟人家使。練不到，使不出來；練到了卻不能跟人使。」

我認為，他當初教的這些東西有些還像李小龍的打法。後來，我拿雜誌給他看李小龍，提到打法上的相近性。他說：「打法不重要，關鍵在功夫，有招沒功夫，誰都贏不了。既有招又有功夫，那才能打贏。」

練功講究「三才五行，六合八卦」。當年，他還教了我二個樁——「抱嬰兒樁」和「獨立樁」。我腿上這點功力，就是他當年教我站樁練的。

關於形意、八卦和太極理論，他講解道：「形意走的是太極圖裡的『S』線，是直中曲，直若曲；八卦走的是太極圖的外八門，但是這外八門是圍著中心圓的，實際上是換位；而太極走的是兩個陰陽魚的陰陽眼，但忽陰忽陽，若不動，實際還動，動若不動。」另又講道：「在明代來式太極圖裡，中間有一個中圓，要練這個，用這個東西貫通形意八卦和太極。」他說：「太極是動若不動，執中守中，實際上是站在中心面對外圓。而形意是直若曲，直中有曲；八卦是走外圓（八門），奔中心，打背面，體現一個「快」字。練成這個，在人體中就相當於練成中脈和中軸，這正是他所解釋「三家合一」之核心。此可謂內家拳之理。

## ✚ 武道軼事

他在中國傳統文化，對於為人處世方面教了我很多東西。我受他的影響太深了。他常道：「道隱無形，道在蓬蒿之間。」實際上也像在說他本人一樣。而且最神的還是他曾親口告訴我他自己在84歲那年去世，後來他還真是84週歲去世的。他平時沒有什麼嗜好，菸酒不沾，我也從沒見過他吃藥。唯一的一點嗜好就是喝茶。身材中等，臉色錚黃，像壽山石，非常滋潤的那種黃，頭髮跟眉毛全是白的，但鬍子全是黑的。

他們家三代單傳，從他爺爺起到他父親再到他，50歲以後都這樣。印象很深的是，他那頭髮白的跟雪似的錚亮。

他也曾預言我的一生，我到現在也可以說過了半輩子，很多東西都是很應驗的，許多事情都印證了他的預言，也包括對我兄弟、父親的一些預言。他能在路上遇到的素不相識的人中，突然跟我說：「你去問一下那個人是不是弟兄三個」，或者說：「你不信去問一下那個人是不是家裡剛辦了喪事。」等等，無不應驗，都能從當事人口中得到肯定的答案。我那時還是孩子，師父讓問我就去問，加上我也好奇。但開始也很擔心，尤其是問人家裡是否辦了喪事等不吉利的話題，如果不是，那不是找打嗎？經過了幾次，無不都印證了他的話，後來我也就沒了這方面的顧慮。

我唯一一次見他跟別人動手，是與唐山煤礦的一個採購員。那個採購員當時在我師父住的附近包房常駐。採購員是一大高個，有一米八以上，上邊穿著皮夾克，冬天有時還穿一雙皮靴，在當時特別時髦。當時師父的相術由我的口在他身上又得到了驗證，他感到非常吃驚，問是誰告訴我的，我都照實說了，他還是表現得很不屑。

一來二去，我跟他也比較熟悉了，他說：「我看你這小夥子也很靈動，我教你點功夫吧。」我當初有點不信，說：「你也會功夫？」他就說：「咋？瞧不起大叔呀？」我說：「沒有沒有。那你練的是什麼拳嗎？」他練的什麼拳，具體我現在記不清了，反正是個地方拳種。

當時我十五六歲，他說像我這樣的十個八個一起上也不成問題。我要求體會一下，感受感受，他說：「行呀，沒問題。我攥著你的手，你若能逃出去，就算你贏。」我當初還真沒逃出去。

他的手像鐵鉗子一樣牢牢地攥著我的手腕，我卻怎麼也

掙不脫。我說：「我服了大叔，您確實有功夫。」後來，他總在言語間表現出對我師父不恭。沒事時，總好問我：「你跟那老頭練什麼拳？老頭練的什麼拳呀？」等等。開始我也沒咋搭理他，總含混其詞。時間一長，他總拿點水果點心之類跟我套近乎，問急了，我就跟他說練的是形意拳。他讓我耍給他看看，我說老師不讓。

他就說：「跟大叔又不是外人，怕啥？」然後，我就在他租的包房內打了一趟拳。他說：「我看你的老師不行。」他一次二次這麼說，也還過得去，但老是這麼說，我心裡也很不痛快，也不敢告訴老師。

大約反覆說這話有一年多，我終於忍不住就問師父：「您見過前邊租房的那個採購員嗎？」師父就說：「你說他呀，知道。不就那大個兒嗎，咋了？」我說：「您認為他功夫什麼樣？」他說：「會兩下子，不怎麼樣。」我就試探性地問：「那您願不願意跟他交一下手？」師父就說：「你呀！你小子又在給我找什麼事？」我這時連忙說：「他這個人有點出言不遜，對您有點不敬。」師父說：「那也無所謂，他敬不敬的沒關係。」我一看沒戲。

半年後，這個採購員又來了，這次，他有點激我：「你告訴你師父，我想跟他交流交流。」我說：「我師父他不敢，也不願意與別人交流，再說我也不能跟他提這個事。」他說：「那你就說我想拜訪他。」其實，我心裡很矛盾。我又想看他倆動手，但我又怕師父吃虧。因為，那時師父已年近六旬，而採購員卻四十來歲，正值壯年，最終還是告訴了師父。師父說：「我明白，讓他來吧。」回想起來，我當初還真是特別興奮。

在一個下午的傍晚時分，採購員來到了師父家。師父家是三間房帶一個小院，採購員一進門便寒暄著：「大哥，打擾您了，聽小梅說您老功夫不錯，小弟也愛好這個，您願不願意讓小弟也領教領教？」

「唉，老弟喝水吧，這不重要。」師父坐在院中，手中一邊悠閒地搖著蒲扇答道，一邊吩咐我去倒水。接著又道：「兄弟長年在外租房，這來來去去的，咱們也沒說過話。今天到我這來了，您說怎麼個交流法吧？我這個老胳膊老腿多少年都不俐索了。」

採購員一聽：「噢，老大哥，您看這樣，咱就動一下手，點到為止吧。」師父說：「行啊！」

然後把扇子摺在一邊，站起身來。兩人一照面，我還沒看清怎麼回事，只見採購員一個趔趄：「噌噌噌」直向牆根撞去，然後他猛一掉頭再次向老頭猛撲過來。這一次只見師父接著他的手腕往下一沉，說聲：「坐著吧，兄弟。」只聽「咚」一聲悶響，採購員「哎喲」一聲癱坐在地上。

師父照樣搖著扇子，慢慢地坐回了椅子上，說：「兄弟，起來吧。」這一回，他起不來了。我走過去說：「大叔，您沒事吧？」只見他額頭冷汗不止，臉色慘白。

只聽他顫巍巍地對師父道：「老哥我不行了，我是真不行。」師父這時就說了：「以後功夫沒練好，說話嘴上留點德。山外山，人外人，我這兩下子對付你還沒問題。」「老哥，我真不行，我不是您的對手，我服了。」採購員接著嘆道。

這時，師父徑直走了過來，把他的胳膊撐起來拍了一下，說：「就這樣吧，兄弟，走吧。」他這才強撐著站起

來。頭也不回，很落魄地扭身就走。我趕緊追上問：「大叔，您真的沒事吧？」他還是頭也不回一個字也不說地只朝我擺手。第二天，採購員就退了此處的租房到別地去了，從此再也沒見過面。

事後，我才知道師父只是為了教訓教訓他，僅僅是閉了他的氣道，並未傷及他的內臟。但即便如此，他也免不了要在家躺上一陣子。

現在細想起來，當年若不是我有幸得遇恩師，他就像一陣風一樣飄過塵世，正如他自己說的那樣，那點東西他就全部帶走了。因為，第一沒有幾個人知道他，第二，知道他，認識他的人中，也沒有人知道他會功夫。正所謂「大道無形，大道顯隱，道隱無名」。

# 第四編

# 堂上開示

梅墨生作品，1999年

## 塵心與道念①

**主持人：**

各位觀眾朋友們，大家晚上好。歡迎您走進今晚的《南風講壇》。本週三，我們意林「墨香系列之梅墨生小品」書畫展，正式拉開了序幕。在開幕式上，我介紹如是：本次畫展的締造者是一位行走於藝術文化之域五十載，被中國美術館館長范迪安譽為通融古今意境，文、畫、書三美能並的大家，他就是中國國家畫院研究員、國家一級美術師、中國美術家協會會員、中國書法家協會會員梅墨生先生。

隨後的兩日，我追隨梅先生和夫人走走停停，賞玩古街，入寺禮佛，先生謦笑間的雅趣，詩文中的禪境，以及言語中的深意無不深深地讓我動容。梅先生的言行就是一幅幅最為生動和圓融的文人畫。不再贅述，下面讓我們以熱烈的掌聲，有請這位文化藝術的集大成者——梅墨生先生，為我們佈道：塵心與道念。

**梅墨生：**

很高興今天有機會在這裡第二次舉辦一個小小的講座，剛才圖書館的於女士稱我集大成，我實在慚愧，真的不敢當，這不是謙虛。因為中國的文化博大精深，我永遠是一個學者、學習者，學習者怎麼能說集大成呢？這個我還是有自

---

① 本文為作者於2014年在廣州中山市圖書館的講座記錄。

知之明的。但是熱愛、喜歡中國的藝術和文化幾十年，有一些認識，有一些體會，願意跟大家分享。

佛山是一個非常有意味的地方，文武之風，書畫之雅，經濟之繁榮。總之，我對佛山總有一份淡淡的情懷，所以這次來主要是想再度遊佛山，朝拜六祖的故居，感受這裡的風土人情、歷史人文。所以今天的講座其實可能不成系統，談談我一點人生的認識。

看了這個題目，在座的也可能有感覺。塵念，其實我們每一個人，我們在座的每一個人都是塵凡的人，我們都是在這個塵世當中吃五穀雜糧的凡人，我們都擺脫不了塵念。如何對待塵念？我覺得是一個問題。你能不能把控或者超越這個塵念，那是一個問題。我是這樣想的。

在人生的旅途上，無分男女老幼，都可以是學生，永遠不畢業，也可以暫時做老師，先進一步而已。我所講的，是截止到此時此刻我的一點點認識，不對的地方請大家提出來指正。

我在想，我們在這個塵網中，在這個誘惑多多的時代，我們塵凡的慾念實在是人之常情，但是我以半百已過的人生來感覺，我覺得中國人現在有好多問題了，我們的道德良知，我們的信念，我們的世界觀，我們的生活方式，我們的價值理念。我覺得精神生活、心靈境界，將決定你這一生，活在什麼樣的世界。

儒、釋、道三教都認為心外無物，心外沒有世界，心就是世界。然而這個心不是我們這個血肉的心，血肉的心，它只是一個暫時的房舍。人應該往上走，人應該把肉慾的、物質的、塵凡的東西減到最少最少，然後人應該重視那個精神

生活、心靈生活、靠向那個宇宙的大存在。古人管它叫道，那是一個永遠不滅的一個存在，它不以世界上任何個人心靈的小小的意念為轉移。

生命在本質上應該求通脫，應該求通透，而且不只是對於知識的通透，不只是對於人間的許多知識的通透，應該是對於生命的通透，是生存的智慧。人應該往上走，往上走就是往精神的超越，道德的高貴，往這上面去追求。

我們自古以來總在聽人說修行，我也親近過一些宗教界或者說在家修行的人，坦率地說，真正修行高的人還是不多的。在靈與肉的搏鬥中很難說誰勝誰輸。而且大多人在所謂修行的道路上，向善之心上經常會被拽下來，不是自己打敗自己，就是被別人給誘惑了，被外緣所誘惑。修行有順乎世情的凡情，還應該有逆乎世情的那個道心。所謂的道心不是高不可攀的，但是它微妙，它深遠，它精微，它深邃，它又平常。正因為這樣，在我自己的人生經驗裡，我不斷地在揣摩，體會我們活的價值和意義。

我個人一直覺得最好的人生就是利我利他，不傷自己，更不傷害別人，有利於自己，那還能夠利於別人，我認為這是最有意義的人生，也是最有價值的人生，也一定會受別人尊重的人生。這些年我們中國的武術很熱，我們的武俠電影、武俠小說、文學作品不得了，我是從10歲左右就崇拜武俠，就愛習武，追隨找尋世外的高人。

給大家說一個我的親身經歷，我在15歲的時候碰到了我早年拜的一個老師，這個老師就算是一個隱居的人，平凡的很，但他早年在東北受過高人指教，那是真的。20世紀70年代，他跟我講這些，他不會要任何名，他也不見任何人，他

都不出家門，他更不會拿這個騙什麼人的錢，他跟我講到他那個老師如何了得。但是後來我跟武術雜誌主編聊天的時候，他讓我寫我這個老師，我說我隻字不會談他那個老師的功夫，因為我沒有看到。

我相信他是有的，他沒有必要騙我。但是我沒有見到，如果我寫出來，在這個知識完全西化的時代，覺得又是玄虛。我既不能否定，我也不能肯定。所以在很小的時候，他告訴我，你不知道的事情你只能說你不知道，你不能輕易地肯定，你也不能輕易地否定，我不知道。但是他告訴我有一點，他說不要期待天下第一，天下第一不得善終。他說你今天第一，明天你就有對手，你就會第二。所以他說會的人不用張揚於世，他說真人不露相，露相不真人。這個話影響了我40年。我真的覺得他說的是至理名言。

後來我在外面謀生、求學、追求藝術、體悟文化，這麼多年來，我也拜訪過很多文武兩界的前輩、名人或者隱存的人。我發現真正合乎他說那個功夫的人還是少數，他說功夫高的人應該是什麼樣的人？他說是不戰而屈人，不用動手對方已經神為你奪；當他雙目一視你的時候，你內心裡已經一陣寒戰，你已經沒有出手的勇氣了，他說這樣的人還用跟人動手嗎？後來過了好些年，我讀到了老子，他說「夫唯不爭，天下莫能與之爭」，那才是中國武術的高境界。

前不久我在俄羅斯，去傳播太極拳，傳播中國的文化，學習班上就有人問我，你們中國到底還有沒有那種武功高超的人，能夠搏擊，能夠跟散打高手動手的人。我說只能說理論上有，但是你問我他在哪兒？隱在民間，民間一定有高手。別人就打不過嗎？

　　我說很可能很多民間的高手，如果來跟職業的拳擊手來打，很可能一拳就被打倒了，因為他沒有經受專業訓練，他沒有搏鬥的這種實戰的經驗，他也沒有這種客觀上的那個遊戲規則的熟悉程度，他的體能是業餘的，在民間他的視野也不行，經驗也不行，他的體能也大體不行。

　　但是，也許在10萬人中，百萬人中會有一兩位，很可能會有。他為什麼不出來搏鬥呢？因為中國的文化告訴他們，不要跟人生死相搏，不要跟人爭強好勝，這就是中國文化的那點智慧，你也可以認為他狡慧，你也可以認為他詭辯。中國傳統的理念不會到現實中跟你你死我活，像西方人在拳場上那樣，不會。

　　我曾經到泰國看了九場泰拳的比賽，那是經過簽字的，可以你死我活的搏殺。一個是打傻了，他站起來以後腦袋愣著，別人攙著下去了，兩眼發直，還有一個是抬下去了，剩下的都難免掛點傷，這不是我們中國人的理念。這就是個悖論。

　　西方人的文化，包括奧運精神，它是1還是2，是跳2.1公尺還是跳2.15公尺，更高、更快、更強，中國人不是。中國人是我會10個，我會7個，我不到萬不得已，不展露這一手，甚至有很多這樣的人自生自滅於民間，把自己很多傳授繼承來的東西就這麼帶走了，這也是中國文化所謂的不好的那一面。但是我們要問一句，他為什麼我15歲認識的這位老師，他就把他的很多東西帶走了，他說他自己84歲去世，他真的就84歲走了，教了我這麼一個人，結果他又說你這輩子不吃這碗飯，他三兒三女，他一個也不教。我問為什麼？他說沒有必要。

　　我好多年就在想，中國的武學也好，文化也好，在本質上它是自我完善的學問，它是自我心性修行的方法，它不是給人表演的，它不是在人前讓別人來吆喝的，不是練場的在那兒耍完了以後拿出罐來給錢，也不是西方的競賽體育，在賽場上什麼什麼集團包了你，什麼什麼俱樂部包了你，你必須給我打贏，打輸了我的錢就輸了；更不是賭博。所以中國人一切的生活方式，他的生命價值，最後就回到了自己這個生命體本身。這是我在這個老師這裡感受到的一種境界。

　　他教我東西的時候，他說了，你這輩子不吃這碗飯，我說那你為什麼教我？他說讓你受用，對你性命受用有好處，可以強身健體。以後你可以修身養性，將來你的意志就不一樣了。假如你的身體越來越好，精氣神越來越好，體魄比別人強健，精神比別人充沛。你不但沒有病，少了痛苦，還多了自信，做事還有精神了，往後再看待這個世界，看待生活就不一樣了。我也是後來才慢慢體會到他的這種指教。

　　從那時候，從我十五六歲認識他以後，我就一直在想，我練成什麼東西以後，我能不能像老師這樣藏著不露？後來我覺得很可笑，我還沒有練成他那樣的功夫呢，我就想我要藏著不露。所以直到今天我還沒有練到他十分之三四的功夫，大概我學來他十分之二三的功夫，所以我也談不上露不露。不過以我這點有限的東西在外面跟人家交流，在外面跟人家探討，我發現還能夠與人對話，我就感嘆，像他那樣的人，如果還在，真是中國文化的大幸。

　　可是這樣的人就在山野之間自生自滅了，如果不是認識我，而我又好用點文墨把他記載下來，我又好跟朋友、同行、愛好者說說他，誰知道當年有這麼一個在河北，在燕山

腳下一個叫俞敏的人呢？沒有人知道。他的功夫到現在我在外面碰到那麼多那麼多，我閉上眼睛想，說哪一個人能輕取他，我不能說絕對，但是我覺得很少。

但他就像一個平凡的老頭，大門不出，二門不邁，他是唐山開灤煤礦退休的九級鉗工，在一次礦難當中他的腰椎粉碎性骨折，天津、北京、上海專家在20世紀70年代初，已經宣佈他後半生就在床上度過吧，但是他自己用家傳的中醫和自己的內功武術，三年讓自己下床，而且痊癒。當我認識他的時候，他已經沒有病了，他在給別人治病。

我想在座也許有自己的機緣，也可能會遇到這樣的人，也可能你遇到過，也許你說我還沒有遇到過，這種東西都無所謂了，這個隨緣。所以我在想，是這樣的人，真正的吃透了中國文化的那種智趣，真正具有中國人的那種修行，中國人不張揚，傳統的道德不張揚，不顯擺，不與人爭橫。我認為這樣的東西才是中國人所說的道德。

然而這種道好像無用，它無處所用，它也不期待所用。

2000多年前的莊子就在說，虛詐智慧出來的時候就是道德愈下的時候。人類的生活對我們身體來說，這叫生命，實在的這個實體叫生命。對於我們身體的這個使用，你的功能這叫社會生命；個體的生命要對於社會有作用，要對外。

20世紀重要的一位有風骨的學人梁漱溟曾經用了一個詞，他說叫「無對」。我一直在想他說這個無對很高明。什麼叫有對？就是當以我出發，我現在站在這裡，由我的心聲世界往外看，我朝向這個門叫對向這個門，朝向那兒叫對向那個門，就是我永遠有我所相向的東西。他說生命最好的狀態是無對，怎麼無對？就是不向外追求，不被外面的物慾塵

網中種種的慾念所牽引，當然這談何容易。

他說一個生命能到無對的狀態，這個生命境界就很高了。所以他說往外求，這永遠是塵欲中。我們佛家所說的欲戒、色戒、無色戒。我們所待的這個欲戒，我所處的色戒永遠是有對，不斷地在勾引你，不斷地在吸引你，它在動你的念。心是什麼？佛家所說的心是蠕蠕不動的那個叫心，那個叫真心。被外面的慾望所牽念的那個心之動就叫欲，就叫念。唸唸相續，一個念頭接一個念頭。

我們中國在南方，在民國時期有一門自然門的武功。自然門武功當時的一位大師杜心五，他曾經是孫中山大本營的保鏢，他的老師徐矮子，也是世外高人，當他學到相當了得的時候，他覺得他的功夫很可以了，他要試探他的老師。在山澗中的獨木橋上，徐矮子在前面走，他突然在後面抬起一腳踹向他的老師，徐矮子一回身，一個腳倒鉤鉤在獨木橋上，另外一腳上來一腳把他踹到山崖旁邊去。杜心五知道他的武功跟老師還有差距。修練是不反應的反應，沒有招數的招數，這是上乘的功夫。

我就在想，我們塵世中的凡人，如果我不是為了練功，我在現實生活當中應該如何磨鍊自己的肉身，修練自己的心性來應對，這是挺耐人尋味的事。

在座諸位，我們中國的傳統講三尺以上有神靈。我不是一個虔誠的宗教徒，我是一個學習的人，最多算一個學者，算一個藝術家，所以我對所有的關於生命的解釋，關於生命的追求，關於生命的說教，我都相信一句話，我們要有敬畏心，總要有所敬畏，當你什麼都不敬畏的時候，那你的心已經失控了，因為你沒有敬畏的時候，就是你把你自己的心已

經放到了無可無不可的狀態，你是不是一個宗教徒都不重要了。我是從學理的角度關心我們人的慾念和我們的向道之心。

孔子有一次向師襄子學琴，一個曲教他10天，師襄子說你學得很好了，孔子說不行，我僅會曲調；又過了10天，師襄子說你學得很好了，可以了，孔子說不行，我僅知道音樂的規律，不知道音樂的內涵；又過了10天，他已經彈的帶有感情了，孔子又去請教，師襄子說你不錯了，孔子說不行，我還不是真會，我尚不知道這個作者是什麼樣；又過了幾天，孔子終於自己說我差不多了，我現在知道作這個曲的人，他一定是黝黑的面龐，長長的身子，他的兩眼很有神，是個很威武的人，他一定是個王者，他有王者的氣度，我想這個人非周文王莫屬。

師襄子很高興地讚歎，說你可以了，我現在告訴你，我的老師當年告訴我，這首曲子名字就叫《文王操》，周文王所操演，叫《文王操》，它正是周文王所作的，你現在透過演奏這個曲子，學習這個曲子，你已經能夠知道這個作者是個什麼樣的人，甚至他是個什麼形貌的人，你已經得到音樂的真諦，你已經是真正的知音知趣者了。

所以我透過這樣的事情，我跟大家提出這個來，我是在想，實際上我們古代的聖賢在學習的時候，在修行的時候，他們是如何把這個心沉靜下來，專注到什麼程度，他們才會對這個生命，對這個生命的個體有領悟。

西方的學者羅素曾經把人的衝動總結為兩種：

一種為占有衝動。比如說名利、美色，這是從外面要抓取回來歸為我自己，這是一種占有的慾望，占有慾。占有慾

就是很明顯的塵凡的慾念了，世上人人都有。

另外他說一個值得推崇的東西，那個衝動叫創作衝動。這個創作衝動是我們人的心由內向外使，由內向外用自己的聰明、才情、智慧，創造一個人文的成果，創造一個人文的事業，這個是值得禮讚的。

我現在想說的是，所謂的塵念、念心就是所有正常的生理的、心理的慾望，占有的慾望，占有的衝動，自我的一種生理的、心理的一種能量。而所謂的道心，就是對這些東西的克制，對這些東西的淡化，對這些東西的逆反，這個叫道心。不容易。無論哪種慾望，對於一個正常生理的人來說都是自然之事，都是必然之事。但是所謂的非常人，修行人，一個向道的人，他必須要克制，他必須能夠把所有這種正常的生理和心理的慾望遏制住。

我們最沒有解決的是我們的人心。我們到現在都沒有見到自己的良心，而我們的良心越來越不知道安駐在哪裡，而我們不斷地向外去追求，追逐到外太空，追逐到7000公尺以下的海底等等，追吧。我們現在的人每日在獵奇之中，過去的聲色犬馬不能跟今天比了，我們今天的聲色犬馬，我們按一個頻道，按一個遙控器，瞬間我們可以周遊四海，上天入地，無所不知道，現在人多少知識？但是莊子在2000年前就批評我們，你只有離形去知，墮肢體，黜聰明，你才能夠到一個道德的境界，然而我們現在離道德越來越遠。

我不知道我這個謬見，是不是有一點供大家思考的價值。所謂的現代文明，我們不斷在追逐把這個地球挖得越深，把地球自然的一切平衡失去，我們把能源枯竭，然後為了能源你死我活，大國在那兒掠奪，小國在這兒抗爭，最後

我們人類看樂子，看中東又怎麼樣，有什麼可樂的，同體大悲。這個地球被西方文明主導的這二三百年以來，我們沒什麼可樂觀的。我在北京生活了20年，當北京的天空像佛山的天空一樣，迷濛濛的那種感覺，我們北京人的肺不容易，北京人的肺癌全世界第一。

我一個至好的朋友在北京幫過我，50歲出頭肺癌去世了，我真的很痛苦無奈。我們不斷地在追逐這些。貪慾社會，豈有成就的文化？

我的太極拳老師李經梧，晚年他的功夫到了化境的時候，變成什麼？他坐在籐椅上，我們向他進攻，他只要碰上你，你起來，你出去。他做完前列腺手術，他的腿已經不便了，八十四五歲的時候，但是你給他力量，他仍然讓你起來。這個起來就是把你的腳提起來，其實太極拳的功夫也是簡單的，就是讓你失去平衡，讓你失重，讓你不能守住自己的重心和中心。他就能做到。

後來我就在想，為什麼他能讓你失重，哪怕你力量比他大，塊頭比他大，只有一個東西，就是你貪心，因為你想攻擊他，你想擊打他，如果你沒有這個心，太極拳家再高明他也無施展於你。如果你想把他打敗，然後你急於想把他打敗，你甚至急於想一拳把他打敗，你把所有身體的力量施展出來，壞了，你正好為他所用。

我今天可以跟大家說，太極拳的奧妙就這麼點。他提起你的腳跟，讓你失重拔根。在太極拳的術語裡就叫拔根，他拔你的根，可是他為什麼拔你的根？因為你的心動了，因為你的凡心動了，因為你的好勝心動了，因為你攻擊別人，你的貪心動了，所以他可以拔你，如果你不動心，他無所施於

你。太極拳不是一個主動攻擊別人的拳，因為它沒有心思贏別人，它是道士張三丰修練的時候，讓道士們煉外丹修養性命的功夫。道士無爭於世，道士是隱退的，他是與天合一的，他沒有必要在人間跟誰爭，假如他是真道士。假如你不是道士，你是世間的凡人，你沒有爭勝的心，你也就沒有取敗之由。

太極拳與別人較量的時候，它是後發制人，我必須待你攻擊我，因為你想贏我，如果你不想贏我，我沒有理由贏你，我也沒有必要跟你過勁。

世上人經常用西方的搏擊、拳擊，用現在的散打來說這個太極拳。你怎麼不能跟他們打呢？不是不能，太極拳如果主動出擊去打人，它已經輸一半了，它跟你是平手。那如果是這樣的話，那就是誰有力量誰贏，誰力量大誰贏，誰塊大誰贏，誰身手快誰贏。然後太極拳說的是後發先制，以靜待動，以逸待勞，以小力勝大力，以弱勝強，這不就是老子的思想嗎？

古人有一個詞叫太極，當我們作為先天而存在的時候，它叫無極；當然我們落於後天的時候，它就叫太極。因為作為太極的時候，它一定有相反相成對立而統一的那個一分為二的二，然後再由二而生三，這個就是這個宇宙之道，老子所謂的由一生二，生三，生四，以至一萬。

但是我向道家的老師學習，他告訴我，如果你想修仙，如果你想學道，如果你想明了道心，你要相返，你要返回來用功，把那個三，把那個萬變成三，把三變成二，把二變成一，也可以具體地說把萬還原成六十四，六十四是一個循環，八八六十四，這是萬物最多的狀態，然後你還到九，然

後還到六，還到五，還到三，最後還到二，最後還到一，還到一的時候，你對於生命有真正的認識。

孔子說「知其一，萬事畢」，吾道以一貫之。假如說在座有練功的人，或者打坐的也好，打禪也好，入定也好，修道也好，只有一句話，讓這個身體的萬回為一。你的五臟六腑、四肢百骸、七經八脈，你的三頭六臂也好，還是九竅也好，你都讓它合二為一，回到一，你能嗎？你不讓你的身心是分離的，不能讓你的身是分離的，腳是腳，手是手，肝是肝，心是心，眼是眼，耳是耳，各自施展自己的功能，那就是萬，永遠不見道，道就是一。一是什麼？在不同的層面上，就是不同的東西。從生命科學的角度來說，一就是整個身心不分別，你的心與你的身合二為一，你的形和你的神合二為一，用現在最流行的話說，你的靈魂與你的肉體合二為一。用中國古人的話說，就是你的陰與陽合二為一。所以由三回到二，由二回到一，一就是道，道就是純全圓融完整的，不可分割的。

在現實中我們塵念中的人，唸唸相續，不斷的生一，生二，生三。一個念頭剛過去，另一個念頭又來了，現在想要溫暖，突然胃餓了要吃，突然口渴了要喝，明天要評職稱，後天要賺錢，再後天畫要入展，最好再獲獎，再找一個最美的女人做太太等。你的願望，你的念頭，一個接一個，這個就是一生二，生三，生萬，最後你那個真心就已經不安寧了，你的真心不可能有所安住，所以佛家叫安住。儒家叫定中，入於定中。

你不能回到一的狀態，我們就不可能談什麼養生，我們也就會迷失自己真正的心性，我們就會在痛苦中永遠向萬，

叫有對，梁漱溟說的有對。對向這兒，對向那兒，名韁利鎖，你永遠回不來了。

所有無論哪個道門，哪個法門，哪個宗教，哪個修行的方法，它只有一個原理，回到你的心身深處，向內求，然後不向外追逐。在向內求的時候，把有形的存在和無形存在，而指揮有形的那個東西合二為一。道家有句話叫「心與息相依，神與氣合住」，凝神入氣血，當然氣血在哪兒，道家有道，他傳授，如何凝神他也有傳授。凝神入氣血，這是唯一法門。

道沒有兩個，你不要以為佛家、儒家、道家說的，這個武術家，那個醫學家，那個氣功家說的道，只有一個，沒有第二個，第二個就不是道。道只有一個，道是什麼？不玄秘，是我們對小到個體生命，大到宏觀宇宙存在那個生命體的認識。所以能夠反觀內照，平心靜氣，安住於你的真心、本心，回到原來，儒家叫坐忘，那就是一，知其一而萬事畢。

如果在中國的武術裡，在武功裡，用於搏擊，那就是丹田氣的一。如果用在修身養性，用於安住，就是回到你的真心誠意，就是任何動念，我起任何念頭都出於誠懇，出於真誠，出於誠敬而不是別的。所以他物、他心跟自身、自心這是一個內外雙向的東西，我們如何把握這個分寸，把握好了，我以為那就是生命的一個美好的狀態。當你跟外緣，跟外物，跟他人不產生摩擦，然後你又利我，又利他的時候，這個度就很好了。但是這是多麼難的一件事情，又不我執，又不迷他，很難，又不自迷，這是不容易的事情。

宋代理學家程明道說「學至變化氣質方是有功」。他說

學習能夠把自己的氣質改變了，這就是有功德了。我這麼多年也在想，所謂的中國藝術、中國文化、國學，其實只有四個字：變化氣質，就是你把庸俗的東西減到最小，你變得非常高雅，變得非常儒雅，變得非常文雅，那就不錯了。你把非常自私的、自我的變得非常坦然、闊然、自然，那就了不起了。向外的跟回來的，這是什麼東西？

佛家讓人施捨，他認為捨得捨得，捨了才得，捨出去的是有形的，得回來的是無形的，然而那叫功德。佛家叫修功德，中國人叫道德。好多人談道德，以為多麼高尚，道德是什麼東西？在我看來，道德就是你對於自己這個身體要對得起它，你不委屈自己的身體，你不讓自己的身體在那裡有病你不管它，當它向你報警的時候，你不去調理它，當它求救於你的時候，你不去照顧它，這是第一；第二，當你的心有所寄託的時候，然後你不會為了這個寄託去迷失自性，然後去傷害別人的心性。這就是道德。

在道家的修練裡，認為德是第一位的，德就是得，德在哪兒？我今天也算是披露一點道家不向外洩露的玄機。這個德在我們人身二陰的中間，這個地方叫德。道是什麼？就自身的小宇宙來說，修道的人都知道什麼小周天、大周天的那個道就是由這個德開始，順著你的尾閭骨往上走，生命的那種原陽之氣，那就是道。讓德順著這個道周行而不怠，老子說的，那就是道德，倒過來就是得道。

莊子說「通天下一氣耳」。實際道家認為我們這個宇宙萬事萬物，不管是人世間還是自然，它認為都是一氣之演化，一氣之刻形，一氣之變化。我前面說中國藝術文化最終要回到變化氣質，作用於變化氣質，驗證於變化氣質，就是

你出來以後，人家一看你，這個人氣質不凡；人家一看你，這個人卑卑瑣瑣，這個人的氣息不正，那你肯定是宇宙的一點卑瑣骯髒之氣所具成。

其實聖與凡沒有那麼遠的隔離。一唸成佛，一唸成魔。我認為佛無所不在，其實就體現在我們的現實生活當中，只要你有一個善念，善待他人的心念起，就已經非常讓我們其他的生命感動了，感佩了。我們只要動一個善念，哪怕只是起了一個善念，禪宗管這個叫第一念。

儒家的經典《尚書・堯典》有所謂十六字心傳，這十六字心傳就是儒家對於人生世道所謂他們的箴言。「人心惟危」。西方的加繆不是說他人即是你的地獄嘛。任何一個個體身心，一個生靈就是你的地獄。聽來真慘烈。但是我們的先賢說的是「人心惟危，道心惟微；惟精唯一，允執厥中」，執中就是智慧，就是萬事萬物你都不要走到那個邊緣去，走到極端去，你不要沒有退路了，所以中國的學問都是中的。

道家也有十六定經的秘訣，這十六定經是什麼？跟儒家有點區別，它只說身心的受用，修練道家內丹功夫的十六字箴訣。是什麼呢？

「一吸便提」，一吸氣我就提，「氣氣歸臍」。就是我一呼一吸之間必須讓我的呼吸歸到我的丹田這裡去，生命的原來，回到你父母給你剪斷臍帶的那個真的生命之門去。「一提便咽」，他是說當我一提之後，氣氣歸臍，然而我一提了之後馬上要嚥下去，「水火相見」。水火是比喻，在有形的世界心是火，腎是水，意識是火，你的物質、元精是水，讓你的心與身，形與神，心與腎，你身上的能量和物質，陽性

的功能和陰性的物質相擁抱。

所以道家這十六定經和儒家那十六字心傳有區別。儒家也說到道了，他既說到人心又說到道心了。然而道家這個只說生命、性命。道家求長生，儒家是修身齊家治國平天下，他們有丹澤之心，有承當，有天下的意識。

遇到美色、財富、權力、名譽都要求得，這就是我們的塵念，大家無二無分別，有分別的是在超長的這部分，道心、覺悟心，可以置之度外，可以不為所動，這就是儒家當年在先秦所標榜的富貴於我如浮雲，威武不能屈，富貴不能淫，貧賤不能移，那就是不墜青雲之志的道心。這是我中華民族我認為兩三千年來的一個中華脈統。

中國的文化嚮往悠玄，嚮往天人合一，安世，入於高深，卻嫌空疏難以把握，把握好了可以安頓我們的心，不便利我們的身。諸葛亮那個時代的科技，造所謂的木牛流馬，那個便利是當時的，在今天看來很可笑。以器物追逐之長的西方科學，西方主導的這個時代的思潮，不斷地給我們這個人類製造著驚奇，讓我們的慾望被撩撥起來，追逐、消費、享樂，然而我們快活，快活的結果是最後人類集體廢掉。中國人這種悠久的、田園的自然的文明和文化，從容、悠閒、淡泊，不製造驚奇，安於現狀，守成，土，但是它讓我們的心不躁動，少了不少痛苦。這兩個應該互補，有利有弊。

海德格爾說我們人應該去蔽，我們應該詩意的棲居，應該去掉後天的許多遮蔽，我們的真心不斷被後天所蒙蔽，被塵欲所牽引。所謂的道家修練之術就是要讓我們見真心，見真性，修真神，修元神。

元神是什麼？不辨善惡的神。我們後天思維所有的知識

區別善惡，區別榮辱成敗得失，這都叫後元神。所以道家修身的一個法門就是要練元神，利用你的元精，利用你的元氣，然後練你的元神，讓它們三家合一。所以太極拳也好，氣功也好，打坐也好，最後就是讓精氣神，是元精、元氣、元神凝合為一，這就是所謂的內在。

　　其實我有一個小小的總結，我認為儒家的功夫是用於此心，道家的功夫是用於此身，佛家的功夫是心身之外別求解脫。儒者人所需也，佛者不是人性的東西，四大皆空。我們人間佛教那是對佛教的另一種別解。佛教本身就是否定生命，否定現實人生的。道家是立於天地之間，不逆天地之道而行，為弱者乃需宗教，為愚者乃接受宗教，這是費爾巴哈說的。我本來不想多談宗教。但是因為我說到心，說到慾念，難免說到宗教。

　　我利用了大家寶貴的兩個小時。我都不知道自己說了一些什麼。老子說「聖人無常心，以百姓心為心」。我絕對距聖人遠之又遠。但是我想大家人同此心，心同此理，我們彼此觀念的是一個東西，期待我們每一個人不往下墮落，而往上超越，希望我們這個身處的社會和諧安寧而安泰，而美好，而不是更讓我們覺得齷齪而無助。謝謝大家。

# 太極拳與內功養生[1]

在太極拳界，廣大的太極拳愛好者，經常會有一些迷惑，產生一些爭論：他們練得怎麼樣？我們練得怎麼樣？某某流派怎樣？某某老師如何……

我認為，這些現象都是正常的，因為世界之大，無奇不有，太極世界之大，也是無奇不有、無所不包，太極世界是眾生芸芸，太極世界也是萬千氣象。

修練太極以及和與太極有關的修養都是有益的，這一點是肯定的，有深有淺，只是收穫不同而已。我修習的體會，是透過讀書、交友、尋師、訪道等得到的體認，所有的收穫加在一起，形成了我現在的一些理念。

我今天講的內容是「太極拳與內功養生」。

## ✚ 外與內

太極拳是一門武術，也是一門藝術，還是一門學問，更是中華文化的載體。它一定就有一個外在承載的形式，所以就牽扯到了外與內。

中國的學術、藝術、技藝、功夫都離不開幾個最重要的字，其中便有「外與內」。太極拳有外在的形式與內涵的問題，我想從這個角度來開始我今天的講座。

---

① 本文為作者於2015年在重慶天龍山中國武術家協會太極高峰論壇上的演講。

### 形與意

練太極的人，也包括任何練其他拳種或武功的人，都會面對一個形體的問題，這個形體我們也可以認為是架式。比如說練楊式、吳式、陳式……這就是形式。曲、直、展、收、開、合，速度快、慢，架式高、低，立身中正不中正等，都是形的問題。與形相對的便是內意。

學書法，顏體、王體、歐體、趙體……這都是形。歐體字架比較長，重心往裡收，點畫比較方；顏字字架、字行偏渾圓，字形往外張，中間比較虛寬；柳字收筆比較重，起筆比較展捷……一說陳式太極拳，就知道它是快慢相間、剛柔並濟，有躥蹦跳躍……這都是在說外形、外在。

很多人現在在練體操層次的太極拳，也就是說還停留在外形的模仿上或者停留在外形的訓練上，即便練熟了，形已經掌握了，裡邊缺東西，還是停留在相對表面的東西上。沒有內意，肯定裡邊就沒有了核兒，就沒有了主宰外形的東西。但是有的人又走到另一個極端去了，就是用意過重。

開始修練時，在前五六年間，想讓一個人把外形與內意練到高度合一的程度，不是件容易的事。他是顧了外形就忘了內意，重了內意就忽略了外形。所以內意是核兒、是裡，外形是表；內意是本，外形是標；內意是根，外形是末。本末不能倒置。

我見過練了十幾年太極拳的人仍然困惑：我這每一個動作，都要內意先走嗎？那如果我這樣顧了內意，我外形就忘了啊？很多人會有很多類似的問題。我個人的看法是，在原則上形要傳達意，意要有賴於形來顯現。

中國武術象形取意，太極、形意、八卦內家三大拳中就有很多象形的因素，那個象形還要神意在，即便不是在形上完全模仿，也要取決於神意。比如說形意拳的馬形，人不可能做出馬的動作，動作是取其神意。形意、八卦跟太極，這三拳能夠合一，是因為它們這三拳的原理都是象形取意。

回到太極拳，無論你是楊式、陳式，還是吳式、孫式，比如「白鶴亮翅」這個動作，很多人都在糾結那個「亮」是晾曬的晾、還是光亮的亮？還比如「三通背」，有的人寫「三通背」、有人寫「閃通背」、有人寫「山通背」……在我看來這些都無關緊要，因為武術家自古以來不是文人，也不是學究，更不是咬文嚼字的先生，他們不過是為了記憶而已。加上口音、方言，有時候會有誤差。有什麼大的差別嗎？沒有。文人那樣咬文嚼字，那是文人介入了武術、介入了太極拳以後的事情。他們開始考證、考據，在我看來這是浪費工夫，對你長不長功夫毫無用處。你就是一輩子糾纏這些名目、名詞，即便真的把名詞糾纏清楚了，功夫就練好了嗎？我認為未必，因為那不是根本。只代表個人的看法，如此說，並不是認為形就不重要。

還是拿書法做比喻。一個初學書法的人，無論哪派的老師教你，他都會讓你臨摹字帖，學哪家、哪派、哪體，如果你初學，如果你學習的時間不長，一定要把那個點畫的基本形態能夠隨心所欲地寫出來，然後才能夠再進步。所以在開始階段，形是越準確越好。

我對跟我學書法的學生講，如果你想學好書法，開始你必須要認認真真地臨摹，而且你要學哪家像哪家，至少要學個七八成。你不必克隆得像複印技術一樣，那也不可能，但

你至少要得到它的形，也就是我們俗話說的形似，形似之後再往上求。如果你沒有這種形，你說我離形得意我直接學神意了，那除非你是天才。

所以，太極拳的修練，無論哪個層次的練習，都離不開名與實、理與證。太極拳既然是學問就要用心研究，學而要思，學而要行，明理而要體悟，要練。既要心神並用，又要窮理盡性、明道理，要用太極的道理用太極的思維來學太極拳。

太極包括太極、太陰、太陽、少陰、少陽。所有有形的東西、有實質的東西都是陰。我們的肉身也是，佛家說的五陰之身、五蘊之身。實際上所有有形的筋骨血肉、毛髮、五官、四肢都是陰。在「太陰練形」的階段，練有形的這種陰，也就是練你的實體、練你的身體。我們在形的這一部分就是練身體、練形體。意是陽還是陰？相比於形來說，那個神就是陽。

那麼外與內，就形與意來說太極拳練的不只是外動，練的是內外皆動，讓它們高度地合一，從本質上應該是以內動來帶動外動，以內動來指導外動。武禹襄、李亦畬說，先在心、後在身，練意的意、內意也可以理解成最通俗的心意，由內而及外。

太極拳的學問、功夫博大精深。很多人一到實際的問題就開始考慮物理、生理研究，在我看來如果以這樣的思維來理解太極拳、來解釋太極拳，就掉入西方或者現代科學的窠臼裡去了，不是在誕生我們那個中國文化和哲學歷史思維傳統來理解它。當然我們完全可以借力學甚至化學、生理學、心理學等來解釋或解剖太極拳，但一定是片面的絕對不是全

體的。古語講，太極拳叫全體大用。這個全體我剛才說那個形體的形，就是你的全體。

《拳經》說「一舉動周身要一家」，要練成周身一家的功夫，要內與外高度相合，要「一動無有不動，一靜無有不靜」，不能手動腳不動、身動膀不搖，全身要像一個聯動軸一樣，這是太極拳的特點。有人說要用科學來解釋太極拳，用力學、生理學、心理學等來解釋，沒問題，但是所有這些「學」，都不足以本質地解釋太極拳。

我個人認為，太極拳是牽一髮而動全身的功夫。當然太極拳也是牽一髮而動全身的學問，它是微茫、微妙、微小、微細之中的學問。必須心細如髮絲安靜如處子，才能練太極拳。你心裡跟長草一樣，練不了太極拳。太極拳先練形，由形往裡追，就會追到意。追到意以後由意來指導外形。是一個由外往內、由內往外的功夫。

太極拳包容了儒釋道三教乃至醫武藝眾門學問，其中之一是儒家的學問，四個字：誠中發外。「誠於中而行於外」，有「發於中必形於外」。這就是儒家中庸之學，太極拳是用中的學問，如果你不懂得中庸，也就是用中，那你永遠也摸不到太極拳的靈魂。

我的太極老師李經梧先生留下來的，我師爺太極拳秘譜裡就有這樣一句話：「守住中土不離位。」中土是什麼啊？在中醫說五臟的脾，脾主意，守住中土不離位，其實就是守住你心的那個意不離位。

## 勢與氣

形與意的階段，著重在太陰練形，練內外相合、疏通經

脈、氣脈貫通、陰陽合一。練精化氣，這時你應該是比上一個層次更深。

郝月如說：「太極拳在氣勢而不在架式。」這個「勢」跟前邊的「形」有什麼不同嗎？有，有些人說拍個拳照，擺出個形狀來，而這個氣勢、這個勢，不是擺出來的，它真的是有內在的氣勢，才能打出來，內裡得有內氣。擺出來的拳架，跟你真正內裡有功夫打出來的氣勢不能相比。

真正好的太極拳有如長江大河、滔滔不絕，那就是氣勢，那是內裡有元氣，那是你有丹田氣。有了丹田氣，再能夠達於末梢，就有了混元之氣。

你有了內外混元合一的氣，然後一動那氣勢就不一樣了。不管打的動作大小、架式高低、動作快慢，出手就不一樣。行家看這個，而不是外在多漂亮。

有一些太極拳表演，練出來架式非常漂亮，運動員本身也可能就是體操運動員，或者舞蹈運動員，肢體柔軟腳抬得高，腰身曼妙，但功夫那就另說了。好看的不見得中用，中用的也不見得好看。跟寫字一樣，外表寫得漂亮的字，外行看著龍飛鳳舞，但裡邊沒有內涵。太極拳的氣其實具體說就是勁。勢還是相對外在的，它是內氣的流露，是丹田氣的流露。儒家還有一段話：誠於中，實於腹，昂於背，萃於面，達於四肢。內裡有，外邊才有。

我的幾位老師，都重視內功都強調內功，他們認為內功對於太極拳的品質，對於你身心受益的程度，乃至對於在搏擊當中的發揮，都有至關重要的作用。孫祿堂大師說過太極拳一氣而已。我們如果修練太極不把這個「氣」字弄懂，不把這個一「氣」字練上身，在我看來你還是門外漢。

## 招與神

《太極拳論》說：「由招熟而漸悟懂勁，由懂勁而階及神明。」招熟很重要，在形或勢上都到了相當的程度，爛熟於心。中國人講熟能生巧，就是你熟到巧的那個程度了。由招熟而漸悟懂勁，懂勁的勁就是氣的具體化。中國人認為沒有氣不會有力、不會有勁。搬重東西一定要憋一口氣。

「神」，太極練到上層境界就是一片神明境界，到神那個程度，就是前面我提到那個「陽」了，至陽。全身的肉體都是陰，只有那個東西是陽。老子說：「我之大患患有我身，苟若無身，何患之有。」他說我這個人生啊，最大的心腹之患在於我有肉體，假如我沒有這個軀體，我就沒有大患了。他是站在思想哲學的高度說的這句話。

我們練太極拳拳道功夫的人也要體會這句話。有病的人全部是肉體沉重，病體沉重，骨節也皺巴，筋脈也不通，腦袋也昏沉。而那個神清氣爽的人，才是真正身體健康的。一片神明境界，肉身真的沒了嗎？當然不是。唐代李道子的《授秘歌》裡說得很清楚：「無形無相，全體透空。」你把有形的五蘊之身練得跟沒有一樣，只有那一臨獨絕的獨陽之氣在那裡主宰，所以叫事事寬心揣用意，所以你要虛靈頂勁。一靈提起，四肢百骸，三百六十五個骨節，最後全部節節貫通。拳經說叫節節貫串，要如九曲之珠無往不利。那無往不利之後，如果你貫穿到鬆、通、空，你就練到了空通的狀態，就無形無相全體透空，沒有一個地方能夠牽扯你，你輕盈至極，空靈至極，也包容至極，有時似無，無時似有，有也是大有，無也是假無，但是那個假無是真有。

這個境界不是輕易就能達到的。也許你某一個瞬間有，也許你今天偶然打拳有，但是你要讓它變成常態，每次練拳、每一個架式，都能進入這個狀態，甚至不練拳的時候，都能進入這個狀態。那你的功夫一定不一樣，那叫無罣礙，你的筋骨已經撐開了，你的氣脈已經貫通了，你的經絡當然就是通的了，你的十二正經、七經八脈都是通的了，那你已經接近道家內功所說的大周天了。

拳武相通，拳醫相通，拳易相通，拳禪一味，拳與道合這都是實實在在的境界。只不過不是所有的人都能夠修到練到的。第一是太陰練形，第二是練精化氣。現在我說太陽煉丹。在練太極拳的時候，是從外向裡求，從裡向外走，這是真正的開合，所以孫祿堂創的孫式太極拳稱為開合太極拳。怎麼為開呢？不是外形把手放開了就開了，那個太表面了，是氣機往外走為開，氣機往回收為合。練到再上乘的時候，開就是合，合就是開，開合是一個。李經梧老師做到了，他在搭手接手的瞬間，看不到他化，搭手就往裡走，他告訴我說：我接就是化，化就打。所以接化打發是一個，開與合是一個。太極者陰陽也，陰與陽合一，就是太極拋物的力和往裡收斂的力合成一個，攻就是防，防就是攻。

練到神明境界才有樂趣。那時候才能老叟戲頑童、耄耋能禦眾，才能夠讓比你強壯的人、比你人數眾多的人奔走在你的面前，然後失去重心、站不住，而你可以很從容、很輕鬆地來對待。這時候樂趣就大了，那叫功夫上身。

## ✚ 練與養

很多人練拳不會養。練武不是強身嗎？是。但是怎麼解

釋很多有名的武術家不長壽？他們沒功夫嗎？不，他們有功夫，但是他們沒有養。當然決定人壽命的長短有很多因素，比如家族遺傳、個人遭遇、生存環境等，但是更重要的是個人的心性和個人的修養、個人的修練。不是所有武術家都懂養生之道。我的另一位老師胡海牙去年剛走，足足一百歲，走之前鶴髮童顏，那真的是懂養生。當然他也是高明的太極拳家，是道家內丹的傳人，也是著名中醫。

練與養，練是有為法，養是無為法。這又是中國傳統的學問。我們所有練拳的人，都在練有為，但是善於練的人，善於養的人，特別是從養生的角度來說，更要用無為法。

太極拳是道家的外功，是道家的動功，它真正內在的東西就是內功，是內丹之功。內丹之功到了上乘的境界，一定要用無為法。我跟著中醫長壽考察團專門去廣西巴馬考察那些長壽老人，他們很多都不練拳，然而他們很長壽。長壽有很多原因，經過我們考察發現他們有一個共性：心性淡泊、勤勞小動。

長壽養生是非常複雜而深奧和廣泛的話題，是個大學問。

## 盤架子與站樁

很多人練太極拳認為練拳架就是練功了，不是。練太極拳還專門要練樁功。我的老師們說太極拳打得慢，步步是樁，就是你每一個動作都是站樁，由於你練得慢，小腿、大腿要吃力，但是吃力的階段要過去，你最後必須要練得體重最後直接放到腳掌上，由腳掌的湧泉穴沉入地下去，還給大地。楊式太極名家鄭曼青說「吞天之氣，借地之力」，必須

要把身上所有的東西最後落下去。

鬆沉是太極拳的功夫。如果你不懂鬆你就不會沉；如果你不能沉，你身上那個陰濁的東西不會練下去。太極拳健身最重要的就是肢體的鬆，讓你的細胞恢復到最原初的、最自然的狀態。

太極拳健身的原理就是，神經系統、血液循環乃至肢體組織，全部進入到鬆空、鬆柔、鬆靜的狀態，身上所有不必要的最後都化掉、鬆沉掉，你的身心覺得無比輕鬆。練太極拳的人按著要領練一遍以後覺得神清氣爽、氣血周流，身上無比的舒適、安泰、溫暖。

盤架子的過程步步皆樁。開始，先要慢練，越慢練越吃功夫，當然這個慢也是相對的，慢到腿受不了，練出外傷也不行。在慢中出功夫，在盤架子中找尋自己的形、勢、招，透過慢慢地研磨去求、去體悟。

太極拳不是今天學一套、明天再學一套。你會八十套與質量無關。不少練太極拳的人都有這樣那樣的問題，有的血壓高了，有的血脂高了，有的頸椎疼了，有的膝蓋疼了。

以我的理解，檢驗一個人太極拳練得好與不好，是身體是不是比一般人健康，心理是不是比一般人健康，壽命是不是相對比別人長。

站樁是站什麼樁呢？最重要的是無極樁。每一個太極拳的套路都是從無極開始的。無極樁是萬樁之源，是萬招之始。無極樁對健身來說非常好。它是最基本的，又是最高級的。在練太極之前站站無極樁，或者隨時隨地練練無極樁，對於增長功夫、養生有很大的益處。

學一套太極拳不容易，功夫練上身更不容易。但是站

椿，人人都能站，關鍵看你有沒有恆心，願不願意用那個心。

## 命與性

這個話題說來挺高深，何為命？何為性？佛家有佛家的解釋，道家有道家的解釋，儒家有儒家的解釋。我只想說最通俗的，命就是我們的肉體，你的這條命，你的這個有形的身，這就是你的命。而性呢？一般的解釋就是你的心，這個解釋不全面。更內在本質的，心性是你身體的主宰，是你命的靈魂。

練太極拳練什麼呢？從道家的角度講，實際練的是性與命合一，它們倆不分離，你就永遠是個不死之身；它們倆練得越好，越高度地合一。很多人肢體很健康，然而心理不太健康，這不是健全的人；很多人心理很健康，然而肢體是病殘的，那當然也不是理想的生命。

理想的生命是心理和肉體健康，兩者還毫無障礙，太極拳修練的是無障礙的、無罣礙的功夫。我的師爺之一楊禹廷先生，96歲無疾而終，他生前愛說的一句話：「太極拳練的功夫是把自己練成像衣服架一樣。」據說楊禹廷師爺跟人搭手的時候，別人摸不著他的一點勁，想往他身上發力，一點力也發不出來。

楊澄甫的《太極拳十要》也說「不用力」。我的老師跟我說是不用拙力不用僵力，不是一點力不用。李經梧老師說，太極拳是外導引而內吐納。生命只在呼吸之間，一呼一吸沒有了，你這個生命體就結束了。生命就在呼吸之間，丹道就在呼吸之間。懂得呼吸，你就懂得丹道；不懂得呼吸，

你就不懂得丹道。

　　煉丹田要從有為開始練，從後天返先天。我的老師們全都是說先從丹田練起，從丹田做功，春種夏耘秋收，你不下這個種子，永遠沒有開花結果的那一天。在我看來太極拳的練習和修練三年真的可以小成，遇到一個明白的老師，到五六年的時候，一定能夠練到中成左右的功夫。我所說的中成左右的功夫，就是你既能知己也能知人。知己是小成，知人是中成，神明是大成。

　　王宗岳、武禹襄、李亦畬、孫祿堂的拳論、拳經，是我們學習太極拳不能不用心讀的東西。用心讀了結合自身的練習，自然會有體悟。

　　太極拳的內功、養生，實際上都在拳經裡可以求到，然後我們用身心來證悟這個拳理。越明理，練拳越能夠有長進。古人所謂「得訣歸來好看書」，要有師承，要用心，要有恆心。

　　我的老師們教我很多東西，我很感謝，我還算用功。把練功變成日用，「行走坐臥不離這個」，今天沒打拳不等於沒練功，必須把練功變成日用，日用是什麼意思？每天、每時、每刻都不能缺少，坐在飛機上也一樣可以養生，可以練吐納功夫，可以練內功。禪宗說：「困了則眠，飢了則食，渴了則飲。」這就是參禪，就是佛法大義。我們修太極拳的人可以借鑑。

# 武與藝——
## 中國文化的理念和精神①

　　張載說：「為天地立心，為生民立命，為往聖繼絕學，為萬世開太平。」太史公司馬遷說：「究天人之際，通古今之變，成一家之言。」「古今之變」大家都比較熟悉，那什麼是「天人之際」呢？天人之際其實也就是張載所說的「為天地立心，為生民立命」的那個學問，這個就是絕學。

　　以我所知，中國先秦的儒道兩家，最看重的是安身立命之學。儒家所謂「修身、齊家、治國、平天下」，要以「修身」為本，要從「修身」出發。所以這個修身養性呢，成為我們中國學問裡面很重要的一部分了。而對於藝術，中國畫大師黃賓虹說：「藝術是最高的養生法。」從20世紀二三十年代以來，蔡元培主張以美育代宗教，而黃賓虹等一概人提出藝術救國。在他九十歲的時候又提出：藝術是最高的養生法。所以傳統的琴棋書畫，特別是傳統的書畫，都要頤養性情，修身養性，這個是沒有問題的。但是我道家的老師跟我講「大道不傳久矣」。其實莊子在兩千多年前的先秦就寫了：大道不傳久矣。這個大道是什麼道，就是儒家身心性命之道。我們也知道《論語》裡說了：「夫子之言性與天道，不得耳聞也。」就是說孔夫子很少談到性命之學。孔夫子是懂性命之學的，但是他很少談，為什麼呢？他認為，人道近，天道遠；不知生，焉知死。所以他更在意的是人倫日用

---

① 本文為筆者2015年10月在廈門大學EMBA課程中的講座。

的學問，是家國天下的擔當，這是儒家所要做的事情。所以我常講，儒家的學問可以改變人的氣質。

無論你讀多少書，讀多少聖賢書，讀四書五經，讀什麼精神祖籍，最終要改變氣質。如果你最終沒有改變氣質，這個書就沒有讀到身上去，沒有讀到心裡去，沒有讀到你的性命受用處、功夫裡。而我所知道的道家學問，它應該能讓人脫胎換骨。如果它不能讓你脫胎換骨，那就不是真的道家之學。那麼道家之學集中體現在哪裡呢？就是長生久視之道，這個莊子也說了很多。道家的長生久視之道，也可以視之為性命雙修之學。只是儒家入世，道家相對出世，所以先秦之學，是儒道兩家互補。

另外呢，我還有一說：我認為道家之學不是先秦百家的一家。實際先秦百家的所有源頭都來自道家。那個時候不以道家名，所以老子也說了「道可道，非常道。名可名，非常名」。實際上在先秦之前的遠古中國，都尊崇這個道理，後來演變為九家、十家、諸子。所以呢，在《漢書‧藝文志》裡也已經說得很清楚，「九流十家」，道家變成一家。

實際上，儒家從堯、舜、禹、湯、文王、武王、周、孔其實說的都是這個東西，只不過它用在社會上就是治世、治亂之學；用在人身上就是身心、性命、修養的功夫，這在《大學》《中庸》裡都說得很清楚。而道家，道隱無名，遁世無悶，所以他們「不事王侯，高尚其事」。所以，道家的學問更超然、更飄逸，有時候讓我們覺得更易作用於我們的藝文，而不是作用於我們的事工。一般來說彷彿離現實遠了一點，所以相對是出世。

而從東漢以後傳入中國的佛學，豐富了中國文化。與中

國的文化有衝突，又有交融，互相有所取捨，最後又形成了中國佛學的八大宗。而這八大宗中，禪宗無疑是最中國化、最地道的佛學流派，而且濃縮了中華文化的精神。而禪宗所有的志趣，在我所理解，儘管它也有五祖、五花七葉之說，但其實佛家的禪宗最重要的就是當下，一切就是活在當下。

道在眼前，禪在日用，不脫生命的本質。大家都知道，六祖慧能本身目不識丁，但是他得到了禪宗五祖弘忍傳給他的衣缽。可是也很有意思，得到了衣缽之後，五祖說：「一路往南行，快快跑，否則你就有性命之憂。」慧能連佛門也不親近，得到了衣缽相傳，得到了所謂真諦，其實他也要逃離地方。

中國的精神，就是莊與禪的精神——莊子與禪宗的精神。所以在我看來，無論是傳統的藝術、傳統的功夫修練，還是諸多學問，其實都可以歸於我們中國人珍攝生命，修養性命，保養太和，它們都是一以貫之的。那麼我們在今天說琴棋書畫、茶道也好，太極拳也好，諸多傳統的技藝、藝術、學問，其實它們的意義都是如此。

今天呢，我利用有限的一點時間，想要說那麼幾點。

我想說的是，內與外。我想說中國功夫的傳統，從來就有內功外功，從來也有內學外學，我們很多經典的書都有內篇外篇，當然有的也呈上篇下篇。而中國的文化、中國的學問重視的就是儒道兩家推崇的內聖外王之道。梁漱溟在20世紀30年代說過這樣的話：「中國文化都是向內求。」其實連古印度的文化都是向內求，但他們走到了另一個極致去了。而西方的世界，他們的學問，從古希臘以後，文藝復興以來，他們更多地重視對外部世界和物理世界、對實體的追

求，對物質世界的層層剝離與探究。

其實印度之學比中國之學更加走向生命的深處，甚至進入冥想的世界。它更多地向心性、向意識、向思維、向所謂的精神世界去探索。但我看來，這與印度的地理有關。印度地處南亞，氣候炎熱，他們要最大限度地減少運動量，減少體能的消耗。所以他們在樹下、在山洞裡，當然也可以在雪山上靜坐、冥想、修道。進入冥想世界，我們稱之為幻覺也好，稱之為想像也好，稱之為真實的關照也好，這個有待將來科學慢慢研究。總之，它讓向內求，在心靈生命的深處世界去探索，走到了一個極致。在我看來，中國的文化處於這兩個中間。我們的傳統是：心與物不走向極端。心與物、天與人、外緣與內境高度合一，它讓我們的知識與行動也要高度地合一。所以，天人合一，心物不二，知行合一，這是中國傳統。這樣的傳統經過宋明理學，更得到了張揚，這是中國的學術，我們的理念。

那所謂的內功和外功，有廣義的，也有狹義的。如果說廣義的，所有你對於養生的意識，就是我們對生命珍攝的心態，在於你有沒有對於生命的那種保護，所謂畏生、攝生、養生、護生的心態。你有了這個意識以後，你會隨時在生活工作當中保護著自己。而對於自己所要追求的事業、成就、財富、名譽等等，你都會有一個扼制，有一個理性的對待。這就是最廣義的養生。但是如果說具體的學問，那真的要萬語千言，諸門諸派，各有說法。

比如醫學家告訴你，祖述黃帝內經，上古之有真人者，一切天地把握，飲食有節，起居有常，和於術數，不妄作勞，一切都是適度的。比如天地陰陽的轉換，比如古人二十

四節氣。實際上什麼是二十四節氣呢，它是以中原地區的文化、物理為依據的，就是當寒來暑往交替，天地換檔的那個節點，是陰陽氣轉換、五行氣交替的關節點，就是在這個時候你要知道如何與天同步。所謂日出而作，日落而息，秋冬你要養陰，春夏你要養陽。為什麼春夏養陽，因為春夏的時候天氣熱，日漸炎熱，你如果躁動的話，陽氣耗得更多，那麼陽氣耗散大了會虛脫。

我們所謂的中暑，是指陽氣瞬間的耗散，這個時候你就受不了，所以虛脫。陽氣是什麼呢，是保衛身體外圍的衛氣。虛脫的時候就不能夠起保衛的作用，所以你會大汗淋漓。陽氣與陰氣、內氣與外氣必須是固住身體。

實際上人身的小天地與宇宙的大天地是同步的，敏感的人、修行的人會很同步，很有感應。那麼一般的人不去體會這個，所以沒感應。實際上感應與不感應，你都跟它在同步。比如說，每月農曆的初一和每月農曆的十五，月缺和月圓的兩個時間，你的心理、生理都會有變化，微妙的變化。如果是女性，你的月事一定會隨著這個來變化，所以它叫月經。它像潮汐一樣，這個是必然的。

中國的學問始終認為，女性像月亮一樣，像大地一樣，是坤，是陰，是柔；男性是乾，是陽，是剛，這是古人的一個指代。所以如果你陰陽不能平衡，你不能跟日月天地同步，那當然有問題了。短時期可以，偶然可以，如果你長期逆天，違背天道的生存規律，那你就不行了。

所以呢，古人的這些學問，老子說得很清楚：「人法地，地法天，天法道，道法自然。」自然、自在、自為。比如說每年的立夏這一天，是陰氣開始增長，陽氣開始消弱的

時期；而到了每年的立冬、冬至開始，你的陽氣就開始回覆，陰氣開始慢慢退了。這就像古代的太極圖，陰漸長而陽漸消，陽漸消而陰漸長，這是一個循環往復、此消彼長的天道。所以一陰一陽之謂道，這是孔子為《易經》作傳的時候寫的陰陽之道。形而上者之謂道，形而下者之謂器，但是道器不分，這是中國的傳統。不會像西學那樣，講純粹的道理，遊於事物之外來說理。

禪宗尤其看重事就是理，理就是事。也就是說，事、理、道是一回事。道不在事物之外，道在日用之中。因為我們尊崇這個，所以道家有特別具體的修練方法。

你在每年的冬至這一天等待身體裡的「活子時」，什麼是「活子時」呢，就是你身體這個小天地裡的陽氣忽然回覆的那個訊息，老子說「其精甚真，其中有信」的那個東西。這個信一旦來了，你要抓住「一陽來復」來修練陽氣，讓陽氣逐漸壯大。

所有道家的功夫，千門萬派，很玄妙，其實說簡單了，在我看來，道家就是讓你的心與性，身與命，也就是你的心理和生理，肉體和思想隨時保持春天的狀態。春天萬物是充滿生機的狀態，不是秋天的肅殺，不是嚴冬的寒冷，也不是夏天的炎燥，而是春天的溫潤。你的氣血像春天的溪流一樣，像春天萬物的生機一樣，春草萌生，看待萬物都是一片春意。讓你的身與心，在一年的四季，在一天的二十四小時，都保持著春天的狀態，這是最佳的狀態。所以道家所有的學問，不管什麼流派，說法如何，實際都是讓你一片春意，二十四時皆春，三十六宮皆春。

「三十六宮」是道家專門的術語，就是把我們的身心分

成三十六個宮部，三十六個宮殿，就像相學裡把我們的面部分成十二宮一樣。三十六宮皆是春，就是讓我們的身與心一直處於春天的那種萬物生長，欣欣向榮的狀態。所以，現在人說正能量，說你的心態要好，就是讓你的心理、你的精神世界要光明，要坦朗，要健康，要充滿著希望，要有著一種愉悅感，這個很重要。

但有形的世界更重要，因為我們的身體，我們的血肉之軀就是所謂命。我們的精神、心理、思維是所謂的性，這個性是心性的意思。佛家和道家都說心，都說性，但略有差別，今天不去分析這個。大體而言，你可以理解為它是心理和精神。肉體和軀體是有形的部分，而無形的部分就是心理的、精神的、思想的這一部分，是虛無的、主宰實體的。

體育運動員肢體很健康，肌肉發達，精神世界簡單，簡單沒關係，如果它是健康的，那也好。有好多人身體很健康，但心理不健康，這不是一個健康的人。所以我在好多場合講，西方的體育，不可以包括我們中國的養生學，那簡直不能同日而語。

現代人的體育鍛鍊，更不能與中國傳統的養生學相提並論。因為我們的養生學是心身性命雙修，而現代的體育運動是肢體運動的專門訓練方式。當然，反過來也有好多修行界的人，佛家道家、和尚道士等等，心性很善良，也很和藹，對待任何人都很和平，對什麼東西都很善良，但是不能養自己的血肉之軀，照樣是黃皮拉瘦，照樣是疲軟無力，照樣不能夠保自己的命。

我道家的老師說，南宗始祖有一句話：「只修性，不修命，此是修行第一病；只修命，不休性，萬劫陰靈難入

聖。」也就是說只修心性，不養命，不養血肉之軀，這是修行第一弊病；只修練血肉之軀，功夫練到最高，也不過是陰神出竅，進入不了仙佛界。要陽神出竅才能進入仙佛界，陽神出竅才能超凡入聖。所以在修行界認為，血肉之軀，有形的都是陰，一身四大皆為陰，就是地、水、火、風所組成的。中國道家金、木、水、火、土五行，物質性的五行的血肉都是陰。我們有形的肉體，五臟六腑、皮肉血骨都是陰。我們的思念、思慮之事，佛家道家所謂的識神，思維之神也是陰。那什麼是陽呢？所謂先天的那個神，非思慮之神，就是元神，就是陽。它不是用思慮，不是用邏輯推理，不辨善惡美醜，這叫陽神。

　　道家修練的功夫就是要修練陽神出竅，身外身。老子曾說，身外有身。道家修練還有一句話，「女子修成不孕胎」，就是女的不懷孕，不生胎；「男子修成不漏身，解聖胎」，就是男子要能懷胎，懷聖胎，聖胎就是陽神出竅。這些東西跟我們日常所接觸的知識和學問相去甚遠，但是我可以說，依我幾十年的學習、瞭解、見聞和體會，這是真正的中國學問。喜歡不喜歡是一回事，瞭解不瞭解又是一回事，但它是真正的中國學問，就是我剛才說的往聖絕學。

　　這個學問連孔子的愛徒顏回都沒得到。朝聞道，夕死可矣，所以他沒有得到性命之學，他三十幾歲就夭亡了。真正得到這個學問的是曾子，曾子得到了這個道，傳給了子嗣，子嗣傳給了孟子。但是孟子以後，也就是秦漢以後，幾近失傳。道家一直持有這個學問，但是道家不入世，不在世間彰顯這個東西，所以懷有這個道的人，也不在世間去說它。最後到了宋五代的時候，道家的陳摶把先天的太極圖傳出來，

後來又把無極圖傳出來。一個傳給了儒家的周敦頤，宋代理學的開山祖師，蓮學派的創始人；一個從二程一脈傳到張載，往後這麼傳下來。所以既有無極又有先天的太極，太極圖和無極圖傳下來成為儒道兩家，也可以說開宋明理學之先河。但是這個學問到了明清以後，像王陽明這樣的明代大儒，他實際不斷地想去學習道家的這些學問，但是沒有得到。他也仕途坎坷，五十七歲卒於任上，得病而死，所以也沒有得到這樣的學問。但是他的心性之學很厲害。包括宋代的蘇東坡等一批士子，都在追求這樣的學問。但是究竟誰得到了這些東西，很難說了。

所以中國的這些學問，我歸納為「內」與「外」。內聖與外王，內功與外功。向內求的內向之學，實際上總是忽忽閃閃、若有若無的一個狀態。到後來，到了明清時代，道家受到了喇嘛教的衝擊，這與帝王有關。明代早期的帝王都是好道學的，但是到了後來，尤其到了清代以後，密教就占了壓倒性的優勢，道教就更加處於一個衰微的狀態。晚清以來，到民國，到現在，幾乎也是這麼一個趨勢，我們就不用多說了。

之後，中國傳統的這方面學問受時代、政治、文化思潮等種種影響。試想在新文化運動時期，1910年代前後，中國連儒家列子都被打倒了，我們的精神祖先，我們中國人文化先賢的牌位都被推倒了，那就不用說了，中國的文化到此以後支離斷碎。到今天西風尤烈，已經烈到了中國人所有的腦子都被換掉了，所有的心理都在自然不自然中被洗掉了，而渾然不覺，這個我是有證據的。

我們參與國際會議的正裝都是西服領帶，這叫做禮服，

而我們的國民禮服沒有自己的民族服裝，這是一個。我們的年輕一代，在婚禮的時候穿的都是白婚紗，這也是跟中國傳統禮服大不相同，我們傳統的禮服是以紅色為吉祥喜慶，為闢邪，為興旺，為火紅。白色的禮服是喪服，白婚紗是基督天主教的文化，我不涉及宗教，我只是說文化信仰，所以禮已經失了，朝野禮都不是中國傳統的古禮了。這是近代以來，從洋務運動開始，1840年鴉片戰爭以來，中國人日漸失去對自己文化的信心，然後到20世紀20年代前後的新文化運動，自由主義、激進主義成為主流，我們的傳統學問、理念、價值體系摧枯拉朽。

到了20世紀30年代的學生派，他們要開明一些，以梅光迪、張仲禮為代表的這麼一批人，他們主張要以中國傳統學術來糾補這個時代的毛病，這一類人也包括梁漱溟。但是他們沒有成為時代的選擇，他們成為時代的另一種相反的力量，而激進主義和自由主義派占領了時代的主潮流。但是我們在今天冷靜地回顧七八十年前那一段歷史，我們今天在享受那個時代的成功，無論當時是成與敗、得與失、長與短，我們都在享受那個時代的結果。

那麼回到我要說的，中國內向的文化，它的學問我可以稱之為「內壯之學」。相比於西方人，我們大家都知道，晚清以來的西方世界稱我們是東亞病夫。實際上我們這東亞病夫還有特定的歷史，是因為他們把鴉片大量的輸入，朝野爭吸鴉片，大家於是就沒有了戰鬥力，於是體質日加衰弱，那沒辦法，最後成了大煙鬼。所以在我小的時候，我的長輩說身體很差的人，就說「看這個身體跟大煙鬼似的」。所以當時我們吸食大煙的人最後就變成東亞病夫，這也可以說是外

圍世界對中華民族的一個戰略陰謀，這個戰略陰謀還夾裹著經濟的利益，貿易、資本的流向等。

總之一句話，我們中華民族自古以來是勤勞強健的民族，不是東亞病夫，但是在晚清以後，在人家外圍勢力的合圍之下，當然我們內部也有問題的情況下，人家實現了這個陰謀，所以中國人變成了東亞病夫。

20世紀初葉，中華民族的有識之士不斷地強國強種，後來救亡圖存。所以「內壯之學」就是，我們傳統的古學，那個往生所謂的絕學就是內壯之學。相比於西方人的那種肌肉強健，富有侵略性，富有掠奪性的那種文化的學問，我們是寬容、包容、溫良恭儉讓。而在具體的學問上，我們就是向內求，求內壯，就是我們生命的內在讓他強健而不是外形的健碩。說實在的，有很多這樣歷史交匯的時期，文武兩界都會有較量。在民國時期，俄羅斯的大力士康泰爾曾經在上海叫囂：中國人來一個打一個。最後，我們的精武會，霍元甲為中華民族贏得了勝利，但是霍元甲並不是多壯碩的人。後來呢，北京、天津的敖平、康泰爾自詡所謂周遊列國46張什麼金牌大力士，又在天壇設擂，又是這句，就是要暴打中國東亞病夫，又是這種蠻橫的氣派。

當時我們有中華武士會，天津中華武士會的首腦人物李存義，帶領他的弟子叫韓慕俠，還有張占魁等一行幾人，到北京六國飯店，就是今天的北京飯店，要跟康泰爾較量。私下裡第一次的較量康泰爾就輸了，正式比賽李存義自己取消了，但是他們要求康泰爾必須登報聲明。最後康泰爾登報聲明，甘願服輸。這都是實有其人的，這個韓慕俠也只是一米七的個子，而這個康泰爾身壯如牛。

　　這是大概百年前的歷史，舉這個例子說明的就是中國人的功夫，修練的功夫絕對是可以以內在的柔弱而勝外在的剛強，可以以中國人那種文氣的身子來擊打、搏鬥那種所謂肌肉強健的西方拳擊手。而我們真正修練身體養生的人不為了這些。那好，你要修練什麼呢？莊子說：通天下一氣耳。我們看古代，無論是《呂氏春秋》，還是《淮南子》，還是王充《論衡》，所有中國這些秦漢之間的著作，都在說一個道理——生命就是氣。如果你沒有這口氣，你的生命就結束了。所以中國人管活叫有氣，管死了叫沒氣，這口氣嚥了就死了。所以中國人認為三寸氣在萬事在，三寸氣斷萬事休。這個三寸氣在哪兒呢，在我們的肚臍周圍，這個地方叫所謂先天胎元的歸元氣海。在針灸裡歸元氣海這個穴位，道家稱之為丹田，而這個地方縱橫三寸，是一個空間的部位而不是一個具體的量化指標。所以如果這個氣在，就不會死。

　　我們知道那個印度的瑜伽式修練，可以在水裡、土裡埋十個小時，然後不死，其實這就是胎氣，道家的胎氣，就是說他可以用皮膚呼吸。如果用口鼻呼吸，五分鐘他就完了，對不對，埋在地裡他早就完了，他的口鼻不出不入不呼吸，然後他用皮膚呼吸，而皮膚土是進不了的，土的分子進不了你的皮膚，所以他能存活。

　　這些學問，說實在的，東方人獨懂，而中國人獨絕。古印度人也了不起，所以古印度傳下來瑜伽式，整個佛學最重要的就是瑜伽學。而我們今天所謂練瑜伽的，那實在是把瑜伽淺表化，把瑜伽通俗化，尤其是商家說這可以瘦身，可以美容，贏得女士和年輕人的青睞，這是商家的運作。

　　而真正的瑜伽學不是這種，瑜伽學是智慧哲學，是求智

慧，是求了脫生死，但是不是這個，這個是商家的炒作，忽悠而已，但好多女士甘願去為這個來投資。練瑜伽對人有沒有好處？肯定會有的。不過有好多弊病也顯出來了，不是所有的體質都適合練瑜伽。古印度傳過來的佛教的辛密，同樣有瑜伽的功能，它有四部瑜伽，最高一部瑜伽就叫無上瑜伽，那個無上瑜伽就是所謂梵我合一，悲喜雙擁，那個境界跟道家所謂的天人合一很像，境界相仿。

我現在想說的，是中國的這個所謂內壯之學也有千門萬派。但是最重要的一條就是，只要元陽之氣健旺，你的生命的根本不絕，不衰絕，你的生命就沒問題。道家、內丹學認為生命的根本在於哪兒呢？就在我們身體的前後、上下、左右的中點，這個地方就是我們元氣所在的地方。我們的元神在哪兒呢？就在我們的兩眼中間，往後跟後腦勺之間，跟百會穴頭頂穿下來這個交叉的地方，這個地方就叫元神所居之處。這個地方道家有個術語叫泥丸宮，剛才不是說三十六宮嗎，這是其中一宮，叫泥丸宮。元神居在這，元氣元神相合，這就是當年廣成子教給黃帝的道。

廣成子，司馬遷在《史記》裡記載，黃帝上崆峒山問道，廣成子已一千二百歲。黃帝向他學什麼，就叫至道，最高的道，也就是大道。那麼廣成子告訴黃帝的話就是，「毋勞吾形，毋搖吾精」。不要讓你的形體過於勞累，不要無端地消耗你的精氣神，讓你的神與氣與形相合為一。

我們人經常是思維與軀體分離，氣息與精神分離，其實所有這些分離都不行。中國的學問，一個字「和」，第二個字「合」。和合二仙那兩個字，一個是天人合一，一個是形氣神精合一。天有三寶日月星，人有三寶神氣精，讓它們高

度地合一。張三丰傳來的太極功，第一步就是太陰煉形，就是先練你的形體，透過太陰煉形以後再太陽煉丹，然後陰陽雙修，這個時候才能玉液還丹，金液還丹，最後才能煉成金丹、大丹、仙丹，使你的生命完成脫胎換骨。

回到這個內壯之學。儒家說：「致中和，天地位；中也者，天地之大本；和也者，天下之達道。」我們道家、儒家、醫家認為：人身是個小宇宙，是個小天地，這個小宇宙、小天地要跟大宇宙、大天地同步，要合一。所以呢，《陰符經》裡有一句話，「觀天之道，執天之行。」中國的學問，就是透過人文追尋天文，仰觀天道，然後順天地之道而行，歷經八八六十四卦，所有這些學問中，天地的萬事萬物最後都應該是對天地的法則，以它為標準，這就是彌綸天地之道，也可以說是順勢自然規律。但只有道家的南派說：「我命在我不在天。」就是說我可以透過修行來改寫命運。當然這是非常人，這不是一般人都能做到的。一般的人能和於術數、把握陰陽、提挈天地，已經很不錯了。

我們拿術數舉例，道家認為：男性外陽而內陰，女性是外陰而內陽。就像太極圖裡的陰陽魚，陰魚裡有個陽眼，陽魚裡有個陰眼。所以呢，女的因為體陰而用陽，要用陽數奇數七為尾數。女的在七歲的時候，筋骨初長成，精氣開始慢慢增長。到了二七十四歲天癸至，癸就是水，天癸是天水的意思，天水就是月經初潮，就是在十四歲即兩個七的倍數的時候，女性有了正常生理反應。男子以陽為體，以陰為用，所以以八為尾數，二八一十六歲男子身體的精液，可以有生殖的功能，可以成家。

所以，古代十四歲的女子可以出嫁，十六歲的男子可以

娶妻。這是古代的禮制，它是符合這個天道的，因為在這個時候男女都長成了。三七二十一歲的女子是妊娠、懷孕、生育的最佳狀態，三八二十四歲的男子是身體最強壯的時候，陽氣最好的時候。從女的二十一歲，男的二十四歲往後遞減。女的遞減到七七四十九歲，月經可以卒了，就是現在醫學所謂的更年期。

我們中國古代道家、易家就認為，四十九歲五十歲左右的女子就是正常絕經期，就是天水要斷絕了；而男的到八八六十四歲可以斷絕了生殖之精。這都是說常態，因為人群中總有超常的、非常的人，這不是絕對的，這都是概率。所以呢，四十九歲的女性和六十四歲的男性必須添油續命。

就是到這個時候，他的那個油燈的油，耗得差不多了。當然每個人的油燈儲能先天帶來的不一樣，後天放進去的也不一樣，使用的消耗量也不一樣，所以就會有差別，但是大體來說以這個為基準。

在易經的卦爻裡，四十九是特殊的數字，而六十四是八八六十四重卦的再重，就是一個週期，這是生命的一個週期，這個生命的週期誰都不能逃越。所以男性在六十到六十四之間是一個死亡高峰期，因為這個時候生命換點、換節、換擋；而女的在更年期，生理和心理都很波動，這也是一個大體的事實。但是生理心理的這個變化都不是絕對的，有時候因為個體而有差異，就像有的人麻木而有的人非常敏感一樣。道家認為：這個時候添油續命，給你的油燈裡添上油，讓你的油燈更亮。因為燈的亮就是你的性、心性，燈的油就是你的命，所以添油續命。

如果我們用今天的器物來比喻，汽車車體就是你的命，

車的功能就是這車的性，再好的車性沒有好的車體也沒用。比如你是一輛勞斯萊斯，然而已經撞得百孔千瘡了，雖然這個軀體不行，但是勞斯萊德的功能標準是很高的。如果你是一輛普通廉價的馬自達，你的性能規定就那麼高，即便你再珍視保養它，它性能也跑不到勞斯萊斯的最好性能，這個就是天性和天命。我們最好的辦法是，保養你的車體，珍攝每一個零件，讓每一種功能都得到鍛鍊，沒有中斷。然後周身一加，讓車的性能發揮到極致。這就是儒家所說的「盡性知命，以合於道」。你盡了自己的天命，盡了自己的心性，你的最高就是這樣。

這個天性來自哪呢？來自四重父母，兩重父母是你有形的生產父母，生養你的父母，他們造育了你；還有兩重父母，我們傳統上是最重視的，就是天地。天地是無形的父母，是你先天的父母。中國道家認為：當你的父母在構造你的瞬間，不只是父精母血，同時還有天地的天陽地陰之氣在你的身體裡，所以是這四重父母，也可以稱為四重天地構成了你的生命，這個生命才是真實的，才是完滿的。所以你身體不好的時候，第一先要問你的祖上，父系和母系身體的遺傳如何，心理的遺傳如何，這個很重要。兩邊都問完了，剩下你後天的習慣如何，你生活的條件如何，你自己對生命的珍攝重視和養護如何，這更重要，這就是後天。先天你是改變不了的，後天你是可以自己修行的，所以叫三分人事，七分天命，你能做的是那三分，那七分都是先天的，這是一般傳統的說法，所以我們要樂天知命。

儒家的學問就是讓你樂天知命，知道自己的天命了，盡自己的天性，然後你可以彌補性中之天，完後安命。儒家所

謂的「安分」就在這兒。而道家告訴你說，樂天知命還不夠，我命在我不在天，我可以返還先天。一部易經之學，是返還之學，循環之學；一部老子的學說，是返璞歸真之學，萬物歸根覆命之學。生命的根在丹田，就是先天的歸元氣海，這個地方就是我們道家所謂的生命的根。

這個地方如果你的元氣充沛，它是一種原動力，這種原動力可以讓你的四肢氣血周流、頭腦清楚、經脈潤澤、五臟安和。有了這種原動力，一般的小病小災就不會來找你。道家找尋這個的方法很簡單，必須練子午周天，就是小周天。所謂小周天就是修練你的任督脈，由我們正面的承漿穴開始往下指，一直順著中線下去到你的前陰，二陰斷開，從後面尾巴骨長強穴往上一條線上來，一直到督脈所在。

督脈是諸陽之海，陰氣都由這裡統攝；任脈是諸陰之海，陽氣都由後面統攝。又由我們的口鼻斷開，所以先天的周天氣道，在我們降生成為後天的有形之身子以後又斷開了。道家的子午周天就是讓這兩個地方常常接上，不再漏，所以道家和佛家都有一個詞叫無漏之身，而我們的身體是有漏之身。

我們這一天，精氣神要由我們眼耳鼻舌七竅，包括二陰九竅，往外耗散，耗散你的元氣，耗散你的真氣。所以孔夫子說：「非禮勿動，非禮勿視，非禮勿聽，非禮勿言。」有人說他是泯滅人欲，其實不是，孔夫子是說，對於你生命真氣的耗散是沒有意義的東西，你要迴避，關閉你的消耗通道。老子也說了：「塞其兌，閉其門，挫其銳，解其紛，和其光，同其塵。」老子所說的這一切和孔子所說的是一個意思，就是我們要把能量的消耗減到最低，就是節能。

生命是個耗散的過程，它又要讓你節能，當然道家最好的辦法是說你還要再補充能量，有添油續命的功夫，而這一點，儒家缺少。儒家最好的辦法就是半日靜坐，半日讀書。半日靜坐如果他只是枯坐，可以安心，可以靜氣，可以減少消耗，但是不能夠補充能量，因為他不懂得命宮。而道家所要做的，就是要補充這種命宮，同時要減少這種能量的耗散。所以他既是開源又是節流，所以在這一點上，在生命的養生增攝上，道家是一定高於儒家的。儒家早期是懂得這個的，但是儒家有擔當精神，所以儒家有入世的精神，雖然不是耶穌那種精神，那種行道的精神，但是儒家確實有天下當何的意識。所以儒家是道義擔當的，所以他寧可付出，捨生而取義，這就是儒家。我寧可不要這個生命，取這個道義。朝聞道，我夕死可矣。所以儒家的這種悲憫，不同於基督天主教的悲憫，但也足以讓我們中華民族自豪。

可是這樣的精神，在近代以來，一代一代消糜而摧中。這樣的精神，讓我想起南宋滅亡的時候，陸秀夫背著那九歲的皇帝直接跳入東海，那了不起，那是儒家的精神。還有方孝孺，了不起，誅十族，那也不說一個「回」字，這也是了不起的儒家精神。儒家的精神是不義而富且貴於我如浮雲，士可殺而不可辱。所以，士的精神、道義的擔當、天下的意識就是儒家的精神。可是，至此時代，我們這個時代的學術良知，不知都哪去了。幾十年來的中國，愈來愈失去了菁英的那種擔當，思想者的、士大夫的、文人的、知識分子的良知，愈來愈進入含蓄，沒有人擔當，這是挺可悲的。

那麼，道家呢，因為道義無名，所以道家就在賢愚之間，不論是當年的姜子牙，還是後來的顏回，還是諸葛亮，

他們都懂道，都是和道家有關的人。剛才我說的陳摶、張三丰、呂洞賓，都是道家中人。他們要麼是自己去修身養性，長生久視，得道成仙了；要麼逃離現實世事之外，自己去深山中修行了，就是這麼個狀態。所以我想說道家是法自然，新生見；儒家是致中和，天地位，平陰陽而報仁義。這一點其實他們都一樣。

中國古代的道和性命之學，淺而言之就是陰中有陽，陽中有陰。我們這個人呢，男性是陽，女性是陰，老男人是老陽，老女人是老陰，老陰又可以稱為太陰，老男人可以稱太陽，年輕一點的就叫少陽，年輕的女性就叫少陰，這個就叫「四象」。「四象」就類似於我們一年的四季，我前面說了中原文化，四季寒來暑往，四季分明，而不像我們這樣的閩地，像廈門這樣的氣候，它的四季就不像中原那麼明顯。如果到了海南就更不是。在當年誕生中原文化的那個時期，這些地方還相對比較偏遠。所以還是以中原文化，以黃河兩岸、長江以北為主。

史學家們都認為中原文化的發祥地是從西北往東南，是從高原西邊過來的，到中原發祥。發軔發源在西北，發祥在中原，繁盛在後來逐漸往南移。所以有人認為，齊魯的文化就是儒家的文化；而道家的文化是在長江流域，湘和楚。那麼，這兩個文化其實是中國文化，像太極一樣。

回到我們說的「內壯」，黃帝內經就說了，聖人不治已病，治未病。未病用治嗎？未病就是今人所說的免疫防疫，我們就是要防範於未然，所以真正的大醫是讓人不患病而不是患病了再治。患病了再治已經是中醫了，中乘的醫。聖人不治病而治心，讓你根本就不得病，調攝四時的陰陽。所以

所謂的內壯之學，具體到我剛才所說的，用養生的理念說起來就是你要有具體的練法。

那我說點具體的內功。我說的內功的修練，最主要的一條，求內壯而不是求外壯。我們人呢，四肢的肌肉都是叫隨意肌，可以隨著你的意識而控制。而我們臟腑之間的肌肉叫不隨意肌，它是不能隨著你的意識而運動的。所以內功訓練的具體辦法就是一定要鍛鍊臟腑之間的不隨意肌，讓它能受你的控制，讓它堅實。臟腑的結實和內臟的堅實，以內臟之間的不隨意肌的訓練為主。道家內功的訓練，無論是武術界還是醫學界，還是佛道的修行，它都是要鍛鍊這個。那麼鍛鍊這個最主要的一條就是李時珍在《本草綱目》裡寫的「內景隧道，唯反觀者能照察之」，就是我必須反觀內照當中去關照生命內在的契機的運行。

一部中國的穴位，更別說養生穴了，就是元氣的穴位。對於元氣的儲存，元氣的運行，元氣的流布，元氣的聚散，都是這個穴位。我們的醫術一樣，我們的藝術美學也是元氣的理論。南朝時期，謝赫六法論，第一法是氣韻生動。我們所有古代書畫的理論講美學都是講氣，氣與韻。實際上中國的美學就是生命鮮活的美學，用動物、植物、飛禽走獸和人自身來比擬生命的狀態。無論說龍虎，還是說什麼陰陽，說任何東西，說風雲、說松柏、說高山流水都是用這個來說生命的一種狀態。什麼狀態？鮮活的狀態。

魯迅說「理學殺人」，其實他強調了一面，他有點偏激了。其實當學生問什麼是道，理學家程夫子說「階前春草綠」。「階前春草綠」就是道，就像開始我說的，「萬物生機欣欣向榮」就是道。所以披露天地奧秘的《易經》呢，就是

生生之易，這生生之學就是性命養生之學，生生之美就是氣韻生動的審美之學。中國人畫畫寫字，講筆筆相生，由一而有二，由二而有三，千筆萬筆復歸於一筆。這一筆是什麼？元氣流動。清初大畫家石濤所謂的「一畫論」就是這個意思。多就是一，多就是少，萬就是一。這也與他瞭解禪學有關，因為他本身就是禪學，曹洞宗臨濟宗的嫡傳。中國的道與禪同樣都遵從這個哲理，老子也說了「少則得，多則惑」。所以說「枉則直，曲則全，反者道之動」，所以說「一部易經，就是原始反終」。

現在回到這個內證、內照、內動、內氣、內勁、內功，所有這些東西向內求。怎麼求？它是有具體方法的，具體的方法道理是：口鼻的呼吸叫後天呼吸，在我們從娘胎裡生出來以後，我們就要用口鼻呼吸。而先天的呼吸是你在娘胎裡的呼吸，叫胎息，也叫先天呼吸。我們回到先天呼吸是生命最理想的狀態，所以老子說「復歸於嬰兒」，那就是回到先天。那麼有為法就是我們鍛鍊這個呼吸、深呼吸、腹式呼吸、逆腹式呼吸。

合起來就有人疑問，這都是有為法，最終的境界應該練到無為法。當然這個無為法來之不易，所以對一般初學者就開始要重視養生，當然要從後天練，當然要從有為法練，但最終的目的要追求無為法，要返還到先天，返璞歸真。那我今天呢，在這借一點機會，我說一點具體的，所謂的這個「內動」。我們一般都知道是用胸腔用肺泡擴張擴胸來呼吸，當然這個東西對我們的身體已經是很重要了。因為我們知道，如果不從肺泡裡進入氧氣，經由氧化作用，生血當然不易，但是這個東西在道家就是後天呼吸。比如有人問：打

太極拳我是怎麼呼吸？配合動作還是不配合？有專家說：越自然越好，你不要配合。這個他說得也對，但是不全對，到一定的時候，就一定與呼吸有關，有特殊的呼吸法。

我現在跟大家想說的是，有為法的鍛鍊，從你的丹田開始，後天的呼吸你忘掉它，越自然越好，然後要用肚臍呼吸。肚臍怎麼呼吸？當我們站在這裡肢體放鬆以後，吸氣的時候讓你的肚臍用力往後吸，吸到極致不能再吸的時候停下。停多長時間？順乎自然，你能停多長就停多長，但是一定要停，停下的瞬間就是你吸納元氣的時間，吸納得越長越好。然後你覺得你忍不住了，這時候呼氣讓它慢慢鬆開。反覆地做，吸氣然後慢慢停住，呼氣往前如此推動。

所以我們知道老子說「天地如橐籥」，天地像一個上下都有口的風箱啊。那麼這個風箱就是抽泵，我們人身是一個小天地。我們用至理來這樣呼吸，不斷這樣有意識地訓練呼吸，就練你腹腔裡的肌肉，慢慢地它在運動，動則生風，風則生氣。這個時候氣機的推動，說白了就是自我按摩。我們所有的按摩都是按摩皮肉、按摩四肢、按摩軀體，按摩不到內臟，只有用內動的呼吸讓內臟達到內動。在內動的過程中，增長你的內氣，增長內勁，然後逐漸這樣練習以後，你的內臟肌群就很堅實，所以你看身體好的人這些地方都是不怕你擊打的。

為什麼？就是因為他有這樣的訓練。他練的是什麼我剛才說了，西方人練的是肌肉，我們練的是筋膜。這個筋膜，再瘦的人如果他筋膜強健，寧可筋長一分不願肉厚一寸。不願練臃腫的肌肉，我們練的是筋膜，在道家的功夫和武功裡，專門有個叫「騰筋壯膜」，讓我們的筋膜強健。

看我們的書法，多一分筋者勝，所以東京人論書法「多力豐筋者勝」，「勝」就是完美的意思。所以書法的美也是多力豐筋者美，而不是肉態臃腫的美，中國人練筋骨這個東西，練筋膜的目的是為了轉換，脫胎換骨。我們不斷地這麼訓練以後還不夠，然後前後吸動，最後還要有意識地讓它左右抽動。當身體的重心挪向左方的時候，要讓丹田這個地方有一個假想的球挪向左方；當身體的重心到右方的時候，把假想的球挪向右方。前後左右地推動，經常這麼練習以後用不了多久，你內裡的筋骨氣血就疏通了，它就堅實了。只有內裡這個地方壯旺了，外在才會堅實。所以儒家之學成自而已，成於中而已，誠實充沛於中而已。

充實於宇宙之間，人身就是宇宙，這個地方充實以後，所謂丹田充實。丹田充實以後，你生命的質量就像汽車裝上最好的油，你有了生命的能量。氣是生命的能量，這個能量你沒有或者消耗完了，生命就結束了。所以所謂的內功在本質上說就是練這個。

當然每一個老師和每一個門派知道的深淺、訓練的方法會有不同。到後來要讓無形有質的氣在丹田裡會旋轉，這個不能隨便做，第一你要很充實以後，第二它的旋轉是自然旋轉，不是你用意識來控制它。那麼它慢慢地在丹田裡像漩渦一樣旋轉，我們看這個宇宙銀河系星雲圖，跟我們古傳的太極圖是一樣的。古人可

· 古太極圖

· 銀河系星雲圖

是沒有哈勃望遠鏡的，很奇怪，我們的先民居然畫出了那樣的古太極圖。那個古太極圖是中間一個圓，一個空圓向外不斷旋轉，竟然跟我們現在最高端的太空拍攝鏡頭拍到的宇宙銀河星雲圖是一樣的。以古人的智慧不可小覷，中華民族的文化其實很有智慧。我們都要注意老子在他書裡說的「不出戶聞天道，不窺牖知天下」這句話，他單單談玄的嗎，那是他們的道行，他們修到了這樣的境界，坐而論道，坐而知天，不得了。這就像釋迦牟尼對北斗明星悟道，他居然說出了許多地球宇宙間的道理一樣。他們都是往聖先賢，都是智者。他們的智慧不能以我們常人的智慧來揣測。

我們的這個所謂內功、內證、內修，修內氣充實，練成的就是真氣，真義之氣。所以儒家、道家、佛家都講守一抱一，這個一就是元氣。但是有兩派，修性的一派和修命的一派，說法不同，其實是入手功夫的先後而已，到後來都要一樣。先修性後來也要修命，性命合一；先修命的最後也要性

命合一。實際最後都是回到一。回到哪兒呢，道家的內丹所謂的一，要回到中央這個主。左青龍右白虎，前朱雀後玄武，回到中央這是戊己土，土生萬物，所以要回到中央，這叫黃中通理。我們人體的脊柱，就是身體的正中，脊柱是我們身體的基礎和中柱。立身中正，目的是要這個支板兒挺拔，然後五臟六腑四肢還在上面懸掛，要空鬆，最大的虛空，道才會據於虛空。所以莊子說「唯道集虛」，虛是深白，白是光，是氣，吉祥之物。而儒家說「我關於大明之上」，大明是什麼，大明就是泥丸；「止於至善」，至善是什麼，就是丹田，秘氣所在的地方。所有這些學問，就是我說的這些古學的絕學，但是我們後來全部用於治世人倫，那是另一回事。

那我剛才說了，道家要修那個小周天，子午周天。比如說，我們現在年輕人熬夜，晚上十二點還不睡覺，凌晨一兩點才睡，早晨不願意起，整個陰陽顛倒。而中醫和道家認為，晚上的亥時，就是從晚上的九點到晚上的十一點，是陰氣達到極致。然後從晚上的十一點到一點，這是一陽來復的子時，這時陽氣開始逐漸回覆。這是剛才我說一年四季的那個立冬，是冬至的開始，這個時候陽氣開始慢慢回覆。在這個時候，五臟對應的是你的膽經，這個時候你不讓你的膽解毒，不讓它休息，讓它非常的疲勞，然後它不會排除你一天的清氣和濁氣，今天叫解毒和分解，我們古人認為就是讓清氣和濁氣分解的功能，就是膽的功能。這個膽該休息的時候你不讓它休息，等於讓它超負荷勞動，無端地消耗它，最後呢，這一天的開始就不好，整個生物鐘的時序都是亂的，無論你白天再多睡十個小時，你都補不來半夜的損失。

修行界是子時練功，不修行的人子時要休息，這個是很重要的。所以一般來說，最晚晚上十一點你應該休息，然後呢，早晨三點你就醒也沒關係，因為三點在臟腑裡對應的是你的肺經，這個時候你休息不休息沒關係，因為它自然呼吸，無所謂。所以我們現在人的生活方式都是違背養生，我們經常熬夜的人不但眼圈是黑的，面上就特別疲乏的樣子，然後臉色就發萎黃，最後臉色就青黑，這些狀態，都是耗了肝膽的。

中醫認為，當你臟腑的真氣衰疲的時候，它會在你的面上和手心顯出你的氣色來。所以當一個人肝膽有問題的時候，他面上顯出來的是青和黑色，如果它只是顯現在眼圈周圍，那說明只是局部，你還年輕。如果歲數增加，那個黑色會瀰漫，就可怕了。比如面上出現特別紅的紅色，那是你心臟與血液方面的問題，血壓的問題。中醫的望診，那是千百年的積累，可以說沒有錯。但是現在的中醫，都是拿著化驗單來說中醫了，那已經不是真正的中醫了，他們已經把中醫的名聲壞了，這個是可悲的。在古代，道與醫是一回事，真正的大醫，幾乎是一眼過去就知道。

我以前正好在海南碰到我們財政部的一位官員，他是太極拳愛好者，他親自在民間遇到過一個人，這個人給他治病，他只需要看一眼，三分鐘不用，你什麼病他就知道了。那簡直就是神蹟，他一再跟我說，我不是親眼看到我都無法證明。他給你開藥，幾乎是三下五除二，你就去吃這個就好了，他不僅能夠望診、辨診，他還能夠下藥，而且藥到病除。這個人一天只看幾個人，多了不看，而且晚上不給人看病。我早年的時候，在找一個老師學武功的時候，他後來教

我這個拳，他就說，晚上不給人看，早晨看。後來我學了中醫以後，中醫也是早晨診脈，診脈平淡，就是氣血最真實的時候。現在我們西醫驗血也是，早晨要空腹，不要吃東西，一樣的。所以我們中醫，是把所有的能量都用在我們自身的功能化，而西醫所有的都要依據器具、器械或者物理的能力來執行。我們中醫全在這手上、脈頭、眼睛就判斷。

那麼中午十一點到一點，假如你能打一個小盹，最好。這個時候很重要，不要長，十五分鐘就足夠了，十五分鐘的小盹勝你在晚上睡一個小時，所以這叫子午覺。

很多心臟病人發病，都是在子時和午時，因為中午的時候，你的心臟如果有氣血的問題，這個時候就容易出問題。子和午，在中國的學問裡，天干地支，他們的五行之氣是相沖的。如果沖好了沒問題，沖不好就有問題了。所以所有心臟病人死在半夜的，死在白天中午的最多。

所有這些中國古人的學問，至今都在利用當中。孔夫子說，「形而上者之為道，形而下者之為器」，其實這些道和器都在我們的衣食日用當中，只不過我們多少年來的知識體系已經不教這些了，不瞭解這些了，我們已經離它漸行漸遠了。

精氣神，道家是有次第的，煉精化氣，煉氣化神，煉神還虛，煉虛還道。練成這些以後怎麼驗證呢，如果你精足了，沒有慾望，叫精滿不思慾；如果你氣足了，叫氣足不思飲，你可以不喝水，少吃東西；神足不思眠，你可以少睡覺而精力不差，這就是驗證。做到這些以後，「恬淡虛無，真氣從之，精神內守，病安從來」，這是黃帝內經的話。所以道在虛靜，虛是形體的，靜是意念的，千門萬派，都不離此

兩字。

　　這是楊氏太極拳宗師楊澄甫的雲手。實際上說養生，說太極拳，我百歲的老師胡海牙先生，去年沒的，一百歲。他是中醫、太極拳、道家三合一的泰斗。但他很低調，他生前跟我總說一句話：「全世界最好的運動就是太極拳，有百利而無一害。」昨天某些人提問說練太極拳怎麼膝蓋痛，太極拳是健身運動中最高級的，怎

・楊澄甫雲手

麼會膝蓋疼，你練錯了！太極拳練對了，沒有膝蓋疼這一說，哪兒都不疼，哪疼都不對。我們老師這一師門，沒有一個說膝蓋疼的。這個楊澄甫，他練的是楊氏太極拳的雲手。實際太極拳不用練很多式子，就一個式子你練對了，你勤於有恆地來鍛鍊，照樣受益。大家不要以為這個就很容易，像這個雲手，一動無有不動，一靜無有不靜，你不要以為這個就很容易，這個得漫長地體驗。這一個動，渾身所有的力度，牽一髮而動全身；這一靜，無有不靜，所有意念氣息就能跟著肢體從上到下全部是靜的。你看楊氏的手勢是平著的，而吳氏的雲手小臂是立起來的，而陳氏的手掌向外，無論哪個，道理都一樣。門派是不同的，老師有自己不同的體會。這個不重要，這是外形，但是開始時外形還是重要的。

　　比如學書法，你是學歐體還是顏體，這個還有點關係。這個是圓的，這個是方的，這是方圓兼備的。但是到後來，

試問哪一個名家還想這一筆方，這一筆圓，沒有的，一片神起。但是這個有階段，小學不能說大學的課程，中學不能跨越，該從形體學就得從形體學，形體超越了精神，接近神明的時候，那無可厚非。

就像莊子所說，得意而忘言，得意而忘形，但別忘了那是得道的人才可以得意而忘形。李經梧老師說：「當功夫上身了，它終身不退，隨心所欲了。」看楊澄甫這個雲手，很中正、很鬆弛、很飽滿。

這是我陳氏太極拳的師爺陳發科，也是陳氏太極的一代宗師，像他這樣的肘勁，就這個時候，這個時候不宜使勁，一使勁就容易受傷，這個是渾然一體的。如果這一掌沒有打上，再來一掌，它不會打散了，它自己會保持中正。

這個是孫氏太極拳創始人孫祿堂，也是近代武學的一位奇人，一代武學大師。他學的是武氏太極拳，後來創孫氏太極拳，他先是形意拳、八卦掌的名家，後來遇到武氏太極拳

· 陳發科拳照

· 孫祿堂拳照

的傳人，他於是再學武氏，最後自己創了孫氏。假如膝蓋疼是因為蹲得低，他的架子你看低嗎？一點都不低，這個身形很輕鬆的。好多人以為低了就有功夫，因為好多裁判，老以為姿勢蹲得低，腳踢得高就好看，於是就給高分，大家就都學這個，於是太極拳就舞蹈化。

・楊禹廷拳照

這個是楊禹廷，我的師祖之一，他是吳氏拳第二代。我們看他練的這個拳，跟孫祿堂的小有不同而已。孫祿堂的前腳是腳掌著地，腳跟翹起，他的是腳跟著地，腳尖翹起；然後孫祿堂這個兩手伸出去舒展，他的兩手是收回來。實際上他是所謂小架，步幅更緊湊，但是，注意他為什麼用腳跟著地，有腳跟著地的道理。莊子說，凡人之息以喉，真人之息以踵，腳踵就是腳跟，他是要鍛鍊這個，要讓腳跟起到摩擦的作用。而他是讓前腳掌翹起，因為我們臟腑的經絡都在腳掌上。所以太極拳都是經過前賢反覆錘煉推敲的。我們看他一身備五弓，後背是一張弓，兩腿是兩張弓，兩手是兩張弓，所以身上「勁以曲蓄而有餘」，這是拳經裡的話。

看先賢的經典的拳照，就像欣賞名畫一樣，對於太極拳的研習者來說，要從裡面真正反覆揣摩，無有斷缺，無有凹凸，無有缺陷，真的是圓滿渾厚，圓中輕靈。

這個是武氏太極拳的郝少如，他後來在上海，他練的是

·郝少如拳照

·鄭悟清拳照

武氏太極拳，看他的姿勢幾乎是站立啊。

這個是趙堡拳的鄭悟清，他在西安，當然他們都已經過世了。這個他練的是趙堡拳的單鞭，我們看他很輕鬆，他也是很懂醫學，早年他是有重病吐血，後來練太極拳練好了。

這個是我的老師李經梧，這是在他80歲的時候，他在和我的一個師兄推手，我的師兄反正是很輕鬆地讓他拿起來。這個時候他80歲，我們看他的身體是像立柱一樣啊，沒有任何往下墩身低視。太極拳有了功夫以後，根本不需要腳往下抓地，也不需要腳來紮根，他的根在丹田，所以他躺著也一樣，他坐著也一樣，照樣發力，坐在椅子上也一樣。這個是太極身法，說這個有三圈，身上有肩圈、腰圈、胯圈，要讓這三個圈來擊打人，這個是楊家的汪永泉一派所說。我們知道太極拳不離圓，太極拳不離圈，處處是圓運動。

陳氏太極拳講纏絲，其實所謂的纏絲，又哪裡纏？其實也是由我們的丹田把這個勁力螺旋出來，到了胳膊上旋出

・李經梧80歲壽誕時推手放人

來，順著手，轉到腿上，是由裡往外的一個延展，但是所有往外的旋轉最後還都要回來，還能夠再旋回來，實際上太極拳都合乎道家丹道的道理，只不過好多人，都不太從這個角度去理解它。

我前面說了不少關於性與命，「究天人之際，通古今之變」，「為天地立心，為生民立命，為往聖繼絕學」。這回我要說，天心在哪兒？天命在哪兒？實際上，很多人都是在抽象地說學理，說名詞。實際上對於古學，這都是具體有所指的。實際上剛才我都已經說給大家了。我們的腹為地，我們的頭為天，讓天與地合而為一，外面的大天地，自身的小天地，讓它們這四處天地，合而為一，就是「究天人之際，通古今之變」。然而這樣的學問，「大道不傳久矣」，確確實實已經很少有人說了。

我始終認為，儘管孔子之學，在今天不適用了，但是我們中華民族不應忘了，孔子是為中華民族立精神家園的人。那麼老子呢？更是。他們兩位啊，我認為是中華民族的文化祖先，這樣的文化祖先，已經被我們逐漸冷落了，被我們不斷地取替。

第四點，我想說「性命雙修」。儒學重人倫，道學重天

道，禪學重冥心，南宗先修命，北宗先修性，盡性知命，以和於道。關於「盡性知命」，我前面也提到了，這回我說點具體的。比如說我要打坐。我想要沒有雜念，哎呀對不起，越想沒雜念，雜念越多。其實這很簡單，傳統的辦法是以一念代萬念，我進入觀想，佛家有蓮花觀、枯骨觀，甚至觀人體是不是長蛆了，用這樣的辦法讓你厭惡這個生命，讓你放下。還有就是觀最美好的，高山流水，觀神仙的佛像，觀觀音等，這是兩種，觀醜或觀美，觀真或觀火觀旺。不管「觀」哪個，都是以一念代萬念的觀想。

那麼道家呢？對於打坐，跟佛家不一樣。佛家是「跏趺坐」，實際這是從古印度傳來的。道家打坐不是這樣坐，道家打坐，一種是在方凳上，一半屁股坐，不要坐實了，兩腿自然垂立；一種是，一個單腿也盤在這裡，另一條腿伸直了，這樣坐是道家的坐法。它還有自然盤，還有跪坐，跪坐就類似今天日本人還在保留的那個坐法，就是雙膝跪倒的那個跪坐，腳往後自然伸平，這也是道家的坐。實際上呢，道家的坐法古傳，並不是像佛家這樣的「跏趺坐」，說「腳心朝上，五心朝天」，這不是道家的古傳。當然後來儒釋道三教滲透，互相借用，所以也就有了陳摶的睡坐，他是右側臥，叫龍蟠狗臥。所有這些東西，都是有形，開始一定要講究，由外面的形體，所謂導引，讓你內氣通暢。

修心，怎麼樣修呢？你說讓名利都放下，顯然都做不到，怎麼樣？一定是從頭頂往下一次次地放鬆，一直由頭頂往下放鬆。放不了鬆的時候，想像頭頂有清泉之水由頭頂百會穴往下洗滌沖刷，一遍遍往下，沖下三遍去這個意念，一直到腳心，慢慢就放鬆了。還有，肢體任何一個地方覺得

緊，也要想那一下沖刷，慢慢讓它放鬆，不斷地想，最後肢體全部放鬆的時候，你的意識已經歸入若有若無的狀態，就是恍兮惚兮、惚兮恍兮的狀態。有一派讓你守在兩眼中間，有一派讓你守在臍下丹田，都可以。以我的經驗，都好，沒問題。其他地方不能說，其他地方的手法都會有偏差。練五弓的，李經梧老師教我的功夫，守別的地方很多，那是長內功的。如果你不想激進，如果你不想長這些功夫，沒有關係，你不用練。最主要的是呼吸，要把呼吸忘掉，嘴唇輕閉，舌抵上齶，我們的口腔裡自然產生唾液的時候，在安靜中產生的唾液，有多種酶，可以殺菌，這是現代醫學說的。

但古人認為不止這些。我們的唾液叫白血，中醫認為我們不只紅血是血，你的汗液、津液、唾液都是血，身體裡所有水的精華都是血。但是它一旦作為廢物出來的時候，那就是什麼痰、鼻涕、小便了，那都是廢物。所以呢，轉廢為寶、化濁為清就是道家要做的功。

我前面說了，你能讓自己的意識歸於虛無的狀態，身體處於最從容的狀態。最主要的是，你要有養生的信念。有了這個信念以後，比如吃東西你少吃葷的，少吃油膩的，偏素食，不要吃太飽，這很重要。為什麼？道家認為「食穀者智慧而夭，食氣者神明而壽，食肉者勇敢而悍，不食者不死而神」。吃糧食者聰明而短壽，但是聰明；食氣的，就是練道家，養氣供著的神明而壽；食肉動物不好，力氣勇猛，但是暴力。這些東西都是吸收到身體裡，不見得有利於你的身體吸收消化，實際上它是作為廢物或毒素在身體裡面的。這個不是宗教，咱們說的是科學，如果從宗教的角度說那更神了。有些動物被殺的時候，它有怨氣，那股怨氣是不會化解

的。然後它會存在你的體內，作為陰性的能量。

我們的身體裡道家是要練純陽之氣，清陽之氣；而中醫是讓你陰陽平衡，陰陽之氣平衡。這就是健康的人。道家追求長壽，長生久視，那就更要純陽的氣，純陽的氣在你身體裡越多的時候，陰性的東西越少，有形的沉重的東西越少，所以就身輕體健。你看重感冒的人，他就身體覺著沉，一般人認為那個是感覺，不是，他身體裡真的有了陰性的物質在身體裡，它必須要發散，解表散寒，把那個陰性的東西排除，他才覺著身體輕鬆。陰性的物質進到你的身體裡，四肢僵直，身體難受得不得了，那都是陰性的能量。實際我們現在說的「正能量」，其實也可以理解為陽性力量。美國的科學界有人用一種儀器檢測，停屍房、墳墓、醫院的陰性物質聚集高於其他地方。這個陰性物質是什麼他們解釋不了，反正是這麼一種能量，一種電磁波。久沒有人住的房子，堆棄廢物的地方也有，但是比墳墓和停屍房稍微好一點。這就是說，氣場氣場，氣氛氣氛，萬物接草，萬物接能量。

古人道家叫氣，佛家就叫功。佛家練成的那個功，練成了純粹的黃光金光是最高的；道家練成最高的光是紫色的，紫氣東來那是最高的。健康的氣體是乳白色的，透明。假如你閉目，自己在夢境當中沒有其他的光線，閉目的時候內視你眼前看到的是一片黑，說明你的身體狀態不怎麼好，至少此時不好。如果你內視來看有局部的黑，那個地方一定是身體的積物有問題；你如果看到了有綠色的光，是你的肝臟不乾淨；如果你看到的是藍黑的光，是你的膀胱或是子宮頸有問題；如果你看到的是紅色的光，是你的心臟和血液的問題；如果你看到的是白色或是青白色，是你的肺和呼吸系

統；如果看到的是暗黃或褐色的光，是你的消化系統。

　　古人這個方面的學問絕對不欺騙人的，你什麼時候眼一閉，眼前一片銀白色或乳白色，這說明你身體的氣機很好很正常，健康！這叫信光。什麼時候你覺著你的丹田、你的命門，就是後腰眼這個部位是溫軟的、舒適的，你的身體也沒有問題，那一定是很健康。所以呢，性與命的學問實際上是挺具體的，它可以落實到我們生命的個體。

　　我今天利用這點時間跟大家說了不少，關於養生和功夫。但是大家顯然知道，關於藝術我現在還說的不多。實際上我前面已經說了，我們的元氣論，我們的氣與美學，生命的鮮活之美，其實等於間接說了一點。實際上我們的哲學就是元氣論的哲學，我們的美學就是生命的鮮活之美。我們的美學就是道家所謂的返璞歸真，與禪宗所說的虛靜靜寂的美。中國的美學應該就是中和，平和不苟的機智。

　　我們看這種審美判斷是什麼，是人的判斷，是人性的、人情的、人態的判斷，是生命狀態的判斷。所以，中國的美學一切都回到了人倫道德之美。清初的大畫家、書法家、醫學家、學者傅山說：「人其自治乎。」宋人就說：「作畫當先立品。」人品多高，氣運就多高。其實是說，人是什麼品格，你的氣質顯露在美學裡就是什麼氣質。王國維說，「書以境界為上」，這是借鑑佛學的話，其實就是說你的藝術品格就是你的生命境界，你有什麼樣的生命境界就有什麼樣的藝術之美。這是一個因果關係。

　　古代中國的藝術家、藝術界的理論，不斷地強調人要立品，要修養。修養二字不是那麼容易啊，修養是在生活中、在日用中、在你的行場中磨鍊出來的。人生失意常八九，當

你遇到許多拂逆之事，你能不能轉換；當你遇到許多順心之事，你能不能抑制。不要狂喜，不要絕望。喜怒哀樂之未發謂之中，發而皆中節謂之和。中和是中國學問，養生學、藝術美學的極致。比如說我整天吃辣的。好了，辣的怎麼樣？就增加你心火的旺，增加你身體裡燥的熱能，是刺激了生命的機能，但是就抑制了你的其他，相對應的水性、陰性的東西。最後呢，你就會失去五臟氣機的平衡。那麼美學呢？假如我只用焦墨或者我只用淡墨，我們看起來就覺得五行不全。五色具，必須濃淡乾濕兼備，剛柔曲直並融，我們看起來才美。就像我們一個人，你的五臟只有兩臟沒有了那三臟行嗎？那麼，你不是完人。五臟、五官、五行、五氣、五陰、五色，一切都要平衡。這是一種完美的生命態。

所以中國的美學跟養生學實際是一個道理。要中正平和，飽滿充實，不能偏盛。稍微有一點偏盛是正常的，人之稟賦不同，肯定有偏盛。所以中國的命相學認為，有金行人、木行人和火行人，這是很正常的。因為你在哪一個流年出生，金星或者木星對地球的影響不同，再加上你父母的氣質對你的影響，你的稟賦不同，這個偏盛是正常的，是自然的。天資造物各有不齊，所以我們寫字的時候，同樣寫一個「人」字，有的人寫左撇長，有的人寫右捺長，有的上面長，有的下面長，有的彎度那樣，有的彎度這樣，這都是自然的。天資造物各有不齊，各有其病。但是這個病是先前的，你還可以後天修養的。

藝術上也一樣，當你這方面覺著有問題的時候，要不斷地修正它，不斷改正它。所以我命在我，不在天資。道家就是這一派，後天也可以改變。改變當然不是完全改變，因為

· 梅墨生作品《山海氣象》，2004年

人的天命是已經帶來了。所以我早期那個隱居的老師就說：「盡人事則無悔，聽天命則無怨。」

　　你看我說的這些，似乎在說教人生，其實我不喜歡說教人生，每個人有自己的人生信仰。但是中國的美學人文思想，它們是不能斷然分開的。從技術上看，秦檜寫的字很好，但就是因為秦檜的人品遭人不恥，所以沒有人願意懸掛他的字，也不會把他的字看得那麼重。為什麼我們推崇王羲之，推崇歐陽詢，推崇顏真卿，推崇蘇東坡？是因為他們的人品學養讓人佩服。

　　藝術，就中國的書畫來說，它一定是氣機氣質的外化，下筆有由，翰不虛動。所以宋代沒有人管畫叫畫，他們叫心印，心的印跡。書法叫如，如其才，如其學。你是什麼人，就寫什麼字，一個拘謹的人寫不來很好的字，一個不拘小節的人寫不來嚴謹的字，是肯定的，一個精細的人寫字一定很

精小，而一個粗獷的人寫字一定很粗獷，即便他再克制自己也是有限的。可是，如果他有非常的意志，有非常的心性，那他可以改變自己。那是非常的人，這樣的人不得了，要麼是英雄，要麼是聖賢，要麼是豪傑，要麼是奇人。這樣的人不在常論。中國的藝術，在美學上近人性，求天真，叫人工與天趣兼備，這就是最美的藝術。天趣盎然，巧奪天工，這就是最高的藝術。而人盡人的心力，把你人的心智所能盡到的都盡到了。比如說，宋代張擇端的《清明上河圖》，那就是盡人力的作品。比如米友仁的《瀟湘奇觀圖》，那就是奪天趣的作品。一個以人工之勝見誠見美，一個以天趣盎然見性見情見趣，都美。

依《易經》的思想來看，中國人的哲學體系就是太極思維、太極智慧、太極體系。一切都是辯證的，一切都是相對的，一切都是互為利用、相輔相成、互為映襯的。沒有剛不顯柔，沒有陰不顯陽，要以陰陽剛柔虛實並用。然而你偏於剛還是偏於陽，這個都是因人而異了。潘天壽偏於剛，黃賓虹偏於柔，齊白石比較中庸，剛柔並濟。北碑、龍藏寺、史藤公都太剛了，剛強。像王文治、劉墉，柔美秀美。這些叫至陽赫赫，至陰籔籔，都美！桐城派論文學，陽剛陰柔之美。而西方人是悲劇、喜劇，幽默、滑稽之美。他們與我們的理念不完全對等，但是可以有相通處。比如他們莎士比亞悲劇的壯美，讓我們在痛苦中，升起人生的沉思，莊嚴的思考。我們的《梁祝》《牡丹亭》《西廂記》，都是要圓滿結局。我們的那種美，有圓柔有圓滿，活著不圓滿，死了也是圓滿，所以我們是大團圓結局，就是陰陽的意思。我們的小說對句有陰陽，我們的詩詞有陰陽，我們的一切藝術都圍繞著

太極、陰陽，這是《易經》的思維。

易，美輪天地中，三教九流無所不包。中國的思想都是圍繞這個體系。中國的藝術之美，實際上還有好多好多，建築、音樂、舞蹈，不只是書畫、詩詞這些。中國的藝術帶有遊戲與娛樂的性質，帶有排遣性質。而隨著時代的潮流轉變，文化風氣的轉變，大家對藝術已經十分寬容。

比如，「黃色小鴨」在我們的傳統藝術裡看，什麼都不是。但是我們的現代媒體，我們的藝術界告訴你，那就是現代當代藝術。比如我們在藝術中心，看到我們人類的大便噴上大片油彩，放在框裡，那就是藝術。在我看來，真的是有病的藝術。但是人家西方人就是這麼做，所以我們現在也就這麼追，這是文化的變遷。

一百多年前，李鴻章說他所面臨的時代是千古未有的變局。我現在想說，中國又到了一個變局。無論怎麼變，中國文化的理念和精神應該被這個時代所追逐和傳承，這就是我一個基本的理念。

我今天在這裡說所謂的養生，說陰陽，說藝術，其實我只是傳達一種理念：中國人不應該為洋人的藝術仰首視瞻，中國人不應該數典忘祖！中華民族在五千多年的文明中對人類有貢獻，在今天也不過時。我們不必妄自菲薄，也不必像清朝人那樣夜郎自大。中體西用，還是中西合璧，還是怎樣……每個人都有自己的理念和主張。但是我只有一個，文化不能沒有傳承，民族不能沒有對自我文化的認知與自信。我們可以開門迎客，我們可以禮貌待人，我們可以學習他人之長，但唯獨不能失去自己的本根。

# 健身氣功與道家內丹①

　　早在老子莊子時代，古聖就對養生術進行了研究。事實上，我們從三皇時代就已經有了氣功、養生術。道家養生源遠流長，也影響到了儒家，修身齊家治國平天下的理念，就是先要修身。修身這部分來自於道家對儒家的影響。但儒家更主要是做齊家治國平天下的工作，修身變成了道家的專長。道家追求長生久視、健康長壽、與天齊壽，將探索人體生命長壽的極限作為最高追求。而儒家把社會人倫的安定、人倫次序井然、合乎禮儀作為最高追求。

　　正因如此，儒家的聖人孔子只活到73歲，亞聖孟子84歲。道家的集大成者老子活過了160歲或200歲，不知所終；莊子活到了84歲。全球沒有任何一個文化可以和道家相比。魯迅先生說：中國文化根底全在道教。我要改一個字：中國文化根底全在道家。道教的出現是東漢年間，而道家要早得多，道家是中國文化的本根。

　　秦漢之後，出現了後世非常鼎盛的金丹派，又分外丹和內丹。秦漢到唐末都是外丹派的天下，用礦物質來做藥食，要用火和爐鼎來燒煉。秦皇漢武吃的就是方士給他們的外丹；唐末五代，北宋時期，更興盛的是內丹派，鍛鍊人身自具的精氣神，讓它凝聚而成為特殊的能量，讓它內在的品質

---

① 本文為筆者於2016年10月14日在美國紐約斯坦太極氣功健身協會的講座。

發生變化，這就是內丹——有品質無形象。

大家不要認為，這和我們今天講的健身氣功沒關係。它們是一個體系，有錯綜複雜的內在聯繫。而且，現有的健身氣功教學，如果沒有深化的追求，就會停留在一個層面上。實際上，更往裡追索，它探究的是性命天人之學，是中國先秦諸子儒家，道家、陰陽家共同追尋的大道。到宋朝，已成為往聖絕學，因為它一脈相承，幾乎失傳了。在很多古籍裡，都記載了老子指教孔子這一事實。孔子說：「吾十有五而志於學，三十而立，四十而不惑，五十而知天命，六十而耳順，七十而從心所欲不踰矩。」五十而知天命是指孔子51歲時，再訪楚國舊地，拜訪老子。

我重點要給大家談的是丹道、丹學，也叫仙學。它是三元丹法——天元丹法、人元丹法、地元丹法的總稱。天元丹法稱為大丹，也稱為金丹。地元丹法是外丹，是有形的丹。天元丹法是看不見的丹，地元丹法是看得見摸得著的丹。比如濟公身上搓出來的泥球，就是有形的丹。地元丹法又叫神丹、仙丹、點金術，可以把鐵變成銅、銅變成銀、銀變成金。是真的嗎？你認為它存在，它就存在。古人認為它存在。我的師爺陳攖寧，1880年生人，1969年羽化，是中國道教協會的第二任會長，不是出家人。他在20世紀30年代曾兩次在深山裡燒煉外丹，千真萬確地說，已經將銅變成了銀。但由於後來的戰爭、政治、社會多種原因，他半途而廢，抱恨終生。我後來在北大遇到當年陳先生的助手，親眼看見陳先生燒出的銀絲。這一部分，幾近失傳。我的老師胡海牙先生，也沒有學習他的外丹，而是主要是學了他的內丹。

我最想說的是人元丹法。一般稱之為內丹，無形有質，

有能量。人元丹法也稱清淨丹法、陰陽調和丹法、載接丹法。人元丹法是清修的丹法，是自身修行的丹法。人身是一個太極體，是一個事物的整體。任何事物的完整體，就是一個太極體，具備兩儀──陰和陽。就像這個宇宙，一定有天和地，有冷也有熱，有膨脹也有收縮，有動有靜，有男人有女人，有開就有合，有生就有死。這都是陰陽的本意，大道的核心。

我們人身上，頭頂是天，就是陽；小腹和足就是地，就是陰。我們頂天立地就是練功。我們出土古代的彩陶，五千年前的彩陶，就有人練功的姿勢，紡縋輪上就有陰陽對耦的圖。只不過跟後來的略有不同，意思是一樣的。

大家一定知道，我們的左手是陽，右手是陰。如果看相，男看左手，女看右手。我的老師告訴我，左手是先天，右手是後天。把雙手合十於胸前，是讓自身的陰陽電交合。佛家合掌，掌心要虛，十指相接，這是一種功法，讓你自身陰陽相合。道家結子午手印：左手用拇指掐住中指，右手拇指掐在左手的無名指根，四指包在外面。而太乙門則將右手拇指掐在左手內勞宮，右手中指掐在左手外勞宮，這些都是為了自身的陰陽交匯。這是外在的形，是健身氣功的調身，和佛家密宗裡的手印沒有什麼區別。只是他們對氣脈和經絡的分解有所不同。

我們每一個人都要讓自身的陰陽氣交換，陰陽也是我們身體裡熱能和冷能的代名詞。如果身體裡覺得溫暖如春，就是身體健康、充滿活力的人。要懂氣這個字，中國人所說的元氣，繼而分為陰陽。陰陽每時每刻都在身體裡交換著、轉化著。此時是午時，元氣走到心臟。所以心臟病高發時間就

是中午午時前後和半夜子時前後。這是老祖宗用身體這個實驗室，幾千年摸索出來的。

我們因為受近二三百年西方實證科學的影響，認為看不見的就不存在。如果左右手各給500伏電壓，雖然看不見，你卻受不了。看不見的，是更大的存在。老祖宗所說的氣，是對於宇宙這個存在最基本的解釋，也是最高深的解釋。

老子說：「萬物負陰而抱陽，沖氣以為和。」沖氣就是兩種氣相交匯，也就成了中和之氣。老子說：「知其一，萬事畢。」孔子說：「吾道一以貫之。」我們人身就是個小宇宙，宇宙就是個大人身。

我們傳統功夫，練習的都是這個，無論是五禽戲、八段錦，還是太極拳，無論是靜功還是內丹，如果沒有摸到元氣，就沒有摸到這個脈，還是門外漢。

要想延年益壽，一定要讀幾本書：《老子》《莊子》《周易》《黃帝內經》《黃帝陰符經》。如果不看，你很難摸到修練的脈。《黃帝內經》不僅是本醫書，更是上古養生、生命科學的經典，比《老子》《莊子》更全面、深邃、具體。《老子》往外說治國，往裡說修身，裡面好多修身的詞，只是你不懂。現在許多學者只是從字面上來詮釋這些經典，「紙上得來終覺淺」，只是他們沒有實踐。顏回，孔子的得意門生，31歲就去世了，沒有得大道。王陽明，大儒，58歲就去世了。我所師承的道家南宗有五祖。第一祖是南宋初年人，壽命98歲，其餘均在百歲以上，最高壽的134歲。理論必須用實踐來證明。要向過來人學習。

我的老師胡海牙百歲之時，皮膚氣色非常好，我21歲的女兒說，胡爺爺氣色比她的都好。胡老96歲，有四位台灣學

者來訪問胡老，您96歲了，男女的事情不行了吧。胡老說，沒有問題，有問題就不是道家。事實上，他百歲那年走，也是他自己不想住世了，提前兩三個月就斷食清腸了。

真氣，就是免疫力。已經十幾年了，我全世界跑，從不傷寒感冒，我從不鬧肚子。包括去食品最不安全的印度，十個藝術家，住在五星級酒店，他們九個都拉稀，就我不拉。老祖宗給了我保衛肚子的真氣。

我們的心臟是陽，腎是陰，水火要相交。深奧的是，要讓金木相交，讓肺經和肝經相交。金木，水火交，飲刀圭，就是中土、中氣。圭字是兩層土，陰土和陽土。中央戊己土。右為金為肺，左為木為肝。雖然解剖學上肝在右邊。我們這裡講的是經絡和功能。中醫是有無之間之學，中醫就這麼治，就管事。要金木交並，心為左為上，腎在左在下（兩個腰子，左為腎、右為命門）。要讓水火相交——易經的第64卦，水火既濟。很多人說《易經》不好懂，是算命、占卦的。其實，《易經》是上古對功夫的觀察。紙上咬文嚼字，永遠得不到真諦，一切真知來自於實修實證。

那時文字不成熟，都是口傳身授。後來有了文字，也是不希望讓沒有道德的人得到。宋代朱熹定四書的時候，把儒家的《大學》《中庸》拿出來，作為四經的兩經，那就是儒學性命、天人最精華的東西。那就是孔子51歲見老子，老子讓他去讀《易經》，老來研習，串竹簡的皮革斷了三次。《易經》講的是生命週期，從出生到死亡，六十四卦都有了。一年的循環，一月的循環，小到一天也都說了。所有子時不睡的人，臉色都是青黃或青灰色，是肝膽經的色，肝膽不排毒了，給你點顏色看看；如果肺出了問題，臉上是慘白色，那

是肺的顏色。真正的大醫不用號脈。望聞問切，望而知之謂之神，扁鵲、華佗都有這個本事。我八歲開始學中醫，直到今天，我和中醫仍然很有緣，那是中國的人文科學。

女體是體陰而用陽。體用是中國哲學的概念：本體和功能。比如我現在拿著一個麥克風，麥克風是它的體，它的功用是傳聲擴音。中國哲學一切都離不開體用的思考。女性，體陰而用陽，就是太極圖裡黑色那邊的白眼；男性，是體陽而用陰。這就是四象，陰中有陽，陽中有陰。

我們老祖宗都是象天法地，最後一切都要作用於人文、人事，這就叫三才。你們注意到嗎，女性七七四十九歲之後，會逐步長得向男性化發展。男性八八六十四歲之後，就會越來越長得像老太太。男女變得中性化，陽向陰轉化，陰向陽轉化，這就是道。

一天二十四小時，分為十二個時辰。到了午時，氣血走到心臟，道家的小周天，走到天頂，泥丸宮，走到頭頂；半夜子時，走到會陰穴。地球沿著地軸有規律地轉動，人體也有自己的中軸，所以要叫你立身中正、虛胸實腹、氣沉丹田。人身有一個無形的中軸，稱之為中脈。道家、佛家都重視這個中脈。沒有這個中脈，不會有天人合一。大多數人的內環境和外環境是隔離的，是半通不通的。你沒有真正吸收天地宇宙的精華。而吸收天地宇宙精華的通道就是這個脈，有這個無形的軸、無形的脈才通天。佛家把天頂叫做頂輪。如果把頂輪修開，就是花開見佛了。五氣朝天聚於頭頂時，赤橙黃綠青藍紫，這個時候就是花開見佛了。如果死，五臟六腑的精氣都由下面出去了。

我說的這是常人，當元氣從這裡上去，那你就是非仙即

佛。所以說，順則凡，逆則仙。女性的子宮生孩子往下生，那是凡；如果聖胎往上走，進入三宮六院，那就成佛成仙了。如果從頂門出去陰神，那就是佛家；如果出去陽神，那就是仙家。所以頂輪、中脈，叫做天人感應、天人合發，與天地合其德。

易經裡有一卦，叫做地天泰，是陰在上，陽在下。上三爻是坤（陰），下三爻是乾（陽），這叫做地天泰。正常人修到這個地步，把心火降下去，把腎水往上挪，讓腎水蒸騰，生命於是溫暖如春。

在我們人的身上有36個宮殿，泥丸宮就是松果體往裡去，上丹田往上，就是最高的三宮六院的內院。那個地方待著的神就是元神，是我們有形軀體真正的主人翁。世上芸芸眾生，主人翁都不當家，都是被宦官弄權，小人撥弄，陰神主事。陰神主事，所以你做出來的事不夠光明，不夠正大，你積聚的能量也是陰性的。必須讓陽神主事、元神主事，你的主人翁顯現，在佛家就叫明心見性。明心見性之人就是得道的人，與天地合其德的人。可以在天地之間，「獨與天地精神往來」（《莊子》）。

人元丹法有兩種修法，人體自身陰陽相交和以及同類男女雙修，就是陰陽雙修，這在道家、佛家都有，人們諱莫如深，認為有悖社會的倫理。實際古人說過，大道說破笑煞人。莊子說：道在尿溺（大小便中）。老子說：下士聞道大笑，不笑不足以為道。自身陰陽交合，謂之清修、孤修、清靜丹法。同類男女雙修，可以是夫妻或不是夫妻，謂之陰陽雙修。陰陽雙修叫做人補人，謂之房中術。

現在市面上的已經是世俗化的，那不是真正的古傳。我

見到有些專家寫的房中術，一看就是抄來的，不是傳來的，差之毫釐，謬以千里。叫真傳一句話，假傳萬卷書。為什麼這麼神祕？因為道家認為，大道不可以傳給沒有德的人。老子的《道德經》應該叫「德道經」，德在前、道在後。德在功法裡是有所指的。二陰之上是你生命的本根，這個地方就是德，你得了這裡就得了道了，修了這裡就修了道了，不然你連門都沒有入。天下有好多人以為自己在修道，其實是小道，是歪門邪道。道家三千六百門，人人所說一門真。要真的說破那一門，都不在三千六百門。

　　陰蹻穴，道家也叫虛無窟。這裡就是老子所說，「玄之又玄，眾妙之門。」其實道家很多東西真的不能說破，叫作洩漏天機。今天我說出來，為了大家健康長壽，希望老天不怪我。這個部位，是密宗和道家都要重視的穴位。為什麼呢？求大藥。人身自有大藥。狗受傷之後，不斷舔自己的傷口，就是自癒的能力。蛇這樣帶有靈性的動物，就更不用說了。動物的自癒能力都非常強，這些在《抱朴子》裡都有記載。我們現在是過度治療，許多人過度依賴治療。把自身的免疫和康復能力都給遮蔽了，這是西醫之弊。西醫不是不好，在實證方面有它的優點。而中醫是告訴你，你要用自然療法，包括針灸、按摩、推拿、導引、服餌。中醫有個理論特樸素，同型同構：吃心臟形的果實就補心，吃黑色的就補腎，吃黃色的就補脾。真有道理嗎？比如，西北高寒地區的孕婦，最主要是要吃黃色小米來補脾。那時候貧窮，沒有什麼可補的，就吃黃色的小米補足脾氣，健脾。

　　今天，西方也開始興起了音樂療法、顏色療法。東方早就有五音療法、五色療法。東方甲乙木青，西方庚辛金白，

南方丙丁火紅，北方壬癸水黑，中央戊己土黃，用五行、五色、五音、五穀、五果、五方來對應你的五臟。這個五臟不是解剖的實體，但是包括那個實體所有的功能。中醫和道醫真正是全方位的時空科學，是把一個生命體放在浩瀚的宇宙裡，放在陰陽天地的大環境中，來看待你，是鳥瞰你。古人的大醫就是大儒者，就是高道。

男女之間的吸引，是天地自然法則。陰陽相吸、陰陽互根，是非常正常的。道家的陰陽雙修派，就是利用這個來修道。比如說，天為陽，到了極處是冷的；地為陰，到了極處是熱的。地熱上升蒸騰，上升的水蒸氣遇到高空冷空氣，相交而為雨露，滋潤地上的萬物，這個萬物的滋養，就要靠陰陽的相交。現在科學家研究發現，農作物如水果，乾果，沒有日光、月光都不長。八卦裡的天地、日月、水火、山澤風雷，這都是一對陰陽；電腦二進位，用的還是陰陽。但是，陰陽要合成一個，要抱元守一。

我們無論是自己清修，還是男女雙修，都是要它合二為一。一就是陰陽互濟，團抱一起，只有這樣，你個人的生命，乃至人類整體的生命，才能到最理想的狀態。

中和是中國養生學最高的境界。陰陽要平衡，五行要安，各自本分。假如我的肝氣太盛了，就會剋脾土；假如肺氣太盛，剋肝木。五行是生剋之路，你強了我就弱，你弱了我就強。道家是這個世界上最主張平等的，認為女性、陰性同樣重要。其實佛家都不是，佛家認為，身為女性，要修成佛很難[1]。

道家認為，女性也可以修成仙，專門有女性修練的女丹。我的師爺陳攖寧在20世紀30年代，專門為女丹的丹法做

過註釋。他也有不少女性弟子跟他學女丹。女丹與男丹修法不同，入手不同，結果一樣。

我們要知道，陰陽只是古代先民的兩種代指：兩種性能、兩種功態、兩種場、兩種磁波。我們養生最重要的是要得到平衡，達到最大的平衡。但是生活中的人，七情六慾，風寒暑濕燥火，你不可能永遠維持平衡。它是動態平衡，經常要調。四時要調護、要珍攝。要善於保護，保護什麼？保護你的陽氣。

我到了海外，最受不了的就是冷氣、空調，無論哪裡，開的都特別涼。特別是你練功、運動完，出了汗，毛孔是張開的時候。其實現代人的頸椎病、腰椎病，有一半是伏案、開車，有一半是因為冷空氣，直接打到你的臟腑、經脈和骨髓裡，是出不來的。如果風寒濕熱這四種東西交集在一起，就更出不來。不是高明的大夫是排不出去的。最後隨著年齡的增長、體質的減弱，你的元氣減弱，你的元氣——父母帶給你的資本，消耗掉了，等於你的投資本錢花光了，你就畫句號了。你不斷地練功，就在培元固本，等於說，父母給你五百萬，你不斷地在賺錢，賺成一千五百萬，你就生意做大點兒。如果父母給你的本錢，你自己不賺、只花本錢，也許你就像顏回一樣，31歲你就躺下了。

道理就是這樣。古人說了，天道不會偏袒誰，「天道無私，常與善人」。善人是誰？就是常吸收天地精華之氣的

---

① 這是佛陀初轉法輪，在早年經典裡為迎合當時受婆羅門教影響的信眾而說的，只有南傳佛教還這樣想；而後期的大乘經典裡，如《法華經》，專門有「龍女獻寶即身成佛」的故事，龍女乃旁生，居然都可以因信心誠心具足而即刻成就，真正體現了佛教的眾生平等、眾生皆有佛性的教法。

人，養吾浩然之氣的人，不自私的人。這樣的人就是得道的人，就是有德行的人、君子。「為往聖繼絕學」，就是這個性命天人之道。

養生最重要的一點，你要先會做人，你要做一個有道德的人。這不是什麼倫理說教，是為了自己。莊子說過：「至人無己，神人無功，聖人無名。」那是什麼境界呢？那就是不自私了，不會光為自己打算，但是也不會無端地消耗自己，與天地合其德，才能逍遙遊，才能與天齊壽。與天齊壽是人類的理想，但至少你比別人活得長，比別人品質高。假若他活80歲，在床上躺40年；你活70歲，你是歡蹦亂跳的，那品質不一樣。如果他活80年，你活160年，而且是健康的，那是什麼感覺？

道家認為，人類壽命應該是細胞成熟期的五六倍，細胞成熟期是15到20年，正常的壽命就有100至120歲。《黃帝內經》認為，百歲以上才叫終其天年。現在我們很多人四五十歲，英年早衰、早亡。好多成功人士，事業成功之日，也是他躺下之時，因為他違背養生。我們要學習古人對待生命的態度，還有心態，還有對生命本身的珍攝。

所有的養生道理就在這兒。我跟大家強調的是，先要修德、做人。你要有善的訊息，打開你生命好的場，天地才到你這兒來。老子有句話：「人能常清靜，天地悉皆歸。」一個清靜純淨的人，天地的好氣才會匯到你這兒。你雜念紛飛的，身上是污濁的氣。我見過形形色色的人，有的人在我身邊一呆，我都不舒服。他無論對我多麼恭敬，無論對我多麼親近，我是排斥的，他的氣太不好了。有的人哪怕沒說話，不認識，見面一笑，我感覺很愉悅，也願意給予他，他的氣

場是乾淨的。

剛才講到，人身有個虛無窟。老子說：「天地如橐籥」，橐籥就是風箱。修練健身氣功，外動而內靜。而內丹、靜功，是要外靜而內動，叫作「心死則神活」。識神思維的心要停止，真正的元神才鮮活。

所謂道家的養生，就是鍛鍊身體裡的精氣神。精是有形的物質，是身體裡的水液，把各種形態的水液鍛鍊成氣，煉精化氣。鍛鍊成氣後，再煉氣化神。真正修練得道的人，一定是神完氣足，比別人有精氣神。我隱居的啟蒙老師，在我十二三歲時告訴我，一個兩眼無神、雙目渾濁的人，說他有多高多深的功夫，你就不用信。「我沒見過兩眼無神的神仙。」我以這個觀點去判斷過很多人，從來沒錯過。為什麼？因為五臟精氣匯聚於眼目。如果兩眼無神，黑白不分明，臟腑氣還沒調好呢，就別說別的了。

我見到過不少這樣的武術家，身上好多毛病，但是他有功夫。他總練一種東西，當然有功夫。但不等於養生。大家要明白：武功好的，不見得會養生。大武術家不長壽的，有的是。真正長壽，是另一門科學、一門學問、一門修練的功夫。不練武術而長壽的，有的是。

人身自有大藥，那個大藥是什麼？剛才說到，天地如風箱。我們大胸腔大腹腔就是一個風箱。它前後要抽動、上下也要抽動。動則生風、風則生氣。有氣才有能量。大氣物理學，就是研究這種能量，這種動力學。怎麼產生？要內動。練中國功夫，如果只是外邊伸胳膊踢腿，就想把身體養到長壽，那太淺了。我們身體的四肢肌肉，叫隨意肌，可以接受意識的指揮。然而臟腑之間牽扯的肌肉是不隨意肌，不隨你

意識指揮。

真正道家的修練或內丹修練，一定要讓不隨意肌動，這叫內動，外靜而內動。內動才能生出能量、生出熱能。我們拉的風箱是為了吹風，吹風是為了著火。火越吹越旺，風火相吹。風火相吹才旺火、才能煮水、燒飯、煉丹。

有人說我打坐行吧？你不能枯坐，枯坐沒有禪，枯坐更不結丹。而且很多佛家很有名的僧人，到了晚年雙腿麻痺、癱瘓。心性修的很高，然而身體的命體不能改變，為什麼？氣血麻痺，整天在那裡盤坐。他的氣脈凝滯，氣血不周流。必須要動靜相間，以靜為主，這是中國養生的訣竅。

要會練，還要會養，會練還是消耗，會養才會增長。就像你光種地，春耕夏犁挺賣力氣，到秋天沒有收成、沒有入倉，就白種了。好多練功的人就是這樣。「仙師傳我真口訣，只在凝神入氣穴。」氣穴在哪？有人說是上丹田、中丹田、下丹田，有人說是關元、有人說氣海，有人說肚臍，有人說再下。我說，哪個都可以。

它不是僵死的部位。但下丹田一定是肚臍往下、二陰往上這個部位，肚臍跟腰眼、命門橫穿一線，頭頂到會陰豎穿一線。中間交會的十字路口。十字路口判生死，往下走，元氣下瀉，死之途也；往上走，超凡入聖、成仙成佛之路也。我們不取宗教的成仙成佛，取它健康長壽、生命品質昇華，可以吧？所以道家練功，要在十字路口這兒判生死。你往紐約，他往邁阿密，不一樣。

在這個地方練功，要有藥，好比種莊稼要有種子，道家有句話叫：「有情來下種。」這個種子是指道種，也即丹頭！老子說：恍兮惚兮，其中有精，其中有物，其信甚真。

那叫真種子，有了這真種子，就叫有藥了。有藥了，你才能得大藥。藥有大藥小藥，有內藥外藥。我十五年來，任何營養品都不吃，連牛奶都不喝，吃的最葷的就是雞蛋，但是體力精力，我的工作室學生比我小二三十歲的都不如我，爬山他們更不行。那說我吃什麼了？我吃的是天地精華之氣，你信嗎？但這是真的。我是真正受益的人，這些年才不遺餘力，去幫助與我有緣的人都健康。

生殖之精產於腎，這叫濁精，叫後天精，也能練成。練的越多，越充足，性慾越強。性慾一強，你就要做男女之事，性事越頻繁，就越消耗能量，一時之痛快，快活快活就是快死。而道家真正高明的是，我還要享受生命男女陰陽的快樂，然而我還要長壽，這就是道家不傳之秘。

對不起，我真不能隨便講，但是告訴大家，世間真有這樣的東西。胡老在世的時候跟我說：大道不傳久矣。好多東西都是小道。小道的東西好不好？也好。不是人人都成堯舜。你能做個有修養的君子，這個世界已經很美好了。不見得人人都成堯舜聖賢。

凝神入氣穴，要有那個生命的種子。煉丹那個丹藥的小藥。後天生殖之精，要把它的濁變成清，把陰精變成陽精，把粗濁的變成精細的。就像我們提純術，吹盡狂沙始見金，你要提煉。養生就是排出身上的濁氣、陰氣、廢氣和病氣。如果你是有病的人，你得先把病氣排除了再說，不然別談養生。舉個例子說，你還欠人家八百萬，先別說賺錢。你先把那八百萬錢還完了再說。還完了錢，這才賺上一分是一分，日積月累，功夫功夫，你再一點點增加。你先變成一個正常的健康的人，再談發家致富、健康長壽。道理就是這樣。明

道若昧，真明白這個道理的人，好像不太愛說。特別愛說的那個，其實是小道。

我們吃東西，有營養的糧食水果，這些有形的東西叫滋味，補的是形體。好吃好喝的人，他形體上一定是健壯豐滿的，但是他缺少陽。大多都渾濁，陰氣足，不清陽。而道家修行的上層是身體幹練，非常精氣神！沒有臃腫多餘的肉，是神氣清遠。佛家和尚，大多是胖的。為什麼吃素還胖呢？他動的少，盤腿天天在那唸經、打坐。真正佛家高明的，也知道這個命功，那當然另說，這個不能絕對化。這個大藥，你要得。得藥還要得竅。聖人傳藥不傳竅，傳竅不傳火。告訴你炒菜，把料也給你了，就是不告訴你火候，那菜也炒不好，那丹也煉不熟。

關於得藥，藥是什麼？什麼時候才叫得藥？什麼時候能煉到那個真正的藥？我告訴你，當你覺得，忽然身上有一種溫暖感，忽然有一種類似於性慾一樣的感覺，那就是你得藥之時。養生，就是讓你的身與心永遠處於春天的狀態。說的白一點，漏了自己的隱藏部位，叫做走洩春光。為什麼叫春光？大家不要以為，這個諱莫的隱私就是醜惡的。張三丰仙人說：說著醜、行著妙，那就是道。

今天我都在講道理，幾乎沒講功法。凝神入氣穴其實是一個具體功法：左眼是日，右眼是月。英國的李約瑟博士，寫中國科技史和世界科技史的，曾拜訪過我師爺陳攖寧。

他在書中說，道家是世界上最早知道化學的。道家煉丹是化合。先不說外丹，就說內丹：左眼是日，右眼是月，第一次化合，兩眼必須往內凝視在上丹田部位，兩眼必須往中間凝視，這是第一次化合——日月合璧。人的目力可以見到

的最大的陰陽就是日和月，陰陽在此相合。然後往下，把意念放到下丹田，就是讓心火下降、神意下降，讓腎水上升、讓腎水變成氣。或是讓腎水裡的陽氣，讓地熱、熱能，在中宮化合，這是第二次化合——水火既濟。第三次化合，不傳。但是這兩個你能做到已經很好了。當你真的日月合璧時，你身體的各個組織細胞已經呈現最好的狀態。如果還能水火既濟，那已經入了門了，已經能煮飯了。煉不成丹也能把飯煮熟。那個飯已經能補養你了。那個飯，就是大藥，就是精華。

然後你要轉周天，從尾巴骨這個督脈向上走，順著這個黃河水倒流。為什麼叫水倒流？男子的精水、女子的經血都要往下流，這叫順流而下。多強壯的男子，在排精的時候，用不了十秒，身體體能、熱能急邃下降，這就是黃河順流而下。我剛從壺口回來，黃河壺口的水是一瀉千里，那身體就虧大了。讓黃河水倒流，讓督脈的陽氣往上，倒轉河車，昇華到頭頂百會泥丸宮，再由這個地方到上丹田，再往下，沿著你的任脈下去，到會陰穴，這就是一圈，叫小周天。就是一日一夜。

督脈是陽氣，任脈是陰氣。督脈管你的外寒、外邪、風寒暑濕燥火氣，如果人後背溫暖，不受背後冷風，不受賊風，後背保暖，就不受外感風寒，不受外邪。

督脈也管男子的性能力。督脈陽氣弱，就沒有性能力，當然也就沒有生命的活力、死氣沉沉。任脈是管血的，管陰的。女性必須修任脈，讓任脈通。任脈通了，臟腑內在就不犯病，血脈都不犯病。

督升任降，一天中日月一升一降，周流不息。老子說：

有物混成，先天地生。寂兮寥兮，獨立而不改，周行而不殆。周行而不殆，就是這個氣。身上這個氣，在後半圈是陽，在前半圈就是陰，陰陽相濟。但是大家注意了嗎？以會陰中分，陽氣上去後要到這兒，是不是陽氣多一點，任脈短一些？人要陰陽平衡，偏於陽氣多，督脈更長，也就是現在常說的弱鹼性體質，酸性體質就是陰性體質，偏陽性體質，四季溫暖如春。百脈暢通，奇經八脈，十二正經全部都是通暢的，你就是個健康的人。

我給大家講小周天這麼一個簡單的道理，就是說明，中醫、特別是道家內丹，是更高的科學、是人文科學、是綜合的科學。現在實證物理學還證實不了這一點，但不等於它不存在。我特別有感於我們的中華後人，數典忘祖，看不起老祖宗，認為我們封建、愚昧、落後了。

這是人家告訴我們的，我們就跟著說。誰落後？誰愚昧啊？這是更高一層的科學。

道在日用，最低的也就是最高的，最基礎的也就是最好的。功夫本身有高低好壞，但最重要的是持之以恆。道在有恆：日月交替，寒來暑往，不以堯存，不以桀亡。無論是聖人皇帝，還是亡國之君，都不能改變。我們都在道中、都在氣中。宇宙浩瀚，無邊無際，就算將來宇宙毀滅，目前對我們最有用的，還是怎樣將宇宙精華吸進來，把身體裡廢物排出去——激濁揚清，這就是氣功最根本的原則。

把好氣吸進去，壞氣排出來。如果能夠吸收宇宙日月的精華，就不得了，那是精微能量，比你多吃幾個黃瓜、多喝幾碗粥，不可同日而語。

# 太極拳的『○』與『一』與『二』①

　　太極拳修練有無盡的層次與境界。沒有止境，奧妙無窮，每天的練習都可能有不同的感受與體會，因此而意趣橫生、引人入勝。雖然玄妙，卻並非無法把握，其練習的階段性是可以慢慢摸索的。

　　筆者體會，應先求無力，即去其拙力。太極拳不用力，即不用拙力、笨力、僵力、局部力、零散力、直力。做到這一步，似易實難。我們的生理反應已經在生活習慣中慢慢形成，一遇到阻力或外力，肌肉即會因神經反射而繃緊——實際上是身之主宰「心理」緊張了，即造成生理——肌肉反應。為此，太極拳練習的早期階段無二法門，只有放鬆一途。鬆、鬆、鬆，成為老師們的口頭禪。

　　鬆的目的是什麼？去前邊所說的拙力、笨力……師傳謂之「卸力階段」，欲卸人之力，必先能卸己之力——己之僵拙生硬之力、直笨散亂之力。

　　傳統上稱人身的肌肉力，即自然而具未經習練而得的力為「後天力」。太極拳功夫要練習的是「先天力」——一種來自丹田而周流於氣脈筋膜的用之則有，不用則無的內勁。有人非要掰扯「力」與「勁」的名相，實際無大意義。我在此強調，太極拳為代表的中國內家拳並不排斥肌肉力，但絕

---

① 本文為筆者於2016年4月10日在首屆三亞南山世界太極文化節上的講演。

不以練成肌肉力為理想，這也正是傳統拳功區別於西洋拳擊的地方。

多年來，我們的武學教育，特別是學院派教育，比較重視西方式訓練，在本體思維上已離開了傳統立場。多年來一些以太極名義的推手較量，大多很難說是太極功夫。先輩把這種「太極勁」上身看作太極功夫有無的標準。以後天本力較量，以身體塊頭取勝，以肌肉強健贏人，從本質上說不是傳統功夫，不練習太極拳的人也可做到！

真正太極功夫不講體重、年齡、性別、高矮等生理差別，只講功夫與實戰力之高下。以現代拳擊、散打訓練來取代太極功夫傳統修練法，是培養不出真正太極拳功夫的。因為其理念與方向是錯誤的。

並不是說不可以合理地借鑑參考西洋拳擊與現代散打的一些方法，但必須是借鑑而不是以之取代。如今，傳統文化已面臨了百餘年的衝擊乃至顛覆，且是全方位的，傳統武術如何轉型生存也成了一個問題。而武術傳統如何保持、繼承發揚就是下一個問題。包括太極拳功的繼承與發揚是否還保有傳統，也是亟待重視與反思的。如果我們失去了中國武術的內涵與特質，比如太極拳不以「太極內勁」勝人，何必還叫太極拳？

回到前面所言，既然大家公認太極拳是哲學拳、文化拳，我們便應該認真研究太極拳產生的文化歷史淵源與背景，應該尊重並保持發揚它的哲學智慧，而不是憑蠻力拙力的「後天力」。我們應該深入地體悟傳統哲學的「太極學說」與「太極智慧」，不是膚淺地跟著西方搏擊術和現代力學跑，那是捨本逐末和數典忘祖。

在太極學與大易學中，有先天圖與後天圖。易圖之《河圖》為先天八卦，《洛圖》為後天八卦。先天八卦方位上乾（天）下坤（地）、左離（日）右坎（月），後天八卦方位上離（火）下坎（水），左震（木）右兌（金）。以後天之坎離（水火）相交而求返還於先天之乾坤（天地）相合，此即易學丹道之要義，無論何宗何派均遵循此一宗旨修練。

太極拳以中國哲學之最高範疇「太極」名拳，正是先哲創拳之智慧，我們理應堅持這一基本思想智慧，而不是妄自菲薄這一中華瑰寶。

筆者遺憾地看到，在當代的世俗化文化風潮中，太極拳日漸被江湖化、市井化、妖魔化、世俗化、娛樂化，它成了一種泛傳統元素，被糟蹋、被利用、被俗化，逐漸失去了它獨有的聖潔與深邃，令人痛心！與西化同時而來的俗化泛化，讓這門高深神聖的拳功蒙塵，我們不該警醒嗎？

筆者一直認為，太極拳是以丹道、醫道、易道為根底的傳統武學，它是丹學的動功與外功，內涵易道丹學。如不從這個立場視野求取太極拳，勢必使之窮途末路、誤入歧途。「中國文化根底全在道教（家）」（魯迅語），旨哉斯言！而所謂一部道家學說，全在返還之旨。返還於什麼？就丹學易理而言，即是返還於「先天無為」之境。「先天」就拳功而言，即與「後天」相反之道，當然是「不用後天本力」之術。即無力之勁，即無意之意，即無為而不為之「無形無象，應物自然」（李道子《授密歌》句）。

如上所述，太極拳訓練第一階段即「不用力」。很多人站在力學角度懷疑這種主張，是從現代科學角度對古老哲學的質疑。其實，人類對終極的探索遠未窮盡，更不能以現代

力學下結論。科學是進行時，近期人類發現印證了的「引力波」與「黑洞」理論，正如許多報導所言，竟與祖先的「太極學說」有驚人相似性。

關於丹學易理，筆者無意在此多涉及，只想告訴太極拳界同道，沒有了這一制高點或基礎理論的指導，太極功夫是練不出來的。

經過了「卸力階段」的退拙力，身體上的散亂局部之力就逐漸沒了。沒力了，會讓練習者惶惑，甚至喪失信心，此時好像你比不練拳時還差。這時體力本力的「萬」（零散力）愈來愈少，老子所謂「損之又損，以至無為」，這即是「損之又損」的時段。

挺過此段，持續用功，有一天你會發現「內勁」慢慢有了，在初始階段的「有」，還很稚嫩，不能心急，傳統學問、藝術、功夫，都是慢火煉出來的，急火式的現代人的所謂「強化訓練」，在本質上是傷害身體的，是傷生的。這也是許多西洋搏擊高手與現代體育鍛鍊不養生的緣故所在。

肌肉男與健康長壽無關！它是另一種力與美。太極拳功是「延年益壽不老春」（張三丰語）之功夫，不是強化訓練之術，兩者不在一個軌道上。太極拳要求的「積柔成剛」正是由放鬆功夫，日積月累，「百姓日用而不知」地習練而成的，與突擊訓練方式南轅北轍。

當我們的「後天力」一點一點消失之際，也就是我們的「先天力」一點一點產生之時。既然不是肌肉力，而是丹田氣脈筋膜力，自然，就應該在鬆透了之後——一次鬆地鬆之後，達到鬆通、鬆柔、鬆沉、鬆空的境界，「損之又損」——用減法，此（拙力）減彼（內勁）長，這也是太極

圖的示現真理。

當陰消則陽長，濁氣退而清氣生，笨力消而靈勁長，而達「滿身輕利頂頭懸」，使散漫之力化為整力，圓活自如，收斂入骨，無往不勝。這時即身力「由萬而少，由少而一」的長功夫階段。此階段與「卸力階段」一樣，長短因人而異。王宗岳所謂「先天自然之能」（《太極拳拳論》）即「後天力」——本身自帶之力。把這種本力（前輩叫「份兒」）去掉，換上修練而成的內勁「先天勁」——無力之勁，即是後天返先天的功夫。

請注意，王宗岳所言的「先天自然之能」並不是「先天勁」，不要誤會。「先天勁」是易學裡的「無極狀態」。無極狀態是「無中生有」。太極大師李經梧老師生前常說「用之則有，不用則無」。不用是「無」，用時是「一」（即整勁兒），但這個「一」中是包含著「二」（兩儀）的。「一」是「無極生有極」，「二」是「太極」，「〇」是「無極」。以無極為常態，為體，以太極為變動態，為用，以「一」為轉關——體用之間，即「天人之際」（司馬遷語），即陰陽相合之道，斯理盡矣。

易理之「〇」，即拳功之無極態。打拳當始於無極（虛無）椿，現所稱預備式。在無極椿中，讓心身鬆靜柔緩，此時當體會「腹內鬆靜氣騰然」的感覺。一旦全體鬆沉，即你這個「太極體」沉入純陰態，陰極生陽，待丹田有信——微暖、微動，一陽生，即開始打拳，此時為易理之「一」，然後「一動無有不動」，為「二」，即心身已分陰陽兩儀，再由「二」而「三」，動動不已，三生萬物，如長江大河，連綿不已——一氣流行也。

太極拳不離陰陽，陰陽在拳功中體現為：呼吸與開合——呼開吸合，內呼吸而外開合。但開中有合，合中有開，動中有靜，靜中有動，無不暗合於陰中有陽，陽中有陰之易理，此乃中華太極智慧之妙，非深入個中三昧者不能體會。從無（無極椿）到有（行拳），再到收勢，又歸於無（無極），正是一個周天循環。易理之要旨乃「原始返終」，循環不已，也即易理「生生之謂易」也。太極拳之妙，全在吞吐開合之內，在氣機。

上述所言乃自我練功的機理。人身為太極之體，讓此體有運與動，即「太極」（有極），即用也。最後收拳復歸無極。太極拳是以人的身心實修悟證太極道理，被稱為太極拳才名實與歸，當之無愧。

若與人較量，即「對待」。在對待中首要憑素常的實力，對待中憑的是中定功夫。自我練拳時同樣練的是中定功夫。在有極——太極陰陽兩儀變化中，始終要把握的正是「守中用中」的平衡能力。

需要說明，如何「○」（鬆空），如何「一而二」又「二而一」，不同老師有不同體會和傳授，在此就恕不言說了。

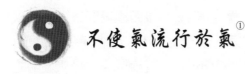
# 不使氣流行於氣[1]

我太極拳老師李經梧師承於胡耀貞、陳發科，當然還包含吳氏太極拳趙鐵庵、楊禹廷師爺。老師還留下了一本秘譜，這個秘譜據我所知，楊家也有，吳家也有，而我看到的文字略有小的差異，是抄錄的原因。但是李經梧老師那一本比較全。他說是1945年趙鐵庵師爺給他的，然後讓我抄了一份，我在2003年非典（SARS）的時候，拿毛筆小楷，又抄了一遍。李老師說：「你認真地讀，反覆地讀，太極拳所有道理和精奧，都在這裡啊！」

## 不使氣流行於氣

「不使氣流行於氣」這句話，在這個譜裡就有。李老師說：我們口鼻的呼吸是後天呼吸，丹田的呼吸（內呼吸）是先天呼吸，回到嬰兒的狀態叫「胎息」，那是先天呼吸。練拳的人，如果要修練武功，必須要有內呼吸，叫「丹田內轉、丹田開闔、丹田吐納。」他說：所有的鼓蕩（鼓蕩勁），都應該來自於丹田與命門。李老師所教的這個內功呢，主要是強調命門、丹田和會陰，在道家內丹功管會陰這個地方叫陰蹻穴，在佛家秘宗叫「海底輪」。李老師說：如果在這三點作工夫，如果你工夫日久，才能夠「歸根覆命」

---

[1] 本文為筆者於2014年3月29日應邀在台北市五常國中示範教室為鄭子太極拳研究總會所做的講座。

「深根蒂固」「長生久視之道」。後來跟李老師學了這個以後，我忽然發現，跟我第一個老師早年教我站樁所練的東西有相通之處，只是角度略有不同。李老師這個內呼吸強調的主要是：意守、抓閉。這個意守呢？是把意念放在這個點上，跟靜氣功是不一樣的，太極拳是動靜兼修，內外雙修，性命雙修，是在靜中求動，比如他在練這個樁功，或意守的時候，樁是靜的，然而這個意守，又是動的，然後，守到相當程度，他會要用意念連線。

　　我一直在想，我們的中醫就是這樣，我們的中國畫、中國書法、中國音樂古琴都是這樣，就是用意。要從現代醫學的解剖學，恐怕無法解釋，那個所謂的丹田解剖出來，腸子、肚子裡哪有什麼丹田呢？但是我們的先輩，先民的智慧，就這麼練，就這麼有，也可以說想當然，想當然就有。

　　我覺得老祖宗的智慧，截至目前是不能全用現代科學來解釋的。但是將來的科學能不能解釋，那我們期待。李老師教我們的時候，他說這個意念，這意守，是有能量的，你只需要做就行了，你不要非問為什麼，前輩就這麼教的，守住命門以後，然後是會陰、是丹田，三點連成一個，當然，他有很多具體的做法，我在這就不向大家多匯報了。

　　這也是第二個話題，內功。李老師說：這麼練以後，不斷地吐納開闔以後，那你的丹田才會有東西。李老師說：丹田有東西，那叫丹田有功夫。道家的哲學是從無中生有，即虛無生一氣，又從一氣分陰陽，即太極。太極又返還於無極，返還於先天。我們人一生下來，就是後天了，由後天返還於先天。一部道家的文化，應該就是返還之道與術。

　　後來我拜師胡海牙老，向他請教，胡海牙老第一次就跟

我說：「以我幾十年的研究體悟，在這個世間，最好的健身術，就是太極拳，任何運動不會比太極拳更有益於我們的身心。」那是妙用無窮。胡老同樣像李老師那樣，強調內功。這更讓我確信不疑了，他教的內功呢，跟李老教的，百分之九十相似。

後來我就問胡老，那年他九十七歲，我說：「胡老，為什麼您教的東西和李經梧老師以及我的第一個啟蒙老師教的幾乎都一樣？差不多！我說你們不是同一個師承，也不是同樣的門派呀！」胡老說：「對了的，只有一個，錯了的千差萬別，月亮只有一個，水中的月亮千萬個。那都是虛幻的，道不遠人，人自遠道。」他說：現在好多言說的人，不真知道，誤以為知道，真知道的人他不說，他說道家，許多東西是不能妄傳，不能亂傳，不是不想傳。不得其人不能傳。

那麼這三位老師強調的這個內呼吸，我自己覺得好多年來，我是最大的受益者，十幾年我不會感冒，十幾年沒鬧過腸胃，我是全世界的跑，全中國的跑，帶著我工作室的學生到各地寫生，農村、山川都去，學生們比我小二十歲，他們爬山走路走不過我，熬夜熬不過我，講話講不過我，真的，我是最大的受益者，這個我自己知道。我遇到我的家人、朋友、學生，我一直在說，這是寶貝啊！我們老祖宗的寶貝。不使氣流行於氣，這是兩層：一個先天氣，一個後天氣。口鼻呼吸之氣，人人不能缺，丹田命門之氣則好多人不見得真懂啊！或者懂也不見得真重視，知道也不見得得法啦！這個是我向各位匯報，這是我的一點所學和體會。

那麼意守、抓閉，抓閉這一步，李老師教的這個，「吸、貼、抓、閉」，也有的說是「吸、提、抓、閉」，不但

強身，它還增加擊技的能力，增加你的擊技的能量，這是本錢。老師們教我練功的時候就說了：「你練功了，就是存錢，每天練功，每天存錢。不練功就不存錢。」我們生命是個消耗的過程，減弱的過程，是個減法。你天天在減，你只有自己培元固本，培養你的真元之氣，往後你不斷地往裡存錢，你有不動產，這個不動產啊，古代《道經》裡說的：「萬兩黃金不與人。」至親之人不能贈與，我的太太，他們家族體型偏胖，她又愛美食，他們家原本飲食習慣也不是太好，他跟我結婚之後，我就老在說她，我說你要吃得素一點。她也不愛運動，偶爾練練，三天打魚，兩天曬網。我說：怎麼樣呢？我這東西沒法給你啊！她認識到了，但是她可能沒有這樣的恆心。道在有恆，得法之後要有恆。

這個抓閉呢，吸貼抓閉，本身是有為法，大家都知道，李道子（唐代）「授秘歌」，應是「無形無象，全體透空。」無形無象，全體透空在我想來，那一定是至高的化境。不能在開始練的，沒有用。就像學字畫的人，上來他就龍飛鳳舞，從心所欲，你必須從有為法再求無為法。

當年武學大師孫祿堂，向他的前輩，山西形意巨擘宋世榮請教，他說：「我練的內功有用嗎？我的丹田功？」宋世榮竟然一口說：「沒有用，你縱腹堅如鐵，終必為其所累。」這句話為好多否定內功的人所引用，但我想說，那宋世榮當時已經八九十歲高齡，已經功臻化境，他已經從有為法，返還到無為法，當然他說沒用，最終要化，但是你沒到那個功夫境界，須從有中來。無中生有，有後再求化，你沒到那個境界，怎麼化？

孫祿堂大師也一樣，他武學登峰造極了，文武雙修的巨

擘。武學著作到現在仍然是珠璣之言。他得了這句話以後，後來他晚年，專心於道功，後來孫家的傳人跟我講：孫祿堂晚年在上海，專跟一個道士，每天單獨在一個房間裡，單獨練功，不讓弟子進，也不讓家人進，有時候一坐就是半天，孫先生後來就由上海回到北京，回到河北，73歲他就羽化了，他晚年很重視這個道家的內功。與他早年所學的武功裡的內功有什麼異同？我們只能再去推想，或者說是研究。

胡老告訴我，他認為太極拳所練，是道家的外功，是道家的動功，他認為必須要有內丹功的內功，這才是內外雙修。他認為，太極拳是外功，內丹是靜功，太極拳是動功，他說：這才是動靜、內外雙修。

## ✚ 帶功練拳

李經梧老師教我們的時候，他說：當你丹田有了東西以後，要把這個東西，持著這個練拳，叫做「持功練拳」，開始你只能練一個式子、兩個式子，可能後來你慢慢能夠練到幾個式子，再往後你能整個練一套拳下來。他說，那這一定跟你平時練的拳不一樣。

這個我自己呢，也有切身的體會。開始的時候，我確實練不了一趟拳。有人又說了：太極拳要放鬆，那持功練拳能放鬆嗎？有一位我也敬仰的前輩，對太極拳有殊大的貢獻，在他的著作裡老是在說：大鬆大軟，這個跟我所學有所不同。我的所學是：太極拳是「外示安逸，內含堅剛。」外似柔軟，內裡如棉裡鐵，外如棉，內如鐵。太極的道理，我認為不管什麼名家，一定要符合太極之理。

我們可以拿王宗岳的拳論來衡量，王宗岳的拳論說得很

簡單，留下來了，比如太極拳的道理是：有剛必有柔，外柔必內剛。假若內外都柔，你何以對待別人呢？何以待敵呢？如果內外都鬆柔，可能健身有效果，放鬆緊張的神經有效果。舒緩你的肌肉緊張，讓你的細胞回到最自然的再生狀態。如果作為武功，不可以。我遇到好多太極拳家，就是放鬆、放鬆，我搭手一摸的時候，我就覺得他真是如棉絮。鬆如棉絮，他是放不出去我的。當然我們說，不要與人爭勝，祖師張三丰也說了：願天下豪傑延年益壽不老春，不錯！但是太極拳畢竟是武功之一，是中國武學的精華。假如不能夠耄耋禦眾，那就不是武功了，可能也失去了武學的另一個本質。以致於我到日本去瞭解，到蘇聯去瞭解，好多外國朋友就認為，太極拳不是武術，你們的太極拳不能較量，這也是我們太極拳走偏了的一個悲哀。

「外示柔軟，內含堅剛」，應該是太極拳的一個原則，那就是說：如果外面的肌肉，我的皮毛是鬆的，但是我裡邊的筋骨不能是鬆的。我的那個內含的「意」和「神」不能是鬆的。武禹襄不是也說：「專主一方，神凝氣斂」，這個神凝，有與沒有，就差在這微芒之間。儒家道家傳道，就我所知，從《尚書》到道家都是這樣講的。「惟精唯一」，道在微芒。就差那一點，過一點，差一點，就不對，意念裡有這一點，和沒這一點，就不一樣，道家練到恬淡虛無那個境界的時候，就那一點神凝就夠了。

就那一點神凝，應該是道學內丹裡所謂的那一點靈陽之氣。就那一點氣是純陽之氣，剩下的肢體全是陰，萬念放下，諸陰沉墜。一切有形的全部鬆墜，這是萬緣、萬陰、萬有，但是一靈提起那一靈，那一點神明不能丟，丟了這個，

什麼都沒有了。那就滿盤皆輸。提起這一靈的時候，不是要你繃勁兒，不是讓你緊張，絕不是。這個呢，我們看李小龍，那麼長於搏擊的人，搏擊的瞬間，也是最大程度的放鬆，只不過在運用的時候，在交敵的時候，他瞬間像彈簧一樣，像炸藥一樣爆炸。

我第一個老師教我的功夫，我沒練到，他說：武學到後來的境界就叫：不期然而然，隨手而應。後來發現他和胡老、李老師說的都一樣，就是下意識，有人說太極要思想，要接手，怎麼想，怎麼想。說說可以，與人對待，沒有想的那個過程，來不及想。必須像火柴點火一樣，擦到那個磷火，啪！就點著了，像原子彈一樣，一按鈕，它就炸了。我第一個老師說呢，內功練到相當程度的時候，它有超強的能量，他管這個叫「驚炸力」。我沒練到，但我彷彿得之。

這個持功練拳，我以為特別重要的，對我們練太極，帶上那個內功練拳跟不帶那個內功練拳，裡邊就有了信子了，裡邊就有了心兒了，可以說那炸藥裡有了那捻子了。如果沒有那藥的捻子，那炸藥不會炸，儘管它原料俱備。

最後一點，我想向大家匯報的是，前面這些從無中生有，有到最大程度的有，充實了，然後有人說眼為太極，心為太極，有人說腎為太極，還有人說，腰腹為太極。以我理解，第一步以腰腹為太極，丹田命門為太極。往後你這個太極愈練愈充實，練成一個氣球一樣，當然這個氣球是精微之氣，然後它貫穿到四肢百骸，將來才會變成一個混元體，周身一家。這個周身一家是像蛇一樣，擊首則尾應，擊尾則首應，擊中間則首尾皆應。

這時候周身一家的這個東西是最大的空無，又是最大的

鬆柔，又是最大的堅剛。是真堅剛，無堅不摧。周身一家，意到氣到，這個時候的有，是混元氣，也叫罡氣罩身。李經梧老師，常跟我們說這個東西上身以後，終生不退，用則有，不用則無。

李老師在82歲的時候，做了前列腺手術，但做的不成功，84歲又做一次，那時候就一直體質偏弱，躺在病床上，我說：「老師，你現在這樣，放不出去我了吧！」老師說：「你伸手！」我一伸手，還沒給多大力，我們練過太極的都不會輕易出力，這是下意識，我沒怎麼出力，一搭手，李老師一問勁，我的勁就被他拿出來了，這一拿住以後就被他拔了根了，他一下：「出去！」我一下子就被扔到病房門口（呵呵！）老師說：「我現在手無縛雞之力，但是我把你的勁拿出來之後，我牽動四兩撥你的千斤。」我真的才領會什麼叫「四兩撥千斤」。

往後我不出勁，李老師說：「你可以不出勁，你不出勁，你也沒有攻擊我呀，太極拳不是主動攻擊人的，不是好戰之術啊。勝人者，不戰而屈人之兵。」李老師說，你不給我力，你不想攻擊我，我不會打你，守住我疆我土，守住中土不離位，用中宮，用中定，守中、用中，他說如果你稍微給我一點意思，你想贏我的意思一出來，你的勁兒就出來，你的氣就到了，我就知道了，那我就把你再調一步，我出勁以後，就讓你出去。那我真的領受到他這種東西。

我今天，就利用這點時間，向各位老師各位前輩，各位同好，作這麼一點匯報，不對的地方，大家多批評，謝謝！

# 太極的文化內涵[1]

很高興有機會來到「斯文」這個大家庭，談不上太斯文，但是我很崇拜斯文，所以也就在這兒盡量「裝」斯文，占用大家一兩個小時。

王院長跟我商量題目的時候，我未加多想，說可以。但這兩天從台灣回來再看這個題目的時候，跟我原來講的好多題目不太相符，咱們盡量圍繞著內容來說。

我想說假如西方人有一本必讀的書，那一定是《聖經》，假如中國人有一本必讀的書，一定是《易經》。中國的儒道兩家共尊的經典就是《易經》，無論是《五經》《四經》《六經》都有《易經》，《易經》是中國文化的一個知識之根，也是智慧之根。中國人自古以來，兩千餘年來想問題、看世界，處事做人、為藝，都離不開這個內容。

「太極」是中國哲學的基本概念，當然它也近乎一個最高的範疇，最高的概念，它是核心的概念。不過我很遺憾地看到，這幾十年來由於我們教育的普及，我們教育的理念，教育的體制給大家帶來的知識，離我們老祖宗的太極思維，太極理念越來越遠。

20世紀二三十年代，我們的新文化運動，五四運動都是要反叛傳統，打倒孔家店，反對讀經。既然反對讀經，既然

---

[1] 本文為筆者於2015年12月10日在中央財經大學金融學院斯文大講堂的講座。

批孔，那麼這部經典當然就不會被普遍的教育所重視了，只是個別的學人或者江湖上的許多人淺泛的利用。

一提到「太極」，就要提陰陽，就要知道五行，就要知道八卦，大家就覺得這是不是什麼封建迷信？在我小的時候，知識教育給我的就是這樣的理念。

我很有幸，在我十二三歲的時候認識了一位隱居的武術老師，我的武術啟蒙老師，他家傳中醫，也是《易經》易學方面很有研究和傳承的一位前輩。他隨手教我武功的同時，教我一些醫學，還會講到《易經》，這給我種下了一顆種子。於是，幾十年來我不斷地在追尋著這個中華民族先民的知識。大家當然知道，談《易經》是很深奧、很晦澀的東西，大家也會覺得它是不是預測之學？算命之學？

其實它什麼都是，什麼都不是。當你說這裡面內容的時候，它不說具體的，當你說它沒有的時候，它是整個中華民族看待世界的一種方式和角度，當然也可以認為它是判斷事物，分析事物的角度。

明清的學者們都在說，它可以氾濫於諸子百家，三教九流，說三教九流之學皆可串入，不錯。那既然三教九流皆可串入，諸子百家莫不有易理存在，就說明它確實是中國文化這個命脈裡的一個核心，一個緯度，是繞不過去的。

這二、三十年來大家逐漸對它有了一個比較客觀的認識，我今天的講座不是完全從哲學的角度來講，是從我們中國傳統的藝術、技術、文化等幾個角度來看待它。不能奢望今天我給大家多少東西，但是希望大家換一個角度來看待我們自己的文化。

當然，大家大多是學中國藝術和中文專業的，對這些也

可能並不陌生。希望能給大家一些有用的東西。易學的理念，基本的範疇就是兩儀，就是陰陽，太極是易有太極。這個「易有太極」就是一陰一陽。這個道理，意趣在儒學，在《易經》之學，在道學，在醫學，在文學，在武學，在養生學，在政治學，在生活哲學，每一個領域它都有顯現，只是顯現的程度不一樣而已。

孔子的弟子子貢曾經說：「夫子之文章，可得而聞也；夫子之言性與天道，弗可得聞也已。」這個「性與天道」到底是什麼東西？司馬遷說：「究天人之際，通古今之變，成一家之言。」「天人之際」是什麼東西？宋儒張載說「為天地立心，為生民立命，為往聖繼絕學，為萬世開太平。」這個「往聖絕學」是什麼？「天地之心」是什麼？《漢書‧藝文志》也有一段話，說「昔仲尼沒而微言絕」，仲尼就是孔丘，仲尼死去而微言絕。「七十子喪而大義乖」，賢徒七十二，大家對於微言大義沒有了。

在我看來中國文化核心中的核心的太極理念，也可以說這個陰陽理念，也可以認為是元氣陰陽理念，其實就是微言大義，它是性命之學，它是天人之學。

這個學問關乎每一個人，小到個體的人，大到宇宙，都是我們的先民要通過這個思維去考量的事情。道家有一部書叫《陰符經》，《陰符經》裡有一句話，「觀天之道，執天之行」，先民儒道兩家的智慧，在先秦以前，在佛學沒有進入中國之前，儒道本土的兩大學問，兩大學派，他們共同關心的就是天人性命哲學。後來分道揚鑣。

如果追蹤中國人文初祖伏羲氏，所關心的就是天人性命之學。由伏羲氏傳到了堯舜氏，堯帝曾經有16字心傳，傳給

舜帝，他講的是什麼呢？他說：「人心惟危，道心惟微。惟精唯一，允執厥中。」

儒家所尊的聖賢，其實也是儒道兩家共尊的聖賢，說的「人心惟危」，用今天的話來說就是人心很危險，人心是一個很可怕的東西，這比西方人說的「他人即是你的地獄」早了至少兩三千年，或者還要早。

我們的先祖很有智慧，「道心惟微」微妙的微，就是微妙玄通的「微」，「惟精唯一，允執厥中」，無論儒家還是道家，在先秦的原始儒家、道家都是尊重精義之道的。這個精義之道，其實就是修身，修心，養命。治天人之道，必須從這兒做。我們都知道儒家後來所說的「正心誠意」「修身、齊家、治國、平天下」，第一是正心，第二是修身，第三是誠意。這幾句話就是儒家後來所要做的工作，也就是所要做的學問。這個學問就是為天地立心，為生民立命，而這一切學問都是究天人之際。

「天人之際」是什麼？是我們人身這個小宇宙與天地這個大宇宙相交通和往來，相際遇的那個通道，或者是那個路徑，或者那個門道，或者那個竅要，或者那個地方。司馬遷說「究天人之際，通古今之變，成一家之言」，你才能夠立功立德立言。

作為儒家是這樣的，作為道家呢？從秦漢以後他們就開始分離，由於秦皇漢武想追求長生久視，於是道家，也就是當時主要的方士，興於山東的齊地和今天河北的燕地方士，不斷去迎合這些帝王們，要做一些神仙方術，於是道家與儒家日漸分離。大家也知道，在董仲舒時代「罷黜百家，獨尊儒術」，儒學成為王權所在地方的學術和理論，道家自然就

隱退了。

實際上，他們原來都是一家，在這兒我跟大家探討提出一個理念，我們一般認為先秦諸子百家，那不過是在春秋時期，後來大家對大道唯一的「道」有分解，各自有各自認識的角度，實際上大家說的「道」都是那一個。比如陰陽家、比如讖緯、比如法家、比如儒家、道家、兵家、墨家等，其實說的是那一個「道」，沒有兩個，只要你生存在這個地球上，這個「道」就只有一個。到了漢代以後獨尊儒術，那就是儒家來說「道」了，儒家最主要的是要做什麼呢？

儒家所要做的就是「齊家、治國、平天下」，要往外用，要用於人倫，要用於日常，要用於社會，說君君臣臣，父父子子之道，就是人與人如何相關聯，人與人如何相處，這個社會如何保持倫理綱常，稱「道德倫理」「三綱五常」「仁義禮智信，溫良恭儉讓」。

我現在想說作為太極的系統理念，什麼是聖人之道和聖人之學？天心地心何在？為天地立心的是人，假如我們人身是個小宇宙，從生命學的角度來說，那人身上何處是天心，何處是地心呢？這就是儒家的《大學》和《中庸》所要講的。但是，所講的還不夠，更專門的是道家的學問來講這個。

那麼，道家又怎麼說呢？後邊我們專門來談這個問題。董仲舒說，「天人之際，合而為一」，張載說「性與天道云者，易而已矣」，這個「易」是什麼？就是陰陽，陰陽的演變，陰陽的轉換。天道其實就是大道，天道就是根本道，聖學就是性命之學，就是人的性命對應天道，對天道的效仿和遵循。天地這個大道是什麼呢？就是「中」，儒學裡單說出

一個「中」字,「喜怒哀樂之未發謂之中,發而皆中節謂之和,中也者,天下之大本也;合也者,天下之達道也」。

「中和」二字就是儒學,在太極體系哲學理念裡最重要的內容。而道家後來專修精義之道,孔子說「吾道一以貫之」;莊子說「知其一,萬事畢」;淮南子也是道家之學,當然他雜糅諸家,更重視的是精,所以「中和」與「精義」就是中國儒道兩家性命大道。

現在說第二個角度,就是「理」。我們前面講「道」就是中,就是中和,就是精義,既有道就有理,「理」的文字本意就是植物的紋理,或者最初是指玉上的紋路,玉上的紋為理,後來也包含植物的各種紋理。於是,「理」就有一個連詞「理路」,就是脈絡,軌道。《老子》在二十五章說,「強為名曰大。大曰逝,逝曰遠,遠曰反」,所以《易經》說「原始反終」,「原始反終」就是易的道理,就是萬世萬物永遠有循環。

我們的祖宗看到白天與黑夜,當黑夜過去了就白天了,當白天結束了就黑夜了;當春天來了,夏天來了,秋天來了,冬天來了,當冬天過去春天又來了,「天何言哉?四時行焉,百物生焉」,這就是原始反終。用今天我們說的詞就是循環不已,而這個東西就是無極圖。

無極圖是由唐末五代時候的道家人物華山陳摶披露出來的,宇宙無始無終,萬世萬物又循環不斷,我們人類也是這樣,綿延不絕。儒家最重要的理想認為有「五福」,其中的「一福」是長壽,我們看到商周時候的青銅器禮器上全部是子孫永葆,也就是儒家思想非常珍重現世的人生,很在乎我們有形的身家性命,乃至四代五代同堂,兒孫瓜瓞綿綿,福

祿綿長。

陳搏的「無極圖」，陰陽裡的太極，陰中有陽，陽中有陰，這是世上所謂的「陰陽太極圖」，首尾相銜，陰陽轉換，裡面含著「四象」，春夏秋冬就是「四象」，在人的生命裡少年、老年、男人、女人也是「四象」。太極所有的這些道理，這個「理」都沒有離開。如果白天長了怎麼樣，晚上就短了；如果黑夜長了那白天就短了，這個陰陽魚的太極圖是你消我長，你盛我衰。

作為家庭倫理，儒家說正心誠意，修身齊家，夫婦就是陰陽，男為陽，女為陰。如果男的太強盛，女的就比較弱；女的如果太強盛，男的就比較弱，兩個人有一個主次，達到平衡了，是比較好的狀態，也就是中道。天地氤氳，萬物化除，象天法地的儒道，其實他們都尊崇太極的哲學體系，他們都尊崇義理。

我們看看文王「後天八卦」，其實大家一談到太極，一談到五行八卦，感受到的一個印象、一個理念就是唯心，那是迷信。什麼叫唯心？實際說這個字的人都不知道唯心到底是什麼意思。實際上，所謂伏羲氏卦被稱為「先天八卦」，文王所演卦被稱為「後天八卦」，假若此刻我們把任何一個空間都可以認為是一個道體的話，都具有八方，八卦之學是「時空之學」。

我們假設那邊是北，這邊是南，這邊是東，那邊是西。好了，在這一個長方形的空間裡，我們畫一個十字線，十字線所在的兩頭就是正南正北，正東正西這叫「四正」，另外那四個角就叫「四隅」，「四正」和「四隅」加起來就是「八卦」，就是一個空間的意思。在這個空間的中間是虛空部

分，這就叫「九宮」，中宮是虛的，但是它最有用。我們學書法的人在臨摹的時候有「九宮格」，就是「中宮」。

前面我不是說要中道嗎，這個就是。假若我現在站在東北角，這是西北角，如果按照先天八卦定一個部位的話，叫「上天下地」，然後「左坎右離」；但是按照後天八卦就是另一個位置了。後天八卦裡西北為「乾」，「乾坎艮震，巽離坤兌」，我站在「艮」這個位置，先天八卦是「體」，後天八卦是「用」，中國哲學是體用之學。

學習近代史的同學一定知道，洋務派曾經主張「中學為體，西學為用」，這也是中國傳統哲學，太極思維的產物，但是他能不能實現又是一回事。事實是百餘年來洋務運動之後，我們現在還是中學為體嗎？還是西學為用嗎？可能就很微妙了，現在我們中國人的腦子已經全部是西學為體了，是中西並用了。

有其體才有其用，我拿著這個「體」是粉筆，我要拿它去摩擦一個平面這就是它的「用」。盡性致命，以合於道，這是儒道兩家最根本的途徑。盡其性，什麼性？粉筆，石膏石灰，石膏凝聚的這種固體，但它質地比較疏鬆，這就是它的性，本性。盡性致命，它有多長啊？2吋長，我迅速地書寫它，使勁地書寫它，這就是它的命；我寫到一半折掉了就是它的命；我特別輕的寫，很省的寫可寫3個小時，我迅速地寫可寫10分鐘，這就是它的命。寫3個小時就是長命，寫10分鐘就短命。

盡性致命，以合於道，很抱歉，它沒有靈性，它沒有人的靈性，不能自主其性，自主其命，而人能做的就是所謂「人為萬物之主」，人能夠盡性致命，能夠自主。

　　人能夠在天地之間，度造化之際遇，可以領悟性命，可以盡性致命。就是明知道自己體質很弱，你特別愛惜，特別注意，生活起居在方方面面在心裡休養，在飲食男女各方面你都注意，也許你的這個命本來應該60歲，你延長了10年，你活到70歲，這是你能做到的地步。假如你不領悟性命怎麼樣呢？暴殄天物，飲食無節，起居無常，揮霍無度，本來可以活到60歲，也許你40歲就不行了。怎麼樣呢？性命之學，你真得有養命之術，你修身養性有道才行。

　　其實一切學問都應該回到我們生命自身，否則所有的學問，其實都不是有本之學，都是本末倒置。最後你自己還沒有做什麼，你的本已經虧透了。管你是什麼名人，管你多大官，管你長的多漂亮，神之不存，命之不保，其他的都是煙雲。

　　我今天借這麼一個機會跟大家交流，我最終落腳點落到了生命這個角度，大家都是早晨太陽的時光，但這並不認為你就是有多大資本，很多年輕人都是違背養生的生活習慣，心理修養先不談，大家的生活方式，飲食習慣，睡眠起居，都是違背養生的。

# 太極拳功與內丹漫談[1]

本文為筆者於2015年11月29日在台北鄭子太極拳研究總會的演講。

## ✚ 徐億中社長引言

　　很高興今天是大好的禮拜天，陽光普照，氣候適人，我們請到一位了不起的大師。梅墨生老師是我多年的好朋友，我對他瞭解很深，對他越瞭解就越尊敬。我先簡單介紹一下，他在拳藝方面造詣很高。他的老師是李經梧，是名望很高的一位武術家，在太極拳界地位很高的。可是梅老師我雖不敢講青出於藍勝於藍，但他的功力相當深厚。

　　梅老師除了拳藝以外，詩、書、畫每一樣都是特別精到。我看過他的詩、畫、文章，實在太了不起。他的學問是全方面的，包括朱教授給他講稿記錄整理，也感覺他實在是了不起，我感覺他是一位難得的奇才。我自己的感覺上，前一輩的，好像鄭曼青老師、黃君璧老師、張大千老師等，都是我們所敬仰的。再前一輩的話，好像徐悲鴻、齊白石、吳昌碩等，這一輩再下一輩，就是梅老師他們了。

　　梅老師的學識、道德、文章、為人的風範各方面都很了不起。他無論是學養、道德，都值得我們學習。我常常跟他開玩笑，你能夠得到梅老師一張畫，一個字，就是財富了。時間非常寶貴，我們以最熱烈的掌聲歡迎梅老師。謝謝！下面有請梅老師給我們講話。謝謝！

## ✚ 梅墨生老師演講

　　每次到台灣來，都要見到徐先生，都受到徐先生抬愛，非常的感動。徐先生對我的抬愛和推崇，成為我繼續努力的動力，謝謝徐先生。徐先生每次都要給我一個機會，

　　向大家匯報自己很有限的一點認識，我也覺得很榮幸。在座各位有的是我的前輩，有的是同輩，大家在太極這方面的修行和鍛鍊都值得我學習，其實我能講出來的很有限。向大家匯報，我們交流，還是那句話，講得不對的地方，我們探討，如果講得對大家有一點點用處，那我就很高興了！感謝徐會長再次給我這個機會。

　　在我看來，太極拳是一門很容易學練的技術和功夫。太極拳是一門很難精深而有成就的功夫。它易學難精，容易入門，但是很難畢業。大陸是入學校比較難，畢業比較容易。在海外呢，就我所知是入學比較容易，畢業拿到學位比較難。我覺得太極拳有點像海外拿學位啊！不容易！實際我們大家在座的，特別是我，在學習和修練體會當中，沒有窮盡。每天對身心的認識和體會，都只能是進行時。我今天談一點自己很粗淺的體會，不對的地方大家指正。真的是跟大家分享，其實我應該更多地向徐先生學習，向各位學習。

### 功夫師承

　　自我介紹一下，我在中國國家畫院工作，我是從事中國書畫的創作和研究。我的家鄉有位隱居的老師，他是道家功夫，不怎麼出來，2000年初已經過世了。我25歲的時候，有幸認識李經梧先生，向李經梧先生學習他的太極拳和太極內

功。李經梧先生是陳發科宗師的陳氏拳弟子，而且是頂門弟子。這一點可能大陸有些地方，不太願意說這些，李先生生前也很低調，我給他編過兩三本書，做一些宣傳。陳發科正式收徒的弟子，只有五位，只有在他六十歲生日的時候，就那一次。李經梧先生是其中的佼佼者，後來的包括前面的好多人，都是他的學生，也是跟他學的，但不是磕頭的入門弟子。李經梧先生的吳氏拳是師承於趙鐵庵和楊禹廷，趙鐵庵和楊禹廷是王茂齋的弟子，而趙鐵庵還是王茂齋和吳鑑泉共傳的大弟子。李經梧先生在1939年，從師於趙鐵庵。後來趙鐵庵在1945年走了以後，1953年他又拜楊禹廷為師，實際上他的吳氏拳有兩位老師。更重要的是，他還得到過王茂齋的兒子王子英的指點。王子英是王茂齋走了以後，在北京城至少在吳氏門，功夫最好的。王茂齋的二子王子英，一米九的大個兒，山東大漢。據說他的手輕靈至極，但氣勢泰山壓

・1953年李經梧組織籌辦首都武術社合影（前排右三陳發科、右四胡耀貞、二排右三李經梧）

頂。他對自己的兒子可以用鞭打的辦法來教他練拳，以致於他的夫人在旁邊落淚而不敢勸，那孩子呢，後來就特別逆反練這個拳，王子英前輩，傳徒甚少，最有名的就是李經梧老師了。我有幸跟李經梧先生學，他的內功師承於胡耀貞。胡耀貞當時在西北的山西，人稱震三省，輸給一位名叫左一峰的道士，左一峰又傳給了他內功。胡耀貞本身學心意六合拳，也就是說，李經梧老師的內功主要來自於胡耀貞，但不全是胡耀貞的，只是與胡師爺有師承關係，有他的點撥。

當然李經梧也會楊氏拳，他也會孫氏拳，但那是交流所得。拳友交流換藝，真正的傳授就是吳氏、陳氏和胡耀貞這一脈，早年還練過秘宗拳。

李經梧老師1997年過世以後，我一直在夢想的有機會去繼續深造，學習內丹，但沒有機緣。結果夢想成真，有一次和一個朋友聊天，我說我想拜胡海牙先生為師，他說你想認識他，那你找我正好，胡老今年九十二歲，他不見人，但我帶你去會見他。我欣喜若狂，三天以後就拉上他去拜訪，不過在路上這朋友說，我帶你去，他一定見，但你要想拜師，收不收可管不了，那要看你了。

胡老當年九十二歲，是北京大學附屬醫院的主任級醫師。民國時期，他已經是名中醫了。他是跟著我們中國道教協會的第二任會長陳攖寧師爺，由杭州到北京的，一呆就是60年。胡老原來練過李瑞東氏太極拳，和黃元秀學過武當對劍，是李景林的武當對劍，還和少林的海燈法師學過少林拳，向陳攖寧先生學仙學內丹。那後來胡老跟我說，拜師不必了，你經常來好了。就把家裡的電話寫給我，我三年間向他請教，執弟子之禮。他後來說同意，於是我就地磕頭拜

師，追隨胡老八年。他前年以百歲高齡過世，他特別低調，但對弘揚道家的仙學、弘揚陳攖寧的仙學不遺餘力。我在武學的一點知識，真正拜師主要是這三位老師，其他的是朋友，比如曾經遇到過劍仙門的朋友，他今年也不到六十歲，但是從不參加外面的活動，很低調。

我到海外，也有意外的收穫。我到新加坡去辦書法繪畫展，有一位前輩打電話給展廳說想見我，我說我不認識他。據說他來好多次電話，我接了以後，他說：「我是一個民間的練武老人，今年八十歲了，我的夫人身體不好，我不能離家。梅先生願意不願意屈尊到寒舍來？我有東西想給你。」於是跟請我的書法會的會長說：「能送我去嗎？」他說：「很願意呀！我在這裡三十多年，沒聽說這麼個人哪！」我說：「人家說了，不傳人，也不教人，也不跟外面活動。」這個會長是書法篆刻家，但他是宮寶田派八卦掌的傳人，應該是宮寶田的徒孫。第二天去了，這位80歲民間練武的老人姓李，家裡全是太極、中醫和武術的書，日版、港版和台版。李先生說：「我看到你編的李經梧先生的書，我認為你是傳道之人，有東西要給你，我已經老了，兒女也不喜歡這個，家裡所有的書、資料，隨便你拿。」那時候我和我夫人去，兩大箱子已經滿了，我說我都已經超重了，我拿不了，只好選了兩小本書。他說：「你願意不願意再屈尊到這兒來？」第二天又去一次，因為我三天後就要回國。把我叫到他的臥室去，拉開床旁的小床頭櫃，裡面是他的練武筆記，其間說他有十四個老師，但最看重其中三四個老師的東西。其中兩個老師的東西，我很願意講給你聽，我說真是受寵若驚啊！感到意外的驚喜。這也都是從師友處的一個收穫。

　　向大家匯報，我學的東西很有限，但確實拜訪過一些前輩，受到一些指教，另外我的專業主要是從事藝術，武術是健身是愛好，到現在也還是一個愛好的狀態，認識肯定有限了！今天借此機會跟大家匯報幾條，最多算一家之言，第一個我想簡單說一下太極拳「練意」。

## 太極拳用「意」的問題

　　我們練太極拳的同行都知道，太極拳要用意不用力。楊澄甫大師在他的《太極拳體用全書》裡提到「用意不用力」。但是我遇到一些練太極拳的同行，經常很困惑，說：「我們到底應該怎麼用意？」我也看到一些時下名家關於太極拳訓練的書，眾說紛紜。有人說不用想那麼多，你就打拳就好了，認真地打一定就受益。有人說，不行。如果你內裡沒有心意的運用，沒有心意的主宰，「意氣君來骨肉臣」，沒有這個意氣為君，你練不出來的。那我自己的體會呢，在開始的時候，在早期，你一定得有意，沒有意是肯定不行。但是這個意怎麼用？李經梧老師教我，他說：「先要內動後外動，先要意動後身動。」先在心，後在身。那就是一定要有內動，而我們現在練太極的好多人都是在盲動，亂動。還有的自己增加動，以為這樣漂亮，打起來好看，故意有這個抖動，故意增加像舞蹈一樣的舞動。李經梧老師說那是太極舞蹈、太極操，他說所有這種動都叫盲動，這種動長不了功夫，增加視覺上那一點美感，讓你覺得好看。我也說點自己的體會：愈外表打得特好看的，其實內裡的功夫不見得怎麼樣。可是現在在大陸（台灣我不瞭解），以我幾十年的觀察、體會和瞭解，在評獎、參賽呀，反倒是越表演得好看

的，越得高分。但是我所接觸的好多獲獎的，包括一些名師的傳人，不論有無功夫，都不跟人搭手，他們更關心的是得獎：就是要名，我是金獎，我是冠軍，實際上大多裡面比較空，我想在座各位追求的一定不是這個。大舞在先秦的古籍裡有記載，大舞與太極拳、與中華武術都有淵源，我們武術裡有舞蹈的因素、有藝術性、觀賞性。但是這對追求太極功夫的人來說，它不是最主要的。我覺得太極拳練得真好的時候，也一定會好看，樸實的也不一定就不好看。但是，相比那花哨的拳來說，確實不如花哨的拳更吸人眼目。

所以這個用意呢，我覺得在早期開始練的時候，一定要有意。

這個意怎麼用？我的體會就是，比如說當你起勢，我們陳、楊、吳、武、孫、趙堡也好，還有什麼武當派也好，大家起勢都沒有太大差異。那這一個起勢，李經梧老師說，怎麼樣起勢就打人，怎樣起勢就有這個內意，意在那兒？不一樣。李老師說起勢就是掤勁兒，這兩臂起來是掤勁兒，而不只是你抬臂。如果意念只在手臂這兒，你想期待手臂把人彈出去，那是不可能的事，除非他配合你。李老師說起勢這個掤勁，要像有一缸的水由上面注到這缸子裡，那個水由缸裡反彈出來，順著缸沿反上來的勁。不知我這麼講大家是不是可以理解？這是水注到缸裡，由缸沿向四面反上來的一個勁兒，李老師說其實起勢裡一定就有這種勁兒，掤的勁。這個掤是四面的、是中正的，不是只朝前的。如果你意念只在前面，後面就空了。那都不是太極，它不是混融的一個周身一家，意念只放在前面，已經偏了，只在前面。這時候是周身一家混元的，全部是這個勁兒才對。才能夠把對方湧動起

來，把對方浮起來，拔他的腳跟。李老師說，這個時候，意微微的在後腰、在丹田，但是微微的在中指、中指根。他說類似這樣去打拳，你這一招一式，你怎麼可能快呢？開始練拳必須要慢、要從容、要舒緩、要中正、要安舒，而後你才能夠圓融。他說打拳開始不能急，打到相當境界以後，你願意快願意慢，那是後來的事。這個意呢，是這樣的意。

### 先有為，後無為；先有意，後無意

但是這個意呢，又不能太重。練意是有為法，依我的體會，要從有為最後追求到無為，但開始的這個「有為」很重要。我見到有些人講，太極拳要「無為」。但我想，如果你開始就無為，你後面沒有。你上來就無為，你那真的是空空如也！什麼都沒有了。必須先要有這個種子在這兒，要有這一靈的靈覺，要有這陰陽的靈明，有了這一點，微微有這個意思。這個意呢，是識神，在道家說是識神，認識的識，識神的訓練，是後天的神。後天的神是思慮之神，先要用這個思慮之神，它是後天法，但是終歸要歸於無意，要歸於空無。開始的有，跟後來追求的無，這其間有一個比較漫長的過程。但是每一個人的漫長，有多長，這個因人而異。有的人可能很快就進入狀態了，有的人可能要好長時間。一般來說，太極十年不出門，這是強調它的常規和慢。

但實際上呢，有的人用不了那麼長，像李經梧老師教的弟子，我有的師兄大概幾年間他就有功夫了，其實他很快就領會這些東西；但有的人可能練二十年到現在也沒有。說實話，李經梧老師適合教上根利器，不適合教比較初階層的。教上根利器者，他是直接說到本來，有悟性的有慧性的，很

465

快就能得到了。那悟性差的就覺得不得其門而入，甚至練著練著自己就灰心了。

本人最多是中器，跟李老師學到五六年的時候，我還沒進入狀態，那時候我甚至很灰心。我說這太極拳這麼難練哪！我跟家鄉第一個隱居的老師學過，那時候自以為都能打了，跟人動手也還可以。但是跟李老師一學這太極，李老師說把你原來的東西要退了。這一下我連原來的也沒有了，然後，李老師的又練不到身上。哎呀！那時段很灰心，連事業上也很灰心。我那時候還在河北工作，我的孩子也還小，時光真快，三十年了。拳也覺得天天晚上練，天天不長進，最後是舊的忘了，新的還拿不來。大概是十年左右，才有感覺。我覺得這個有為法，開始是很重要的。

我後來跟胡海牙先生學內丹，胡老說：「先有為後無為，由後天返先天」，跟李經梧老師講的太極內功一樣。有一次我跟胡老說，我說怎麼你講的跟我的第一個老師和李經梧老師講的一樣。胡老說：「對了的只有一個，錯了的千差萬別。」天上的月亮只有一個，河裡的月亮千萬個，那都是假的。那是偽道，大道只有一個。這句話在我來說，當時聽來擲地有聲。實際今天我也跟大家匯報，我想在座一定有從事文史的專業，氾濫看去中國的道學，不只是先秦的道家，其實先秦諸子百家都是追求那個道，到春秋戰國，到戰國以後，眾說紛紜，各自說自己所認識的東西，這會兒才成了諸子百家。它是到了秦漢以後，大家才要分門別類。

其實道是一個，堯帝傳給舜帝的心法，那十六字訣，就說得很清楚了：「人心惟危，道心惟微，惟精唯一，允執厥中」，都是精一之道。而孔夫子，這是儒家說：「吾道一以

貫之。」莊子說：「知其一，萬事畢。」與天為徒，是一也；不與天為徒，不一也。「與天為徒一也，與人為徒不一也。」不一也，就是二，二就不對了。所以中國的哲學往深處問，說太極拳是哲學的拳，智慧的拳，往深裡頭問，其實就是合二為一之術，一分為二，合二為一。陳摶，華山老祖，陳摶傳出來，傳到了宋儒周敦頤那個太極圖。他講的是萬物的創生，從虛無的天道，虛無大道化生萬物，一生二，二生三，三生五，五生八，八八六十四，這是萬。所以周敦頤演的那個太極圖是由無到有，是「順則凡」。而無極派陳摶自己所說的是無極圖，由萬物的萬，往少了去，以致於合乎虛無大道，逆則返。這個是從無中生有，道是虛無生一氣，然後怎麼樣，男女媾精，萬物化生，然後有五氣，然後有八卦，然後有萬物，細緻的分化，最後有形的萬物。這是太極圖，這是周敦頤，儒家所說的道，解釋萬物生成。道家以陳摶為代表，他自己隱而不說的是無極圖、是先天派。由萬，由八八六十四，然後再往上返到八，返到五，返到三，回到一。

　　道家修練內丹一定是要五氣朝元，三花聚頂，然後復歸於混元一氣，最後返還到虛無。這就是「逆則仙」。「煉精化氣，煉氣化神，煉神還虛，煉虛合道。」到煉虛合道就是無極了。由萬而回歸到一，這是「逆則仙」。

　　從這個意義上來說，我特別是跟胡老學習以後，才認識太極拳內在的東西，實際真的是道家的內丹之學。當你想深入再去研究它的時候，發現它就是這樣。孫祿堂先生到後來幾乎不打拳，他每天跟來見他的一位姓黃的道士，在屋裡打坐，練道家的內功、內丹。去看他那五本書，他也不斷地在講太極就是一氣，一氣就是太極，中和而已。什麼中和呀！

李經梧老師經常說「守中用中」。說到心意的運用，假若與人對待是一個，假若自己練習的時候，比如說起勢，你要有這些意，先在心，後在身，始而意動，繼而身動。不能違背這個原則，開始練一定要這樣，強制自己改變你的後天習慣，後天習慣慢慢改變了，最後等於叫後天的拙力沒有了。李經梧老師認為後天的拙力沒有了的時候，就是先天的先天力、先天勁始生之時。如果不退掉後天拙力，生不了他所謂先天的那個太極勁。那首先就是意，你先要在意識上，在思想上，先要把後天之能，把後天的這個東西丟掉。「損之又損，以至無為」，老子說的。實際上太極拳在某些方面是用減法，不斷地在減，要去除。但在開始階段，這個內意不能去。這是種子，你得從這兒開始，那麼返回到元神的時候，就是大家都知道那句話「無意之中是真意」。無意之中的真意，無意的有，無意的意，好像沒有，但實際有。

我第一個隱居的老師當年跟我講，他說得特通俗，他說練拳的時候，先要用意識練拳，要用心意和思想練拳，他說到後來呢，要用潛意識練拳。他說，再說白了，就是下意識，拳打一激靈。一激靈就是如果你往前走，突然竄出來一隻惡犬，你自然往後伸腿，你自然驚乍，你自然一激靈。我這第一個老師說拳打一激靈，拳打下意識，這個時候根本就不用想。到後來李經梧老師說，想了就慢了，想了就晚了。現在有些名家告訴人，推手的時候，想這兒想那兒。李老師說等你想那兒的時候，已經出去了。李經梧老師說，你練的時候可以先這麼練，但是真正與人搭手時，再這麼想早就晚了。是挨著那兒，由那兒反應，由接觸點上直接反應。這就是我第一個老師所說的「下意識」。

但是這下意識，一定要有過程才能做到。它是一個身體型神的集中反應，不是說你不練就能做到。我們不練的人最多會閃避，是吧！你遇到什麼意外情況，你會一激靈，然後你會跳躍，你會逃跑，但是你不會在這個時候攻擊對方。練功的人差別在那裡，我在這時候的一激靈，我在閃避的同時，我已經攻擊你了，差別就在這兒。

## 太極勁：始而意動，繼而身動；先在身，後在心

武學呢，在我看來說來真的很深奧，但是在用的過程，其實非常簡單。《太極拳刀劍桿散手合編》那本書裡，說了很多太極勁兒，我看了這本書以後，據說它來自於田兆霖先生，因為我不練楊式拳，我不確認。

我去請教李經梧老師，李經梧老師說，老師不懂這麼多勁兒，老師懂太極就是一個勁兒，只懂太極勁兒。如果這麼豐富、這麼花哨、這麼多，用的人在用的時候，眨眼之間勝負立判，沒這麼多，老師不懂。李老師不說別人是不是，只說我不懂，我教你練的就是太極勁兒，太極一勁兒而已。後來我再讀到孫祿堂《拳藝述真》，太極一氣而已，只在當中一點子運用。說話角度不同，意思相近。

這個意呢，我跟大家分享，練拳的時候，像在讀小學、讀初中的時候，一定得有意，先在意。始而意動，繼而身動，先在心，後在身，意氣君來骨肉臣。到後來，隨著你功夫的增加，這個意要逐漸變成無意，要化掉這個意。

意在道家內丹來說屬火，神火，神意屬火，火太重了會把丹給燒焦了，會把爐給燒乾了。太極拳煉丹，這個道家煉丹，是以身為爐鼎。當然不同派也不同了，有自身爐鼎，彼

家爐鼎，這個我們不談，還有天地為爐鼎。道家有地元丹法、人元丹法、天元丹法。天元丹法當然以天地為爐鼎。我們看魏晉南北朝時代的嵇康，以天地為爐，這是以天地為爐鼎。但是儒家呢，能夠做到我的心，我的浩然氣，士可殺不可辱，沒問題。但是養命之學，有愧於道家，道家是專門要研練命功的，它不只是玩「精神勝利」的，它還要讓身體直接發生變化，要脫胎換骨，要仙風道骨，不能光像儒家那樣「士可殺不可辱」，一股士氣精神而已呀！道家認為精神必須要由物質轉化，而且要把整個肉身要轉化。

道家就我所知修到真正好，應該形神俱妙，然後羽化飛昇。形神俱妙一個境界，羽化飛昇一個境界，這個咱們也只能說這麼多啊！因為確實億萬年中沒幾人，一般人也難得一遇，百千萬年難一遇，但是都是真的。羽化飛昇也好，道家變化氣質也好，脫胎換骨也好，形意拳大師郭雲深說的「三步功夫」，剛勁、柔勁、化勁，最後那化勁。中國的文化到後來，文武都要化，化什麼？化成氣，化成神。那道家內丹一定要有物質，道家的仙學內丹是科學，要有物質，它實際上用我們身體裡精微的物質、能量來練成這個丹，把這個東西練成了神，練成了無神的神，練到元神，然後才有聖嬰，才有道嬰、道胎，能夠出體，叫身外身。

老子在書裡也說了身外身，實際上這種境界，那真叫蛻化，也叫神化，也叫脫化，那才是化勁。就我所知，練太極拳的人，歷代的大師，能到這個境界的，鳳毛麟角。都還在這個境界稍下一點，能到一片化勁已經不得了了，楊露禪、董海川、李洛能，大概他們能到這個境界。但是不是到煉虛合道？不敢說。也正因為這一點，張三丰說：「願天下豪傑

延年益壽不老春。」他從不張揚他的武術。

我們現在某些人非要說，張三丰是傳說人物，什麼神仙道士附會。我就奇怪，以我們現在某些名家的學問，否定張三丰，沒意思！你讀過張三丰的書嗎？你讀過張三丰全集嗎？你讀過這些地方誌嗎？讀過明史嗎？讀過明人筆記嗎？你來否定這個，以有限的這點知識來判定一個比他要豐富得多的人，這很荒唐，這不是今天我要說的。

### 煉虛合道：不神之神，下意識

最後煉虛合道，那個神就是不神之神。不神之神就是下意識。那個東西就變成了細胞反應，全體透空。說來誰都會說，真正到身能透空的有幾人呢？怎麼透啊！真得一步一步煉到，雖然「身不能至，心嚮往之」。我們就得相當努力，如果沒有這個目標，我們走的目的不對，比如現在我們有好多學院派，在大陸是這樣，不斷地講，用科學來分解我們的太極拳。我認為這是20世紀中國的一個大的思潮趨勢，也無可厚非，作為一家之言，可以。作為個人認識的角度，想要從實學的角度來求，也可以。但如果認為這是唯一的和最正確的，我認為就不對了。

中國的太極拳、太極功夫，根本就不誕生在這麼一個文化傳統，它誕生的土壤、背景和歷史，它的哲學都不是這個，它是一種神意氣的文化，它是一個元氣哲學的世界觀，它是一個身體直覺和感悟的方法論。如果你非要用這樣實證的角度，用實證之學，用實體來思考它，可以做參考，不能認為這是唯一的。如果要這麼練，練不出來。那你練完了練成了，有可能練成了西洋的拳擊，一定練成一個肌肉男。

　　中國功夫的上乘，就我聽聞，就我所見，就我所感受，都不是肌肉男。那肌肉男有什麼了不得？現在我們整個中國人被西方文化所填充，被西方文化所侵占，滿腦子都是，下意識都是這樣。這是幾代人造成的，我對西學也充滿尊敬，比如它對實體的分析研究，對於分子、原子、中子，對於物質結構的分析，從物理學的角度，也是很好。如果認為這是唯一的，就不對了。我們老祖宗的智慧，假如說對人類智慧還有貢獻的話，我認為只有在這些方面，有人認為太極拳可認為第五大發明，我認為是不是這樣？那不好說，但是中國哲學最獨到的就是我們的天人合一思想、心物不二思想、道器不分思想、內外如一的理念，這就是中國文化唯一和西方文化可以媲美的地方。我們為什麼非要捨掉自己這個本領，這是百餘年來的一個時勢造成的。從嚴復到康有為到梁啟超，從梁啟超到蔡元培，一直下來，當然也包括陳獨秀，大概這一條下來，全是落在物上。物是什麼？物是形而下，我們中國人從來想問題，先民智慧，形而下與形而上是合在一起的，並不是單獨的形而上。其實古希臘有的思想是形而上，純理念，絕對理念，絕對精神，絕對意志，羅素絕對意志，權力意志，這都不是中國思維。

　　中國人一定是心與物，有形與無形世界放在一起來考量，器與道是一個，分開了就不對了。中國人絕對不說純主觀，也很少說純客觀，我們是主客合一的。王陽明在他的心學裡，所謂這花呢，必須是我感受的，山中花必須是我來看它，我看到這花了，這花跟我發生關係了，發生感應了，此時山花與我心一時俱放；這心如果沒看到這花，這心與物沒關係，那這花如果不遇到我這心，那也沒有，它在與不在沒

有作用。中國人這個思維，到王陽明的心學，其實它還是主客合一的，這跟西方的絕對理念不一樣。

## 意：虛靈不昧的元神

回頭說這個意，最後是虛靈不昧的這個元神，圓坨坨、光灼灼的這個元神，它是絕對，大家理解我說這個絕對啊！我們今人說絕對，對這個詞認識不夠。古人說太極，就是太一，這是絕對，就是指這個宇宙之間的那個宇宙炁是絕對，它叫太一。這個世間宇宙間沒有東西跟它對待，那都是它的派生，要理解這個意思啊！都是它的化生，都是它的運動和演變，是它在分解、分化，但沒有一個東西跟它是對等。沒有。這個宇宙間的道理，它是絕對存在，就是唯一的存在，所以它就叫太一。在道家武當這個太乙，乙就是一，最大的、絕對的。一就是絕對的，這一呢，就變成了無極圖裡那一圈，一個周流，一個圓環，周流不息，周行不殆，周流六虛，六合之外，「其大無外，其小無內。」這就是宇宙元氣，這個宇宙元氣在我們待的這個宇宙空間是，在我們的身體小宇宙裡也是。

我在這兒想跟大家分享。我們太極拳練什麼？練的就是這個元氣，練的這個混元氣，練的這個太一之氣。叫什麼不重要，《黃帝內經》叫真氣，武術家也可以叫丹田氣，哲學家也叫元氣。其實叫什麼不重要，這個氣就是我們練的東西，李經梧老師說它用則有，不用則無。他說只要需要用的時候，它自己就來了，不用的時候，它就「歸根覆命」。該在那兒，在那兒。它要用的時候，可以整個凝聚於一處，它平時是自己在那兒，該怎麼樣怎麼樣，盡其本分，一片天

然。只有在用的時候，發生作用；不用的時候，作為太極之體的人身就是陰陽之氣，自己該怎麼樣，就怎麼樣，不必深究。在那兒？到底在經絡裡，在細胞裡，在血管裡，還是在五臟裡，全有。臟腑氣是，經絡氣也是，營氣、衛氣都是，都是也都不是。中國哲學真的是這樣，說不是就不是，說是一物即不是，但不是還是。真正人身上得炁的人，不管你是練太極拳得炁，還是練內功或氣功得炁，還是直接練內丹得炁，你得了炁，你自己有感覺。崔公《入藥鏡》說得很清楚：「先天炁，後天炁，得之者，常似醉。」那個醉，後來我看到美國人說，那是人體在得先天炁的時候，產生的一種物質，叫內啡肽。

我從來沒吸過毒，大概吸毒的人應該有點恍惚，那種感覺可能是，或者至少我喝過酒，大概可能喝酒有點微醉感覺的時候，可能有點那樣。內啡肽同時具備麻醉和興奮的作用。可能讓你麻醉，也可能讓你興奮，但是非常舒適，有點兒飄渺，有點兒暈乎，但是很輕安很舒適。在佛家密宗裡說的法喜充滿，就是這個。法喜，那就是陰陽氣，你自身的陰陽氣高度相和的狀態，道家內丹派的清淨修法，就是讓自身的陰陽氣交合，天地氤氳，萬物化醇。這一點，道家用生命、用肉體、用身體來追求的就是這個東西。

得到這個東西，也就是得炁之後，如果用於武功，反應至少比別人靈敏，如果你這個炁能量非常足，還會用，那你的馬達比別人大。丹田氣其實可以比喻為車裡的那個油量、馬力，你是3.0的，還是4.0的，假若兩人一起跑，車體一樣，如果你是4.0，你一定比那2.3的有勁兒，這就是能量，就是丹田氣。如果你沒有這個能量，縱使你會用，假若你就

是勞斯萊斯，假若你的車用的是柴油，那柴油質量很差，油量也很小，你根本就沒用。那車體再好，車子功能再好，也沒辦法。所謂的丹田氣，所謂的元氣，就是這個。這是生命的本，道家認為氣要是散了，生命就完了。

氣要是能夠團抱而充沛，就是最健康的，從養生的角度來說，練太極拳大概百分之八十的人都是為了健身、養生，益壽，那就是練這個丹田氣。

李經梧老師教我們，他說有丹田然後有一切，道家認為丹田築基，那跟內丹一樣的，先要築基。那這基先要得藥，先要得氣。其實氣每個人都有，只要你活著你都會有。但是散亂的，零散的，而且你或者有氣機不通的地方，或者本身那個氣不夠充滿，所以你要把它充滿，那先要讓氣機暢通。在練功裡就有一派主張伸筋拔骨，通經活絡，這東西是因果關係。如果你經絡都通了，你的經脈都很暢通，你的氣也比較容易聚集；如果你的氣越來越聚集，你的經脈自然就會打通，這作用是相輔相成的。如果你沒有能量，它打不通，如果只意通，不是氣通，沒有用。無論你是練任督，還是練中脈，沒有用，你沒有能量，它通不了。反過來說，如果你的機能都很暢通，沒有滯礙，那不通自通，不足自足。

氣自然聚集，道在虛空，你身體裡越虛空，那個氣越聚集在裡頭。首先你自身的氣機就會周流暢通，自身是個小周天，自身是小宇宙，更往上走一步，能跟身外宇宙，跟身外的天相循環。那就是道家內丹裡修的天元丹，就能達到胎息，達到皮毛呼吸。無論你練太極拳還是修練內功氣功，能達到內外皮膚呼吸，毛孔呼吸，身體一定會諸疾全消，什麼毛病慢慢都沒了。

這絕對是中國人的前輩千百萬年的經驗，我們的老祖宗是不騙人的，他練到多少說多少。不像現在都是廣告、包裝，都是商家誘惑、炒作。他們（古人）不是名人廣告，古代這些修道的人，修行的人，一定是練到什麼說什麼，不會騙子孫的，他們認為那要遭天譴，傳都不能傳給錯誤的人。張伯端三傳非人，三遭天譴，他是南宗始祖。

我建議諸位同好，看太極拳的書、修道的書、道家內丹的書，盡量看前輩的書，看古人的書。現代人的著述，可以參考，但是要慎重，因為他不是過來人，問路要問過來人。現在我們這個時代太浮躁，大家為了名利，好多人不是真明白。在物質領域上，太極拳修練到你能夠變化氣質，聚集能量，有充沛的丹田氣，這丹田氣要用在那兒，就往那兒用，指那兒打那兒，意到氣到。我們不是練硬氣功，也不是練肌肉男，也不用非得要把它運到那兒，什麼二頭肌，什麼胸大肌，沒必要，是吧！但是可以抗擊打。

我至少看過鄭曼青大師錄影，撞擊他那個丹田，實際練內家拳的人，練到一定程度都應該有這個能力。我的啟蒙老師，在我十二三歲的時候，他讓我親自試，打他的肚子，那就像打到水泥板上一樣，我手疼得不行。這還不說，再讓我拿左手打他的時候，能夠把我的左手吸到他的肚子上，我這手拔不下來，我蹦起來，那時候我也是小一點，十二三歲，我蹦起來我這手都下不來，在他的肚皮上，那是夏天，只穿一個背心兒，他很從容地看著我，等到他一發聲的時候，我就出去了。嘩一聲，騰！騰！幾步，坐在那裡，到現在那個場景還記得很清楚。那個肚皮像橡皮泥一樣，非常軟，軟中帶硬，他把我的這個拳面吸在他那個肚皮上。他能夠要它

硬，不怕一般的衝擊、撞擊，我現在也差不多，但是後面他能夠把這個拳頭吸住，我還沒練到。這就是能柔能剛，用則有，不用則無。

可惜，他一身武功，他帶走了。三兒三女，他一個都沒教，他說他們不是這料。他說如果不是碰到你給你一點兒，我就都帶走了。我說那不可惜了嘛！他說道家寧失傳不濫傳。然後我說，我也沒能跟您練出多少，他說因為你這一生不吃這個飯，他還是個命理學的高手。他說我給你一點兒，咱們爺倆有緣，我喜歡你，你宅心仁厚、好學，所以我給你，但是你將來不靠這個吃飯。

我到現在還很懷念我這個老師。他自己預言八十四歲去世，他真的八十四歲就走了，也沒有受什麼罪，一歪頭就走了。我遇到的第一個老師，就是這麼一位，我非常崇拜他。那時候我也不知道外面的世界有多大，還沒離開過家鄉，以為他也不是特別高，反正覺得是很高了。等到後來在外面見了好多名家，發現我那個老師還是很高，可惜他走了。我後來又在外面生活，十八歲就不在家鄉了，我跟他學到的有限。最主要的是，我不吃這碗飯，沒有能夠投入很多時間精力去練他教的東西，那要練的呀！不練就是嘴把式，嘴上功夫，在嘴上說的都是口頭禪啦！這年頭都是口頭文字禪，我最怕的就是這個，雖然自認為還有點兒表達能力，但最討厭口頭禪，文字禪，好多人好教訓別人，口頭文字禪，在尋常處世的時候，不行，沒意思。我很慚愧呀！

徐老師每次要讓我來向大家匯報一點，我就說我知道的很有限，但是徐老如此抬愛，我也只好從命，不是說我比大家高明，是因為徐老抬愛我，大家給我一個機會。

## 意不要過重，若有意，若無意；先練識神，後練元神

　　說到這個意，我要回到這一句，意不要過重。要在有意無意之間，若不經意，若有意若無意。意過重呢，你那個神火太旺，就像我們做飯一樣，你那電飯鍋電壓太強，兩千伏電壓，壞了，那電飯鍋受不了。假若燒柴的火，那火太大，把鍋就燒糊了，也不行。道家說那不結丹，那練功的人也是，如果這樣的意，你就是恨鐵不成鋼，急，那不行！意重了，這叫猛火，這叫武火。道家煉丹那個武火，是在特殊過關的時候用。不過關的時候不用武火，大多數時候要用文火，但是如果火特別文的話，功夫長得慢，就像煮飯呢，老用微火，那飯熟得慢一點，但是慢火熬成的粥，最好吃。如果你用文火煉成的功夫，根本沒有任何功力，又不是急火，你將來煉出來那個功夫，那一定是真正太極勁兒，出來的是先天勁。我在十年左右體會到一點兒先天太極勁兒的時候，欣喜若狂。可能那時候我在北京生活，李經梧老師在北戴河，再見他的機會相對就少。人生就是這樣，不是不想見，是想見，但是每見都那麼不容易，大家還是要惜緣哪！

　　我現在最懷念我那幾個老師，我在想，以我今天這一點點兒功夫，一點點體會，如果他們要是在就好了。我向他們再請教再印證，可惜時光不能倒流啊！那胡老前年也走了。「國有危難我問誰？」我現在是「我有疑難再問誰？」很茫然哪！所以說意不要過重，始於有意，終於無意。先練識神，後練元神。元神是不練之練。大家一定要體會這一句話啊！這是我真心幾十年的體會，沒有意是練不成的，一味地意念重、用意，也不行的。胡思亂想更壞了，如果你胡思亂

想，氣機更要亂跑了，你更啥也練不成。假若從養生的角度，諸位不練拳的時候，靜坐的時候，養神的時候，或者說睡覺之前，一定要把神意放到下丹田，「神返身中氣自回」，把神意常寂照於自己的丹田，這就是最大的養生，這是不練之練。「仙家傳我真口訣，只在凝神入氣穴。」下丹田這個位置被稱為真氣穴，其實萬古丹經，諸多內家門派，三千六百門，其實都不能離此一真，一法真，都是這個。程序有不同，階段有不同，轉關有不同，但是這個是一樣的，你的神意寂照於這個命宮，其實這已經是「水火既濟」，這個時候陰陽已經合一。我前面說，返還之功就是一定要把後天返還到先天，這是我今天向大家匯報第一個想說的角度。

我第二個角度呢，想說說練氣。練硬氣功的人，首先他要閉氣，完了要運氣，最後他要擊打、要拍打。他是用內裡閉氣，外邊拍打，然後讓局部的肌肉組織接近於僵硬，變化成硬質、膠質，然後抗擊打，拿磚石打，他也不怕。但是這些東西對於內家修練養生的人來說，大多不主張這個。我的第一個老師，他有拍打功夫，但他的拍打功夫什麼都不用，直接拿自己的手，就是拿他自己的手拍打，拍打身體的這個，兩臂的內側，兩腿的內側，當然也可以拍打外側。一般來說，外邊屬陽，內裡屬陰。裡邊大多用不到、練不到，更多的要練裡邊。我們這個陽面用得多，不練太極功夫的人，他用勁兒大多是陽面勁，陽勁。我給大家說一點兒不傳之密，也許大家也會啊！當你跟人動手的時候，用陰面勁，那個用陽面勁的必敗。大多數人用的是陽面勁，你用陰面勁，陰就勝了陽。太極拳陰陽平衡，但是偏於用陰。老子不是說「知其雄，守其雌」啊！就是這個意思。守雌，那就是說，

有高有下，我守下。我在暗處，用陰柔，尚虛無。

## 守中、用中

如果你練拳，為什麼要用中？中裡頭包含著，在身體裡假若是上臂，在身體裡的正中，而不是單在外面、單走裡面，不是，要中，所以不只是立身中正。李經梧老師沒有很高深的理論，都是切身的體會，有一次他說：「練太極拳就是一個中字了得。你要懂得中啊！這中可不那麼簡單哪！」我後來也慢慢體會到怎麼用中。假如我就用這一個手指頭，我來對待你的時候，也要用這個手指頭的中。所以我經常看李老師開玩笑玩玩，把這一個手指頭交給別人，你隨便掰了！隨便捲！他照樣拿你、放你。我現在也會，我知道李老師這用的是中。如果這時候勁兒只在陽面兒，不行！只在這裡面也不行，用在這個中，所以無處不用中。所以太極拳的用中、守中，用中很重要。不只是立身中正這麼簡單，任何部位都用中，有形的中和無形的中。

那練氣呢，趙鐵庵師爺給他的一個秘譜裡就有這句話，現在也不秘了。因為楊家也有這個譜，但是楊家沒有了《宋氏家傳太極功源流》那一段，有了後半段，三十二目。吳公藻在他的書裡，他是前面也有，所以吳家說出來這個宋氏源流，其中就有一段，「不使氣，流行於氣；不使先天氣，流行於後天氣；不使丹田氣，流行於口鼻氣。」口鼻的氣就是後天氣，丹田氣是先天氣，說白了，內家拳練的是先天氣。後天這個氣，有人老說是不是配合呼吸？我只能說這是一家之言，也是我的體會。這一個口鼻氣，順乎自然好了，但是在關鍵的時候，練到相當功夫的時候，或真與人較量的時

候，這個後天氣是可以配合的，它也可以跟先後天合一，它也不是毫無關係的。所以楊家不是還有「哼哈」嘛！其實還有「嘿」呀！「哼哈嘿」呀！所以實際上大家發聲，以聲催氣，所以後天氣不是沒關係，它可以做助力。但是我們從健身的角度來說，更多的是要練先天氣。

所以孟子說「養吾浩然之氣」。那個浩然之氣，孟子不是說嗎？「粹於面，盎於背，達於四體」，達於末梢，那就是。要練到這個狀態的時候，周身一家，周行而不殆。前面我說了，你那個受益的感覺，就是得氣。在道家煉丹就叫得藥，當然，藥有大藥有小藥；有內藥有外藥。這個流派就不同了，有人認為是先要得外藥再得內藥；有人認為是先得內藥再得外藥。但是大小是一樣的，先得小藥，後得大藥，這是楊家。大藥，就是大能量，小藥，就是小能量。小藥，就是你身體裡自己的那點東西，大藥是把內天地與外天地合而為一，把外天地能量為你所用。那就不一樣，真的是「其大無外，其小無內。超於象外，得其環中。」是境界，不是一個說法。對於有些純學者，來解我們先秦的一些經子之書，我以為他們缺少生命實修，缺少性命的功夫，即便大學者，大儒也如此，他不懂得這一部分，也沒辦法，即便先賢也有不懂得的。顏回性功修得很好，然而命功不懂，三十多歲就夭折了。閔子騫也是，這都是孔子的高徒啊！那王陽明也是，朱熹也是，朱熹七十歲也算不錯，下壽，但他也不懂。

南懷瑾先生說過，王陽明五十八歲，都沒有懂得命功。我們現在看，台灣是一個宗教氣氛非常濃厚的地方，幾次來都會見到高僧、名僧，他們大多在命功上不夠，身體很孱弱，或者面色非常的萎頓，或者是氣力若游絲。這不是他修

行的高，是他修行欠缺某部功夫。

有人說了，說面色紅光滿面，對不起，依我所學，紅光滿面並不是理想狀態。實際上他必須是潤澤的，每個人的遺傳皮膚顏色不一樣，皮膚厚薄不一樣，走的臟腑氣，露在面上的不一樣，有的人露的是肝氣，有的人露的是肺氣，有的人露的是脾氣，有的人露的是心氣。紅光滿面這種，他露的是心氣，這種東西他大概血液方面、血壓這方面都有這方面的問題，不要以為紅光滿面的就是最健康的，那可不是。而且這樣的體質如果還偏胖，一般痰濕體質，痰火，最後一定是中風。真的，每個生命都有他的類型，這個先天遺傳DNA，加上你自己所秉受的氣，父精母血，這個時候是天地賦予你的氣。我的第一個老師告訴我，真正武功好的人像書生，甚至看起來還有點像病夫，他說往往這樣的人功夫特精湛，但是外面人看不出來。當然這是很深奧了，中國文化深奧也在這些地方，表面上看不出來。他說越看著外面壯這種人，外強中乾，其實內裡不夠，內氣不夠充盈，他沒能夠潛氣內轉，沒能結丹。但是有標準的，他一定兩眼有神，如果兩眼像豬眼一樣，那不行。如果面色萎黃兩眼就像豬眼一樣無神，那就廢了。那不是高功夫啊！

練氣，李經梧老師這個秘譜裡說，「不使氣，流行於氣」。我注意到這個，好像也是田兆霖、陳炎林所謂的「上行氣下行氣」，當然武禹襄、李亦畬也知道，兩膊相繫，是上行氣下行氣，其實練功夫健身，要讓中間這個氣達於四梢，要在用功夫與人對待之際，要讓四梢的氣能夠回到你的丹田，凝聚、收斂，這個時候用於那個需要交兵的前線、接觸點上，就對了。用內勁贏人的人，看起來他沒用勁兒，實

際他是把身上所有的氣都集中到這兒了。

假若意要是陰的話，氣就是陽；假若意要是陽的話，氣就是陰。無氣純剛，這個無可不是真無啊！不要以為無氣的純剛，那可不是說你真的沒有，你要是真無氣，你就廢了。你已經就廢了！是吧！所以一定要有。

## 太極練純陽之氣，先練有為法，煉丹田、命門

李經梧老師說先練有為法，先煉丹田，先練命門。為什麼要先練命門？因為我們生命之門，我們的宇宙元氣，聚集在這裡，先天在這兒，要動用它。佛家密宗裡說，要練你海底的那個拙火、靈蛇，實際要燃起你生命的熱能，熱能就是陽氣啊！說要讓你身體的體，這一重天地的地，地都是有形的，要血脈流通，大地回暖，像春天一樣。什麼時候你覺得你身上的經脈像春天的大地一樣。

大概大家在台灣不如我們在北方感受的明顯啊！北方冰天雪地的時候，經脈都是不那麼流通的啊！春天來了以後，冰雪消融，大地復甦，萬物欣欣向榮，地心的暖氣開始往外走，走到一半，陰陽各半，這叫三陽開泰。

三陽開泰在《易經》裡就是地天泰，上三爻是地、陰，下三爻是純陽。陰陽各半，萬物熙攘，萬物熙和，這是生命最美的狀態。我們把身體要能練到這個樣子，你的身體就叫安泰。我們告訴你身體安泰，祝你身體安泰，就是你的身體要如泰卦。陰陽氣血，陰性能量、陽性能量都要達到平衡。黃帝內經所謂的「陰平陽秘，精神乃至，真氣內守，病安從來？」這就是最理想的狀態。但是這一個理想狀態，還不是道家、神仙家追求的理想。道家最終還要超越這個，要練成

六體純陽，要練成六爻都是陽爻，變成純干。純干是什麼？就是太一呀！就是大一呀！就是一以太初，這個時候沒有陰氣了。有一分陰氣在，就不是仙；一分陽氣在，就不是鬼，純陰就是鬼。假若你純陰，六爻都是陰，即是坤卦，那就是鬼。你一點生機都沒有，我這些年的經驗體會，遇到身體不好的人，一握他的手，一定是冰涼冰涼，東北人那個詞兒「拔涼拔涼」，陽氣微弱，而且癌症、重症病人都是這樣。我摸過好多，不但是這樣還有刺痛的感覺。假若你身體極疲弱，倒不一定是刺痛，它只是冰涼，陽氣不足，元氣不足。如果冰涼加上刺痛，他有像針扎一樣的感覺，那個氣到你身上，那一定是有重症。可以說十個有九個都差不了。

如果你一跟這個人手一握，微溫，不是熱，熱得燙了也不行，微溫，溫暖，手心微潮，是經絡暢通，通體和泰。大家喝酒喝到最好的狀態，吃飯吃到最美的狀態，兩性生活到最美的狀態，都是這樣。密宗法喜充滿就是這樣，地天泰。道家要追求神仙，是要追求六體純陽之後，全變成陽氣。

據我的道家師爺陳攖寧在他編的一本書裡記載，清朝確有此人，在日光底下照他，身上沒有投影在大地上。後來我注意到，南懷瑾先生在他的一次講演中，也好像提到這就是六體純陽，就是人已經整個身上全是純陽之氣。

很有意思，這個人戴個南方的那個竹斗笠，投影只照了一個竹斗笠，而沒有身上的影子。正好他遇到一個凡人，兩人交換了一下斗笠，那個凡人戴上了他的斗笠，結果他那個斗笠沒有影，有那凡人的影子；他戴了凡人的那個竹斗笠，結果沒有他身上的影子，只有那斗笠。這是在清朝應該是咸豐年間、道光年間，真人真事。這個是神仙中人，他已經純

陽之氣，對日無影，這叫對日無影，他沒有陰氣了。就是他沒有陰氣了，因為有形的東西都是實體。重濁者為陰，如果我們練的，太極拳練什麼，練這個氣就是要練純陽之氣，要煉丹田之氣。如果你練得陰陽平衡是健康的人，一般的病就沒有了。再往上求是要繼續的練，讓你的陽氣越來越足，陽氣越來越純，也可以說，越來越淨化。

## 素食養清陽之氣

順便說一句，吃素的問題，不是每個人都要吃素。如果你過於吃陰性的食物，動物的食物，它們就是重濁。現在科學分析可以說，它們的重金屬含量如何了，什麼這個那個，那個我不懂。但是凡是陰性的食物，它一定是更粗、更濁，它不能融入你的身體被吸收，更不可能變成那個清陽之，所以你吃得越清淡越好。我跟著中醫長壽考察團考察廣西巴馬長壽百歲老人十來位，他們無一不是飲食偏於清淡，飲食清淡為主。你整天是膏粱厚味、大魚大肉，肯定不行。

如果你還有運動，如果你還練太極拳，練得還得法，能夠抵消，把它消化掉，這何必呢！香了嘴，完了還得把它耗掉，挺累的。現在你看那美國人、歐美人就是這樣，暴吃牛、羊肉、奶酪、甜食，然後再跑步，在跑步機上跑，我覺得挺傻的。然後去打網球，然後去游泳、去爬山、去歷險，就是耗掉這個多餘的能量、熱能，耗掉身體裡多餘的那個東西，最後可能要變成毒素。中國人心情要淡泊，飲食要清淡，這一個有形，一個無形；一個心理，一個生理。如果你符合這個，你不練什麼東西，你也比較健康。有人說了，他不練太極拳，他也很長壽。那他一定是大體符合這些，如果

說還有另一個因素，那他一定有遺傳的長壽基因，這也很重要，或者他的生活方式或者生活環境特別好，反正我們北京空氣不行，這個也不是一時半會兒能改變的啊！

這個練氣是無氣純剛，要體柔而用。體越柔、越柔緩、越舒適鬆通，越柔順，你用越好。那才能夠畢其功於一役，萬箭齊發。我們書法有一句話叫萬毫齊力，一萬根毫毛筆毫，要把力量都用到一起，這就是有力的筆法，其實打仗萬箭齊發、萬毫齊力，其實到身體裡也是，畢其功於一役。身體裡所有的能量，這種武器，全部用到你的前線、接觸點上。內功心法呢，靜練和動練的都有，不同的門派有不同的傳授。李經梧老師主張，一個是站無極樁，他很強調無極樁，就是我們所謂的預備式。還有，他的老師，我的師爺們教他的時候，很重視叫單樁，就是每一個式子做樁來站。他跟第一個老師趙鐵庵學的時候，趙鐵庵就是這樣，教他一個吳氏拳的抱七星，左右站。我第一個老師，我跟他學的時候，他讓我一直做站樁、單操手。有點枯燥，但是你真的得益、得氣以後，就不覺得枯燥，你身上非常舒服。一股暖流蒸騰在你腰腑，人的身體必須是下邊溫暖，上邊兒清涼才好。上邊兒要是燥熱，下邊兒寒，不行。

現在的好多女生都是這樣，尤其在北方，穿露肚臍的衣服，什麼這個那個啊！都是為了美啊！美麗動人哪！最後都要受病，下焦虛寒，子宮虛寒，不孕症。虛寒，腎陽虛，脾腎陽虛，消化飲食也不好，吸收也不好，孕化也不好，當然生育也不好。如果脾腎的陽充足，上邊越清涼越好，頭腦才清爽。我們到了熱的屋裡，燥熱、頭昏，一昏熱了就要睡，昏昏欲睡，就是這個。還有一個不要吃太飽，吃飽了動物就

要睡，老虎跟人一樣，狗貓都一樣，吃飽了就要睡。吃得稍微少一點，七八成飽最好，也是這個道理。大家練氣，靜亦練、動亦練；站亦練、坐亦練；行亦練、睡亦練。睡怎麼練，就是睡覺前練。就是時時你懷著這個意識，時時把這個「神返身中氣自回」，凝神入氣穴，就行了，最好。

## 神返身中，凝神入氣穴

其實道家內丹神返身中，凝神，一定要經過化合，第一個化合就是要在兩眼之間化合，當你一閉目垂簾的時候，這個是第一次化合。再下去到丹田是第二次化合。第一個化合是日月合璧，左眼日右眼月，下邊再化合就叫水火既濟，是火往下，水往上，顛倒顛。水在上，火在下。這是第二次化合，當然還有第三次化合。第三次化合道家雙修與這個清修派不一樣，這個今天不說。大家練武功都一樣，剛才說那個上行氣、下行氣，包括武禹襄、李亦畬提到那個，也是這樣。運用的時候，能把那個上行氣下來、下行氣上來，以丹田為根，凝聚於丹田就對了。腰腹為太極，我所學的幾個老師，都不主張腳下生根。我只是說我所學的啊，他們不主張力量往地下，他們是要往丹田這兒去。

有人說人是無根樹，倒過來，頭部是根，也不行。說腳部是根，這是常人。以丹田為根，其他都是外梢。所以它實際像日輪一樣往外放射，上面是兩肢、頭，下面是腳，以丹田這兒為根。因為我們在母胎裡的時候，臍帶跟母胎相連，母胎的營養都是通過臍帶來的。當剪斷臍帶入了後天的時候，所有先天氣都聚在這個真氣穴，這個真氣穴是你的元能量，是你的電子產品的芯片，你生命所有的訊息都在這兒。

這要是用西方現代科學的解剖看不到，但我們的老祖宗在修證當中認為就在這兒。自古不傳，隱秘不言。玄關一竅，一竅通百竅通，一脈通百脈通。百脈，我今天說給大家，是說玄關一竅通了百脈通、百竅通。中脈一通，百脈通。你不用再非得練周天，不用什麼大周天小周天，你中脈通了，什麼天都通。

天地之心，宋儒張載說「為天地立心，為生民立命。」那個天地有心哪！天心地心之間有軸，就叫天地軸，古代的神人巫覡合一的時候，上古之士絕地天通，那個神人就是在你瞬間能進入這樣的狀態，與天心地心相通，人變成導體，他不過是在轉述天地賦予他的訊息而已。

實際上我們人把這個地方練通了，這就對了。頭頂為顛，顛就是天，會陰為地，地的延伸就是湧泉、雙足。借人之力，借地之力，就是借陰性的力，以陰柔的力，大家知道內功或者推手，真正有功夫，先要借地力，能夠鬆下去的人，就藉著地力，能鬆下去的就藉著地力了。能採天陽之氣的人，就借了天氣了。那這兩個氣會到哪兒，會到人之中。就在真氣穴，這是人之中。天地，太極拳練三盤，天地人三盤，就讓人要通。練氣是一回事，但會練不會養，不行，還要養氣。養氣就是不練之練，把神光內照，因為神帶著氣，要有光合作用，大家都知道，拿著那個凹凸鏡採太陽的光，可以生火，發出極強的能量，人體跟這一樣，大家理解這一點，你就知道如何聚集天地之氣在你的身體裡。練功是自然而然，要順乎自然。在程序上順乎自然，方法上要倒轉乾坤，顛倒水火。我今天利用這一兩個小時，跟大家分享這麼多，實在是很淺薄，僅供大家參考。謝謝！

# 養生・功夫・藝術 ①

各位先生各位女士，晚上好：

　　很高興在這裡給大家匯報一點我關於養生和藝術方面的體會。由於我從少年時代有特殊的經歷，和我自己特殊的興趣，得到過一些前輩和老師的文武兩方面的傳授和指教。今天講到的內容是三個角度，一個是養生，一個是功夫，一個是藝術。我個人認為它們全部來自於中國文化的孕育，是三位一體的。

　　在這裡我首先想說，我們現代意義的體育鍛鍊或者體育運動跟我們中國傳統意義的養生不完全是一致的。中國意義的養生，傳統意義的養生它是一門學問，也是一門科學，也是一門系統的工程。我經常遇到朋友問，人的壽命是固定的嗎？在我所理解，人的壽命有先天預定的那一面，也有後天可以改變的一面。21世紀的遺傳學所說的，在我們中國傳統的文化概念裡就叫它先天，而我們後天所有的生活習慣，包括你的生活方式，包括你的鍛鍊、運動、飲食，包括你許多方面的養生都可以稱為後天。儒家孔子所謂的天命，屬於先天，中國道家認為人可以透過自己的修練、養護來保護自己

---

① 2014年9月，「從容中道——梅墨生書畫作品巡迴展」在法國巴黎舉行。筆者作品中所蘊含的「天人合一」的中國哲學思想和意境，注重人與自然的和諧的理念，引起法國藝術界和民眾的關注。展覽期間，筆者受法國巴黎中國文化中心及法國導遊協會的邀請，為法國民眾及大學生進行了《養生・功夫・藝術》專題講座。

的健康或延長自己的生命。

　　傳統養生的學問認為最重要的內容就是兩方面──心與身。古人認為這是最大的學問，它叫性命之學。我們中國文化的理念裡，最重要的一個概念就是氣。

　　先秦哲學認為宇宙萬物，包括人，就是宇宙元氣的演化。在中國古代最古老的一本書──《易經》裡，孔夫子為它做過傳。有一句名言，「一陰一陽之謂道」，一陰一陽，陰陽之謂道，就是大道理的道。宋代儒家就認為這個陰和陽氣可以是作為太極的一個整體，可以存在於所有的事物之中，比如這杯水，就是一個太極的整體，叫作道，這個沒有水的部分就叫陽，下面有水的部分就可以稱為陰，用現在的哲學，西方的概念，可以稱那個陽的東西是一種能量，是一種功能，而這個水的這一部分可以說有物質的那一部分就是陰，宋代的儒家認為，任何一個完整的事物，都是一個完整的太極體。也就是說，任何一個事物都包含著兩種性質。如果陰和陽氣一分離的話，它們不在一個整體裡，那這陰跟陽就不是一個道體了，就不是一個太極了。

　　以我的理解，就我們的人體來說，也可以把陰和陽理解成你的動與靜。你的心理與生理，你的精神與肉體，你身體裡的鹼性和酸性，都是陰陽。我們中醫裡最古老的一部經典《黃帝內經》，就講到「上古之真人者」，也就是說很古老很古老的得道的人，他說這樣的人，是「合於陰陽」，能夠與天地相合一。他的飲食一定要有節制，他的動和靜一定要適度，他要能夠守住自己的元氣，道家的老子說「至虛極，守靜篤」，意思就是我們人要空虛到極點，人要放鬆，必須安靜到極點，然後我們的生命，才能夠返璞歸真到你的先天，

也就是說，在陰和陽達到平衡的狀態，這是個常態，是一個正常的健康的狀態。

也就是今天醫學所學的，我們的身體要酸鹼平衡，我們的動與靜也要適度，如果過度地運動，比如說，強力運動，永遠運動下去，那身體能量就被耗散盡了，也就是說，你身體裡的陰氣和陽氣就會失去平衡，你的身體裡的元氣呢，也就會耗散沒了。

古人認為，我們的眼睛久看，長久地去看東西，這個神氣呢，就會從眼睛這裡散掉了。如果我們的耳朵不斷地聽東西，聽聲音，那耳朵就會把我們的腎的精氣散掉了；我們不斷地嘴講話，就會把肺的氣耗掉；比如你不斷地排二便，就會把你身體裡的氣也瀉掉了；不斷地思想，不斷地勞動你的意念，那麼你也會把自己的心神耗費沒了。

所以，道家就提出來守，守住的守，守於什麼呢？守於安靜。儒家的孔子就提出，「非禮勿動，非禮勿聽，非禮勿視」，總之是止，止住的止。我們的手機不斷地用，電量就會耗沒了。這個身體裡的元氣就像我們手機的電能，老子提出一個概念，就是我們養生重要的一個概念，就是要吝嗇，就是要吝嗇於耗散你的能量。用今天的話說，養生重要的一條就是要節能。道家認為，儒家也認為，還有一種養生的方式，那就是不斷地補充能量，為你的手機隨時充電，這種隨時充電在古人就叫功夫。所以，我想說要想瞭解中國的文化，要想養生，要想瞭解中國的藝術，一定要懂得中國文化裡的一個概念，一個核心的詞，就是氣。

我們傳統的功夫甚至不練肌肉，假如說肌肉強壯這個叫外強，而我們修練的這個元氣，所謂丹田氣，練的是內壯，

而我們不斷地給我這個身體裡這個手機充電之後，有時候它很小的體量，可以發出較大的能量。這種能量目前還不能被現代科學完全地解釋，我們千萬不要落入機械論，認為只有看得到的才是物質，比如電磁波，比如這個其他的聲波，都是看不到的，但是它是存在的。

中國養生學認為，人的頭部是陽氣匯聚的地方，所有的陰氣往下邊走，前胸是陰氣聚集的地方，後背呢，是陽氣聚集的地方，身體的左側是陽氣升起的地方，我們的右部是陰氣下降的部位，中醫把五臟稱為陽，把六腑稱為陰，臟和腑是互相作用的，把氣稱為陽，把血稱為陰，中醫認為，氣領導著血在走，中醫認為呢，如果你的氣機不足，血就凝滯了，血凝滯了就會疼痛。所有的癌症病人，中醫認為都是氣血不通，而後來大量的失血就是陰的迅速耗散，中醫認為，氣能夠生血，元氣旺盛，他的血、營養，也就是說血的營養物質就會充足。

中醫認為人這一天24小時，有一個子午流注，人的氣血有自己運行規律，現代人，尤其是都市人的生活方式，可能都不是適合養生的方式，比如說我們在晚上12點以後再去睡覺，中醫認為第一傷害的就是你的肝膽，在半夜12點前後這個時間不睡覺，白天即使再多睡三個小時也補不過來，如果你半夜12點前後這兩個小時的覺睡好了，那麼你早晨早起來，或者少睡兩三個小時都沒有問題。

剛才我們說太極整體，或者叫道體，實際古人也叫天，一個天地，一重天地，一天24小時，這一個日月的輪迴，古人認為是叫一天，就是一個天地，而這一天的開始，就在晚上半夜的12點前後，這個時間可以稱為這一天的宇宙的第一

天，也就是說我們這一天元氣運行的開始，傳統的中國養生書認為，你的吃住行睡等都與養生有關。

古代中國人相信要順乎自然的那個道理，也就是說，日出而作，日落而息，我們要傚法天地和日月，我們人在天地這個大的空間中，太陽是釋放熱能的，是陽，最大的陽，我們管它叫太陽啊，而月亮是吸收太陽的熱能的，它叫太陰。陽是動的，是釋放的，是擴張的，而陰是安靜的，收斂的，既然太陽都休息了，我們人也應該安靜了，這就叫順乎陰陽。我們在天冷的時候要多穿衣服，天熱的時候要減少衣服，這是所有動物包括人的本能。動物不會穿衣服，但是動物會脫毛，這就叫象天法地，象，模仿天地。老子說，道法自然。

我們現代人，很多都是違背天命和天道的生活方式，比如我們現在所謂的都市病或者文明病，現在的富貴病，好多病是吃出來的，現代人都擔心自己營養不良，補充這樣那樣的營養素，其實，以道家的觀點看，我們現代人所補充的許多食物，都是陰性物質，而現代人的生活方式，導致壓力大，精神緊張，慾望多，消耗的陽氣多，那麼這個陰性的食物攝入得多了以後，我們身體裡的陽性的能量不夠，就不足以吸收和運化它，然後它就使我們現代人很多人都開始肥胖、臃腫，臟腑之間的壓力增大，如果說營養，我們中國古代的一些道士或者和尚，他們住在深山裡，他們吃素，應該很缺少我們現在概念的營養素，但他們大多健康長壽，而且在生命結束的時候，一般也不會有很多很難過的那種疾病，很痛苦。中醫和道家認為，我們應該減少一點陰性的食物，陰性的食物包括大量的動物肉。

　　我們中國的儒釋道三家哲學，都告訴我們養生和保身的一個原則，就是不要有太多的貪慾，越清心寡慾、安靜的人，越淡泊的人，他的心就是空虛的。先秦道家另一位聖人——莊子，認為道也就是剛才說太極或者元氣，或者宇宙最大的那個陽性的能量，宇宙最大的陽性的能量，一定是聚集在空虛的東西，你比如這個杯子裡，如果我裡面裝滿了水，那就是陰性的物質，那空氣就進不去了，也就是說陽氣就進不去了，老子與莊子，都在講只有最虛空的東西才能裝進最好的東西，而我們人的身體呢，最大的三個腔就是腦腔、胸腔、腹腔，這三個腔也是越空虛越好。

　　而你的脊椎呢，頸椎、胸椎、腰椎，是這三個空的腔的支柱，但這個支柱要堅固而直，我們人老的時候，這個支柱彎了，而我們年輕的時候這個支柱就很挺拔，我們修練道家功夫、太極拳，乃至其他健身的功夫，都有一個原則，就是立身中正，這樣你的五臟六腑才會鬆，很舒適地掛在它上面，腦腔、胸腔、腹腔，這三個腔，越沒有罣礙，越沒有障礙越好，一個心臟病人，如果他晚上飲食吃得太飽，很可能在半夜就會犯病，心臟不舒服，因為他的腹腔往上會擠壓他的膈肌，壓迫他的胸腔，他的心臟就會受到制約。

　　中國的佛教，僧人，過了中午不再吃東西，中國的道家和中醫，他們養生的辦法就是晚上這一頓不要吃得太飽，這樣他才能使自己的身體處於一個輕鬆的、空靈的、舒適的狀態，中國的中醫或者儒釋道三教的這種關於養生之術，其實他們的總原則都是一樣的。禪宗有一句名言，叫「飢來則食，困來則眠」，就是他隨時讓自己這個念頭，不要雜念紛紛，養生的性與命這個功夫，這個性也就是心，也就是精

神、思想，不要妄動。關於肉體、身體，有形的這一部分，就是所謂的命，那它一定要適度地運動。

中國古語裡認為，這個門的軸總轉動，不會在那裡生蟲子腐爛。而流動的水不會腐爛，用中國的那個氣的概念，就是元氣的理論來說，就是元氣要周流。古人認為，宇宙之間那個元氣是讓日月星辰各按其軌道，它在託付著它，推動著它，讓這個日月星辰按照自己的規律在運行。我們人的身體也是個小宇宙，而這個小宇宙也要讓你的元氣充沛，它沿著自己正常的氣道周流，把這個氣血運行到神經末梢和肢體的最末端，灌輸到每一個細胞。

中國的道家認為，人身的每一個細胞組織就是一個太極。我們人身是一個大太極，而每一個局部的細胞，一個細胞是個小太極，其實生命就是一個衰老的過程，當你的物質老化，能量耗散盡了也就是生命的終止。我開頭說，一個是道家主張節能，一個是補充能量，依我幾十年的研究，我們每一個生命體，都有先天帶來的生命力，比如每一個人都有自己的家族遺傳病史，這個家族遺傳的病史，就是你的生命的遺傳密碼的一個負面的東西，或來自自己的父系，或者來自自己的母系。我們如果瞭解自己的身體，其實是你養生、瞭解自己的家族病史，也是自己養生一個重要的知識。

現在世界上的高發病，比如糖尿病，我們中醫和道家的觀點來看，其實是我們臟腑裡的腎和膀胱的氣化功能出了問題，中醫認為，人的身體裡有五種性質——金木水火土，而腎和膀胱是我們身體裡主管水這種元素的器官。

我們人的身體裡有百分之七十多的水分，如果腎的陽氣不足，或脾的陽氣不足，它就不會把你身體裡的那個元素分

解，它把不好的東西留下，把好的東西排泄了，也就是我們郵局的分揀系統功能紊亂了，我們現在用那個注射針藥的方式治療糖尿病，這是治標，而你最好的辦法，就是道家和中醫所說的治本。

治本的具體辦法就是調理你的脾和腎的陽氣，讓你郵局的分揀系統提高品質，郵遞員更不能亂投啊。而現在三大高發病的高血壓，絕不是你的血多了，是你肝腎的陰不能夠固住你肝腎的陽，而讓你那個陽氣全部往上跑，跑到頭部去了，因為氣是帶你的血的，你那個安靜的氣不能夠收住你那個動的陽氣，它們氣就帶著血全部上到頭部了，就造成了這個陽和陰的分離，就造成了你身體裡的陰陽不平衡。

中國的養生觀點認為，人自身的陰陽兩氣要相抱，在正常狀態之下，陽氣在身體的上半身，陰氣在下半身，但是中國的《易經》，《易經》的那個道理講的是，在下邊的陰，陰的部分裡還包含著陽，上部分的陽裡也包含著陰，它就像我們太極圖裡那個陰陽魚，它像我們煮水，在鍋裡煮水，水要在上面，火要在下面，火要燃燒，讓水溫熱，上面蒸騰冒著熱氣，這是我們身體的這個生命健康的理想的狀態。我們《易經》六十四卦的最後一卦就叫水火既濟，水火既濟也就是水和火正好平衡的意思。

中國古代的道家認為烏龜是長壽的，而烏龜的長壽就在於它安靜，動作緩慢。中國古人認為烏龜可以活到千年以上。中國古代的許多養生的功夫都是仿生學。比如在三國的時代，就有華佗，名醫華佗，創造了五禽戲，五種禽獸的動作。我做一個小結，我們的養生的基本原則就是應該動靜都有，以靜為主。

　　中醫認為，過量的運動，消耗自己的陽氣。孔夫子說，仁義的人長壽，安靜的人長壽。而過於熱情的動物不長壽，比如我們養的寵物狗，它們太熱情，它們的體溫偏高，它們的脈搏心跳比較快。而所有脈搏偏慢的，心跳偏緩慢的，緩慢而有力的動物長壽。所謂健身的、養生的那麼多功法，很多很多的功法，自古以來，在我們儒家、道家、佛家、醫學家、武術家都有養生的功法，多的不可枚舉，但是核心的說，兩個，一個動物，一個靜物。而動與靜呢，分兩個，一個是你的心動不動；一個是你的身動不動。比如有的時候，我們坐在這，肢體是不動的，但是我的思想、心念在動。有的時候，比如說我們的肢體是運動的，比如我在跑步，然而我的大腦是空白的，是靜的。

　　道家就提出一個觀點，叫動中求靜，靜中求動。禪宗的入定，和道家的打坐，其實都是肢體安靜，而讓元氣運動。傳統的那些武術，包括太極拳的運動，肢體是運動的，但是必須它的心意、神意是單一而安靜的。

　　中國古代的養生，道家有幾派，一派是吐納派，吐納，也就是利用我們口鼻的後天呼吸。還有就是像仿生的動物那樣，做肢體運動的，它叫導引派，比如華佗的五禽戲。還有叫辟穀服食派，辟穀就是不吃五穀，不吃糧食，然後服氣，要餐風飲露，餐氣，不吃糧食，不吃五穀。

　　還有一派，最重要的，就叫道家的內丹派。在隋唐以前的道士主要是煉外丹，就是用五種中藥，或者說五種礦物質，來煉金丹。歷史地來看，煉成的人很少很少，而秦始皇和漢武帝都是吃了這種所謂的外丹而死的。大家也許知道，我們東晉時代，大書法家、書聖王羲之，他生活的這個時代

道教盛行，他是貴族家族，他們整個王室家族都服用一種道家的這種煉外丹的藥，叫五石散，他57歲就去世了。隋唐以後，這些道家人物就開始重視煉內丹，不再煉外丹。

所謂的內丹是什麼呢？就是中國的道家認為，自然中，天地中有三個寶，就是日、月、星。而人的身上也有三個寶，神、氣、精。相比於西方的近代文明，中華文明更重視向內在裡，向生命的內在裡去求取生命的奧秘。無論是古老的中華文明，還是古老的印度文明，它們都是重視向內裡去，生命的機體內部去追尋。以古希臘、古希伯來文化為主的西方文明，近代西方文明，他們主要是重視對物理世界，對有形世界的探尋，道家和中國古代的這種養生家們認為，修練的內功，就是向身體內部去求取心與身，性與命，陰與陽的最大平衡。最大的核心，最大的統一。

道家莊子、老子都認為，人呼吸越深長越好，深長到什麼樣？他說要呼吸到生命的根部去。如果拿植物，拿樹木來比，那我們身體的根部，不是在腳，而是在剛才我說的肚臍往裡的那個丹田，那是樹根。而我們的手和腳是樹枝和樹梢。當人老的時候，先看到手和腳開始蒼老，開始變硬，開始角質化。這個時候反應的是，你生命的那個元氣，也就是說你生命的那個根部已經營養不足。而道家認為最好的功夫，就是培元固本，培元，培補元氣，補充根本。

總結一下，動靜呼吸，這四個字，陰與陽是它的綱要，如果我們把這幾個字把握住了，你能夠日常的去運動練習，保持這個原則，就對我們的身體有許多好處了。

# 太極拳究竟练什麼[1]

　　太極拳修練的核心內容應該是什麼？太極拳千門萬派，在當今這個時代假若有一千個人練太極拳，我認為就有一千種太極拳，每一個門派，每一個老師，每一個人都有自己心目中的太極拳，很難定於一宗，可能也不必定於一宗，但是既然叫太極拳，一定要遵從太極拳的道理，同出一門，同出一源。

　　我個人從自己有限的一點學習和認識來說說。太極拳的核心內容第一是：內修，求內壯，求人身內外高度合一的，求內氣、內勁的功夫。我們說太極拳練成了太極操，乃至像張藝謀在2008年奧運會開幕式上表演的，有點像太極舞蹈那樣的太極拳，乃至現在舞蹈中經常借鑑太極元素來表演，這種表演性比較大，可以欣賞，非常好，但是它不是功夫，失去了功夫的真諦。

　　太極拳是武功，雖然是「以弱勝強」，但必須還要勝；雖然是「積柔成剛」，但還是要成剛，我覺得以武學為基礎，這是肯定的。

　　那麼內修、內壯是我們中華武功區別於西方競技武術的一大特點，中國的武術是古代性命天人之道，當然也是生死搏殺之術、防身之術，這兩點誰也否定不了，古代的高人修

---

[1] 本文為筆者於2016年11月22日在大理羅荃國際太極文化高端論壇暨中國太極拳名家聯誼會上的發言。

練武功，在深山裡也好，在寺廟裡也好，在荒山野嶺也好，都是為了防身，同時也是自我修道的以武演道的一個途徑，人修道的有很多途徑，但是透過練武，透過修練太極而證道、演道，這也是一個環節。

可是呢，在戰亂年代，在冷兵器時代，太極拳的出現，一定有搏殺之術，是不出手則已，出手必須要以弱勝強。這跟西方的競技體育不一樣，西方的競技體育在古希臘、古羅馬時代，他們打了勝仗，大家要慶賀，他們要遊戲，大家要玩一玩，要定一個規則，身高都要差不多高，體重都要接近，不能兩個相差懸殊，不公平，所以競技表演要公平。

作為舞蹈呢，那是為了好看，為了娛樂，而我們的武術包括太極拳的產生，都不是為了這個，如果只是為了好看，產生不了太極拳！

太極拳可以打得很好看，但是他不是為了好看而產生的，太極拳可以作為表演、競賽，但它當初產生也不是為了表演、競賽，我們今天把他拉入比賽的這個系統可以，但這不是武功，逐漸的因為這個才失去了武功的本色，至少我個人這樣認為。

比如說我們上場，大家先要去驗驗有沒有興奮劑，體重量一量都是75公斤，那麼我們一起上，90公斤和75公斤不能比賽。在我們的冷兵器時代，對不起，你來劫我的鏢，你蒙著黑紗，一出手，體重多少？80公斤，不行，我60公斤，不能打，這可能嗎？不可能。在這個生死搏殺的時刻，沒有體重，沒有身高，沒有男女，沒有年齡的要求，只有功夫的上下差異。

所以我就說，太極拳的產生，是在中國特定的歷史環境

中產生的，目的是修身、養性、悟道，使用功能是防身禦辱、強身健體、是取勝制敵。那怎麼樣呢，內壯！不像西方搏擊術那樣練肌肉，不練胸大肌，至少我所學，幾個老師都認為你可以肌肉很好，他認為這不是主要的，也不是目的，要練內壯，要讓我們臟腑之間的不隨意肌能夠隨意的內動，四肢肌肉是可以隨意支配的，胸腔、腹腔不隨你的意念動，但是就要讓他們動，只要它動，臟腑堅實，腹膜堅實，才能產生內壯之氣，至於這個肌肉強健不強健，是第二位的，如果這個強健了而那個不強健，不是中國的內家功夫，那叫外壯，叫外強，外強可以中乾，然而內壯則「外示柔軟內含堅剛」。「內含堅剛」包括臟腑胸腔裡的那個胸膜腹膜，它包括腹肌、腰肌。當然也可以外練的，內外雙修嘛，外邊練的很強健。

事實是，外面肌肉特別強健僵硬的人往往反倒不強健，我沒什麼功夫，也代表不了李經梧老師，不過畢竟習練了很多年，在一些場合，我曾經跟外肌肉很強壯的有些人有過交流和體會，他並不占上風。其中包括退役的國家散打隊的運動員，一米八的山東大漢，我說讓他站不住，他就站不住，這就是內家功夫。不是我有什麼了不起，其實我比在座的各位練得都差，但是我有這點師承和訓練。這就證明了前輩所教的這些東西真實不虛。

太極拳要內修、內壯，達到內外的高度合一，這是我想說的第一點。這一點在我所見到的前輩的書裡提到這個高度，而說的最扼要、最真實的是孫祿堂先生，我非常敬佩這位武林前輩，他在武學界的貢獻了不起。

第二個角度，我想說的是，身心的高度協調，形神的高

度合一，修練太極，一定要身心雙修，讓身心合一，合一的前提是先協調，有的人身體的協調性簡直讓我無能為力，手腳簡直就跟木偶式的，這樣的人我說你真的練不了，你就不要練了，真的練不了。

這種協調力太差的人，可以健身、站樁、練靜功，不必再練太極拳，不合適練太極拳。身心的高度協調，我認為是修練太極最重要的。

關於形法，我是從事藝術、書畫的，如果沒有形法，沒有形狀，是沒有造形的，太極拳之所以具有欣賞的價值，要講究身形、腰身。太陰練形這一步沒有，你的太極拳不可能往下繼續，沒有了對形法的這一步過關，那個意氣是空的。

從身心健康的角度，我們現代人每天的伏案、看手機、看電視、看電腦、開車、開會、坐著、躺著、在軟製的西式沙發裡閒聊著八卦，頸椎、腰椎都有問題！有很多疾病是因為身體裡的胸腔、腹腔中的胸椎、腰椎擠壓五臟六腑所致，由於胸椎、腰椎的傾斜，而造成內臟疾病、高血壓都與這些有關，我覺得，太極拳練身法，練形法，身形腰頂很重要！立身中正，「滿身輕利頂頭懸」，高度的協調，這種協調的能力是練太極拳的入門，我認為是很重要的問題，我們現在老師教學生都不斷說放鬆，放鬆是入門最重要的。

練了這幾十年的拳，我想，鬆是一個高要求，是沒有底線呀，鬆到什麼樣是呢，我覺得，要從身形上開始，要從步法、身法、手法、形法上開始。某些人傳陳式太極拳是翻臀撅屁股，李經梧老師教我的時候，最反對撅著屁股。他要求把尾巴骨往下墜，像木匠那個線墜一樣，微微地往前提收，微微地把會陰提起來。

　　我記憶特別深，李老師給我講這個道理：如果你的臀一翻，你的腰椎是不可能拔直的，要把人身體這個主軸，盡最大可能地拔直，是自然拔直，不是強迫。身型的這種高度協調，姿勢正確不是無關緊要。

　　放鬆是一個人的修行，是一個人的生命境界逐漸深入的一個層次，隨著你愈來愈靜，對太極拳喜好到骨髓裡去了，慢慢地真正能夠省悟到，才能真鬆。先從形法上鬆，在張三丰傳文集講內丹說到內丹的功夫裡，第一太陰練形，由於神形的高度協調，得到神形的最大準確，最接近於科學的那個角度，形神達到靜，形上愈輕，神上是靈。先聽勁，後懂勁；先知己，後知彼。然後你的形，周身一家，上下內外左右相隨，內外三合，你的形法達到鬆沉。這時候這個手上有東西，身上有東西，應該由鬆沉再求輕靈。「腹內鬆靜氣騰然」，我們的身形腰頂都對了，四肢百骸都到位了，各還其本位，各安其本位，這個時候才可能會有輕靈，輕靈的功夫，實際是鬆沉的高度，才能練神形。

　　第三個角度，我想說，氣血的高度通達與陰陽的高度分合。氣血的高度通達，乃人身必須，中國人一直認為有力與無力都是相通的，氣血是通則不痛，痛則不通，也就是通達才好，莊子說「通天下一氣爾」。

　　我們的生命體其實是元氣消耗的過程，當父精母血有了我們這個軀體，當剪斷了臍帶，由先天落入了後天，從女的14歲、男的16歲開始，就是一個消耗的過程，消耗的越快，就夭亡的快，消耗得越慢就越長壽，如果再能培元固本，開源節流，那就叫健康長壽，終其天年。

　　如果不能夠培元固本，你的這個電不斷地消耗，那怎麼

樣，你沒電了呀。男人什麼都可以沒有，就是不能沒電，其實女的也一樣，沒電也不行，現代人手機沒電就六神無主。怎麼辦？隨時要充電，充電寶要隨時帶。如果你開汽車，你沒有油了怎麼樣？

　　我今年上半年跟健身氣功協會去英國、愛爾蘭講氣功，其中包括給愛爾蘭總統和總統夫人講，我就一句話：你能開車嗎？他們一愣，當然開呀，你車裡還有油嗎？為什麼問這個，我說你生命的能量現在還有油嗎？如果沒有，你趕緊練健身氣功。他們哈哈大笑，健身氣功是你的加油站，健身氣功師是你的充電器！

　　那我想，於此一脈的太極拳更是我們的「充電器」，是我們的「加油器」，培元固本，本固而知榮，以我的所學，本就在於丹田元氣，大丹田，真氣穴。能把這個地方的真氣培養足了，任督二脈通了，女性的衝脈通了。想練武功，李經梧老師說了，你的帶脈必須通，然後有健康。以李經梧老師說，有中氣，然後有丹田，然後有中定。我遇到好多修練太極的人，在這方面比較茫然那就不行了，所以氣血的高度通達，首先是元氣的充沛，而後可以健康長壽。

# 開始是人練拳，後來是拳練人[1]

首先感謝組委會給我機會表達一些自己的看法。我個人認為，放著音樂，像舞蹈一樣練太極拳，練不成中國的太極拳功夫。

和在座的各位名家的精湛功夫相比，今天我所表述的觀點都很粗淺。我扼要表達一下觀點：

**第一，談一下「太極拳與太極文化」，談文化大家覺得比較虛，還得談拳。**

文化可以海闊天空，人們覺得一談文化什麼都可以融入、什麼都可以是文化，的確中國人就是「玩」文化的高手，自古以來我們連姓氏都可以成為一種文化，我們的飲食也可以變成文化，這就是中國，可愛的中國！我們中國人最重視的是禮儀的文化、道德倫理的文化，我很遺憾地看到，從五四以來近百年，這些文化愈來愈支離破碎。

我認為，瞭解國學可以更好地練好太極拳。反過來，你在練拳上有體悟，深入進去，也可以用功夫更好地體悟和瞭解中國學問、感受中國文化，互為因果。我覺得談文化可能虛，談拳必須實。

我想說談玄虛的文化跟要踏實練拳並不矛盾。我以為，練拳是一步一步地功夫、一天一天的積累、一點一滴的細微

---

[1] 本文為筆者2016年5月在首屆陳家溝國際太極文化節高峰論壇上的發言。

之處的用心，時時處處的揣摩，並不玄乎。但是，把太極拳練成太極舞蹈、練成太極操那就要另說。

我想說，中國文化核心的東西是什麼？以我幾十年學習體悟，就是三個字「精、氣、神」！離開了這個，無論是生命的科學，還是生命的醫學，還是生命的美學，還是生命的哲學等等都離不開這個。這也是中華文明對世界文明的貢獻，我所表達的第一個角度是，太極拳的精神就是中華民族的精神，而中華民族的精神我也可以借用《太極拳論》的四個字「中正安舒」。

所謂的「中」，儒、釋、道共同尊「中」，在太極拳裡也有體現，「不丟不頂」就是求中。萬物在和諧中不同，和諧是中華文化追求的最高境界。形上的「中」和形下的「中」恰恰在這個之間形成的彈性，是我們修練太極拳的人和領悟中華文化的人永遠不能窮盡的空間。「形而上者之謂道，形而下者之謂器」，終歸「道器不二」「心物不二」「物我相忘」「天人合一」。

第二個「正」。

必須有誠敬之心，中國人敬天地事鬼神。敬天、敬祖所有這些都是慎終、原始的文化，我非常贊同康戈武先生講的一點：中國的文化不但是太極拳，實際是太極文化，就是儒家為我們立下了中國文化的基礎、根本、核心。

我不同意康先生認為太極拳只是儒家思想為主導，太極拳智慧裡一定離不開道家思想智慧。儒家創始人孔子「五十而知天命」是指他五十一歲時去拜訪道家創始人老子後得聞「性命天人之學」的大道。而儒家的性命之學集中在《四書》中《大學》《中庸》裡面，儒家思想以至先秦諸子百家都是

祖述遠古道家思想——上古之世大家都是追尋宇宙本有的「道」。說是儒道兩家思想共同從思想智慧和文化淵源上孕育了太極拳功。陳鑫在《太極拳圖說》裡沒少講這方面的道理。我參加一些太極拳的活動，好多愛好太極拳的人，在做事、在對待別人、在公共場合起碼的禮儀、禮節、公共文明都不夠，想練好太極拳在我看來這不容易。拳練到最後練的是人，開始是人練拳，後來是拳練人。

我的老師李經梧先生生前對我說：「一套拳，一輩子」，他就像雕琢一件精美的玉器一樣，返璞歸真。我們要像敬畏神明一樣敬畏我們的太極拳。

太極拳是什麼道呢？是天道！中國的文化是以人道傚法天道、以人文傚法天文。觀乎天文以察時變；觀乎人文以化成天下，其實這就是人與神、人與天、人與造化相互吞吐往來的學問，不瞭解這些無法修練太極拳這一性命之學、內外雙修的功夫。在身心、在性命、在衣冠、在正心誠意，百神歸位、道法自然。只有這樣為「正」則不可欺，則各安其位、品高而道成。

「安」，是安詳、從容、平衡，有形之平衡，無形之平衡，乃是中國文化所追求的。莊子說「宇天泰定，發乎天光」，我們每一個人都是一個小宇宙，我們要把自身的小宇宙練得澄澈、輕靈、空明，所謂無形無象。

能夠練到這樣的人身上沒有有形的渣滓、沒有陰性的物質，都是光明的能量，都是好能量，都是正能量，也就是道家所說的「純陽之氣」。

「舒」輕靈、舒放人生的灑脫自然、率然天放，這是中國人追求的至高境界。太極拳也一樣如長江大河，其實就是

舒展的，聽之浩然，行於所當行之，止於所當止之，真的是收捲自如。元氣的流行、舒適和輕鬆使我們的身心處於最佳的狀態，所以「無罣礙」。

第二個角度，太極文化是中華文明的原創文化、核心文化，太極是哲學概念、東方智慧、是象天法地的辯證思維。中國的文化是中庸的文化，中庸就是「用中」。中國以外的文化大多是極端的文化、片面的文化、比較極致的文化，這些並不代表它不好，只是與我們不同。太極思想可以滲透貫穿於人生、貫穿於藝術、貫穿於技術，乃至於武功在內的眾多技藝之中，相輔相成。老子說：「反者，道之動；弱者，道之用」，這十個字足可以為我們習練太極拳的人立一個根本綱領。

太極文化是宇宙大化的演繹與概括。學習太極拳的人、修練太極拳的人，不能急功近利、不能用西方搏擊式的訓練、不能用一個強化訓練，它是一個積累訓練、一個沉澱、一個累積、一個日用的功夫。真正的太極功夫是在民間，百姓日用而不知。所有中國文化修行好的人，一定是往下沉、不是往上浮；一定是往裡收、不是向外張揚。我也以此眼光來看太極人、來看太極功夫、來看太極學問。

# 中國書畫與傳統太極文化理趣①

各位先生、女士好，很高興在這裡與大家見面：

我多年研習中國書法、中國畫和傳統陳式、吳式太極拳，為國畫大師李可染先生的學生和太極拳大師李經梧先生的弟子。在書法、繪畫的實踐以及相關的理論研究方面略有心得，借此難得的機會，將一己之見提供給大家，希望有所交流。很榮幸受到中國文化中心的盛情邀請，也謝謝諸位的光臨！

中國的書法與繪畫，是中國傳統文化的一個重要內容和表現形式，不僅如此，許多學者認為中國的書法最能代表中國文化②。既然最能代表中國的文化，反過來講，中國傳統文化的精神、意味、理趣，皆能一一映現於中國書法和中國畫之中。換言之，中國藝術的美學特徵正是中國文化的精神所在、旨趣所在。探討中國書法、中國畫、傳統太極拳乃至中醫、琴、棋、茶等傳統藝術門類中的文化趣味，應該是引人興味，發人遐思的。

大多數的學者認為，儒、釋、道三教合一是中國文化的總體。理之固然。然而，以「教」代「家」未見得更符合中國文化的史實，是道家學說而不是道教儀軌更多地影響了中

---

① 本文為筆者2007年8月在韓國首爾中國文化中心的講座。
② 林語堂在《中國人》中寫道：「中國書法作為中國美學的基礎」；宗白華在《論中西畫法的淵源與基礎》中寫道：「中國特有的藝術『書法』實為中國繪畫的骨幹」；熊秉明在《熊秉明文集》中寫道：「書法是中國文化核心的核心」。

國人的思維。魯迅先生所謂的「中國文化根柢全在道教」（《魯迅全集》），應改為「全在道家」。

儒家是否成了「教」，在學界也還是有異議的。衡諸歷史，儒、釋、道三家學說深刻而久遠地影響了中國人的心理，是不爭的史實。

釋（佛）家是漢代以後才傳入中國的，儒、道才是原始的本土文化。關於儒、道的關係，學界有不同的意見。若以春秋、戰國時代而言，諸子百家爭鳴，儒、道、墨、法、陰陽諸家為盛。後世中國，墨學與陰陽家漸衰，漢學雖「獨尊儒術」，而實際上，歷代帝王多是皮裡陽秋，外儒內法以行統治之術。朝則儒法為表裡，野則儒道而顯隱，共同孕育著中國文化的主體。

我卻認為，中國人的思維定式是辯證思維。一切皆能反思量，所謂「天下皆知美之為美，斯惡矣；皆知善之為善，斯不善矣」。這種思維方式逐漸形成孕育的中國文化即太極文化。如果我說，傳統中國文化就是太極文化，相信不算過分，大多數人是會同意的，太極文化作為一個體系，包含了儒、道兩家學說。最早的儒家易學與道家丹學，都可以追根溯源到遠古時代的渾樸的陰陽思想。而闡發太極文化的重要典籍《周易》，既是儒家學派的「六經」之首，又是道家學派的「三玄」之一，由此可見，太極文化道理是整合包容了儒、道這兩大深久作用了中國歷史文化的學派的。

我在回答中央美術學院的研究生提問時說過：欲瞭解西方文化，不能不讀《聖經》，而欲瞭解中國文化，不能不讀《易經》。從這兩本經典裡，你可以體會到兩種宗教、兩種哲學、兩種科學、兩種文化、兩種美學。

中國文化重「道」，實即重陰陽對立統一。《易·繫辭》謂：「一陰一陽之謂道」。而由陰、陽概念衍生而出的剛柔、虛實、方圓、黑白、藏露、曲直、輕重、疏密、大小、進退、升降、多少、靜躁……無不廣泛運用於不同的藝術門類之中，既是準則，又是法門，又是作用，從中閃爍出東方智慧。

太極文化的理趣，也可以說是中和、中定、平衡、和諧、循環往復的理趣。古語從容中道——此處的「中」，可兩讀：ㄓㄨㄥ和ㄓㄨㄥˋ。從容中道，是中國傳統文化期期以求的理想境界，是一種「人天合一」的大境界。

「易」的思維就是象數思維。上古中國先民「象天法地」而研易，至五代、北宋時期而有《太極圖》出。太極圖像，中含數理變化，聖人以之推演天地人事，此不在我們的探討之列。我們所要探討的是：在中國書法和中國畫藝術中，有沒有太極文化的旨趣？如果有，是如何體現的？

「夫欲書者，先乾研墨，凝神靜思，預想字形大小、偃仰、平直、振動，令筋脈相連，意在筆前，然後作字。」

——晉·王羲之《題筆陣圖後》

「第一須存筋藏鋒，滅跡引端。」

——晉·王羲之《書論》

「書之氣，必達乎道，同混元之理。」「陽氣明則華壁立，陰氣太則風神生。」「內貴盈，外貴虛。」

——晉·王羲之《記白雲先生書訣》

「虛則欹，滿則覆，中則正，正者沖和之謂也。」「學者心悟於至道，則書契於無為。」

——唐·虞世南《筆髓論》

「豈知情動形言，取會風騷之意；陽舒陰慘，本乎天地之心。」

——唐・孫過庭《書譜》

「吾所謂隱顯者，非獨為山水而言也。大凡天下之物，莫不各有隱顯。顯者陽也，隱者陰也。顯者外案也，隱者內象也。一陰一陽之謂道也。」

——清・布顏圖《畫學心法問答》

「一畫立太極。」

——元・郝經語（轉引自李德仁《東方繪畫學原理概論》）

「筆法須兼陰陽向背。」

——清・劉熙載《藝概》

「一畫含萬物於中。」「一畫者字畫先有之根本也，字畫者一畫後天之經權也。」「筆與墨會，是為氤氳。氤氳不分，是為混沌，闢混沌者，舍一畫而誰耶？」

——清・石濤《畫語錄》

「應會感神，神超理得。」

——南北朝・宗炳《畫山水序》

「以一管筆擬太虛之體。」

——南北朝・王微《敘畫》

「以一點墨攝山河大地。」

——明・李日華《畫媵》

「自然就是法。」

——現代・黃賓虹《國畫之民學》

從上述的書畫理論中，不難窺一斑而見全豹。這些歷代書與畫的論家，從不同的角度祖述了太極的陰陽之道。而其

代表性人物、現代山水畫大師黃賓虹，在講授書畫畫理時直白地說：「太極圖是書畫要訣。」此一語，雖驚世駭俗，卻在20世紀的西風東漸潮流中湮沒無聞。

眾所周知，20世紀的中國，深受西方和外來文化的衝擊，這種非常本土化、民族化的聲音，不管多麼具有真知灼見，都是不時尚的，不被潮流所看好。黃賓虹先生本人生前的藝術寂寞即證明於此。

如果，我們認同中國書法、中國畫為世界藝術之林的奇峰異嶺，就等於說，中國書畫具有極為特殊的美學品格和文化旨趣。而這種特殊的美學品格和文化旨趣，正是其特殊的語言表現所體現出來的。中國書畫這兩端一體的藝術，在漫長的發展過程中創造了一個非常的概念和範疇——筆墨。清代大畫家石濤曾說：「字與畫者，其具兩端，其功一體。」黃賓虹甚至說：「畫法全是書法。」

在我看來，中國諸文藝形式無不遵從一個「道」字，如莊子所謂：由技進乎道。在傳統書畫武諸藝中，始而隔，終而通，「道通為一」（《莊子·齊物論》）。

一，是中國的太極文化體系之特色。一而二，是為陰陽之用。一即通感，即萬事萬物莫不依從的根本規律。譬如，書法用筆、結構講陰陽向背，繪畫用筆、造

• 梅墨生作品《山水》，2004年

形、構圖也講陰陽向背開合，若武術中的太極拳法亦講陰陽虛實開合等，萬法歸一，一即「一陰一陽之謂道」的「道」。

由太極文化思想可以推演而及於各種藝術形式。如宋代大書家黃庭堅說：「蓋字中無筆，如禪句中無眼，非深解宗理者，未易及此。」（《山谷文集‧論書》）傳統書法要求用筆，「無往不復，無垂不縮」。何謂書法得筆？即得筆意，而筆意既是「道法自然」的內在意味。自然者何？天地陰陽之變化規律而已。

已故法籍學者、藝術家熊秉明先生曾指出：「書家就憑筆法的支配和黑白的分佈，使我們覺得藝術的精髓、人生的問題全在那裡了。」（《在美術研究所座談會上的講話》，1984年9月）「藝術的精髓與人生的問題」是多麼豐富複雜！然而，書法的筆意可以透過點畫線條的運動而「囊括萬殊，裁成一相」（唐‧張懷瓘《書議》），真是簡練概括，玄妙難言。

我們欣賞東晉王羲之的《蘭亭序》和唐代顏真卿的《祭侄稿》，或許可以得到上述問題的印證。

而在此不妨涉獵一下直接以「太極」名「拳」的太極拳理論，僅擇數條：

「太極者，無極而生，動靜之機，陰陽之母也。動之則分，靜之則合。無過不及，隨曲就伸。」

——清‧王宗岳《太極拳論》

「一動無有不動，一靜無有不靜。視動猶靜，視靜猶動。內固精神，外示安逸。」「靜如山岳，動若江河。」

——清‧武禹襄《太極拳解》

「氣宜鼓蕩，神宜內斂，勿使有缺陷處，勿使有凹凸

處，勿使有斷續處。」

——清・《武禹襄十三勢說略》

如果我將這些太極拳論移用於書法創作的指導，無一不合。諸如一氣呵成，氣機貫通，中正平和，動靜相兼，照顧八方等原則完全通用。甚至於其間難以言語形容的道理意趣之相通相合，實無法一一以言盡之。不少太極拳家在傳授太極拳時經常用書法藝術的學習來指導習拳者：入規矩而守規矩，守規矩而出規矩。蘇東坡論書法時說過：「出新意於法度之中，寄妙理於豪放之外。」（《東坡集》）

我的太極拳老師李經梧先生為傳統陳式、吳式太極拳高手，他行拳氣勢磅礴、行雲流水，給人以十分的美感。他生前授拳法時，最講先懂規矩，一招一式毫不放鬆，其功夫已達出神入化之境，也常用書法之道講拳。譬如太極拳的任何一動，皆須圓滿中正，動中又須靜定之意，而其講求圓活與書法筆法之求圓活毫無二致！又如陳式太極拳每一招式皆講動作之終意氣勢要有一個「歸原」之意，不也與書法用筆的「藏頭護尾」「力在字中」「欲左先右，欲右先左」如出一轍嗎？在此所舉，限於時間，僅是冰山一角，有心的聽眾自能多有領悟。

當太極文化思想以無與倫比的智慧作用於書寫、繪畫、中醫、武術等領域時，中和、平正、圓融、活潑、渾厚、悠遠、沖淡、和諧、機智、辯證、靈動、堅剛的境界就會不同程度地顯現出來。

老子曾說：「聖人抱一而為天下式。」這個「一」，又見於《鶡冠子・泰鴻》：「中央者，太一之位，百神仰之焉。」據有的學者研究，太一即太極。（參見邢文編譯《郭店老子

與太一生水》）

以形體運動和技擊為表現的太極拳，以及以毛筆帶動點線運動的中國書畫，都是極為中國化的藝術。既為藝術，都有極強的觀賞性。魯迅先生曾認為：「凡有美（藝）術，皆足以徵表一時及一族之思維，故亦即國魂之現象。」「美（藝）術可以表見文化。」（《魯迅論美術》）在中國書法、繪畫、太極拳藝術中，無不滲透著濃郁的中華太極文化精神——一種追求人天合一而中正圓融的生命境界。

有如下數點，最為重要，是太極文化的入處與出處，學者當用心思量：

其一，是「中」字。

其二，是「氣」字。

其三，是「復」字。

其四，是「樸」字。

其五，是「和合」二字。

其六，是「自然」二字。

能從上述諸端領悟中國傳統藝術，則庶幾不難入門引路，登堂入室，進而一窺大境界。

水準有限，時間倉促，有不當之處，歡迎賜教。謝謝大家！

# 附

## 錄

梅墨生作品，2000年

# 大道顯隱有心傳——
## 梅墨生太極訪談實錄

窗外風雨飄搖，室內水沸茶香。溫文爾雅的梅墨生先生，在為客人殷勤斟滿茶湯後，神態安詳地坐回畫室的沙發，開始為《武魂・太極》雜誌的記者講述武林舊事，披露太極奧義，回憶自身宛若傳奇一般的武術與藝術人生，使人依稀生出錯覺，彷彿光陰的畫卷正伴隨著如靜水流深般的敘事緩緩展開……

## ✤ 高人隱世秘術傳

從某種意義上說，人生不過是無數次的風雲際會和機緣牽引的結果而已。

少年時代的梅墨生，生活在河北遷安，喜歡讀清朝的武俠小說，特別崇拜武俠，夢想著練成絕世武功，但身體素質比較弱。

然後，在某日的一局棋後，他得到了隱世高人——他的第一位武學老師俞敏——的垂青，告訴他說，「你小子明天早上起來跟我學功夫吧。」

已經和老人家下了半年象棋的懵懂少年很吃驚：「你居然會功夫？」

他的老師風趣地回答說：「你以為我就是糟老頭子嗎？」

少年很意外：「我從來沒聽你說過！」

俞師：「難道我還要在鼻子上貼個標籤嗎？難道我還要

背個廣告嗎？」

緊跟著，又意味深長地說：「好東西都是給自己練的。」

少年再問：「你為什麼不教哥和姐（指俞師的子女）？」

俞師答曰：「他們不是這個料。如果不是遇到你，我就都帶走了。」又說：「咱爺倆有緣，我喜歡你這孩子，宅心仁厚，所以才給你，因為對你有用。」

接下來，老人家同少年約法三章：

「第一、不許和任何人說和我學功夫；第二、也不許在任何人面前說我、說這門功夫；第三、不能在人前顯擺；你能否做到？」

少年回答：「我能！」

他的武學生涯就這樣開始了。

學藝伊始，配合俞師為人治療椎間盤突出，梅墨生需要站好樁步，托著平躺在床上的病人的後腰轉圈，每次要轉個二、三百下。

之所以如此，據梅先生回憶，是他的武學啟蒙老師，除了一身出色當行的好武藝，還通曉家傳的中醫。俞師曾經是開灤煤礦的九級鉗工，煤礦塌方造成腰椎間盤粉碎性骨折，當時北京、天津、上海等地的各大骨科醫院都表示無法治癒，後半生大約要躺在床上度過。但憑著深厚的內家功夫和家傳的中醫醫術，硬是在兩年內創造奇蹟，重新站了起來。等到少年梅墨生與他相逢相識之時，已與常人無異，並且在家中為人義務治病。

就這樣，每日裡揮汗如雨，僅僅半年過後，少年的身體

已經就變得很強壯了。此前俞老師曾告訴他：「跟我學功夫，我包你一年身強體壯。」

汗水，果真是不會騙人的。

光陰如水一般流過，梅墨生在老師的悉心教導下，勤學苦練了三年，功力漸深，視野也日見寬廣。

他的老師學通三教，旁徵博引，隨口而出。學武之餘，梅墨生從自己的老師那裡學到了很多知識，聽到了很多他原本不可能知道的事情，因此，經常要在老師家裡待到深夜11點才離開，對師門的武學傳承，也有了較為系統的瞭解。約略說來，要練三年形意、三年八卦、三年太極，三三見九，九九歸一，十年方能初成。

至於理論，則跟孫祿堂先生《拳意述真》中所述極為相近。當然，這已經是後話。

同時，對老師的傳奇事蹟，也知道了很多。其中，令人印象深刻的是，俞師自述早年曾在東北與日本人、蘇聯人、蒙古人和朝鮮人都比試過，未嘗一敗。

俞師還精擅易學，為人淡泊名利，與世無爭。提前病休，在家裏拉風箱為老伴和子女做飯。對於弟子的前程，他曾預言說：「將來要吃文化飯。」「因名得利，三十歲後名滿全國。」提及自身，則說無福報享受名聞利養，不能靠收徒弟揚名立萬，因此只收了梅墨生一人做及門弟子。

俞敏老師也通曉點穴的功夫，曾囑咐梅墨生在35歲夏至的那一天回去學習，但當時他在北京做北漂，處境艱難，心情不好，居然忘了這件事，待到重新想起，已是秋天。回到家鄉去向老師學習時，已然錯過了機緣，遂成憾事。

正所謂「流光容易把人拋」，昔時的少年慢慢長大，考

上了美術專科學校，便告別授業恩師，開始了新的人生旅程，受限於種種客觀條件，終究是未能將俞敏老師這一門功夫完全練成。雖如此，卻也為日後向李經梧老師學習太極拳術打下了極為堅實的基礎。

## ✚ 明師授藝海山間

梅墨生完成了美專的學業後，到秦皇島去工作。也是在那裡，展開了他的太極拳術之旅。機緣巧合之下，於1985年拜入太極大師李經梧門下，學習陳、吳兩家太極拳術。拜師前，曾應李經梧老師要求，展示學自俞敏老師的內家拳術，得到了「勁整」的評價。當他詢問李經梧老師是否瞭解這門功夫時，李經梧老師說不懂，還讓梅墨生邀請俞師來秦皇島見面。從這樣一個細節中，可以窺見一絲前輩高人的高風亮節。

在此後的十二年間，得李經梧老師悉心傳授，太極拳藝突飛猛進。

1997年李經梧先生辭世後，梅墨生自覺拳術未臻大成之境，只是苦於更無明師指點，功夫難以精進，遂興起重尋高師之念，欲問道於仙學大師胡海牙先生。只可惜無人引見，心願一時難以實現。

不過，有道是功夫不負有心人。在同一位武術界朋友的談話中，機會出現了。這位武術界人士同胡海牙先生有特殊關係，告訴梅墨生說，可以帶他去胡老家中拜訪，但卻不能保證一定就能拜師。

梅墨生聞言喜出望外，在交談後的第三天，就請那位武術界的朋友陪同，去拜望胡老。見面後言談甚歡，但胡老卻

並未馬上同意拜師之事，只是告訴他有時間來就好。並把家中的電話給了。梅墨生覺得這就如同當年拜李可染先生為繪畫老師一樣，同樣是把北京家中的電話留給了他。這就意味著沒有拒絕。

顯然，這是一個良好的開端。

然後，在接下來的三年時間裡，梅墨生就經常去拜望胡老，執弟子禮，請教疑難。終於，在三年後，得以列入胡老門牆，成為先生的關門弟子，前後同胡老學習了八年之久，胡老對這個關門弟子一直很好。但是，胡老堅決不同意安排什麼儀式，不同意擺桌，說：「我就是要清淨，搞那個幹什麼。」

從這樣的一件事中，可以看出道家高人大隱於市的低調與道隱無名的風範。

## ✚ 功深能使善才服

自近代以降，我國的武學大師如霍元甲、韓慕俠、孫祿堂等諸多前輩們多有戰勝外國拳手、大力士的事蹟。

梅墨生雖以書畫為業，名聞遐邇，但也曾經像眾多武林前輩那般，接受包括職業拳擊手在內的外國武者的挑戰，而未嘗敗績，只是鮮為人知而已。

話說當年在俄羅斯教拳時，曾有學員不服，出面挑戰，雖然聲稱只練過氣功，實際上卻修習過空手道等功夫。梅墨生來者不拒，施展師傅秘技，用哪裡聽著哪裡說話的太極武藝，屢次將挑戰者發放出去，當真是打人如掛畫，讓洋弟子們口服心服。

還有一次，梅墨生還曾經與一體重約有240斤的英格蘭

職業拳擊手偶遇於紅海，同乘一艘潛水艇觀賞熱帶魚，當時，他並不知情。言談之間，老外起了較技爭勝之心，要較量一下臂力。梅墨生運使傳自李經梧老師的太極內功心法，從容應對。那位職業拳手費勁九牛二虎之力，滿面通紅，青筋暴露，卻也只似蜻蜓撼石柱，無可奈何之餘，只得認輸。較量過去十分鐘後，端著杯子的手還在顫抖，他終於對中國功夫豎起了大拇指。

雖然，當時梅墨生表現得很平靜，甚至是有些擔心會讓英格蘭的拳擊手受傷。但他在一次講座中吐露了心聲：「那個瞬間，我很驕傲，我很感謝我的老師們教我的一點東西。我憑什麼？他以為他很輕鬆就贏了我，但是他沒有贏。我沒有好勝之心，只是偶爾坐在一起，碰上了，玩一玩而已。但是在那個瞬間，我覺得老祖宗的智慧，截至目前是不能全用現代科學來解釋的。」

他有資格驕傲，因為這是源自於中華民族五千年悠久文明的驕傲！

## ✛ 藝高未敢忘師恩

尊師重道，是中國文化的優秀傳統。

功成名就後的梅墨生，飲水思源，決心為自己的老師李經梧做些紀念工作。從2005年起，用了兩年多的時間，整理老師的拳藝傳承，彙集成書，先後出版了《大道顯隱》《李經梧太極內功及所藏秘譜》等著作，使更多的人都能知曉李經梧先生的精湛拳藝與傳奇人生。

梅墨生還付出了大量的精力和財力，努力尋找李經梧的相關影像資料。經過多方面的努力，終於在國家檔案館找到

了20世紀50年代錄製的李經梧演練的簡化二十四式太極拳的珍貴影像資料，使後學者有機會一睹前輩大師的風采。

在這些工作完成之後，梅墨生又出資聘請中國美術學院雕塑系研究生孔麗娜，為李經梧先生製作雕像，並於2012年6月在北戴河區奧林匹克大道公園舉行了「太極拳大師李經梧銅像揭幕儀式暨李經梧百年誕辰紀念座談會」，將李經梧先生的雕像安放在公園的中心位置。

李經梧的家人、來自全國的弟子，以及下一代傳人共一百餘人參加了儀式。

趙江峰

## 拳為心畫——與著名書畫家、太極拳家梅墨生對話

　　拳無優劣，拳家有高低，一招一式，簡簡單單，在武學大家演來，能於質樸中透析萬般機關消息。

　　拳術流派與其說是技術的分別，不如說是拳家心跡的差異。體悟，一在體，一在悟，體在形，悟在心，體悟到家，風格自然形成。

　　文武相通，通的是體悟之道，剛柔之理。

　　毛筆乃柔豪所就，但在盈尺之間，可激揚凜冽之氣，萬丈豪情，雷霆萬鈞，直如疆場奪帥，縱橫無匹，此為柔剛轉化。心氣有多大，神意就有多遠。

　　拳家的修養與功夫同等重要，修養為柔和之氣，能氤氳溫和五臟情志，化解戾烈肅殺，成為手中有拳，心中無拳，自強而不凌人，通達而不示弱，張弛有度。如此能海納百川，活水不斷，參天棟樑茁茁成材。

　　中國文化的要義講的就是修養的功夫，修養的一個重要方面就是對太極的體證。

　　陰陽剛柔的平衡學問隨處隨地。書畫與武道同源，不明陰陽不可為書畫，不明陰陽不可為拳法。行拳如陳墨，一套拳如一幅畫，虛實相生，點線嵌配，運勢佈局，有明應，有暗合，出入無方，盈虛有象。拳品高下，畫品高下，自在其中。

　　李經梧先生廣研武學，於陳、吳太極尤其精深，拳品、人品為一時之翹楚，為武林稱頌。梅墨生先生為當今書畫名

家，從學李經梧，長期研練，由文入武，蹊徑獨闢，視野廣闊，為文武相合的典型實踐者。

## ✚ 拳道 書道 畫道

### 余功保：

中國武術和書畫是一脈貫通的，我始終認為，書畫家都應該多少瞭解一些中國功夫，特別是太極拳的理論和實踐。這將會大大有助於書畫的理論研究和實踐水準的昇華，同時也能為太極拳注入活力。

前輩大家中有範例在先，如李苦禪先生等。可能理論上研究的人也不少，但能親身實踐，得真傳，並深入三味。您在太極拳上可謂師從名門，並經年不棄。

### 梅墨生：

我小時候就很喜歡拳。小時候看古代的武俠小說，崇拜武俠。在家鄉的時候，大約在十四五歲的時候，認識了第一個教拳的武術老師。老師近乎一個隱居的狀態，我得到了機會跟他學拳。

我當時主要跟他學的是形意拳，但其實他不只是練形意拳，功夫很深，不常見。老師本身中醫，點穴、按摩等的修養很深。

我當時跟他學拳是因為小的時候生在國家三年困難時期，先天不足，體質早年一直不好，學拳主要是強身健體，後來跟他學武術以後，一年左右，體質就轉弱為強了，效果非常好。當時練的主要是站樁。

**余功保：**

站樁是中國武術獨特的練功方法，形式簡單，內涵豐
富。有培本固源之效。

**梅墨生：**

站樁練的是「氣」，內氣，和「靜」，這種靜、氣是中
國文化的高級涵養功夫，於書道、畫道也是內功。

**余功保：**

「每臨大事有靜氣，不信今時無古賢」，可見將靜、氣

· 梅墨生作品《橫空出世》，2004年

列為先賢的高標準、高格調。我曾經說，判斷一個太極拳家功夫如何，看其拳架、拳勢是一方面，觀其氣度是否穩定、從容也是一個重要方面，如練了幾十年拳，心浮氣躁，難以稱為大家。

**梅墨生：**

我一直跟這位老師練到十八歲，練了四五年。後來我十八歲上美校就離開家鄉了，有時放假的時候還回去練。我這位老師中國文化修練非常深，通易經、通醫學，對中國文化很有體悟。對我的影響挺大。

即使在美校讀書的這幾年一直也沒有間斷。那個時候學習很艱苦，條件很簡陋，我們也都很用功。

每天要上晚自習，學校在晚自習後要熄燈，我是每天上完課，晚自習以後，熄燈以後，跳過學校一丈多高的院牆，或者是收買當時的門衛，從大鐵門躥出去，晚上到外面大概要練一兩個小時，再翻牆跳回來。校外有一片農田、原野、樹林，跑到那裡去練拳、練功。

**余功保：**

的確是發自內心的喜歡，如此體驗也更深刻。

**梅墨生：**

當時還練鐵砂掌，那個時候沒有中藥洗，鐵砂掌打完以後手底下全是腫的，回來又不能洗，班主任問我我也不敢說。練習鐵砂掌是需要自己配藥、熬藥的。就想各種辦法，還專門買好於當時的單身老師，借他們的宿舍用火爐子去煉

中藥來洗手。

那個狀態現在想起來真是往事如煙，自己當時挺執著的。客觀條件的限制，鐵砂掌練了半年就練不下去了，因為手腫的畫不了畫，交不了作業，老師一再追問，最後才說明情況，班主任知道了，就沒法再堅持練鐵砂掌了，但是形意拳一直在練。

**余功保：**

我知道您後來迷上了太極拳，師從李經梧先生。我在李秉慈老師的一本吳式太極拳書中的傳承譜系中看到，作為李經梧的弟子，您的名字是在內的。

您是如何學上太極拳的？

**梅墨生：**

我對內家拳有一種自然的喜好，可能這和內家拳的理法特點有關，比較注重內在的東西。

1981年畢業以後我就到了秦皇島工作，當時單身，在這種情況下，練形意拳更是非常賣力氣，每天晚上除了寫字畫畫交朋友，練拳是重要的一項生活內容。還有就是去看電影，也是電影迷。

**余功保：**

每個人年輕時都有夢，都經歷過夢，有的夢後來成了現實，有的夢成了美好的回憶。

電影和練拳是兩個寄託夢的好方式。電影能讓人的精神無障礙的暢遊，拳能讓人的形體和精神獲得自如的體驗。

**梅墨生：**

那時天天晚上都是一兩個小時的練拳。站樁我站得很苦，一個樁至少要站一個小時，多的時候兩個小時以上。

當時在報社工作，要採訪一位太極拳家，我就計劃去採訪北戴河河北省工人療養院的太極拳教師呂德和。他當時剛在全國工人運動會上得了銀牌，金牌是陳小旺。但他堅持不讓我採訪，他說不要採訪，如果要採訪就訪我老師吧，老師李經梧是個高人。我說我早就知道，李老師當時是秦皇島市武協的主席，我就說李先生能不能接受我採訪呀，他說沒問題，我帶你去。於是，我們就真的去了。

那也是我第一次見到李經梧老師，見面後，李老師一再說「我沒有什麼可寫的」，一再謙虛，推辭，我就反覆勸說，好不容易說服了他，做了這麼一個採訪，在當時的秦皇島日報上做了半版的介紹。

當時李經梧老師的家就在北戴河，在療養院外邊，當時已經退休了。

認識李老師以後，透過接觸，我油然而生了一種敬仰之情，為什麼呢？他體現出的一種風範、人品、氣度，很淡泊、謙和、樸實，給我的印象特別深。這麼大的一個拳家，這麼高的功力，但是沒有絲毫架子，很謙和，不驕狂。

**余功保：**

真正的拳家，得到的越多，付出肯定也越多，對很多東西體會就深刻，對一些表面化的東西就看得淡很多。驕狂的人是膚淺的，和太極拳的規範也是背道而馳的。

## 梅墨生：

真正的太極拳家應該就是李老師這樣子的。但是那個時候還沒有入太極的門，對太極不是很有研究，懷著幾分神祕，說心裡話，心裡還懷著幾分疑惑。

我在公園也看過打太極拳的，我就在想，太極拳，究竟是不是像傳說中的那樣，功夫那麼厲害。

後來我經常到李老師那裡去，一是請教，再者就是多瞭解一下太極拳。我幾乎禮拜天就去看他，有時候是一家三口去，他也都接待我，留我吃飯，一直很客氣。一來二去的交往，使我對太極拳加深了認識，對李老師這個人也加深了認識，對他的功夫深深折服。

最初，總想跟他體驗體驗、體悟體悟，總想跟他試試手，看看太極功夫到底是怎麼樣的，看看李老師的太極功夫到底是怎麼樣的，我也畢竟練過很多年的形意拳，在此之前也沒少跟人家試過手，打西洋拳擊的、八極的、少林的、摔跤的、練形意的都曾經試過手，也不輕易地就臣服於誰。

李老師一般不和外人試手，後來，他看我也是的確喜歡這個，就讓我試。當時也是年輕氣盛，但跟李老師推手的時候就感覺到莫測高深，我把手放在李老師身上的時候，始終找不到力點，我只是失去自己的重心，其實李老師並不用放我，我自己知道我已經輸了，李老師總是謙和的一笑。

完後就跟我講，拳呢，沒有好壞，只有功夫有好壞，功夫有練到沒練到之分。

他說：「形意功夫我不懂，你的形意拳，我感覺勁路是挺好的，氣魄也很好，但是你學太極就要把形意的勁路放

下，完全要換一種勁。換什麼勁？換太極勁。」「學拳容易改拳難，把原來的勁路放下並不容易，但是你必須要這麼做。這並不意味著形意拳不好，而是兩個門派的勁路不同，等你把太極功夫練好了，掌握了它的勁法特點，你練什麼都能出太極勁。就是練少林拳也可以練出太極勁，甚至甩趕馬車的大鞭子都能練出太極勁。形式是次要的，關鍵是內在的東西。」

李老師說自己傳統、保守，從不敢說創新、更不敢說創造，那談何容易？

### 余功保：

從另一個角度說，這也是一種「專心」。

### 梅墨生：

這也代表了李老師的觀念，太極觀念，他說，我只是把我跟前輩學到的功夫傳給你，當然傳的過程當中肯定有我的體會，有我的理解，有我的取捨，前輩的東西不是不假思索的全盤接受，也不一定都全是對的，有些要不斷法發展。我要經過嚴格的體悟、研究、揣摩，多年的體會才去做一點這樣的事情。

融會貫通、開宗立派談何容易？這是老師當時經常跟我講的話。他認為，現在有的人動輒就改變一些什麼、創造一些什麼，立一個什麼派的太極，這個我不做。

但是李老師說創派不是說不可以，那真是要集幾十年的功力心血，開宗立派不是那麼容易的事情。他說，我還到不了那個程度，其實李老師的太極功夫在太極圈內是公認的，

・金剛搗碓（一）

・金剛搗碓（二）

・金剛搗碓（三）

・金剛搗碓（四）

可以達到抬手就有的功夫，但是他永遠說不敢開宗立派，他只是要把老祖宗留下的好東西傳下去。不讓它們在他的手上失傳。

**余功保：**

保持傳統是需要耐心、勇氣和定力的。因為要面對太多

的誘惑。

## 梅墨生：

他時常說，我現在教給你們的就是陳發科老師怎麼教給我的，當然其中有我的一些勁路的體會，太極也不是僵死的，要有個人的悟性，個人的氣質，每個人的體質不一樣，悟性不一樣。但根本的東西是經典的，是不能隨便動的。這其中既體現了李老師的理念，也表現出他的為人。

李老師始終有一種報恩的心情，他總是說一句話，陳家的拳、吳家的拳，我受恩於陳家、吳家，學了人家的東西，就要老老實實地傳。

他說我不是創新派，是保守派、傳統派。

我覺得這樣的人讓我信服。後來我想要拜在他門下的時候，他一再說，他已經關門了、退休了，歲數大了，不帶徒弟了，總之是拒絕。當時和我同時還有好多人想拜在他的門下，李老師一概都是不收的。

他說，你願意學什麼我就教你什麼，我教不動了就讓我的徒弟教你，他說你不必入門，入門有很多規矩，不自由。但是我一再表示，很執著，終於精誠所至，大約是在三年左右的時間，他同意收我們這一批，應該是最後一批，十來個人，那是1988年。

我們雖然較早前認識，但一直就是以朋友和同道的身分交往，後來也變得很親密。

我印象中比較深的，也是比較有意思的一件事就是關於座位的事。

每年在他生日的時候，在秋天，秋高氣爽，全國的太極

拳愛好者和崇拜李老師的學員、弟子及再傳弟子等都要過來，一起為李老師祝壽，每次都是十幾桌二十幾桌。在拜師之前，我都是緊挨著坐在李老師的旁邊，作為非常尊貴的客人，但入了門以後呢，就坐到旁邊桌去了。後來我的師兄們說，這就說你已經進來了，原來你表面上坐得最近，實際上是客氣，實際上是遠的。

**余功保：**

這也是一種獨特的中國社交文化。

**梅墨生：**

我從此就跟李老師學太極拳，也反覆跟許多同門師兄做交流，我深深地感到了李老師的人品和功夫的修練達到了如何的程度。

現在人到中年了，也算經歷了不少、見識了不少。許多事、許多人如過眼雲煙，但是李老師我卻經常懷念。他為人誠實，在武術界也是有口皆碑的。在老一輩的太極拳界都知道他尊師重道、勤奮好學、質樸謙虛，這幾個中國人所倡導的傳統美德李老師身上都有。

**余功保：**

我接觸很多武術家，有些是和李老師有過不少交往的，大家對李老師的人品、功夫還都是有口皆碑的。

**梅墨生：**

我是從事中國傳統文化的，我覺得武之為道，品為上，

德為先。這一點書法、繪畫也完全一樣。

**余功保：**

無品，格調不高，你的技術、技法再花哨，也是彫蟲小技。無德，境界不高，胸懷就大不了，客不了三山五嶽，容不下江河湖海，胸中無物，在拳，輕飄飄，在書畫，筆下空蕩蕩，始終難以入流。

**梅墨生：**

修養是一等一的功夫，品德服不了自己，下筆難以自信，難以從容，心不正，拳不正，筆不正。品德服不了別人，書畫作品就難以產生穿透心靈的感染力，太極功夫也難以去僵化柔。

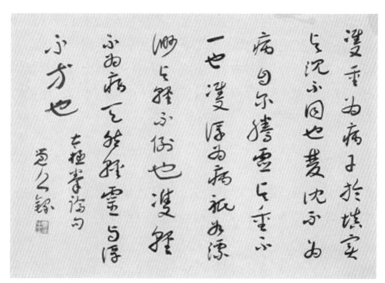

・梅墨生草書《太極拳論》，1999年

**余功保：**

最難去的是心的羈絆，神的僵滯。

**梅墨生：**

「心死神活」，死的是雜蕪、碎亂之心，活的是靈動之神。

我跟李老師學習太極拳的過程，就是一個養心、養神，學技、學功的過程。

**余功保：**

當時是怎麼學的？

**梅墨生：**

李老師經常給我們講拳，講拳本身，也講一些關於拳的典故。開始主要是跟老師早期的一些學生、我的師兄們一起盤拳架子，然後李老師進一步給我們解拳，逐一糾正。

我是一個學什麼東西都很著迷的人，喜歡打破砂鍋問到底，追根刨底，好問問題。有時候禮拜天到他家裡，就我們爺倆坐著的時候，總是問問題，自己當時也年輕，不管該問不該問，沒有什麼禁忌，許多別人覺得不好問的問題我都問，但是李老師基本上都是有問必答，而且實事求是，不能回答的他就說這個事我也不懂，這一點讓我很感動。那個美好的時光現在歷歷在目。

後來1991年我就來到北京，有時候一年回去幾次，再去拜訪他，再去跟他討教，直到他1997年去世，應該說我跟他

從學前前後後有十年的時間，中間是間斷性的。

## ✤ 梧桐棲鳳　經權為武

**余功保：**

李經梧先生是20世紀40年代北京太極拳一個人才輩出的時期中的傑出拳家。

**梅墨生：**

據我所知，李老師早年是跟王茂齋和吳鑑泉共傳的弟子趙鐵庵學吳式太極。在20世紀40年代初中期他已經是北京著名的太極拳的五虎上將之一。大概那個時候，他也跟陳發科學陳式太極。

抗戰勝利前夕，趙鐵庵離開北京走了，不知所去。趙鐵庵臨走把宋遠橋留下的《宋氏家傳源流秘譜》送給了老師，一個原抄本，就說「我從此走了，你也不要找我了。」

當時我老師主要還跟王子英學拳、學推手，我老師在王子英師伯那裡得到了許多推手的知識。

**余功保：**

王子英是王茂齋的兒子，據說推手名重一時。

**梅墨生：**

當時王子英的推手在北京是數一數二的。李老師跟陳發科學陳式太極拳也非常用功，是陳發科最傑出的弟子之一。可以說進入陳式後，陳發科非常賞識他。應該說，李老師學

拳有他一些客觀的條件，他當時做生意，家裡有資產，老師的岳丈大人有錢有財產，在北京開買賣。老師當時有經濟上的條件，學拳相對便利一些，比如說請車接送老師，安排時間、地點等。加上他用功、有悟性，深得陳發科真傳。

**余功保：**

陳發科是陳式太極拳在北京的發揚光大者，他培養了許多優秀的弟子、學員，對後來陳式太極拳的發展起到巨大作用。

**梅墨生：**

李老師對陳發科感情很深，經常和我們說起陳師爺的一些往事。

聽李老師說，陳發科教拳也很有特點。陳師爺人很樸實，他以教拳為業，陳滿口河南土話，別人開始都聽不太懂，他的功夫實在是太好，但不善講，跟他試手的人很多，佩服他功夫的人也很多，真能跟他學拳的人並不多。他手很重，又不善言講。你若問他怎麼推手，他就告訴你說：就這麼推，親自給你示範，勁一發出去，一般人受不了。當時能夠跟他接手，敢跟他接手的，也就三五個人，其中就有我的老師，還有孫楓秋等。

孫楓秋是吳式同門的師兄弟，又跟他同時拜在了陳發科師爺門下。他們感情也很好。當時在小五洲百貨，我老師是老闆，孫楓秋是副老闆，他跟我老師特別好，又是山東的老鄉，幾乎就是同時先拜吳式門派然後又拜陳式。

陳發科一生與人交手無數，從無敗績，但是不長於交

流，一般人也不敢跟他學。我老師一米七五的個兒，山東大漢，身體也很壯，按我們老師的話就是份兒大，但是和陳老師推手，基本上搭個三兩個圈就被發出去，也很難受，多推就受不了。

李老師對陳發科師爺從心裡佩服、敬重，在生活上也很照料他。他跟我們說，你們陳師爺那功夫，是真正的過硬，是一代大家。

### 余功保：

陳發科的貢獻不僅在功夫上，他第一個全面、系統把陳式太極拳從鄉村帶到城市，又破除舊的成見、規矩，大範圍傳播陳式太極拳，是陳式太極拳的中興人物。

在他之前，北京，包括全國各地，對陳式太極拳的瞭解認識很少。他讓社會上很多人知道了陳式太極拳，學習陳式太極拳。從這一點來說，是太極拳發展史上具有突出歷史地位的人物。

### 梅墨生：

李老師的另一位師父是楊禹廷先生。

那是在新中國成立初期，我的老師因為慕楊禹廷師爺的名，佩服他的為人、人品、風範，就正式拜在了楊禹廷師爺的門下。

### 余功保：

北方的傑出吳式太極拳家大多都出自楊禹廷先生門下。楊老性情淡泊，品格超卓，功夫精純，為太極名師典範。九

十多歲，無疾而終，得太極真髓。

**梅墨生：**

楊禹廷師爺德高望重，特別是為人厚道，在武林廣為稱頌。實際上李經梧老師是跟趙鐵庵、陳發科、楊禹廷這三位是正式拜過的正式弟子。王子英屬於受益很多但是始終沒有正式拜師，但是很得王子英老師的厚愛和指教。王子英家裡

·20世紀50年代的王子英

本身有買賣，不以傳拳為生、為業，再者就是這個人脾氣大，極為暴烈，也不怎麼教人，第三就是他的功夫高，自視甚高，與人交流少。所以他的名氣並不很大。甚至不是專門研究太極拳的人，並不知道他。

**余功保：**

新中國成立後李老師也參加了一些重要的太極拳活動。

**梅墨生：**

是。李老師參與過國家體委簡化24式太極拳、88式太極拳的編定工作。新中國成立以後國家體委推廣太極拳運動，他受聘在一些部委教太極拳。也受聘擔任過武術隊的太極拳的教練和裁判工作。

後來一個機緣吧，就到了北戴河氣功療養院工作。舉家都遷過去了。北戴河氣功療養院是我國第一個國家政府辦的氣功療養院，主要研究、運用中國傳統健身方法進行健康康

．李經梧太極拳照

復治療。

李老師就去那裡做了太極拳的教練，一直到退休。

**余功保：**

李經梧先生在太極拳上是比較全面的，精通陳、吳兩種流派。

**梅墨生：**

其實他會的還不止兩派太極。現在流傳的六派太極，李老師會四派，楊式、孫式、陳式、吳式。他在孫式、楊式上也進行過鑽研，和名師進行交流、切磋。

他練武那是一等的素質，他的功夫確實是把陳式的剛柔並濟、吳式的柔化、孫式的靈活，和楊式的舒展大方融會一起，後來已經形成了自己的風格。這也符合他的武學主張，

他認為，各種拳法本質上是互通的，經權互用，不管練哪種拳，必須要掌握最根本的規律，那是基礎，也是最高級的，掌握了它，你的拳就活了，往來縱橫，隨心所欲。

他教人也是注重發揮每個人的本身特長，讓你最大程度開發出自身潛能。

### 余功保：

李老師一共教過有多少學生？

### 梅墨生：

他這一生教過的人大概得過萬人，20世紀40年代在太廟教，50年代在北京教，在北戴河更是一批一批的學員，每年療養院都有很多慕名而來的學員。教的什麼樣的人都有，而且傳播到海內外，全國很多省級的武術教練，那都是很成名的人，都對李老師的功夫和人品十分佩服。特別是改革開放以後，海外慕名而來的人更多了。

我中國畫的老師李可染先生，那是大師，都曾經向他學過拳。

李老師對待學員都很誠懇。但他自己不大談對人的好，為人也極淡泊，很少背後去說人家的好或者不好，但是就功夫的角度來講，他跟我們弟子也還是說一些評定的東西，因為這樣可以幫助提高我們的分析、鑑別能力，他主要是說可以跟誰來學東西，誰是有真東西，誰沒有真東西，在內部教學時，他還是有他的一些說法，那是屬於課堂教學的方式。對外他不會去評價別人，而且也對我們諄諄告誡，少去說別人的是非長短，要靜下心練功夫。

〔鏈接〕 李經梧自傳（節選）

余祖籍山東掖縣。14歲至哈爾濱謀生。因居處簡陋，難禦風寒，至罹風濕症，延醫無效，轉而習武與疾病抗爭，遂與武術結緣，至今已65年矣。余17歲在哈爾濱拜劉子源先生為師，習秘宗拳，十度寒暑，晨昏不短，頑疾逐漸痊癒。武技亦有小成。後聞人云太極拳至為精妙，余心嚮往之。然苦無師授。後有幸輾轉入京、才得遂夙願。

余27歲拜趙鐵庵先生為師習吳式太極拳。趙師乃吳式太極拳傳人王茂齋、吳鑑泉兩位大師之親傳弟子。蒙趙師悉心傳余拳技與推手，又以《太極拳秘笈》相授，遂決定余一生從武之路。

20世紀30年代，北京太廟（現勞動人民文化宮）設有太極拳研究會，余曾任該研究會理事。每晨到太廟練拳，又得到拳師楊禹廷先生的指點傳授。楊先生拳架工整，推手手法細膩，為人正直誠懇。

余敬慕楊禹廷先生之拳技與武德，於趙師謝世後又拜在場禹廷先生門下。在太極推手方面，又得到了以推手見長的王茂齋大師之於王子英師叔的悉心指點。在老師和師叔的教導下，使余打下了較為深厚的太極拳基礎。

20世紀40年代初，余聞陳式太極拳十七代傳人陳發科先生在北京傳藝，余仰慕陳式拳的「纏絲勁」，再拜陳發抖先生為師，習陳式太極拳和陳式推手。

余除按時去陳師處習拳外，還每週二次專接陳師來敝舍授藝（舊稱「教館」），甚得陳師厚愛。口傳心授，歷十數載，直至1957年陳師仙逝而止。

20世紀50年代，國家體委提倡太極拳運動，普及太圾拳，並以楊式為基礎整理出「88式」太極拳和「24式」簡化太極拳。余在參與推廣工作中，遂又學到了楊式拳的手法和勁路。國家體委以余之掌架，特邀拍攝了全國第一部《太極拳》科教片。

　　20世紀60年代初，余又與友人交流互學，研習了孫式太極拳的手法和勁路。對於陳、楊、吳、孫四家太極拳，余悉心揣摩了各自的勁路，受益匪淺。有的習武者認為學拳以精於一家為善，這也許有一定道理。然而在本人來說，吳式的粘隨柔化之功、陳式的纏抖剛發之力、楊式的舒放灑脫之勢，孫式的靈活緊湊之巧，余均博而採之。

　　嘗有友人觀余之行拳和推手，謂余：身架工整、柔韌、雄渾而瀟灑；聽勁至靈，應變之速，已臻應物自然之境界。此或過譽之辭，若謂得其一二，則全賴四家拳技之共同滋養也。

　　余本原從它業，武術乃業餘愛好。新中國成立後，由於國家對武術之重視，余遂成為武術專業人員。1956年余在北京市和全國性兩次太極拳賽事中奪魁之後，受到國家體委的重視，先後安排余在鐵道部、鐵道學院、中國科學院、衛生部、市體校等單位任太極拳教練。並曾出任過北京市武術運動會總裁判和全國武術裁判。為普及太極拳，培養師資和運動員做了一定貢獻。

　　1958年，受國家體委委託，由余和李劍華、李天驥、唐豪、顧留馨、陳照奎等同志共同編寫《陳式太極拳》一書。其中「陳式太極拳」傳統一路動作說明，由余和李劍華同志執筆、由陳照奎拍插圖照。完稿後因某些原因未能及時出

版，此稿由顧留馨同志帶走，在後來出版的《陳式太極拳》一書中被採用。

在20世紀50年代，河北省北戴河氣功療養院住院者均為縣團級以上幹部。為把太極拳用於醫療保健事業，秦皇島市委決定調余到北戴河氣功療養院任教。

余到任後，除教授住院療養員學拳外，並辦培訓班數期，為全國各地培養了一大批普及太極拳的師資和骨幹，從余學拳者逾萬人，眾弟子中，以秦皇島太極拳協會王大勇和新建村武術隊王鳳鎖出眾，他們為河北省的太極拳事業發展做了不小的貢獻。

1960年，由余口述，余的學生張天戈執筆整理了余的《太極內功》。初作為教學用內部資料，後於1986年由人民衛生出版社出版而公之於世。

1964年余寫出論文《對太極拳纏絲勁等問題的體會》發表於1964年10月21日《體育報》。

十一屆三中全會以後，百花齊放、百廢待興。尊重知識、尊重人才的風氣日盛。太極拳運動在一度沉寂之後又得到了恢復和發展。過去從余學過太極拳的一些有成就之士，以及慕名帶藝求師者，紛紛投帖拜師，余只好俯就。

數年中，余在全國各地之入室弟子已達七十餘人，其中不乏出類拔萃者。余退休後，常有學生來家問難求教，欣然與之切磋，興趣盎然，絕無退休後的孤寂之感。此亦因習武得來晚年之樂趣。

八十二歲叟李經梧

**余功保：**

有的拳家本身練的很好，但不一定很會教。李老師長期擔任教學、培訓工作，也培養了很多優秀學員，他在教拳上有什麼特點？

**梅墨生：**

我有很深印象的是，李老師說，很可惜，我的書讀得少。他深知懂理的重要性。盡量少讓別人走彎路，他把自己幾十年練拳所經歷的每個階段，結合拳架細緻地給我們講。

另外，練太極拳一定要有悟性，要練，如果不練，讀再多的書也沒用。如果沒有悟性怎麼樣也練不成上乘的功夫。他非常重視實踐，幾十年如一日，即便是在他八十高齡的時候，還在走一些套路，儘管一些低的式子他不再下去了，但還是一直在走。有時候他坐在椅子上以意打拳，活到老，練到老。他也是這樣要求我們。

**余功保：**

很多道理，必須要把拳打到一定的量，才能體會出來。

**梅墨生：**

他打拳就是「由招熟漸悟懂勁，由懂勁階級神明，先求開展，後求緊湊」。他說我年輕的時候是練過非常剛的陳式，那個時候我在場子裡一震腳，那真的是很剛的，後來隨著年齡的增長，功力修養的加深，就慢慢收斂了，由剛變得越來越柔，由開展變得越來越緊湊，其實就是變得越來越內

斂。

他說太極開始要畫大圈，後來要小圈，到最後沒圈，變到沒圈的時候，變成一個點，就在這一個點上就有了陰陽、有了虛實，得了太極勁，就可以讓你失中或得中，最後連這個點好像都沒了，化於無形，全體透空，無形無象，歸於無極。這個時候就渾身無處不是太極，渾身無處是太極，用時則有不用則無。

他說有時候我把人發出去，我其實不知道是怎麼發出去的，我太極功夫上身的時候，用意則有，不用意則無，有的時候還是在有意無意之間，不要執著於形象。

開始學的時候就像寫楷書，寫毛筆字要從規矩學起，開始要一撇一捺到位、筆筆送到，不能劃過，轉折之處要交代分明，曲直、方圓、藏露都要交代清楚。

他和我說，你情況特殊，你對中國書畫有功夫和專長，你來體會太極拳有你的便利之處。太極拳領悟的悟性到最後，每個人都要根據自己的氣質和靈氣來領悟，要從這個角度一定有你的與眾不同之處。

他給我們解釋，說自己七八十歲了，現在提一籃子雞蛋都提不起來，但是一旦朝我有擊打之力，給我意、給我力，感到了你的勁力我就要還給你，這個時候就要有意，我這個有意就還給你了，而且你給我的力越大，我還給你的也越大，你給我的越多我還給你的越多。這個東西就叫化勁，他說我就是渾身無處都有，怎麼用都得手。

這一點我們在日常跟李老師摸手、他給我們餵手、說手的時候，都有體會，他想放人，他想往哪個角度放，就給你放哪個角度，他可以同時兩次給你放同一個角度。

他反覆強調，練太極拳要從理上參透，同時身體要練到，他說太極拳不是說來的，太極拳是悟來的。不講哲學，但是話裡充滿哲學的道理，渾身無處不是太極，一身就是太極，處處一太極，當我的意念放下的時候，是普普通通的一個老頭，跟其他人沒什麼兩樣，一籃子雞蛋都提不起來。

太極拳借力打力就是這樣，你要先給我一個力，我才能還你，如果你不給我力，就不打你。太極拳很少主動去打人的，不把自己進攻的勁路暴露給別人，它等著別人，後發先至，以逸待勞。

太極拳的意是直線，但勁路是曲線，是圓的。由大圈到一個點，接你這一個人的時候，你的力越整，發得越遠。所以打練過功夫的人反而比沒練過功夫的人發得更遠。如果他要有打我的力，不管他練沒練過，勁兒發的越猛越大，還回去的越大。

### 余功保：

太極內功是他傳授的一個重點，也是重要特色。他在講太極內功的時候是如何說的？

### 梅墨生：

他是實事求是的人，反對不著邊際的虛浮。20世紀80年代初，他出版了一個太極內功的小冊子，這個也是對武術界和氣功界的一個貢獻。講的都很實在。那上面一些東西是他多年練功密不外傳的。

我曾經就後來的一些氣功問過李老師，他說，那些氣功老師的東西有的我看不懂，不懂就是不懂，我不知道那些個

東西怎麼樣，但是我覺得有點兒玄，這是他的原話。他說人的所有的能量不能離開人的本身來說話，至於在本身能夠發揮出多少，產生多大的健身效果，那要看個人的修練。他說太玄的我看不懂，那跟咱們不是一路。

他的太極內功除了受益於陳家和吳家，還受益於胡耀貞。

李老師教拳非常重視練拳要從規矩學起，要一招一式做到家，他很重視盤架子，同時重視推手，要從推手中體會勁路，知己知彼，他也感嘆太極真功越來越失傳，現在在公園練的很多都是太極操而不是太極拳，當然太極操動動比不動強，但那已經沒有太極拳內功養生的真諦了，太極真正養生的功夫失落了很多。

他說我不能絕對地講太極功夫一定是老輩的比現在的強，每一代都有好的有不好的，但是總體來說現在的人不如老人那樣專心致志。

李老師說，像你陳發科師爺，一天甚至打幾十趟拳，你陳師爺的手一般人根本接不了，一抬手，眨眼之間，一二三就已經決出勝負了，甚至連三都不用，一二就決出來了。新中國成立初全國有一次討論太極拳比賽的規則，說多長時間決定勝負，有的說要半個小時、二十分鐘、一刻鐘，陳發科說用不了，就一二三，連喊三都不用。如果不是練出真功夫是假名家，怎麼能夠做到這一步呢？

**余功保：**

過去干擾也少，誘惑也少。現在動搖情志的東西太多。正因為如此，才更需要發揚太極拳。因為現代，所以太極。

**梅墨生：**

李老師說拳從來都是樸樸實實的。他說拳來源於實踐，來源於生活。

**余功保：**

生活的本質就是樸實的。

**梅墨生：**

他從生活中悟拳的一段典故很能說明這一點。那是20世紀40年代的事，李老師回家探家的時候，跟母親推碾子，牛犯懶不走，李老師拿著掃米的笤帚，向前去打這個牛，這個牛拉著碾子，噌往前一跑，李老師一下拍空，差點沒閃身摔了，他突然從中頓悟太極拳勁。

碾子中間有個軸，這個中心軸就是太極拳「守中」的中，中定，中軸，不失中，牛一轉，就給你一個一晃的圓轉的力，就把你的勁給卸了。牛接了一下他的勁，雖然沒有還給他，但是至少把他的勁給化了，太極接人化力，理同於此。他說從那以後他就不斷地揣摩，好像一下子貫通了，所以師傅教你，修行在個人。

他還給我們講過王茂齋悟拳的故事，也是來源於生活。王茂齋和吳鑑泉都是全佑的學生，有「北王南吳」之稱。一開始王茂齋推手推不過吳鑑泉。吳鑑泉是他的師弟，王茂齋也是山東人，跟老師是老鄉，有一次王茂齋回家路過一條小河，坐渡船，他看那個艄公划槳、搖櫓，王茂齋於是頓悟太極勁，回北京再跟吳鑑泉推手，就平手了。吳鑑泉很奇怪地

說：「師兄，原來推手你不行，現在你怎麼忽然一下好像行了？」王茂齋如實相告，說我回去看船伕搖櫓悟了太極勁，波浪起伏、往返虛實。

李老師跟我講到這件事的時候說，每個人領悟太極拳勁的因緣不同，但都是用心。

**余功保：**

就像拳論說：「雖變化萬端，而理為一貫。」有心萬物皆有源。

**梅墨生：**

除了前邊說的強調規矩以外，李老師講太極拳還很細緻地講「鬆」。不能鬆，就不入太極之門，但是鬆到什麼程度，如何鬆？不能像現在老頭老太太在公園裡練太極拳那樣的，像摸魚一樣，那永遠太極功夫不會上身。

要鬆而不懈，鬆的對面是緊，要緊而不僵，但何時鬆何時緊，此中大有學問。

太極功夫八門五步八法，掤、捋、擠、按、採、挒、肘、靠，太極功夫有的人善打掤勁，上手就掤住，不讓你往前動，把你的來勁一下子悶在這。還有的人善用引勁，往後引代，接住你的力點，往後劃帶，這也是一種接法。八法，他說能真正得一二個勁已足以成名家，但所有這些勁要很好運用，都要做到「鬆」。

**余功保：**

得「鬆」者得太極。

## 梅墨生：

李老師說，太極拳真正修道得道，渾身無處不是拳。十三勢，渾身全是，四正四隅，八面八方全都圓了，無凹凸了，那就是真正到了太極拳渾圓的功夫。太極拳無非是開合、陰陽、虛實、剛柔，這些自如的轉換，不完全「鬆」就做不到。

李老師教拳都是從切身體會中來的，沒有故弄玄虛，很高深的拳理他都是用很形象的比喻，我印象最深的，就是他解說「虛靈頂勁」。這是太極拳最重要的一個要領。他說虛靈頂勁的一個核心就是「不丟頂」，關鍵是「頂頭懸」，怎麼體會「頂頭懸」？

當時因為我練形意拳出身，有時候放鬆得不夠，李老師就從牆上摘下來他的一件上衣，他說，你看，我一拎這個腦領，所有的前襟後擺袖子自然就垂下了，這叫提綱挈領，他拎著衣服一抖落，衣服全都順下來了，他說你在打拳的時候，虛靈頂勁的時候，你只需要往那一站，想著這個地方是你的腦領，一拎你這個地方，整個下邊前後左右中全部鬆垂下來了，這個時候的鬆垂狀態就是太極的鬆、空，我一下就明白了。

像他這種教法一輩子都忘不了，特別形象。到今天我練拳，我往那兒一站，馬上就想起李老師當年跟我說的那個鬆的狀態，現在我有時不打套路、不盤架子的時候，只是往那一站，就能迅速地進入太極狀態。

**余功保：**

因為李老師拳都是切身體驗過來的，假傳萬卷書，真傳一句話，真在哪裡？真在實踐。

**梅墨生：**

這樣的教學很生動，而且可以舉一反三。比如拎衣服，你把衣服拎起來，一抖落，只要你一鬆垂下去，胸腹是空空的，是鬆垂的，如果你不能把衣領提起，那就光是鬆了，就癱下去了，那個叫鬆懈。太極拳練的就是不丟頂，不丟這個衣領提起的頂。你不要去想那個不緊的地方，你要想那個一下就能讓你整體空下去的地方。

**余功保：**

您覺得李經梧先生在太極拳上主要有哪些突出特點和貢獻？

**梅墨生：**

他的貢獻是多方面的，但最突出的我想有以下幾點：

第一，破除門戶之見，開放式的學習交流。融匯四家的功夫於一身，成為自己的一個拳風，等於是自開一門，雖然李老師一直不這麼說，但是我認為他的確是融會貫通。他沒有任何成見，只要能學可學的，他就學習，非常好學。

**余功保：**

我也聽原來北京匯通武術社的老師講，李經梧先生也經

常去那裡和大家一起切磋。他的思路很開闊，這在當時還是很可貴的。

**梅墨生：**

第二，功夫精純、精深。李老師的太極推手功夫、技擊功夫是公認的。他自從到了北戴河以後，幾乎不參加外邊的一些事情，不宣傳張揚。那個時期，只有我在1989年《中華武術》上發表過一篇文章，他還一再不讓寫，虛懷若谷。這使得他把全部精力放在了拳的本身上，功夫一再提升。

第三，把太極拳運動運用於養生保健。因為他後來在北戴河一直做這個事情。不斷探索，很多人在跟他練了太極拳以後轉病為健康，轉弱為強，例子不勝枚舉。

第四，實踐和倡導太極內功。他認為內功是很關鍵的，最早明確的、系統的提出太極內功的概念，還出版了關於太極內功的書。非常暢銷。李老師生前曾讓我摸過他的丹田，從丹田到命門，有一個整體的，大約半尺寬的氣帶。

第五，真正做到了拳人合一，功夫和他人生境界修養品行合一。自然淡泊、恬淡虛無，這是真正太極拳練習合道的境界，是中國道家文化哲學的境界。絕不像社會上有些人說的一套做的一套，他真正達到了這個境界。我非常敬重他這一點，視名利如浮云，不愧為一位太極大師的境界。

## ✤ 那一「線」的風情

**余功保：**

您是專業從事書畫研究和創作的，成就卓然，同時對太

極拳又有很深入的研究。從文化的角度透視太極拳，是研究、發展太極拳的一個很要緊的環節。

文化是體，太極拳是用。

### 梅墨生：

太極拳與中國傳統文化，這是我很感興趣的一個話題，也是我研究的一個課題。

我過去在中央美院教了幾年書，在全國各地也辦過很多場講座，在各大藝術院校和一些綜合性大學，如北京大學等，我都是在講，中國的文化是文武之道，一張一弛。

孔子說「文質彬彬，然後君子」，我所理解的文質彬彬的「質」實際上就帶有武的含義，帶有俠士的含義。我認為先秦文化是在「儒士文化」的同時，還有一個「俠士文化」。

### 余功保：

這種結構影響了中國文化幾千年。

### 梅墨生：

當時有很多著名的縱橫家，也有一些著名的俠客。比如荊軻等，有一種俠士的文化在。中國的文化從來就是說文說武，文能安邦，武能定國。

### 余功保：

俠文化是滲透在中國人骨髓裡的東西，可以說是一種激揚的情志，也可以說是一種浪漫情懷。後來武俠小說、功夫電影的流行，和這種內心深處具有的情懷很有關係，提供了

一種接受的土壤。

**梅墨生：**

這些都是武術發展的基礎。是人文的、社會的土壤。從很早就開始，武的定位就不是簡單的技術層面，不是打打殺殺的工具，它包含了社會責任、人的價值等因素。

**余功保：**

就使它成為「道」具備了社會基礎。

**梅墨生：**

我從小好文好武，好文好武幾乎是同時的，我好武比好文稍微晚一點，自打好武以後我感覺對我來體悟中國文化很有益處。

比如我進行的中國藝術理論史論方面的研究，從理解藝術、理解文化的角度，感覺武術特別是太極拳，對我幫助很大，給我啟發的東西非常多。我在許多大學和全國各地的藝術講座裡，我曾經多次提到太極拳學、太極文化，提到中國的武學。他絕對不僅僅是爭勇鬥狠、或者說是「粗人」的事情，真正的武術大師也絕不會是一介武夫、只逞匹夫之勇，一武匹夫成不了武術大師，真正開宗立派的很多都是文化修養很高深的。

從我個人來說，我愛好太極拳第一是養生，第二是養性，再下去才是技擊什麼的，我不是僅僅抱著技擊的目的去練的，張三丰也講過：「詳推用意終何在，益壽延年不老春。」太極拳的創立恐怕就與中國道家養生哲學有關係。

太極拳的上乘功夫就是要練到這種境界，人的心態，陰陽匹配、平衡陰陽、不剛不柔、不慍不火、溫良敦厚，練到這種生命的境界。在練習中技擊的東西也必須要懂，要明白，要練。

## 余功保：

有很多的要領只有在研究技擊原理中才能體會到，才展現出來。其實現代社會只單純追求技擊的練法、目的去學太極拳的相對比較少。

## 梅墨生：

我把太極拳作為體悟中國傳統文化的一種手段，一種捷徑。

太極拳本身就是一種文化，太極拳以一個中國古典哲學的名詞「太極」來命名，這就非常獨特，中國內家的三大流派形意和八卦也有這個意思，其他的拳法很少。

「太極」是中國古典哲學的一個最高的範疇、最終極的一個範疇，用最大的一個哲學概念來命名拳法，這本身就說明它有包容天地、含納文化的性質，我迷戀太極拳和這個有很大的關係。不僅是一個簡單的愛好，這裡邊有很深的文化情結在裡邊。

太極拳的包容性在於它給不同的人都提供了理解和體驗的空間，有什麼層次的人就能體會到什麼層次，同是一個太極拳，見深見淺，見高見低，真的是因人而異，因修養而異，因功夫而已，因師承、傳授、見識而異，是一門難測高深的武學。從這個角度，我拿它來體悟中國文化，太極拳論

是非常好的哲學著作、美學著作，用於中國書法繪畫許多理念都是最高級的。

**余功保：**

許多優秀的古典拳論，都可以當作純粹的哲學文章來讀。有些指導原則，直接用於書畫等藝術創作實踐都有很精確的對應性。這說明中國文化的一貫性和大同性，也說明太極拳理闡釋的是生命運動很本質的規律。

**梅墨生：**

我將來要寫一篇文章，寫太極拳論和書論、詩論音樂理論的相通關係，這是一個課題。作為一個太極拳的習練者、傳承者，作為一個太極拳學的愛好者、研究者，這是最抓住我的亮點，它絕不是一個簡單的生理運動，一個技擊的功夫，背後有非常深的豐實的文化內涵。

這個文化內涵非常具體微觀，我甚至可以運用到中國書法的一點一畫，用到中國書法體式的創作之中。

**余功保：**

太極拳和中國書畫都講究「生動」，拳不能練的死氣沉沉，要充滿生機，內氣運轉，心康體健。書畫雖為靜態，但靜中有動，要有一種活潑的靈動之態。

**梅墨生：**

太極拳要有精氣神，書畫同樣要有精氣神。書畫的精氣神是以人的精氣神為基礎，人沒有神，作品難以有神，提高

人的內在的修養是作品昇華的要素。太極拳是提高人的素質修養，特別是內在的修養大有裨益。

過去很多大書畫家在綜合修養上是很注重的，現在的一些書法家、畫家在創作上顯得不厚重，作品顯得單薄，為什麼？一個根本點是自身的「內功」不足，元氣太弱，這是和形體強壯不同的一種感覺，就是你有沒有大的平衡感，大的格局觀，太極拳就必須要有這種大氣的感覺，練起來如長江大河，連綿不斷。

### 余功保：

連綿就是氣要通，氣足才能不斷，無源之水非斷不可。

### 梅墨生：

太極的一個要素就是「和」，和諧，陰陽平衡，剛中有柔，開中有合，斜中有正。整個系統渾然一體。

### 余功保：

太極拳的「中」就是一種動態平衡原則，「和」就是動態平衡的狀態。太極圖是太極理論的意象圖，核心關鍵，全部奧妙在於中間的那條「Ｓ」線，「中」不一定是「直」，「Ｓ」線是曲的，隨曲就伸就是「中」，「Ｓ」線的弧形，體現了剛柔相濟的運動模式，既有含，又有張，用意不用力，與外周圓形交融，靈動中有渾厚，婉轉流暢，若即若離。陰陽在這條線上融合，不分彼此，這就是「空」，也是「實」。那一線之間蘊含千般玄機，一線兩邊運化萬種奧妙。

**梅墨生：**

線條是書畫的基本元素之一。從小中要能見大，一筆中要能把盈虛消息、百般韻味體現出來。

初練時，張弩之氣還很明顯，如練拳，大圈鼓蕩，功夫精純了，就叫筆法老辣，什麼是老辣，就是不做痕跡，大巧若拙了，形式的東西少了，沒有了。如練圈，小圈，無圈了。氣清了，東西厚重了。

李老師在推手上就講，技擊的高境界是沒有招，有招手就低了。他在後期和人推手基本上兩腳平穩站立地面不動，手上舉重若輕。

**余功保：**

我仔細看了李先生的一些推手錄影，在落實太極拳論中所闡述的敷、蓋、對、吞幾個字上很生動，深得陰陽運化之妙。

**梅墨生：**

他的推手給人的感覺很有活力，即使在80高齡時，推手所展現的氣勢還是很充沛。這就是內在的修為，靠力是不行的。

**余功保：**

比年輕時更有韻味，更加沉雄。年輕時的銳利已經化為厚重了。

**梅墨生：**

這和作畫一樣，體現出老而彌堅的風骨。

**余功保：**

太極拳行拳的「勢」與書畫創作的「勢」，它的套路的結構與書畫的章法佈局都有呼應之處。

**梅墨生：**

我就想，懂了太極勁的人，體會了太極功夫的人，再從事書法創作的時候，你的氣象、用筆用墨的勁力，對於內勁的表達，肯定跟不體會太極的不一樣，我的字畫當中總有這種因素在。

宋朝的大詩人、書法家蘇東坡說，「剛健婀娜」，含剛健於婀娜之中。大書畫家米南宮說，「沉著痛快，剛柔並濟」，這就和太極拳所要求的是一樣的。

太極拳要求修練行功沉著、輕靈，這是一對矛盾，但是這對矛盾要體現在你舉手投足之間。在書法上一樣，如果一味地使勁，強調物理的勁，表面的力，就不得其法。把宣紙戳破了就有力嗎？那絕對不是。書畫中線條的有力絕對不是簡單的外表的力，它是一種內在的力。這種內在的力就是所謂的內涵。

太極拳要求既要往下沉實，又不是鐵樹生根的沉實，這與外家拳不同，氣往下沉的時候，還要邁步如貓行，落地無聲很輕，既沉實又輕靈，跟書畫非常一致。

中國畫大師黃賓虹畫的畫，用筆就如同一位太極拳大

師，我經常用這樣的眼光來看書法家、畫家，也用國畫大師、書法大師的筆法來看太極拳家的行拳走勢，用太極拳家的行拳走勢來揣摩中國書畫的揮毫用墨，他們之間有一致性。

當我談某個太極拳人的風格的時候，我完全可以用談詩的風格、談音樂的風格、談書畫的風格來比喻，比如行拳自然、舒展、行雲流水、氣勢功力深厚、沉雄、拳勢浩邁、拳勢綿密、手法細膩等等。

### 余功保：

到了水乳交融的地步就是「拳不是拳，畫不是畫」了，手上有拳、有畫，心中只是太極。

### 梅墨生：

書法如心畫，任何一個筆法、一個點畫出手都是一個人心性的顯現。剛性的人寫出來的線條是比較剛的，比較柔和的人寫出來的線條筆調就比較溫柔，大氣的人他的線條是比較開放的，一個比較瑣碎的人他的筆調相對是比較內斂的。

字如其人，如其人的什麼？如其人的心性、氣質。太極拳千變萬化，每個人都會打出各自的氣質，會因為個人的體質、修養、悟性不同而不同，太極拳的魅力也在這。它是同中有異，異中有同，大同而小異，這一點也說明了太極拳的包容性和它蘊含的東西特別豐富，它不是枯燥簡單的套路。何況太極拳本身還有六大門派，六大門派本身還有那麼多傳人，就像中國書法一樣，那麼多體式，就字體來說，真、草、篆、隸、行，這和太極拳也有內在的巧合。同樣是楷體

裡又有萬千風格。

太極拳同樣是楊澄甫所傳，一門楊家，打出來以後由於弟子傳授的不同，差異就有了。鄭曼青打的那麼內涵文雅，董英傑打的就那麼浩蕩沉雄，同樣都是楊澄甫的弟子。

有些門派同一個招數、架式，有許多式子上由於傳承的不同，演化的不同，有差別。比如同樣的白鶴亮翅，在楊式是這樣打的，陳式就是那樣打的、吳式是那樣的。有的連名稱都不一樣，有的叫倒捲肱，有的叫倒攆猴，一本萬說。

過去禪宗有一個說法，月映千川，天上的月亮只有一個，然而映到下邊一千條河流裡就有一千個月亮，當我們看形而下的月亮的時候，河裡的月亮是一千個，看天上的月亮那個本只有一個。太極拳也是這樣。

**余功保：**

禪宗說「一花開五葉」，也是這個意思。五葉各不同，但均為一花所開。

**梅墨生：**

對，這個「花」就是中國文化之源。

太極拳的發源究竟是陳家溝還是武當山，是張三丰，陳王廷還是其他人，目前還有爭論，有些史據還在考記。但太極拳衍生於中國博大精深的古老文化，這是事實，這是源，無論你認誰為祖，這個太極拳的源變不了。

真正的源是中國文化，包括道家文化，儒家文化、甚至佛家文化等。

太極拳相對來說我認為道家的東西占六成，儒家的東西

占三成，佛家等其他的文化也有一定的比例。比如講中道、中庸、平衡，這是儒家的東西，但是道法自然、以柔克剛、以退為進等思想是道家的東西，在太極運動裡體現的更多一些。

說太極拳是中華文化整體塑造的武學學問、文化、功夫，這是沒有問題的。

太極拳本身也是一門藝術，更是一門學問，還是一門功夫，文化，完全可以說是「太極拳運動文化」。為什麼要加運動？因為如果我們只說太極文化，那也可以是哲學文化。

**余功保：**

太極拳是以運動的形式體現文化的精髓。運動中蘊含精神。

**梅墨生：**

中國《易經》講，形而上者之為道，形而下者之為器。太極拳是以它的運動方式來體現中國的文化之道，極抽象的哲學的高度和最具體的形而下的具體的招式圓融在一起。

余功保

# 內家拳——讓張三丰愈加神祕

說中國武術必說少林與武當，說少林與武當，必說外家與內家，自然也必須提到達摩與張三丰（豐）。

歷來武人，由於歷史和社會的原因，或隱於僧道，或混於江湖，大多不見載於正史，而野史或民間所傳又多見首不見尾，使武人身世真偽虛實交雜莫辨。

雍正朝與慈禧垂簾時期，禁武十分嚴厲。在元代，以馬上勇武得天下的統治者，竟然嚴酷到每家不許私藏菜刀的地步，這在今人恐怕是無法想像的。

之所以世人往往把武術創始人依託於所謂「仙、佛」，除了抬高身價之世俗心理外，同時也應看到：中華武功博大精深，其文化內涵也確非一些文化修養不高之民間武人所能具備，特別是開宗立派之人物，其綜合修養與知識儲備不足，是不足以集其大成而開門立戶的。

## ✛ 揭祕1　歷史上的張三丰確有其人？

20世紀初葉，我國史學界興起了一股疑古思潮，疑古於是考古稽古，於是「大禹是條蟲」「上古三代無信史」，我們的祖先皆無法證信了。此一思潮與「五四」新文化運動相推蕩，中國遠古一時虛而無史。

20世紀50年代，意識形態又因批判封建文化而民族虛無，對於一些宗教歷史人物予以否定。於是，凡不見於正史典籍者悉數不能正確對待，這也是那個特定年代的「偏頗」

吧。歷史上的身懷絕技者、習練武功者，其命運總是忽隱忽顯，行藏不定，所謂浪跡山林或混跡江湖。

歷來武當派武術口耳相傳悉遵張三丰為祖師，其實歷史上不僅有「張三丰」，還有一個「張三峰」。

此前，關於張三丰，有幾說：一說北宋人，一說南宋人，一說元明人，一說明代人。

• 張三丰祖師真像

宋代有個張三峰，為「武當丹士，精拳法」。徽宗召之，道梗不前，夜夢玄帝授拳法，厥明，以單丁殺賊百餘，遂以絕技名於世。持此說者為明清之際的學者黃宗羲，他在《王征南墓誌銘》中有記。《寧波府志・張松溪傳》也記載張三峰為北宋人。清初文人王漁洋也曾提及「拳勇之技，少林為外家，武當張三丰為內家」。

至於北宋與南宋說，主要區別在於後來的元明說，即南宋說與元明說又為同一張三丰。關於張三丰為元明人，此說流傳較廣。

此說認為張三丰出生於元定宗二年（丁未），也即南宋淳祐七年，公元1247年，出生地為遼東懿州，名君寶，三丰其號，「以其不修邊幅，又號張邋遢，一衲一蓑，所啖升斗輒盡，行遊四方，不常厥處。太明、成祖（明）求之，皆不得。」有《張三丰全集》傳世。

## ✛ 揭秘2　張三丰到底是哪個朝代的人？

大體上，關於張三丰有三人說（北宋、南宋、元明人），二人說（宋人，元明人），一人說（宋元明人）三種。今人于志鈞先生持一人說（見《中國傳統武術史》），譚大江先生持二人說（見《武當內家派述秘》）。

假設有兩個張三丰，那麼北宋張三峰，也作張三丰（見《中國人名大辭典》《辭源》），而元明張三丰，也曾號張三峰，於是，世人莫衷一是。假設只有一個張三丰，則三峰、三丰皆音同字異而已。如果是一個張三丰，他至少活了四百多年，跨越了北宋、南宋以至元代，至少在明成祖朱棣時代還在人間，這有些難以令人置信。有違常情，於是更多人願意認同二人說。

認同一人說，與認同二人說都無確鑿之證據，我們姑且認為有兩個張三丰吧。無論何說，但有一點是肯定的，張三峰與張三丰，都是武當丹士，都確有其人，都精於武術，他們的身分都與道教和武功有關，又都與武當山有淵源。

## ✛ 揭秘3　朱棣真的尋找過張三丰嗎？

據說明朝永樂皇帝朱棣曾多次派人尋訪這位仙人而不得，還為他在武當山修建了遇真宮。

《張三丰本傳》載：他「北燕趙，東齊魯，南韓魏，往來名山古刹，吟詠閑觀，且行且往，如是者凡三十年，均無所遇。乃西之秦隴，把太華之氣，納太白之奇，走褒斜，度陳倉，見寶雞山澤，幽邃而清，乃就居焉。中有三尖山，三峰挺秀，蒼潤可喜，因自號為三丰居士。延祐元年

（1314），年六十七，始入終南，得遇火龍真人，傳以大道，更名玄素，一名玄化，合號玄玄子，別號昆陽，山居四載，功效寂然。聞近斯道者，必須法財兩用，平生遊訪，頗好善，囊篋殆空，不覺淚下。火龍怪之，進告以故，乃傳丹砂點化之訣，命出山修練。立辭恩師，和光混俗者數年。泰定（元代）甲子春，南至武當，調神九載，而道始成。於是湘雲巴雨之間，隱顯遨遊又十餘歲。」

據相關史料記載，張三丰，字君寶，號玄玄，遼東懿州人。風姿魁偉，龜形鶴骨，大耳圓眼，鬚髯如戟，頂中一髻，身披一衲，背巨篷，手中持方尺或寶劍。

可見，張三丰67歲時入陝西終南山訪道（約1314年前後），曾在陝西寶雞山短期隱居。

張三丰初到武當山是元泰定元年（公元1324年），居九年而成道，後來在明洪武初年（公元1368年）他又回到武當山，居隱二十三年，一日拂袖遊方而去，再未出現。

朱棣曾讓胡　和孫碧雲訪尋張三丰多年，均無結果，至明英宗賜封張三丰「通微顯化真人」號。據說，張三丰初見武當山，便預言：「此山異日必大興。」他萍蹤南北，還到過四川、雲南，有神通，打坐時「猛獸不噬，鷙鳥不搏」「登山輕捷如飛，隆冬臥雪中，鼾齁如雷」「或終日不食，啖則升斗輒進」「日行千里」，簡直就是個活神仙，難怪他讓皇帝們豔羨不已而不惜重金禮遇或多年尋訪。

## 揭秘4　張三丰觀蛇鶴相鬥悟出了什麼？

武當派是與少林派對舉的，所謂「北崇少林，南尊武當」。而內家拳是與外家拳對舉的，外家、內家應始於文人

學者王漁洋。他說:「拳勇之技,少林為外家,武當張三丰為內家。」此內外,或以道、儒為本土之意,則以佛家為外來。

後來,到民國時期,則一些武術學者或習武者又分為內功與外功拳,則將中國武術列成一個遞進公式:

少林——外家——外功

武當——內家——內功

清初黃百家《學箕初稿,王征南先生傳》中已見端倪:「自外家至少林,其術精矣。張三峰即精於少林,復從而翻之,是名內家,得其二二已足勝少林。」外家少林並非不練內功,內家武當也並非皆習內功。

那麼,所謂傳說中張三丰觀蛇鶴相鬥而悟創的武當內家拳,究竟指的是什麼?

一般認為:武當派以太極、形意、八卦三大門為支柱。眾所周知,太極門有陳、楊、吳、武、孫、趙堡等各家,形意門也分為心意、形意以及山西、河南、河北幾大分支,而八卦掌也是有董海川傳八卦以及教門(道門)八卦。

此外,還有武當太和拳、武當猶龍派、武當松溪派、三丰自然派、三丰清靈門、武當乾坤門、武當太乙門等諸多分支別派,皆歸依於張三丰所創之武當派,可謂流派紛紜。粗略言之,分為流傳道教門內的武當內家派和流行於民間的武當內家派二大宗。

後者則以太極、形意、八卦為代表。

## ✚ 揭秘5 內家拳的創始人究竟是誰?

究竟張三丰是不是武當派內家拳的創始人,我們不敢斷

言。但我認為歷代傳人口傳身授均以張三丰為祖師，總是有其理由的。

在中國歷史中，張三丰已經成為一個文化象徵性人物，他活在歷史文化時空之中，更活在中華民族的武術養生文化記憶裡，虛虛實實，求真則未必得，尋跡則彷彿有，實際上，其意義早已超出考證人物之外。

在中國武功特別是佛、道兩家武功的傳承中，始終是「言祖不言師」，或師訓不許言師名的。而若張三丰則又有另種原因，即是他本是道教中人，以修真成「仙」煉丹為宗旨，於技擊視為末技，「願天下豪傑延年益壽不老春，不徒為技藝術末也」。

作為一位養生技擊均修練有素的得道高人，在一個理學、心學盛行的時代背景中，總結前代經驗，在傳承的基礎上有所發明創造，似乎也是可能之事。

當我們認真研究太極、形意、八卦三大內家拳理論時，不難發現他們濃郁的儒道互補和以道為歸的特色。當然，其中也浸染著釋家色彩，至少張三丰本人就是主張三教歸一的。任何人類的文化發明創造，都離不開特定的時代社會背景。內家拳之產生與興盛也是如此。如內家拳之出現，是創發者「既精於少林，復從而翻之」的結果。

就是說，武當是以少林為基礎，反其道而用之，此一創發確實是中國文化史至少是中華武術文化史上的大事件。以弱勝強、以靜制動、以柔克剛、以慢制快、借力打力、以小力打大力、重意不重力，這些內家理論以及陰陽平衡的哲學宗旨，彰顯著深奧的中國哲學道理。因此，張三丰至少是武當內家拳的集大成者和重要傳承人。

## ✚ 揭秘6　內家拳的獨特性何在？

　　近代武林巨擘一代內家拳大師孫祿堂，早就著文說：「名則有少林，武當之分，實則無內家外家之別。」「一則自柔煉而致剛，一則自剛煉而致柔，剛柔雖分，成功則一。」其述前輩言之：「善養氣者即內家，不善養氣者即外家。故善養浩然之氣一語，實道破內家之奧義。」（《孫祿堂武學錄》）

　　由此可見，俗稱武當派為內家拳則已相沿成習。而且關於內家拳之特性孫祿堂本人，在《拳意述真》中也指出：「內家拳術有形意、八卦、太極三派，形式不同，其致極還虛之道則一也。」

　　縱觀中國文化史，先秦「軸心時代」為源，漢後為流，秦漢一轉，宋元一折。秦漢陽剛，宋元陰柔。宋代理學盛行，南宋心學肇端，由是中國文化進入文人文化和陰柔文化時期。內家拳挾老莊之哲思以陰柔虛靜為體用而興盛，理之固然，其間之合理性顯而易見。

　　無論太極拳之名出現於何時，一個事實是，太極之概念早在先秦典籍《莊子》《易經》中已出現。其尤要者，太極之學理在中國產生已久，三國時代葛玄已被尊為「太極真人」「太極仙公」，其孫葛洪在《抱朴子‧外篇‧自敘》中也自謂他熟諳武道之事。

　　到民國時期流傳而出的《宋氏家傳源流支派論》（筆者抄錄自恩師太極拳名家李經梧所藏秘本）中載：早在南北朝、隋代、唐代即有程靈洗、程珌、韓拱月、李道子、許宣平等人所傳之先天拳、三世七、十三勢、小九天、後天法等

類似後世太極拳之武功，只是「道隱無名」，世俗難以一窺全豹而已。

那麼，上述功法應該就是後世內家拳的早期形態是無疑義的。如內家拳之出現，是創發者「既精於少林，復從而翻之」的結果。就是說，武當是以少林為基礎，反其道而用之，此一創發確實是中國文化史至少是中華武術文化史上的大事件。

將有力打無力、強勝弱、大勝小、剛勝柔、動勝靜反過來，變為小力打大力、弱勝強、小勝大。柔勝剛、靜制動，真是天翻地覆！正因此，內家拳學的獨特技擊思想與武術文化理唸成為舉世獨步的一種功夫和學問。我相信這是中華民族對世界的一個貢獻。

正如，梁漱溟在《東西文化及其哲學》中所指出的：中國文化都是向內的。「向內的」正是內家拳術的核心詞，這個內就是練內在的意氣、練內含的勁力、也就是練內功。武術家的內功與道教徒的練內丹，聯繫已經十分緊密。所謂「善養氣者即內家」是也。以此推斷，「武當丹士，精拳法」的張三丰與武當內家拳的關係，也在情理之中。

內家拳從誕生的那一天起，就把養生保健延年作為首務，技擊是被動防禦，所以化打是它的本質。

# 太極先賢軼事

## ✤「北王」王茂齋

　　王茂齋師祖是吳式太極拳創始人全佑先生的得意弟子，吳式太極拳第二代代表人物之一。他功臻上乘譽滿北方，與南方的師弟吳鑑泉齊名而被稱為「北王」。其拳技確乎達到了出神入化的境界。

　　一次，時值盛夏，悶熱的天空中下著毛毛細雨，茂齋師祖同眾弟子練完拳回返。他左手撩起夏布長衫的下襬，右手拿著一把摺扇，一位弟子為他撐起雨傘，另一弟子忙叫來一輛黃包車，準備送先生回家。那車伕見來了生意，急忙順過車把迎了上來。而王茂齋卻執意不肯坐車，便順勢用右手一撥，就把黃包車帶車伕一齊橫著撥到了一邊。

　　這下可激惱了那位車伕，他不由分說，飛起一個朝天蹬腳，當胸朝王茂齋踹來，只見王茂齋不躲不閃，一剎那，那個車伕已飛出了丈外，仰面朝天摔在了地上。那傢伙大喊：「快來人啦，打死人啦！」巡警聞聲跑來，但見一年輕力壯的車伕躺在地上，而對面的是位年逾古稀白鬚飄飄的老者，他一手撩著長衫，一手拿著摺扇，在這位老者的長衫上的正面胸口處有一記清晰的鞋底印。誰是鬧事者已不言自明，那莽車伕自討了個沒趣，說也說不清，只好悻悻而去，但他最終也沒明白自己怎麼會被摔出去。

　　一次，王茂齋開的麻刀鋪雜貨店裡來了位陌生男子，一連幾日都是到店裡東看西瞧，既不說話也不買東西，店裡的

夥計們都覺得挺納悶。

有一日，這男子又來到店裡，直接走到王茂齋面前，指著店鋪角落裡放的籮筐垛說：「請先生把最頂上的籮筐取下來。」王茂齋按著顧客的要求，用一根三四公尺長的挑竿把垛頂的籮筐挑下來，隔著櫃檯直接遞給顧客。誰知來者不善，這位「顧客」趁接筐之際，暗中用力，以筐帶動挑竿閃電般地推向王茂齋。

·王茂齋

王茂齋先生隔著長竿早已聽出了對方勁路，於是順其勢，手一鬆，那男子連人帶筐一下子跌進了筐垛中，挑釁者沒占到半點便宜，滿臉羞色地溜出門去。

在王茂齋師祖門下有一位是帶藝拜師的弟子曹幼甫，曹幼甫年輕力壯，非常有勁，一般人承受不了他的一拳猛擊，人稱「坦克車」。一次，王茂齋在家中給徒弟們說手，講到「太極無手處處手，挨到何處何處擊」時，曹頗不以為然，反問老師道：「真的能這樣嗎？」王茂齋安坐在椅子上說：「你可以試試！」曹掄拳就照王茂齋腹部擊去，只聽「呼」的一聲，曹幼甫就像撞在了巨大的皮球上，被反彈了出去，從裡屋一下子摔到了外屋，把一堵秫秸抹灰的間壁牆撞了個大窟窿，而王茂齋先生卻仍安然坐在椅子上。

一次，王茂齋夜晚在胡同裡拄杖獨行，胡同裡燈光昏暗。這時有一年輕人問路，見是老者，上前拍了一下王茂齋

肩膀。不想，問路人手掌拍落的同時，人已飛彈到數步外的燈下黑影裡，在那兒哎呦。王茂齋走上前去扶那人起來，問，怎麼了？那人說：老人家，我問路，你幹嘛打人？王茂齋說：年輕人，問路只管問，不要拍我呀。

一次，王茂齋與同門在太廟（今勞動人民文化宮）練完拳，大家相約去景山頂上涼亭喝茶，大家以各自方式前往，看誰先到。於是。話音一落，有的跑步，有的叫人力車，爭相趕去，王茂齋落在後面。誰知，當最先上山的人以為自己是第一個到的時候，抬頭一看，王茂齋身穿長衫，手執摺扇，已笑眯眯地等在那裡了。奇的是，剛才下了場小雨，而王茂齋當日新穿的「千層底」布鞋鞋底邊上，竟然沒有沾上泥漿。

王茂齋從師於全佑，早先推手不是師弟吳鑑泉的對手。一次，回山東老家掖縣（今稱萊州市），要過萊水河，坐船上見艄公搖櫓，忽然領悟太極拳勁。在家揣摩數月，半年後再與吳鑑泉推手，竟平手。吳問：師兄，你怎麼長功夫了？王答：師弟，我是從艄公搖櫓中悟出來的。師兄弟相視一笑。

## ✠「南吳」吳鑑泉

吳鑑泉師祖是全佑宗師之子。他是吳式太極拳的第二代代表人物。1928年，他把吳式太極拳從北京帶到了南方，從而極大地擴大了吳式太極拳在江南的影響，後來傳播到海外，為吳氏一門太極拳的推

・吳鑑泉

廣做出了巨大的貢獻。吳鑑泉在太極拳界被尊為「南吳」，就是「南有吳鑑泉，北有王茂齋」，吳宗師的拳藝可謂登峰造極，已達到應物自然的境界。

吳先師在清宮當衛士時為人隨和，雖武功精湛卻從不欺人，而與人較技卻鮮有敵手。一些同事常為挽回面子而出其不意地出手，結果往往是事與願違。

一日清晨，吳鑑泉從炕上起來，還面向裡，彎腰繫繃帶襪子，一個武林同事已先下炕，見有了偷襲的機會，遂悄悄從他身後撲上來，雙手使勁從後抱其雙肩，企圖把他摔倒。可是就在這位同事用力的一瞬間，未見吳鑑泉宗師怎麼動作，這位偷襲者卻從臨炕沿一側，經吳鑑泉宗師的頭上跌出了窗外，重重摔在了院子裡。不僅被摔的人弄了個丈二和尚，摸不著頭腦，就連等著看熱鬧的旁觀者也鬧了個莫名其妙，看不出吳鑑泉用的什麼功夫。

一次，吳鑑泉先師同一些同事（也有說是師兄弟）在酒館喝酒。之後大家找了個避風的地方休息，吳鑑泉稍帶醉意，躺在一張躺椅上邊靜思，邊用手輕輕揉肚子。這時，一個同事（或師兄弟）見吳鑑泉的肚子很大，就萌發了好奇心，他湊上前拍打吳鑑泉先師的肚皮說：「師兄，你的肚子……」話音未落，這位師弟只覺得從吳鑑泉的腹部傳來一股巨大的衝擊力，震得他連退數步，直想嘔吐。

夏天的一日，吳鑑泉午後在宮內一棵樹下青石板上休息，他仰躺在石板上，大肚皮亮著。一個同事見了，忽然想惡作劇，便找來一把綠豆往他的肚子上撒，結果，綠豆都被驚彈飛起，濺起老高，讓人們感受到了吳鑑泉師祖的深厚內功。

約民國十七年（1928），國民黨政府一些知名人士要組建中央國術館，陸續邀請了一些武術名家南下參與其事。據說關於館長人選最早考慮的是吳鑑泉，這是因為國民黨要人（時任民政部長）的褚民誼主張選定的（他是吳鑑泉弟子，原來學其他拳，經交手後佩服吳而拜門）。由北京（平）邀吳鑑泉南下時說：請您去當館長，可以天天練武，吳鑑泉於是南下。到了南京後，吳問，館長多大？還有人管嗎？褚說：有人管，總統管。吳說：要是沒人管就好了。褚一聽，嚇壞了，於是內心生變，不想讓吳當館長，便在上海為他開了家大武館，對他說：這可以專門練拳，沒人管。

吳鑑泉是個武人，於是同意到上海。不想，一到武館門前，犯難了，褚讓人貼了個對聯：「神拳太極吳鑑泉，打破天下無敵手。」吳鑑泉為難了，進退都不是。如果退了，讓天下笑話；如果進了，也難免惹是非，要與人爭鬥，最後只有狠下心進去了。結果數月間不斷有人來挑戰，但無人不敗。結果有一天來了位黃道士，人稱「震七省」，武功高超。據傳，兩人比武三天，人們再未見黃道士出來。人們問及，吳則回答：黃道士走了。個中詳情，難以稽考。

吳鑑泉要南下，師姪楊禹廷（王茂齋弟子）設宴餞行。餐後，楊禹廷一直送行，直到把吳鑑泉送到前門火車站，再送到火車上。到了車廂裡，楊禹廷說：師叔「送」（指教）我一手吧。吳鑑泉說：

・楊禹廷

好，你過來。於是他倆一搭手，楊被吳放到丈外的座位上，同時說：就「送」你一手。下車後回來，楊禹廷師爺（**李經梧老師第三位太極老師**）反覆琢磨，半年後終於悟出了這個勁，也就得了這一「手」。

## ✥「太極一人」陳發科

陳式太極拳一代宗師陳發科師祖被人譽為「太極一人」，是李經梧老師的第二位太極拳師父。李經梧先生是在20世紀40年代前期開始從學於陳發科，到1946年陳發科60大壽時，正式遞帖拜門為入室弟子，前後追隨十四年之久。同時拜門的還有孫楓秋、田秀臣、雷慕尼、宋麟閣等五人。

陳發科師祖功底深厚，拳架飽滿，下盤極其穩固，其行拳快慢有致，蓄發互變，其爆發力確有無堅不摧之勢。陳發科不善言談，教拳多憑身授，當弟子拳式不對時，他就說：「喂！不對。」就再示範一遍，教學生反覆練，直到他認為滿意了為止。

他在教拳中反覆強調三個字——「塌住勁」。陳發科手上功夫十分了得，纏、抖、截、拿、放，乾脆俐落，令對手沾手立仆。跟他學拳挨摔打是家常便飯，不少徒弟都望而卻步。一次，經梧老師從學後不久，向陳發科請教一個勁，陳發科坐在堂屋的太師椅上，讓經梧師進招，李經梧老師上步當心一拳，陳發科一纏一放，並同時說：「就這樣用。」把李經梧老師重重地彈出，撞在了窗櫺子上，摔到院子裡，挫傷了腰部，調養很長時間才恢復。

一次，陳發科到天橋散步，走到摔跤場，因不懂跤場上的規矩誤坐在了挑戰者（踩場子的人）坐的凳子上休息。此

時兩位跤手到凳子旁邊，以極凶狠的招式，想擠捽陳師爺。陳發科怕兩個跤手倒在自己身上，順手一扒拉，兩名跤手全部應聲倒地。兩位跤手一見遇見了高手，趕緊請出了師父，通報了姓名後，方知是陳式太極拳的一代宗師蒞臨，眾人趕忙重新設座敬茶，禮敬有加。

北京和平解放不久，聶榮臻市長召集武林名家們開了一個會。陳發科到得晚了些，一位武術名家見陳發科進門，便迎在了門口，想乘握手寒暄之機，用「金絲纏腕」拿陳發科一把，憑這位名家的功力，稍不注意必有閃失。但隨著「當」一聲響，再看這位名家已跪在地上。原來就在對方發力的一剎那，陳師爺一個順勁反纏，制服了對方，體現了聽勁至靈、發之至驟的精湛功夫。

## ✣「神拳」胡耀貞

胡耀貞師爺是李經梧老師的另一位老師，他以心意六合拳和子路（午）太極拳見長，尤精內功以及醫學等，曾師從幾位道士學氣功。他原籍山西，原來有家產，但因習武練功，財產都散盡了。新中國成立後便在北京以教功行醫為生。

一次，李經梧、田秀臣、馮志強等幾位師兄弟去看胡耀貞老師，正趕上胡師爺在打坐。一見幾位徒弟來了，胡耀貞說：你們誰給我弄下來，我抽筋了，動不了了。先是田上去攬，未挪動，然後李經梧去攬，也未挪動，最後以力大著稱的馮也上去攬，也挪不動。只好三四個人一起搬胡耀貞，還是搬不動，大家覺得老師重如千斤。最後，胡師爺自己說，好了，不抽筋了，自己下床了。李經梧老師事後說：這是老

師在教誨我們，藝無止境，功夫還差遠了，讓我們別驕傲。

20世紀50年代初，某拳種創始人教站樁，一時學者很多。胡耀貞問多少錢能學？答說一個月15元錢，胡說我交20元錢。於是也學站樁。一天，胡耀貞舉著雙手說壞了，我抽筋了，胳膊放不下來了。創始人說那好辦，讓幾個弟子給放下來，結果誰也搬不動。於是創始人說，你不是來學拳的，我把錢退你吧。你走吧。胡說：錢不用退了，我不來「學」就是了。

・胡耀貞

一次，幾位徒弟、學生圍著胡耀貞學拳。突然有位學生王某某朝著胡的襠部擊來一拳，胡耀貞已來不及回手，只見他一沉氣，用丹田發力，將王某某彈出數步倒地。胡於是對王某某說：「你以後不用來了。」

20世紀40年代李經梧老師潛心研習內功，但有一個訣竅不懂，於是請教胡耀貞先生。胡對他說：你要拜師我才能教你。於是李經梧在北京名店西城烤肉宛擺了兩桌酒席，正式行拜師禮。飯後，胡單獨傳授給李經梧一句話，使他恍然大悟。李經梧事後說：這是「真傳一句話」啊。

## ✿「五虎上將」之李經梧

李經梧在三十多歲時功夫已出類拔萃。1945年李經梧已是設在北平（京）太廟（今勞動人民文化宮）的太極拳研究會最年輕的理事和推手研究組的組長，列「太極五虎上

將」（五虎上將依年齡排序是：趙安詳、李硯之（一說為韓秀峰）、李經梧、孫楓秋、王培生），很多師兄弟和研究會中的理事們，都已不是他的對手。

一次，時任研究會會長的許明山（原馮玉祥將軍部下主管後勤的將領，曾任北平警備司令）要來給太廟太極拳研究會掛「健康樂園」匾額。研究會的理事們都聚集在院子裡，等著許明山的到來。李老師在那翹首望著門外，此刻，一位叫張澤田的理事乘李經梧毫不防備，突然抓住他的一隻胳膊採擰，試圖偷襲他。哪知他剛一用勁，李經梧卻突然借力發放，把人高馬大體重200斤的張理事打得騰空躍出，重重摔在地上。大家把他扶起來，問是否受傷。這位理事上氣不接下氣地說：「今兒個就是摔死了我也高興，我真的探出了經梧師弟有這麼深厚的功夫。」

一次，李經梧老師與師兄弟們剛在中山公園練完拳，王子英先師（王茂齋之子，以推手知名，對李經梧多有傳授）從遠處走進拳場。王子英是受人敬重的推手大家，所有人都把注意力集中到他身上。這時，一位以力大而出名的劉馨齋師弟（山東人），冷不防從身後將李經梧攔腰抱住，想把他摔倒。李經梧自然反應，立即沉氣轉腰，只聽「叭」的一聲，對方的肘關節脫臼了。劉馨齋吊著膀子治療了一個月傷勢才好轉。

20世紀40年代的一天，李經梧老師在太廟替楊禹廷看場子，突然來了一位壯漢「踢場子」。當時有四五十人在練拳。來者自稱是練少林功夫的，出言不遜，說你們這太極拳能打人嗎？李師禮貌回答說，可以，但太極不主張打人。不想來者不善，直接要交手。結果一出手便被李師放到丈五尺

外的拳場邊，正好後腦撞在釘在柏樹上掛衣服的釘帽上，穿了個洞，立馬到協和醫院搶救過來。可是這個人一個禮拜後死於心臟病。80歲的李師對我講此舊事時仍心懷內疚，十分沉重地說：雖然不是我直接致死的，但或許有些間接關係。功夫不好不能輕易與人動手，功夫好了更不能與人輕易動手啊。老師那時手上的分寸感沒現在好啊。

1988年4月，76歲高齡的李經梧先生又一次回到闊別多年的家鄉掖縣，住在長子李樹椿家，遠近愛好太極拳的鄉親好友都不想錯過這個好機會，紛紛前來請教。縣裡有位中醫大夫，練太極拳40多年了，對李經梧十分敬仰，專門從縣裡趕來拜訪。當時，李師坐在自家的堂屋裡，這位醫生快步上前，而李老師想站起來迎接他。那位醫生用手輕輕一按，意思是不讓李老師客氣。可是李經梧在不經意間抬手觸及對方時，那醫生卻騰空飛出，摔倒在院子裡。待李老師上前把來人扶起才發現對方的兩條胳膊都摔破了，在場的鄉親們都驚羨於李經梧的功夫了得。後來李老師對我們說，這也許就是一種應物自然的本能反應吧。

新中國成立前，有一年，李經梧回山東老家省親。母親對久別的兒子總有說不完的心裡話，就連在自家小磨坊幹活也是邊幹邊嘮。那拉磨的牛是挺有靈性的畜生，一聽到兩人嘮嗑，就停下不走，母親吆喝一聲，它就邁動腳步，但兩人一說話，牛又站住不動了。母親生氣地讓兒子打牛幾下。李經梧一隻手扶著磨盤邊緣，另一手操起草料叉子。他手中的叉子剛舉起來，那牛見要挨打，便突然往前走。李老師扶在磨盤邊上的手受力，頓時失去了平衡，順著磨盤旋轉方向，跟跟蹌蹌向前跌去，險些仆倒。

立時，他領悟到這不就是趙鐵庵老師授給自己的《太極拳秘笈》中的「太極圈」嗎！「退圈容易進圈難，不離腰頂後與前；所難中土不離位，退易進難仔細研。此為動功非站定，倚身進退並比肩；能如水磨摧急緩，雲龍風虎象周旋。要用天盤從此覓，久而久之出天然。」這段《太極拳秘笈》歌訣，李老師不知讀了多少遍，可以倒背如流。經過老牛這一拉，磨盤這一轉，卻使他從中妙悟了太極拳道的精奧：太極拳練的就是一個圈，講究以腰為軸，這個軸如同磨盤的軸心，磨在原地轉，軸心沒有動，然而磨盤的轉動就會把與它相斥的任何力量頃刻化去。

1956年，在全國武術運動大會上，李老師獲得了最高榮譽金牌獎。當時賽制規定運動員賽前不能推手較技，怕出現傷害事故，賽後可相互切磋。就在獲獎後，他同一位老武術家切磋推手中，對方欲用大将方法牽制李老師雙手，使之掀腳拔跟，再順勢前擠，令其向後跌倒。就在對方施用将勢的一瞬間，李老師順勢隨進，已感覺到對方失重欲傾，所謂「拔跟」了。如此時李老師微微發放，即可立時將對方跌出，但經梧老師卻就此收手。圍觀各方各派名家都已看清了「門道」，對先生的高尚武德無不表示讚許和敬仰。

20世紀50年代中期，李師經常去北京錐子胡同河北省駐京辦事處，看望河北省重工業部趙衡部長，並向他傳授陳式拳。當時，作家馮志正在那裡寫《敵後武工隊》這本書。馮志本人就是一位深諳武術，身手敏捷的老敵後武工隊員。因大家經常見面，互為朋友，說話也不介意。馮志見趙衡學的是太極拳，就說你們練的那拳實戰用處不大。趙衡不無風趣地說：「那你跟李老師試試。」馮志使出自己拿手的功夫直

取李老師，李老師用掩手肱捶式，以左手攔開對方右手攻勢，右手纏住對方左腕，順勢牽抖，對方瞬即雙腳離地失去平衡向牆上跌去。就在這一瞬間，李師上前一步，又把馮志拉了回來。三個人開懷大笑。馮志自知不是對手，從此對太極拳不再小看，也對李經梧的武技佩服得五體投地。

1962年，河北省醫學界專家團到北戴河療養。有一位外科醫生，頗有些功夫，曾與諸多名家交過手，特提出與李老師試試，李老師答應過兩招。兩人一搭手，李老師就用黏勁封住對方，使其動彈不得，然而，此時李老師對對方微微一笑，就此收手。事後，徒弟不解地向老師發問：「為何不發一下勁，讓對方『體會』一下？」老師說：「人家練得不錯，他心裡明白了就行了，非難堪人幹什麼？」

師母去世後，李老師心情一直不好。1984年夏，有一天幾位師兄來李老師工作的北戴河氣功療養院（今改為河北省醫療氣功醫院）體療室看老師。李老師主動要與弟子們推手，幾位師兄見老師心情不好，說別推了吧。李老師說沒關係。第一個上來的是呂德和師兄，一搭手，李老師便將呂師兄放出一丈遠撞在了牆上。由於是夏天，呂穿的是的確良襯衣，被放到牆上後，他一下子要虛脫了，一看牆上都把汗濕的衣紋深深印上了。事後，呂德和師兄說，好難受，翻腸倒胃。等李老師反應過來，十分歉意地說，不知怎麼了，突然用了內功，我平生很少主動出勁啊。這恐怕是李老師很少的一次「主動出擊」。

一次，四位師兄來學拳。他們都對神奇的內功半信半疑，想向李老師請教。李老師想了一下說，這樣吧，你們一起來。由於當時是在療養院裡，正好有個大床，於是李老師

仰面躺在了大床上，讓四位師兄分別按住他的雙手雙腳。當四人已用上力時，只見李老師丹田用勁，渾身一抖，四位師兄全都騰身而起，被彈抖出去，切身領教了「內功」裡的「內勁」。

在山東萊州（原掖縣）流傳著一個真實的故事。李老師有一年回家鄉，必經過萊水河，過河當時無橋必須擺渡。乘客攜帶的東西有規定，不能超過標準。李老師不是每年都回家，東西帶得多。前邊乘客過磅時磅秤還好好的，到李老師過磅時，便說，我這東西不超重。稱量人一看李老師一百五六十斤的體重，手裡大包小裹的，肯定超重。不想，李老師上磅後，只有40公斤。連試幾次都如此，這怎麼可能呢？李老師哈哈大笑，稱量人卻摸不著頭腦了。李老師一個人的體重都要在80公斤左右，而且手裡還拿著不少東西，上秤後卻變成了40公斤，真是奇了。這是真事，但難以解釋。此事很快傳開，人們稱為「李經梧過秤減分量」。

1985年12月的一天上午，北戴河氣功療養院體療室內一片喧嘩。人群中一個壯年人正與李經梧較技。剛一接手，李老師就「聽」出對方十分「懂勁」，因他用力含蓄、若有若無。李經梧只得主動「問勁」引對方使力，果然，圍觀者尚不知怎麼回事，壯年人已經仆地而倒。

原來，這位日本拳師叫高橋賢，專習形意、八卦、陳式太極拳。精通中國武術，來前曾走訪過北京、西安、武漢、長沙、瀋陽、石家莊等地的一些武術名家，從未輸手。他狂妄地誇口：太極真功已不在中國！太極真功已在日本！此次有人推薦他與李經梧比試。經與上級部門和李師本人商量才有此次較技。此刻他仍不服氣，迅速脫去羽絨上衣，再次出

拳擊向李經梧，其拳勢之剛猛令人咋舌。李經梧舒臂「掤」住來手，隨之轉腰一化，使出太極拳「四兩撥千斤」之功法，一下又將日本客人發出數尺倒地，但這次李師用了內勁，以至日本人臉色蠟黃。被李經梧精湛功夫折服的高橋賢伸出大拇指連聲稱讚：「真是好功夫！太極真功仍在中國。」要知道，高橋賢時年38歲，李老師時年已73歲高齡。他提出拜師，被李老師婉言謝絕了。

李經梧老師在新中國成立前是個體店鋪老闆，孫楓秋是二老闆。他們開的「五洲百貨店」。原址即在今天的北京西單百貨商場處，是個二層木結構樓，一層是店面，二層是掌櫃辦公室。那時，李老師練太極入迷，店裡也不怎麼管了，天天在二層與師兄弟推手。由於是木板樓，膨膨直響，以至店員們問：掌櫃的你還做生意不？有時把陳發科或王子英接來，推手動靜就更大了。新中國成立前夕土改，李經梧老師就把店面賣掉了。

平日，李經梧老師總說太極拳要「中正安舒，支撐八面」。有位師兄心存疑惑，太極功夫真能支撐八面嗎？他決心驗證一下。有一天，李老師正給呂壓西師兄「說手」，背對著想驗證的這位師兄。他見機會來了，於是乘老師不備，突然從後面出手擊向李老師後腰（他只是想驗證功夫，絕無惡意）。不料，呂壓西師兄被李師放出的同時，後面這個師兄也飛倒在老師酒櫃下面。爬起來後一瘸一拐回家了。到醫院檢查是半月板骨折，調養了好幾個月才痊癒。事後，這個師兄說我「驗證」的代價有點大了。而李老師也很過意不去，囑咐我們弟子說：以後不要偷襲或背後出手，因為我看不見的地方，出勁就控制不了，易傷著人啊。

# 後記

　　自十多歲從民間隱者習武，迄今已四十餘年。在近半個世紀的歲月裡，我由崇尚武俠嚮往世外高人到如今「曾經滄海」，把習武回歸於心靈與身體的日常修為，中間還不乏沉迷《十萬個為什麼》那種科普讀物，不乏就近跑遠的尋師訪友，也不乏苦讀中醫類書籍的時光，而在美術學校讀書時為了練啟蒙師所傳的「綿沙掌」不得不晚自習後翻牆外出去沙場練手；在某市工廠後院單身宿舍外「獨立守神」地深夜站樁；為了驗證功夫，值20世紀80年代「武術熱」時與拳友在市裡公園、街頭繞場子、與人「切磋」；為了向經梧老師學拳，經常要乘公共汽車往返於市區和海濱的20多公里路程；為了在李師歿後繼續武學，問丹道功夫於胡海牙老師竟被納為弟子；還有在經梧師仙逝十年後我率家人為老師所做的大型紀念活動之甘苦時刻；更不能忘，在「文革」期間，文化與業餘生活貧乏的當年，與啟蒙師民間武者俞敏先師朝夕相處，給我的言傳身授之享受……

　　時光荏苒，時間老人無情地把當年的孩子——一個對世界充滿好奇、對武功懷有迷戀的我變成了「白髮學童」（李可染師印文）。而當年曾讓我十分敬佩的習練形意拳的穆大哥

帶我所開的眼界——這位河北派形意好手與山西派形意好手
張先生的真實交手場景仍歷歷在目，可是這位豪爽的兄長竟
過早地意外離世，不僅如此，俞敏師、李經梧師和胡海牙師
也分別先後離去……留給我的是永遠難忘的記憶與無盡的緬
懷。

　　至於幾十年來我翻閱過的有關武術、氣功、中醫、儒、
釋、道、易等方面的書籍，難以計數了吧。及我而立之年後
移居京城的工作生活，在這個有著悠久深厚武學文化的首善
之地，加上近年參與的一些海內外武術、氣功、中醫的活
動，不只是眼界的拓寬與見識的新奇，更有了對傳統武學的
另樣感受與情懷……

　　在朋友們的督促和出版社的盛情邀約下，便有了這本所
謂武術文集的問世。從內心感受來說，我還不是太願意倉促
出這方面的書，因為我實修功夫不高，許多認識還未經仔細
斟酌，文字也因俗務紛忙竟然無暇認真修改潤色，便原封不
動地把近十年來的有關內容稍加遴選就付之梨棗了。其中有
些文章發表於武術報刊，有些則是我在一些活動、論壇上的
發言記錄，還有個別文字是一些機構或媒體的採訪以及專家
對話，等等。

　　坦言之，這不是一本我精心撰構的武學著作，但我之所
以同意出版，也不過是因為自認為個中或不乏片言隻語的認
知或許還有所見地吧。這樣不加修飾的風格與方式或許與我
一貫的生活做派相一致，也就隨緣了。

　　毫無疑問，這只是一本有關太極拳功的文字結集。許多

思路，有待來日去寫專著。

值此書將問世之際，先向一直關心支持我的武界師友、同門、家人、弟子致謝，再向為本書出籠而出力的北京科學技術出版社王躍平、常學剛、苑博洋諸女士、先生以及本門弟子馮雪松、楊大衛等致謝。

還要感謝百忙中賜序的著名武學學者余功保先生，也用此書緬懷我習拳之路上的諸恩師與好友。

梅墨生

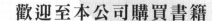

# 歡迎至本公司購買書籍

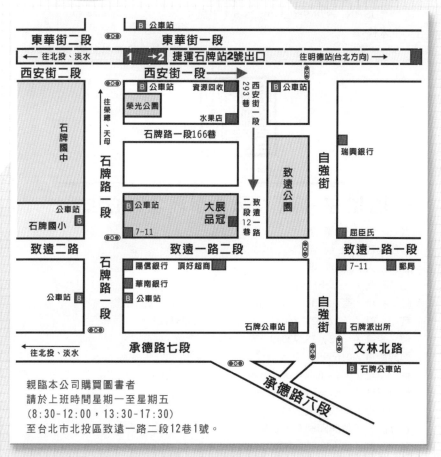

親臨本公司購買圖書者
請於上班時間星期一至星期五
(8:30-12:00，13:30-17:30)
至台北市北投區致遠一路二段12巷1號。

建議路線

1. 搭乘捷運

　　淡水信義線石牌站下車，由月台上二號出口出站，二號出口出站後靠右邊，沿著捷運高架往台北方向走(往明德站方向)，其街名為西安街，約80公尺後至西安街一段293巷進入(巷口有一公車站牌，站名為自強街口，勿超過紅綠燈)，再步行約200公尺可達本公司，本公司面對致遠公園。

2. 自行開車或騎車

　　由承德路接石牌路，看到陽信銀行右轉，此條即為致遠一路二段，在遇到自強街(紅綠燈)前的巷子左轉，即可看到本公司招牌。

國家圖書館出版品預行編目資料

中道皇皇—梅墨生太極拳理念與心法 / 梅墨生著.
————初版，————臺北市，大展，2018 [民 107.11]
面；21公分——（武學釋典；33）
ISBN　978-986-346-228-6（平裝；）

1.太極拳
528.972　　　　　　　　　　　　　　107015542

# 中道皇皇-梅墨生太極拳理念與心法

著　　者／梅墨生
責任編輯／苑博洋
發行人／蔡森明
出版者／大展出版社有限公司
社　　址／臺北市北投區（石牌）致遠一路2段12巷1號
電　　話／（02）28236031，28236033，28233123
傳　　真／（02）28272069
郵政劃撥／01669551
網　　址／www.dah-jaan.com.tw
E-mail／service@dah-jaan.com.tw
登記證／局版臺業字第2171號
承印者／傳興印刷有限公司
裝　　訂／眾友企業公司
排版者／菩薩蠻數位文化有限公司
授權者／北京科學技術出版社
初版1刷／2018年（民107）11月

定價／580元

大展好書　好書大展
品嘗好書　冠群可期

大展好書　好書大展
品嘗好書　冠群可期